高等职业教育教学改革融合创新型教材·财经基础课

金融学概论

（第七版）

李军燕 翟建华 编著

JINRONGXUE GAILUN

东北财经大学出版社
Dongbei University of Finance & Economics Press
大连

图书在版编目（CIP）数据

金融学概论 / 李军燕，翟建华编著．—7 版．—大连：东北财经大学出版社，2025.9．—（高等职业教育教学改革融合创新型教材 · 财经基础课）．—ISBN 978-7-5654-5765-4

Ⅰ. F830

中国国家版本馆 CIP 数据核字第 20253T5W18 号

金融学概论

JINRONGXUE GAILUN

东北财经大学出版社出版

（大连市黑石礁尖山街 217 号　邮政编码　116025）

网　　址：http://www.dufep.cn

读者信箱：dufep@dufe.edu.cn

大连天骄彩色印刷有限公司印刷　东北财经大学出版社发行

幅面尺寸：185mm×260mm　字数：453 千字　印张：20.75

2025 年 9 月第 7 版　2025 年 9 月第 1 次印刷

责任编辑：张晓鹏　周　晗　周　欢　石建华　责任校对：何　群

封面设计：原　皓　版式设计：原　皓

书号：ISBN 978-7-5654-5765-4　定价：52.00 元

教学支持　售后服务　联系电话：（0411）84710309

如有印装质量问题，请联系营销部：（0411）84710711

第七版前言

“金融是国家重要的核心竞争力”“金融安全是国家安全的重要组成部分，是经济平稳健康发展的重要基础”“金融制度是经济社会发展中重要的基础性制度”，习近平总书记这些有关金融工作的重要论述明确了金融的重要性：金融业是国民经济的重要组成部分，对国民经济发展具有重要作用。由此，金融学教育教学便显得十分重要。金融教学及教材建设应围绕金融体系的发展变化而不断改进完善，应当更好地适应金融专业教学和金融通识教育的需要。

《金融学概论》自出版以来，经过六次修订，历经多年金融职业教育的教学实践，受到了不同院校师生的广泛好评，在金融职业教育和金融通识教育中发挥了一定的作用。

《金融学概论》第七版以党的二十大精神为指导，除秉持前几版次全面、系统、严谨、精练、求实的风格外，在呈现方式上进行了较大的创新。全书分为五个模块：模块1为导论，包括第1章，为金融初识，主要展现金融学和金融领域的基本构架；模块2为金融的起点，包括第2章和第3章，为金融溯源，从货币的产生入手，主要阐述金融业形成的基础；模块3为金融的运行，包括第4～8章，从金融机构体系、金融市场的构成和功能入手，重点介绍商业银行、保险业、信托业、租赁业等的主要业务，以及货币市场和资本市场的运作；模块4为涉外金融，包括第9章，主要是国际金融内容概览；模块5为金融调控，包括第10～11章，主要论证货币供求及其均衡与不均衡问题，以及如何运用货币政策进行干预和调控。

教材主体要素不变，结构更加优化，内容更加新颖，力求反映我国金融体系在绿色金融、普惠金融、数智金融中的探索和实践。其具体体现在：（1）通过知识目标、能力目标明确学生在每一章节学习中应达到的学习目标。（2）通过素养目标解读习近平总书记关于金融工作重要论述的核心要义，培育、践行社会主义核心价值观。（3）通过导读引领各章学习内容。（4）通过知识拓展、案例分析、答疑解惑等栏目，丰富学习内容。（5）通过主要概念、知识训练（包括基础知识训练和技能训练）、能力训练（包括案例分析和实务操作），方便学习者自我检测学习效果。（6）通过反映我国金融实践的最新资讯，提醒学习者关注金融领域的焦点问题，包括金融制度、金融现象等。（7）通过二维码形式体现相关拓展内容，反映我国最新金融实践活动。学习者可以登录东北财经大学出版社“财济书院”（www.idufep.com）学习自己感兴趣的内容。

本书由李军燕、翟建华编著，其中李军燕负责全书的修订和总纂，翟建华负责第7章相关案例要素的搜集整理，全书最后由李军燕统稿。

在修订过程中，编著者参阅了大量的书刊和网络资源，得到了有关老师和行业专家的大力支持，在此一并致谢！

由于编著者水平有限，书中难免有疏漏之处，恳请读者和同行专家批评指正。

编著者

2025年6月

目　录

模块1 导论

第1章

金融概述

学习目标

通过本章的学习，你应该达到以下目标：

知识目标：了解金融的内涵与金融涉及的领域；熟悉金融体系的概念、构成要素；掌握直接融资与间接融资方式的内涵。

能力目标：能够识别直接融资与间接融资；能够结合国内、国际金融现象分析常见的金融问题。

素养目标：深刻领悟习近平总书记关于“金融是国家重要的核心竞争力”的重要论述，明确金融业是国民经济的重要组成部分，对国民经济发展具有重要作用。

导读

如果你的薪酬收入在扣除日常必要的开支后仍有结余并不断积累，你会怎样安排剩余的钱呢？金融为你提供了多种选择：你可以将钱存入银行，可以用它来购买政府债券或银行理财产品，可以投资于基金、股票，甚至用于炒外汇、黄金，还可以为自己和家人购买一份保险。你这样做或者是为了保证本金安全而且能获得一定的利息，或者是为了赚取买卖差价收益，赢得股息和红利，或者是为了谋求一种风险补偿。

如果一家企业试图扩大规模而自有资金不足，或者流动资金周转困难，它怎么解决资金短缺问题呢？金融也同样为其提供了多种路径：它可以从银行贷款，也可以求助于金融市场，通过发行商业票据、债券或股票来获取所需资金，还可以租赁的方式来实现融资。

如果一个地方政府急需资金开展城市基础设施建设，或者进行环境污染治理，而当地的财税收入无法满足该项支出需求，那么，这个地方政府也需要借助金融来解决这一资金缺口问题。

诸如此类的情形，在现实生活中时有发生，这些实际上都是金融问题的种种表现。无论是个人、企事业单位还是政府，同时也包括银行等金融机构自身，无论是国内经济发展还是国与国之间的交往，时刻都得与金融打交道，金融已经渗透到现代经济体系的各个领域，并成为现代经济体系的核心。种类繁多的金融工具为人们提供了众多的投资与融资手段，发达的金融市场为资金的需求者和供给者提供了金融交易的场所，高效运作的金融机构不断推出满足各种不同需求的金融产品和金融服务，规范的金融制度为金融活动的顺利进行提供了有效的保障。但同时，金融风险、金融危机也无处不在，可能会使投融资者的收益降低或成本提高。可见，无论你在经济生活中的角色定位如何，掌握一定的金融知识是十分必要的。

作为金融学的开篇，本章将着力为你勾勒出一幅清晰的金融框架图，使你明确金融的内涵和基本范畴，了解直接融资与间接融资两种金融方式的特点，为深入掌握金融理论知识与操作技能奠定基础。下面是本章内容结构导图。

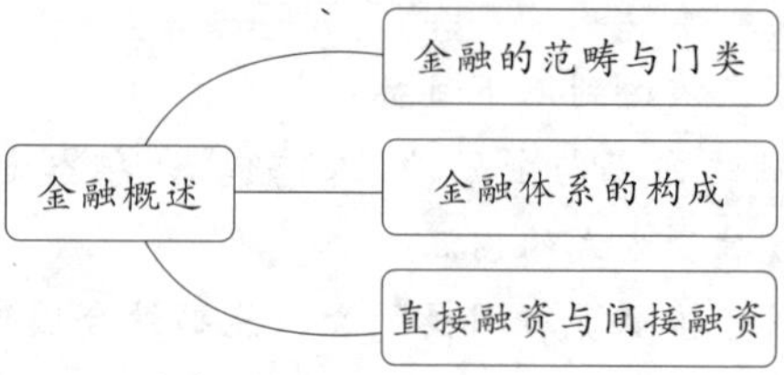

1.1 金融的范畴与门类

1.1.1 金融的含义及所涵盖的范围

1.我国对金融的诠释

“金融”是由汉字“金”和“融”组成的词汇，“金”指货币资金，“融”指融通。简而言之，“金融”就是货币资金融通的总称。

“金融”一词在我国并非自古就有，古代文字中有“金”、有“融”，但在《康熙字典》以及它之前的工具书中，都没有出现“金融”连用的词。最早列入“金融”条目的工具书是1915年出版的《辞源》和1936年面世的《辞海》。《辞源》1937年普及本对“金融”条的释文是：“今谓金钱之融通状态曰金融，旧称银根。各种银行、票号、钱庄，曰金融机构……”《辞海》1936年版对“金融”条的释文是：“（Monetary Circulation）谓资金融通之形态也，旧称银根。金融市场利率之升降，与普通市场物价之涨落，同一原理，俱视供求之关系而定，即供给少需要多，则利率上升，此种形态谓之金融紧迫，亦曰银根短绌；供给多需要少，则利率下降，此种形态谓之金融缓慢，亦曰银根松动。资金融通即资金盈余方将资金通过一定方式借贷或融通给资金短缺方的过程。”“金融”一词出现在20世纪初编纂的工具书中，说明它在当时人们的经济活动中已经开始使用，并已成形。

《中国金融百科全书》对“金融”词条的注释是“货币流通和信用活动以及与之相关的经济活动的总称”。这一定义超出了“货币资金融通”之说，把货币流通、信用活动与金融联系在一起，反映了在当今信用货币制度下，货币资金融通与信用活动的密切联系。货币资金融通的主要对象是货币和货币资金，各类资金主要以信用货币的形式存在，包括现金、各种票据、有价证券等。货币资金融通主要是有借有还的信用方式。进行资金融通需要借助金融市场，包括信贷市场和证券市场等。货币资金融通的主渠道是银行和证券公司、保险公司、信托公司、租赁公司等非银行金融机构。

货币资金融通必然伴随着各种信用活动，包括货币的发行、流通与回笼；货币资金的借贷；资金的汇兑与结算；票据的承兑与贴现；有价证券的发行与流通；保险基金的筹集与运用；信托与租赁；外汇及黄金的买卖；国际货币的支付与结算等。在我国，通常所理解的金融就是由这诸多部分所构成的大系统，这是对金融广义的或者说宽口径的理解，是在宏观运行机制下对金融的诠释。金融宏观运行机制所涉及的领域很广，各类不同功能的金融市场和金融机构、与物价相关的货币流通及其制度、金融调控机制、国际金融等都是金融活动的范围。由此，对金融的研究主要包括以下几个方面：①货币、信用、利息与利率等基础理论论证。②各类金融中介机构的功能分析。③金融市场运行机制研究。④涉外金融基本常识。⑤货币供求理论及现象分析。⑥金融宏观调控问题等。

还应指出，近年来我国出现了一种对金融狭义的或者说窄口径的理解，认为金融仅指有价证券及其衍生品市场，即资本市场；或者认为金融是指从资本市场扩及金融机构和其他金融市场。这两种对金融的解释都是对金融的微观分析，仅指金融市场和金融机构微观运行机制。

2.对与“金融”对应的英文Finance的诠释

当我们进行“金融”的中英文互译时，往往使用Finance这一单词。实际上，西方人对Finance的用法也不只限于一种，大体可归纳为三种口径：

（1）宽口径的Finance（Management of Money），指货币事务、对货币的管理、与金钱有关的财源等。其具体包括三个方面：①政府的货币资财及其管理，即Public Finance。在我国是指“财政”，虽然财政和金融有着密切的联系，如国家信用就是这两个范畴的重叠，但不能把财政纳入金融范畴，也不能把金融纳入财政范畴。②工商企业的货币资财及其管理，即Corporate Finance，译为“公司财务”或“公司理财”。虽然理财必然有金融活动介入，但涉及金融的活动只构成公司财务的一部分，而不是全部。③个人的货币资财及其管理，即Personal Budget。个人的货币收支包括个人理财这种金融活动，但并不涵盖个人理财的全部内容，因而二者也不能完全等同。显然，Finance这种最宽泛的诠释所包含的范围大于“金融”在我国的广义范围。

（2）中口径的Finance，指货币的流通、信用的授予、投资的运作、银行的服务等。一些国际组织通常采用这种统计口径。我国对金融的广义的理解比这种口径的范围要大一些。

（3）窄口径的Finance，指资本市场的运营、资本资产的供给与定价。国外经济学界通行这种用法。显然，我国对金融的狭义的理解就源于此。

因此，强求"金融"与Finance的一一对应是不行的。图1-1表明了二者之间的对应关系。

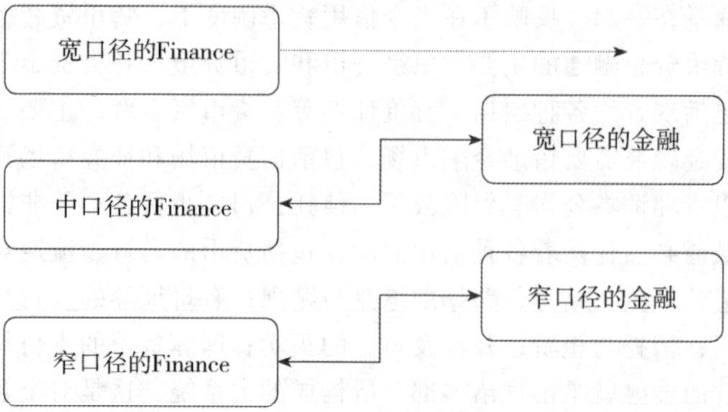

图1-1 "金融"与Finance的对应关系

需要说明的是，本教材采用的是我国宽口径的金融，即广义的金融的概念。这既立足于我国长期以来形成的对金融的习惯性理解，又客观地反映了金融本身发展的规律。

3.金融的范畴

金融是商品货币关系发展的必然产物。金融的范畴处在一个不断演进的过程中，与商品货币的发展密不可分。现代经济活动内涵和外延的不断变化、扩展形成了现代金融的范畴。

（1）金融范畴的萌芽。在商品货币关系发展的初期，货币以实物形态和铸币形态存在时，货币不是信用产品，不依赖信用的创造。不过，信用的产生和发展对货币流通起到了强大的推动作用。

在一个社会中，收入和支出不会完全平衡，一部分人因收入大于支出而成为资金盈余者；同时，另一部分人因支出大于收入而成为资金短缺者。最初的资金融通是资金盈余者把钱直接借给资金短缺者，这就是原始的直接金融方式——高利贷。高利贷产生于原始社会末期，当时社会上已经有一些产品转化为商品，随着商品交换的发展，货币的各种职能特别是支付手段职能得到快速发展，高利贷信用就产生了。

信用以实物借贷和货币借贷两种形式存在。高利贷最初是以实物形式存在的，货币产生后逐渐转变为以货币借贷为主要形式。货币借贷使贮藏的货币具备了流动性，加快了货币流通速度；而基于信用的汇兑业务便利了货币在更大的地域内流通。这些都使得作为财富凝结的货币在借贷中日益重要，但与此同时，大量的实物借贷仍然十分旺盛。所以，在很长一段时期里，货币与信用的发展保持着相互独立的状态，而联结二者的金融仅处于萌芽阶段，表现为从事货币兑换、保管、汇兑与借贷的货币经营业。货币经营机构成为银行的前身，以金融机构为媒介的间接金融方式开始萌芽。

（2）金融范畴的形成。随着新的生产方式的确立，现代银行业诞生了，银行券开始代替铸币执行流通手段和支付手段职能。从可兑现的银行券到不兑现的银行券，货币制度与信用制度的联系越来越密切，最终使得货币流通与信用行为变为同一过程。

任何货币的运动都是在信用的基础上组织起来的，完全独立于信用活动之外的货币制度已不复存在。例如，基于银行信用的银行券是日常小额支付的手段；转账结算中的存款货币是大额支付的主要形式。任何信用活动同时都是货币的运动：信用扩张意味着货币供给增加，信用紧缩意味着货币供给减少，信用资金的调剂影响着货币流通速度和货币供给在部门之间、地区之间和微观经济主体之间的分布。

当货币范畴和信用范畴相互渗透并结合到一起时，就形成了金融范畴，表现为作为融资中介的银行业及其相应活动：资金盈余者把钱存入银行，再由银行贷放给资金短缺者。这种以金融机构为媒介的资金融通是间接金融方式。

（3）金融范畴的扩展。伴随着货币与信用的相互渗透，金融范畴也同时向更大的领域扩展，逐渐覆盖了投资、保险、信托与租赁等多个方面。

这里的投资，是指以股票和债券交易为特征的资本市场的投资。由于间接融资方式不能完全满足经济发展的需要，资金短缺者以发行有价证券的方式直接到金融市场筹资；资金盈余者也不一定要将其资金全部存入银行，可以在金融市场上购买各种金融商品。资金供求双方通过金融市场进行资金融通就是现代的直接金融方式，其存在以比较健全发达的金融市场为前提，这使信用关系得到进一步完善。一般认为，20世纪60年代美国经济学家马科维茨的投资组合理论和夏普的资本资产定价模型理论的提出并得到社会认同，是传统金融和现代金融的分界线。现代金融范畴是建立在现代金融活动基础之上的，其核心内容表现为金融活动市场化，通过资本市场的运营、资产定价与资产组合，供给更多的金融产品。

保险发展到今天，已成为与个人储蓄、投资相结合的一种信用形式。其集中的货币资金主要投放于金融市场，金融市场上保险资金所占的份额具有举足轻重的地位，保单等保险合约也成为金融市场上交易的重要金融工具之一。

金融信托与金融租赁是传统的信托与租赁方式在金融领域的发展变化，也同样成为重要的投融资方式。

更进一步地，金融范畴的不断扩展使得信用关系不再是单纯的银行借贷关系，而发展成为复杂的多种多样的债权债务关系或所有权关系；直接金融方式与间接金融方式的不断完善，也使得金融活动更加丰富多彩，银行和其他金融机构不断发展，金融市场的类型更加健全。由此，产生了金融宏观调控和金融监管问题。顺应这一客观需要，各国中央银行和其他金融监管机构逐步建立和发展起来，以促进金融业的健康发展。

综上所述，金融的范畴，可以界定为凡是涉及货币与货币供给、银行与非银行信用、以证券交易为操作特征的投资、商业保险，以及以类似形式进行运作的所有交易行为的集合。

1.1.2 金融的门类

金融的门类是指按性质和功能不同将金融活动划分为不同的类型，如按金融活动的方式划分，可分为直接金融和间接金融；按金融活动的运行机制划分，可分为微观金融和宏观金融；按金融活动的目的划分，可分为政策性金融、商业性金融和合作性金融；按金融活动是否接受政府监管划分，可分为官方金融和民间金融；按金融活动的地理范围划分，可分为国内金融和国际金融等。

由于金融的内涵与范畴在不断地演进，金融门类的链条也不断加长，目前无论是国内金融还是国际金融，都包括银行、证券、保险、信托、租赁等主要类型。

（1）银行业。研究金融发展的历史可以看出，最早从事金融交易的中介机构是银行，而且准确地说是商业银行。随着商品经济的发展，货币得以产生，以偿还和付息为基本特征的借贷行为——信用也产生并兴旺发达，由此出现了专门从事货币兑换、保管和经营的银行，这就是商业银行的前身，以后又逐渐发展成为现代商业银行。商业银行通过吸收存款、发放贷款、办理结算业务等提供资金融通服务。目前，在世界各国的金融机构体系中，商业银行都居于主体地位（关于商业银行业务，我们将在第5章作详细阐述）。

（2）证券业。随着商品经济进入高度发达时期，金融交易相当大的一部分表现为各类证券的发行和买卖活动，甚至通过银行集中进行的借贷行为也趋于“证券化”（如贷款证券化）。证券交易具有直接融资的特点，发行人通过发行债券或股票而筹集资金，证券的投资人通过购买债券或股票而取得收益，实现了资金在不同部门之间的重新配置。为证券交易提供服务的金融机构主要有投资银行、证券公司、基金管理公司等（关于证券业务，我们将在第6章作详细阐述）。

（3）保险业。保险是以集合社会多数单位和个人的风险为前提，以保险合同方式建立经济关系，以保险费的形式聚集并建立保险基金，对被保险人因自然灾害、疾病或意外事故所造成的经济损失或人身伤亡予以补偿的一种经济活动。在现代经济中，保险已渗透到各个领域，成为精巧的“社会稳定器”。西方国家保险业十分发达，各类保险公司是最重要的非银行类金融机构。在人们的生活中，几乎无人不保险、无物不保险、无事不保险。保险的种类繁多，有财产保险、人寿保险、火灾及意外伤害保险、存款保险等。其中，普遍又以人寿保险规模最大。保险公司获得的保费收入经常远远超过其保费支出，因而聚集起大量的货币资本。这些货币资本比银行存款更稳定，可以作为长期资金的来源（关于保险业务，我们将在第7章作详细阐述）。

（4）信托业。这是一项古老的业务，其基本含义是：接受他人的委托，代为管理、经营和处理经济事务的行为。信托投资公司是信托公司的主要类型之一，除办理一般信托业务外，其突出的特点在于从事投资业务（关于信托业务，我们将在第8章作详细阐述）。

（5）租赁业。租赁也是极其古老的经济行为，但把传统的租赁与融资活动结合在一起的现代金融租赁，产生于第二次世界大战之后。租赁公司通过融物对企业进行融资，成为促进企业发展的重要融资方式之一（关于租赁业务，我们将在第8章作系统介绍）。

1.2　金融体系的构成

金融体系是指金融要素的安排及其动态关联系统。其形成和发展与金融的发展是同步的。金融是商品货币关系发展的必然产物，它随着社会经济和商品货币关系的发展而发展，同时又推动着社会经济的进步。从简单的货币经营业到涵盖间接融资与直接融资的银行业、证券业、保险业、信托与租赁业等，金融机构的职能不断扩展，金融市场不断完善，金融工具不断创新和丰富。金融机构、金融市场、金融工具等诸多因素相互依存、相互渗透，形成一个庞大、复杂、完整的金融统一体，在现代经济生活中发挥着重要作用。金融体系是一个普遍的、一般的概念，在不同的国家、不同的经济制度下，表现形式也不尽相同。但世界各国现代金融体系的构成要素是基本一致的，主要包括以下五项内容：

（1）由货币制度所规范的货币流通。这一构成要素覆盖整个金融体系，是金融体系赖以运行的平台。货币是金融体系的血液，货币流通是金融活动的基本形式，贯穿于整个金融体系中。货币流通是商品流通的实现形式，很难想象在一个经济体中，如果不存在被这个经济体所承认的现实的货币作为交易媒介和支付手段，不存在规范的货币流通制度，金融交易能否进行，社会经济能否运行。货币流通范围包括五个方面：以个人或家庭为中心，以公司、企业等经营单位为中心，以财政及机关、团体为中心，以银行和非银行金融机构为中心以及一国的对外货币收支。货币流通有现金流通和非现金流通两种方式。前者是以收付现钞的方式形成的货币收支；后者是指存款货币的流通，主要是金融机构的转账结算。在现代经济交易中，非现金流通一般超过90%，是货币流通的主要形式。不同货币制度下的货币流通是不同的，表现为货币材料的不同、货币单位的不同、流通中货币种类的不同，以及对不同种类货币的铸造、发行和支付能力的管理不同等。我们将在第2章介绍有关货币、货币流通与货币制度的内容。

（2）金融机构体系。它又叫金融组织体系，是现代金融活动的基本载体。金融机构是经营货币或货币资本的企业，是在经济生活中充当信用中介、媒介以及提供种种金融服务的组织。金融机构的种类繁多，在这个群体中，通常区分为银行和非银行金融机构。第4章将介绍我国的金融机构体系。

（3）金融市场体系。金融市场是开展金融活动的场所，是金融工具发行和交易的场所。金融市场体系是依照特定规则形成的金融市场要素相互联系的有机整体。由于金融交易的对象、方式、条件、期限等要素的不同，人们可以从不同角度对金融市场进行分类，通常谈论较多的主要是资本市场、货币市场、外汇市场、黄金市场、保险市场、衍生金融工具市场等。这些市场最重要的参与者是金融机构，价格信号则由利率、汇率及指数等构成。我们将在第4章介绍金融市场体系的构成与功能。

（4）金融工具。它也叫信用工具，是将资金从资金盈余者转移到资金短缺者手中的载体，是一种载明资金供求双方权利、义务关系的合约。金融工具是通过表明信用关系的书面证明、债权债务的契约文书等表现出来的，以一定的要式具体规定了转移的金额和期限等条件。金融工具是金融市场交易的对象，因而又被称为金融产品或金融商品。在金融体系中，金融机构和金融市场利用金融工具实现资金在个人、家庭、企业和政府部门之间的融通。金融工具的种类很多，针对不同的金融交易，交易者所借用的载体不同，通常有商业票据、银行票据、存款、贷款、保单、债券、股票等。第3章将从信用的角度重点论述各种金融工具（信用工具）的功能。

需要说明的是，上述金融体系的三大构成要素——金融机构、金融市场和金融工具之间存在着不可分割的联系。金融工具发行和交易的场所是金融市场，金融市场最重要的参与者是金融机构，金融机构作为媒介使得金融工具的出售与转让顺利进行。

在现实生活中，还有一种极其常见的说法是：金融体系由金融市场和金融机构所构成。因为人们常常把融资的两种形式——直接融资与间接融资分别与金融市场和金融机构挂钩，金融市场属于直接融资领域，金融机构属于间接融资领域。这样理解也是有一定的道理的。虽然现实生活中有时难以界定直接融资和间接融资，但外源融资的两种基本类型就是通过金融市场的直接融资和通过金融机构的间接融资。也就是说，要在自有资本之外融资，不是找金融市场，就是找金融机构，这是构成金融体系实体两个互补的部分。而金融工具，有的服务于金融市场，有的服务于金融机构，越来越多的则是既服务于这一领域，又服务于那一领域。没有脱离金融市场和金融机构的金融工具，也没有不存在金融工具的金融市场和金融机构。所以在金融体系由金融市场和金融机构所构成的说法中，不言而喻，就包括金融工具。

（5）金融制度和金融调控机制。金融风险无处不在，金融的每一个环节都与公众利益息息相关，金融危机会使社会经济走到崩溃的边缘，因此，一个国家的金融运行不应当是无序的，国家对金融运行进行管理和在金融领域进行政策性调节也就成为金融体系的重要组成部分。这实际上是一个国家具有金融监管职能的有机整体，包括金融监管机构、金融监管法律、金融监管方法等。国家对金融运行的管理由一系列制度构成，包括货币制度、信用制度、利率制度、汇率制度、金融机构制度、金融市场制度、支付清算制度、金融监管制度及其他制度。这个制度系统涉及金融活动的各个方面和各个环节，体现为相关的国家成文法和非成文法，政府法规、规章、条例，行业公约以及约定俗成的惯例等。国家对金融的宏观调控则通过金融当局货币政策的实施进行，目的是实现政府对经济的干预。

1.3 直接融资与间接融资

金融体系的基本功能之一是促使资金由盈余的一方向短缺的一方流动，促使储蓄向投资转化，实现资金融通。在现代金融体制下，各种资金融通活动都离不开金融机构的服务，而不同的金融机构在融资活动中所起的作用是不同的，因而形成两种基本的融资方式，即直接融资（直接金融）和间接融资（间接金融）。资金融通过程如图1-2所示。

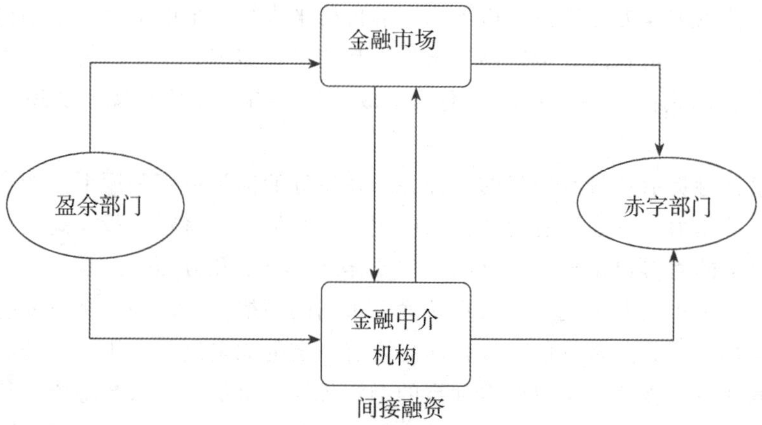

图1-2 资金融通过程

1.3.1 直接融资

1.直接融资及其机构

直接融资是资金盈余者直接购买资金短缺者在金融市场上发行的债券、股票等直接融资工具的一种融资方式。在直接融资活动中，资金盈余者无须通过银行等金融机构而与资金短缺者直接形成债权关系或产权关系。当然，这并不意味着直接融资不需要任何金融中介机构的服务；相反，直接融资必须借助证券公司等金融机构进行。在现代金融体制下，资金短缺者通常会把发售债券或股票的业务委托给专门经营证券业务的金融机构（如我国的证券公司），以期扩大发行规模、加快发行速度、降低发行成本。可见，在直接融资方式下，证券公司是核心中介机构，其与资金供求双方是委托-代理关系（如图1-3所示），对资金余缺双方来说是一种服务性的中介机构。

图1-3 直接融资方式

除此之外，商业信用、民间信用、私人之间的直接借贷等，也是资金盈余者和资金短缺者直接融通资金的行为。

2.直接融资的优势和劣势

直接融资的优势在于资金供求双方通过债券、股票的直接交易完成货币资金的转移，在某种程度上资金短缺者可以节约一定的融资成本，资金盈余者也可以获得更多的投资回报。同时，直接融资直接面对金融市场，还具有以下优点：

（1）资金短缺者融资的规模和风险不受金融中介机构资产规模及风险管理的约束。融资方还可以根据资金需求期限，自主确定需要发行的资金工具的类型，使其对资金的使用可以不受期限的限制；而对货币资金的供给方来说，通过购买金融工具，可以成为企业的股东或债权人，享有股息分红或获得利息，在二级市场上买卖还有可能获得价差收益。

（2）直接融资是通过证券市场的交易来实现的，它把供求双方直接置于市场机制的作用下，使供求双方能够按照市场确定的价格来进行资金的交易，市场机制的作用能够使货币资金供给者的资金转移到出价最高的资金需求者手中。另外，直接融资活动还受公平性原则的约束，从而有助于形成良好的市场竞争环境，实现资源配置的优化。

（3）直接融资活动具有较强的公开性，在良好的信息披露制度下，融资者直接面对市场监督的压力，必须注意规范自己的生产经营活动，将资金投向高效益领域。

直接融资的劣势也是显而易见的，主要体现在以下几方面：

（1）对资金短缺者来说，进入直接融资市场的门槛较高。一个企业要想上市发行直接融资工具，需具备多方面条件，而且要有一定的知名度；否则，其证券往往得不到投资者的认可和青睐，难以取得理想的融资规模。事实上，直接融资往往是政府和一些大公司的专利。

（2）在直接融资中，融资者凭借自身的资信筹资，缺乏金融中介机构资信的支撑，使投资者可能会承担筹资方不能如期支付及二级市场价格波动的风险，因而要求其具有较高的风险防范意识和风险承受能力，并具有一定的投资技巧以及判断和决策能力。

（3）直接融资的成本（如信息成本和交易成本）较高。

（4）直接融资的公开性要求在一定程度上不利于融资者保守商业秘密。

1.3.2 间接融资

1.间接融资及其机构

间接融资是指资金余缺双方并不直接交易，而是分别与金融中介机构发生独立的交易：资金盈余者购买金融机构发行的金融工具（如商业银行的存款凭证、保险公司的人寿保险单等）成为债权人，金融机构获得资金成为债务人；然后金融机构再以贷款的方式向资金短缺者提供资金，或者购买资金短缺者发行的债券等成为债权人。在这种融资方式中，商业银行是核心中介机构。商业银行一方面充当了资金从盈余者向短缺者流动的媒介，另一方面又割断了二者的直接联系。资金盈余者把资金的使用权出售给了商业银行，持有商业银行承诺到期还本付息的债权凭证，不必要也不可能知道银行会把这笔资金投向何方；同样，资金短缺者在向商业银行购买资金使用权时，也没有必要追究银行的这笔资金源自何处。可见，在间接融资方式中，商业银行与资金供求双方是债权债务关系，可以说，商业银行一身兼二任，既是资金供给者的债务人，也是资金需求者的债权人（如图1-4所示）。

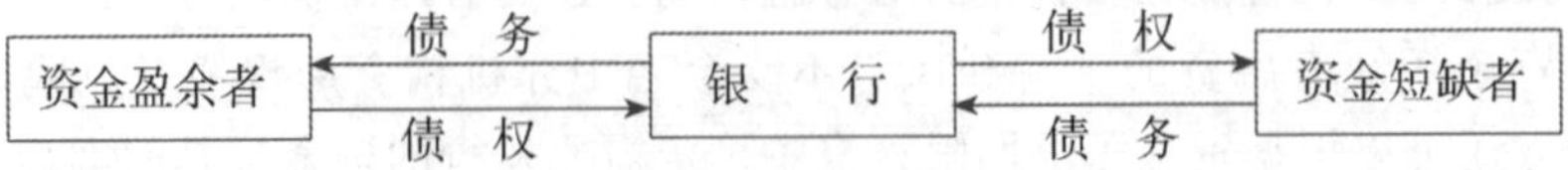

图1-4 间接融资方式

然而，不能否认，商业银行作为间接融资活动的核心机构，在直接融资中也是有所作为的。这是因为，商业银行是资本市场的重要参与者，对直接融资乃至资本市场的发展有重要作用。首先，商业银行是直接融资中的筹资者。通常，大银行都是上市公司，需要通过发行股票筹措资金，且银行股一般为大盘股，筹措的资金数额巨大；同时，商业银行往往也是资本市场的债券筹资者。其次，商业银行是直接融资中的投资者，尤其对国债的投资比例较高。最后，商业银行还是直接融资中的服务机构，如提供证券清算、证券托管等服务。

2.间接融资的优势和劣势

从现实情况来看，间接融资的融资量一般大大超过直接融资的融资量，证券市场十分发达的国家如此，证券市场不完善的发展中国家更是如此。例如，在美国的公司融资总量中，金融中介机构的贷款几乎相当于证券市场融资量的2倍；德国、日本的公司通过金融中介机构的融资量几乎是证券市场的10倍。金融中介机构和间接融资之所以受青睐，得益于其以下几个优点：

（1）投融资成本相对较小。在金融市场上，直接融资的双方通常都要花费一定的信息搜集和交易等费用，在筹资规模不大的情况下，这必然使投融资成本增大。而银行凭借自身的实力和信息网络，能够做到资金供求双方做不到或者是要付出较高代价才能做到的一些工作，通过间接融资，从而使投融资成本降低。

（2）融资风险较小。各国对金融中介机构的监管都严于对一般企业的监管，金融中介机构的资信度和内部管理也强于一般企业。因此，间接融资的社会安全性较高。

（3）流动性较好。一方面，银行存款具有较强的流动性，变现迅捷且不会遭受名义价值损失；另一方面，对于有良好资信记录的银行客户，授信额度可以使其流动性资金需要及时方便地获得解决。

（4）保密性较强。在间接融资中，筹资者只对授信的金融机构公开财务和投资计划，而不用在媒体上公开披露，保密性明显强于直接融资。

（5）间接融资除了发挥信用媒介作用、加速资金由储蓄向投资转化以外，还具有信用创造的功能；通过信用创造，可以增加存款货币的总量，满足经济发展对货币的需求。

当然，间接融资也有它的局限性，主要体现在以下三方面：

（1）在间接融资中，筹资方只能按照中介机构规定的期限和用途使用资金，灵活性较小。

（2）间接融资通过金融中介机构进行，割断了资金需求者与供给者之间的联系，使社会资金运行和配置的效率较多地依赖商业银行等金融中介机构，这既增加了商业银行等金融中介机构的风险，也使融资者由于缺乏市场监管的压力，在规范自身的生产经营活动和投资效益的提高方面难以竭尽全力。

（3）由于商业银行所受的外部监管和内部控制比较严格，贷款审批、发放不免有些保守，难以满足生产经营企业尤其是新兴产业和高风险项目的融资需要。

知识拓展1-1

金融中介机构与证券市场的重要性对比：国际比较

答疑解惑1-1

金融市场的功能和金融中介机构的功能有什么区别？

答：金融市场的功能体现为直接融资，金融中介机构的功能体现为间接融资。在直接融资中，筹资者通过将证券卖给投资者，直接从投资者那里取得资金；在间接融资中，金融中介机构居于投资者和筹资者之间，帮助实现资金在二者之间的转移。

主要概念

金融　金融体系　金融机构体系　金融市场体系　金融工具　直接融资　间接融资

知识训练

● 基础知识训练

1.1　单项选择题

随堂测 1

（1）在直接融资方式中，核心中介机构是（　　）。

A.商业银行　B.地方政府
C.证券公司　D.证券交易所

（2）下列关于直接融资的说法不正确的是（　　）。

A.筹资方直接面对市场　B.社会安全性较强
C.受公平性原则的约束　D.有较强的公开性

（3）（　　）是金融市场上交易的对象。

A.金融机构　B.金融市场　C.金融工具　D.金融制度

（4）（　　）是金融活动开展的场所。

A.金融机构　B.金融市场　C.金融工具　D.金融制度

（5）（　　）是现代金融体系的主体。

A.银行业　B.证券业　C.保险业　D.信托和租赁业

1.2　多项选择题

（1）下列关于直接融资的说法正确的有（　　）。

A.社会安全性较强　B.筹资方直接面对市场
C.银行既是债务人，又是债权人　D.以证券公司为核心
E.割断了资金盈余者与资金短缺者的直接联系

（2）按照金融活动的性质和功能不同，金融一般包括（　　）。

A.银行业　B.证券业　C.保险业
D.信托业　E.租赁业

（3）国家对金融运行的管理由一系列制度构成，包括（　　）。

A.货币制度和信用制度　B.利率制度和汇率制度
C.金融机构制度和金融市场制度　D.支付结算制度
E.金融监管制度

（4）在现代经济中，货币流通的形式包括（　　）。

A.以个人为中心的货币收支
B.以公司、企业等经营单位为中心的货币收支

C.以财政及机关、团体为中心的货币收支

D.以银行和非银行金融机构为中心的货币收支

E.对外货币收支

（5）下列属于非银行金融机构的有（　　）。

A.中央银行　　B.保险公司　　C.证券公司

D.信托投资公司　　E.邮局

1.3　判断题

（1）在现代资本主义市场经济产生之前，货币范畴同信用范畴保持着相互独立的发展状态。（　　）

（2）在现代市场经济中，货币流通与信用活动变成了同一过程。（　　）

（3）在西方，学术界都是以“窄口径”来定义“金融”的。（　　）

（4）资金供求双方通过金融市场融资是间接金融形式。（　　）

（5）狭义的金融市场是指衍生金融工具市场。（　　）

1.4　简答题

（1）金融的门类构成是怎样的？

（2）简述金融体系的内涵和构成。

（3）比较分析直接融资和间接融资。

● 技能训练

判断下列金融交易所反映的是直接融资还是间接融资：

（1）你在工商银行存入5万元，李先生从工商银行借了5万元用来购车。

（2）你通过某证券公司经纪人买了A公司的股票。

（3）你支付了人寿保险的保费，人寿保险公司向某个购房人发放了抵押贷款。

（4）你购买了华夏基金的份额，华夏基金购买了B公司的股票。

（5）你委托某投资银行的经纪人买了C公司的债券。

（6）你从父母那里借了10万元用于创业投资。

（7）你在场外市场购买了3年期国债。

（8）你每月向养老基金账户存入500元，这个养老基金公司买入了D公司的股票。

能力训练

● 案例分析

小张毕业后经过5年的打拼，获得的各项收入在扣除日常必要开支后还剩20万元，目前他没有投资创业的计划，也暂时没有特别需要用钱之处，他想用这20万元做一个投资理财规划。请你为小张设计至少6条与金融相联系的理财途径，并分析每条途径的收益与风险特点。

● 实务操作

1.1　查阅相关资料，了解我国金融体系的现状，并分析其发展趋势。

1.2　登录中国人民银行网站（http：//www.pbc.gov.cn/），点击相关链接，了解我国金融市场运行情况和其他金融基本信息。

模块2　金融的起点

第2章

货币与货币制度

学习目标

通过本章的学习，你应该达到以下目标：

知识目标：了解货币的起源与货币形态的演变；掌握货币的职能；掌握货币制度的构成要素和演变过程；掌握货币的概念和货币的层次划分。

能力目标：能够联系实际解读货币的各项职能；能够解读我国定期公布的各层次货币供给量的含义；能够从货币的形态变迁解读数字人民币。

素养目标：深刻领悟习近平总书记关于“金融制度是经济社会发展中重要的基础性制度”的重要论述，明确金融制度建设是金融行业发展的重中之重，严格遵守人民币制度的有关规定。

导读

在现实经济生活中，人们几乎每天都在和货币打交道，用货币购买商品和服务，用货币进行各种投资、创办各类企业。或真实或虚拟，或有形或无形，货币无处不在，并以其特有的魅力和渗透力影响着社会经济生活的方方面面。那么，究竟什么是货币？它是怎么来的？货币可以是什么样子的？为什么如今看不见货币却可以完成结算和收付款？货币形态的变迁是怎样的？未来的货币会是什么样的？货币有哪些职能？什么是货币制度？货币制度的历史演变是怎样的？人民币制度有哪些内容？本章将带领大家探寻答案。下面是本章内容结构导图。

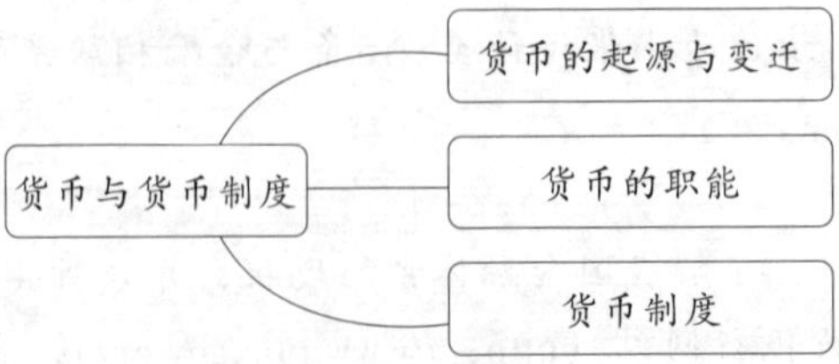

2.1 货币的起源与变迁

2.1.1 货币的起源

马克思从商品生产和商品交换的角度入手，通过对价值形式发展过程的研究，揭示了货币的起源：货币是商品生产和商品交换发展到一定历史阶段的必然产物，是商品价值形式发展的结果。

货币并不是人类社会一开始就有的，它是与商品相伴而生的经济范畴。商品是通过市场来交换的物品。在商品交换中，人们必须衡量商品的价值，而商品价值的实体——人类的一般劳动耗费既看不见，也摸不着，只能通过交换用另一种商品来表现和衡量。这种商品价值的表现形式随着商品交换的不断发展而演变，经历了由低级到高级的发展过程，即由简单的（或偶然的）价值形式，经过扩大的（或总和的）价值形式、一般价值形式，最后到达货币价值形式，货币应运而生。

（1）简单的（或偶然的）价值形式。原始社会末期，随着生产力的发展，出现了剩余产品，于是原始部落之间出现了不经常的、个别的、偶然的商品交换。这种交换是以物易物的直接交换，一种商品的价值直接以另一种商品的使用价值表现出来。这种价值的表现形式就是简单的或偶然的价值形式，如1只羊=1担稻谷。这里，1只羊处于相对价值形式，1担稻谷处于等价形式。但1担稻谷只是1只羊的个别等价物，其价值表现是不充分的。

（2）扩大的（或总和的）价值形式。随着生产力的发展、社会分工的出现，可供交换的物品不断增多，从而使经常交换成为可能，交换的范围不断扩大，一种商品可以用来交换多种商品。这样，一种商品的价值不再偶然地表现在另一种商品上，而是经常地表现在多种商品上，于是出现了扩大的价值形式（如图2-1所示）。

$$
1\text{只羊} = \begin{cases} 1\text{担稻谷} \\ 2\text{斤茶叶} \\ 20\text{尺棉布} \\ 1\text{克黄金} \\ \vdots \end{cases}
$$

图2-1 扩大的价值形式

扩大的价值形式同简单的价值形式相比，其特点是：它使商品的价值第一次真正地表现为人类抽象劳动的凝结，商品价值的表现与使用价值的自然形态无关。交换已不再是偶然的，而是经常发生，即各种商品之间的交换比例比较稳定地与它们所包含的价值量趋于一致。其缺点是：商品的相对价值表现是未完成的，是永无止境的，一旦有新的商品出现，这个序列就会延长；各种商品都由许多商品共同表现其价值，各种商品的价值表现又都不一样；交换过程趋于复杂，加大了交易的难度。

（3）一般价值形式。随着生产力的进一步发展，社会分工越来越细，用来交换的产品越来越多。人们为了顺利实现换取自己所需产品的愿望，就到市场上先把自己的产品换成一种经常出现并为大家普遍乐于接受的产品，然后用这种产品去换取自己需要的产品。这种被人们乐于接受的商品就成了特殊商品，它从普通商品中分离出来，充当一切商品的一般等价物，一切商品的价值就共同表现在充当一般等价物的商品上，这时，扩大的价值形式就过渡到了一般价值形式（如图2-2所示）。

1担稻谷
2斤茶叶
20尺棉布 } = 1只羊
1克黄金
⋮

图2-2　一般价值形式

一般价值形式是商品价值形式演变过程中质的飞跃。在这种形式下，商品之间以一般等价物作为交换的媒介，在一定程度上克服了物物直接交换的困难。作为一般等价物的商品具有同所有商品直接交换的能力，实际上起着货币的作用，是货币的原始形态，即通常所说的实物货币。

（4）货币价值形式。历史上充当一般等价物的商品并不固定，不同地区、不同时期充当一般等价物的商品是不同的。在商品交换不断发展的过程中，充当一般等价物的商品经过长期的选择固定在某一种特殊商品身上，货币由此产生。这时，一般价值形式就过渡到了货币价值形式（如图2-3所示）。货币产生以后，以物易物的直接交换就转变为以货币为媒介的商品流通，从而大大促进了商品经济的发展。

1只羊
1担稻谷
2斤茶叶 } = 1克黄金
20尺棉布
⋮

图2-3　货币价值形式

由此可见，从货币产生的过程及最终结果来看，货币是固定地充当一般等价物的特殊商品，它体现了一定的社会生产关系。

一方面，货币是商品，具有商品的共性。另一方面，货币不是一般商品，而是特殊商品，其特殊性表现在货币取得了一般等价物的独占权，任何商品都不能与其并列。它具有两个显著特征：其一，货币能够表现一切商品的价值；其二，货币具有同一切商品直接交换的能力。

答疑解惑 2-1

生活中，我们经常听到“他有钱、他很富”这类话，请问：货币等同于财富吗？为什么？

答：货币与财富不应等同。就一个人或一个家庭来说，其财富总量由两部分组成，即实物资产和金融资产。其中，金融资产包括货币（现金和存款）、有价证券（股票和债券）、保单等。可见，货币只是其财富总量中的一部分。

2.1.2　货币形态的演变

货币形态指货币的存在形式，即货币是用什么材料制作的。在数千年的发展过程中，货币形态经历了从实物货币、金属货币到可兑换的信用货币（代用货币）、不兑现的信用货币、存款货币和电子货币的演变（如图2-4所示）。货币形态的变化，是不断适应社会生产的发展过程，同时也是消除前一种货币形式无法克服的缺点的过程。

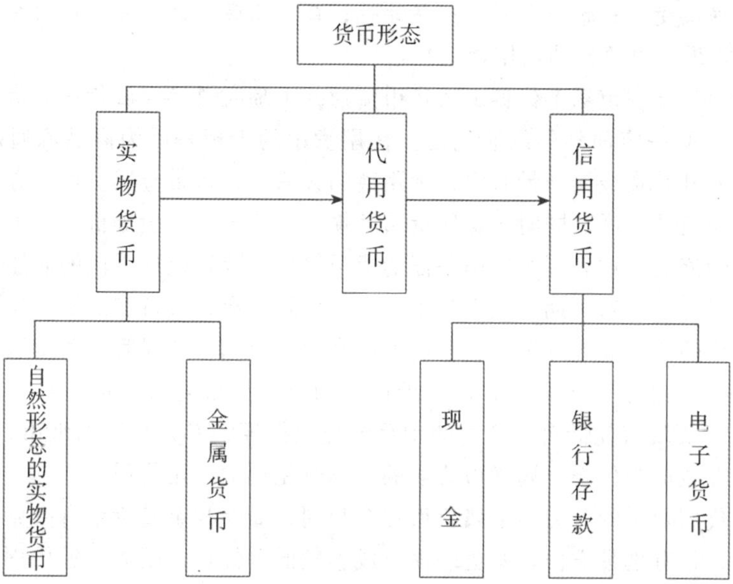

图2-4　货币形态的演变

1.实物货币

（1）自然形态的实物货币。早期的实物货币一般都是由普通的、大家都乐意接受的商品来充当的。它本身既作为商品，同时又作为货币充当交换媒介，因此实物货币是足值货币。历史上，贝壳、丝绸、牲畜等都充当过货币。这些实物货币基本上保持原来的自然形态。其典型特征是能代表财富，是普遍的供求对象；但体积大，不宜分割，如果分割就将出现价值与体积不成比例的问题；不易携带和运输，缺乏统一的价值衡量标准，质量极不稳定，因而实物货币不是理想的货币材料。

知识拓展2-1

中国早期的货币

（2）金属货币。随着生产力水平的提高和交易规模的扩大，实物货币发展到它的高级阶段——金属货币阶段。金属货币是以铜、铁、金、银作为货币材料的货币。它经历了从贱金属到贵金属、从金属称量制到金属铸币制的发展过程。其中，以黄金、白银作为货币，几乎是所有国家共同的金属货币史。这主要是因为黄金、白银价值较高、币值稳定、易于分割、便于保存和携带。

知识拓展2-2

中国金属货币的发展情况

金属货币虽然有很多优点，但其数量，特别是金、银这些贵金属的数量是有限的，因此当经济进一步发展、商品流通范围进一步扩大以后，金属货币的数量难以满足经济活动的需要。另外，金属货币还有其他缺点：鉴别成色和称量麻烦；携带运输成本高且有相当的风险；因磨损而减轻分量，使铸币面值与实际价值不符等。于是，金属货币逐渐被其他货币形式所取代。

答疑解惑 2-2

充当货币材料的物质一般具备什么特征？

答：普遍接受性；价值稳定性；稀缺性；便于携带，易于分割；供给富有弹性。

2.代用货币（可兑换的信用货币）

代用货币是指在市场上代替金银货币流通并可随时兑换金属货币的货币形态，其一般形态是标明一定面额的纸质凭证。代用货币的出现是因为商品流通范围日益扩大，而金属尤其是贵金属产量有限，远距离的大宗交易携带金属货币不方便，这些都制约着商品流通的发展。同时，金属货币磨损后仍能充当一般等价物，被人们照常接受，并不影响流通，这表明可以用象征的货币符号来执行流通手段的职能。

在贵金属货币流通时期，人们为了安全、保险，会将其持有的贵金属货币存放在专门经营货币的货币商人那里，货币商人向客户开出相应的保管凭条。这种保管凭条就是典型的代用纸币，人们拿着这种纸币，随时向货币商人兑付金属货币。与此同时，货币商人及政府凭借自身拥有的十足的金银保证，发行自己的纸币，即银行券。于是，银行券就成为代替金属货币流通的可随时兑换的代用货币。

可见，代用货币的效力与金属货币完全相同，能够与金属货币自由兑换，有足额的金银准备，且有携带方便、避免磨损、成本较低等优点，因而在近代货币史上持续了很长时间。19世纪下半期，各国可兑换金币的银行券广泛流通。此时的银行券是金的符号，以金为后盾，代替金币进行流通，流通中仍有大量的金币充当货币。银行券是表征货币，即实际价值低于它所代表的价值，它的出现是货币币材的一大转折，为其后不兑现纸币的产生奠定了基础。

随着经济的发展，货币需要量增大，代用货币因发行量受到金属储备的限制而逐步停止兑换金银，直至退出历史舞台。

3.信用货币

典型的不兑现信用货币是政府纸币或者说是原始意义上的纸币，它是指与银行券同时流通、以国家政权为后盾、由国家发行的强制流通的纸质货币。与银行券相比，不兑现信用货币与贵金属没有比价关系，不能自由兑换金银，也不代表任何货币商品，即它以国家信用为基础，表现出强制流通的不可兑现的特征。目前，世界各国都采用这一货币形态。

知识拓展 2-3

最早的纸币

不兑现信用货币突破了货币商品形态对经济发展的制约，提供了一种政府调控经济的手段，所以说是货币发展历程中的重大飞跃。

信用货币的形式有多种，主要包括：

（1）现金，即通常所说的现钞，包括纸币和铸币。在日常经济生活中，现金主要服务于居民个人以及企业小额零星的购置与支付。

（2）存款货币。它是信用货币的主要组成部分。在日常经济生活中，存款货币主要服务于企业之间的经济往来以及税款上缴、财政经费下拨、银行贷款的发放与收回等。20世纪50年代以来，由于信用制度发达，银行结算手段改进，现金流通逐渐减少，货币主要采取存款形式，通过支票转账结清债权债务。货币的概念得以扩展，不仅包括现金，还包括可转账的活期存款，并且将不能随时转账的定期存款和储蓄存款称为“准货币”。随着信用关系的发展，居民个人的货币收付也越来越多地采用存款货币形式，因此存款货币在信用货币中所占的比重越来越大。

知识拓展2-4

网络虚拟货币

（3）电子货币。它是以电子数据形式存储于银行的计算机系统中，并通过计算机系统以电子信息传递形式实现流通和支付功能的货币。这种货币没有物理形态，是以既有通货为基础的新的货币形态或支付方式。电子货币最早是美国采用的电子资金划转系统，代替支票支付账单。之后又出现了借记卡支付形式，即银行在各个销售场所设置POS终端机，与银行的电脑中心相联，顾客在购物时，只要将银行卡插入终端机，输入密码，电脑就可以立刻将交易额从顾客的账户上划转到商家的账户上。再后来又出现了储值卡，它是一种较为高级的电子货币。近几年，随着计算机和互联网的高速发展，电子货币又有了新的形态，即付款人把现金从银行转到一家线上支付平台的账户中，获得电子现金，通过使用电脑或手机完成支付。

2.1.3 货币层次的划分

信用货币就其周转特点而言，有的流动性强，频繁地作为流通手段和支付手段，对经济运行的影响较大；有的流动性不强，作为流通手段和支付手段的间隔期较长，对经济运行的影响力相对较弱。为了把握流通中各类货币的特性、运行规律，进而探索货币流通与商品流通在结构上的依存关系和适应程度，并为中央银行货币政策的制定和调整提供决策依据，许多国家都以货币流动性的强弱程度为标准划分货币层次。目前，我国将货币划分为三个层次并定期向社会公布。其具体划分如下：

M_0=流通中的现金

M_1=M_0+企业单位活期存款+机关团体、部队存款+农村存款+个人持有的银行卡存款

M_2=M_1+企业单位定期存款+居民个人储蓄存款+外币存款+信托类存款+证券公司的客户保证金存款+住房公积金中心存款+非存款类金融机构在存款类金融机构的存款

式中：M_1称为狭义货币，其流动性较强；M_2称为广义货币；M_2与M_1之差为准货币，其流动性相对较弱。

2.1.4 数字人民币

当前，我国经济正处在从高速增长向高质量发展转换阶段，以数字经济为代表的科技创新成为催生发展动能的重要驱动力。一方面，网上购物、线上办公、在线教育等数字工作、生活形态更加活跃，数字经济覆盖面不断拓展，欠发达地区、边远地区社会公众的线上金融服务需求日益旺盛；另一方面，我国电子支付尤其是移动支付快速发展，为社会公众提供了便捷高效的零售支付服务，在助力数字经济发展的同时，

也培养了公众的数字支付习惯，提升了公众对技术和服务创新的需求。

经济社会要实现高质量发展，客观上需要更为安全、通用、普惠的新型零售支付基础设施作为公共产品，进一步满足社会公众多样化的支付需求。而现金管理成本较高，其设计、印制、调运、存取、鉴别、清分、回笼、销毁以及防伪反假等诸多环节耗费了大量人力、物力、财力。在此大背景下，我国从2014年就开始了对数字人民币的探索研究。历经十几年的研发设计、系统搭建、发行试点、应用推广，数字人民币已成为我国新的货币形态。

1. 数字人民币的定义

数字人民币（字母缩写按照国际使用惯例暂定为“e-CNY”）是由中国人民银行发行的数字形式的法定货币，由指定运营机构参与运营，以广义账户体系为基础，支持银行账户松耦合功能，与实物人民币等价，具有价值特征和法偿性。其主要含义包括：

（1）数字人民币是央行发行的法定货币。一是数字人民币具备货币的价值尺度、交易媒介、价值贮藏等基本功能，与实物人民币一样是法定货币。二是数字人民币是法定货币的数字形式。从货币发展和改革历程看，货币形态随着科技进步、经济活动的发展不断演变，实物、金属铸币、纸币均是相应历史时期社会发展进步的产物。数字人民币发行、流通管理机制与实物人民币一致，但以数字形式实现价值转移。三是数字人民币是央行对公众的负债，以国家信用为支撑，具有法偿性。

（2）数字人民币实行中心化管理、双层运营。数字人民币发行权属于国家，人民银行在数字人民币运营体系中处于中心地位，负责向作为指定运营机构的商业银行发行数字人民币并进行全生命周期管理，指定运营机构及相关商业机构负责向社会公众提供数字人民币兑换和流通服务。

（3）数字人民币主要定位于现金类支付凭证（M_0），将与实物人民币长期并存。数字人民币与实物人民币都是央行对公众的负债，具有同等法律地位和经济价值。数字人民币将与实物人民币并行发行，中国人民银行会对二者共同统计、协同分析、统筹管理。国际经验表明，支付手段多样化是成熟经济体的基本特征和内在需要。中国作为地域广阔、人口众多、多民族融合、区域发展差异大的大国，社会环境以及居民的支付习惯、年龄结构、安全性需求等因素决定了实物人民币具有其他支付手段不可替代的优势。只要存在对实物人民币的需求，中国人民银行就不会停止实物人民币供应或以行政命令对其进行替换。

（4）数字人民币是一种零售型央行数字货币，主要用于满足国内零售支付需求。

（5）在未来的数字化零售支付体系中，数字人民币和指定运营机构的电子账户资金具有通用性，共同构成现金类支付工具。

2. 数字人民币的目标和愿景

中国研发数字人民币体系，旨在创建一种以满足数字经济条件下公众现金需求为目的、数字形式的新型人民币，配以支持零售支付领域可靠稳健、快速高效、持续创新、开放竞争的金融基础设施，支撑中国数字经济发展，提升普惠金融发展水平，提高货币及支付体系运行效率。

（1）丰富央行向社会公众提供的现金形态，满足公众对数字形态现金的需求，助力普惠金融。随着数字技术及电子支付的发展，现金在零售支付领域的使用日益减少，但央行作为公共部门有义务维持公众直接获取法定货币的渠道，并通过现金的数字化来保障数字经济条件下记账单位的统一性。数字人民币体系将进一步降低公众获得金融服务的门槛，保证对广泛群体和各种场景的法定货币供应。没有银行账户的社会公众可通过数字人民币钱包享受基础金融服务，短期来华的境外居民可在不开立中国大陆银行账户的情况下开立数字人民币钱包，满足在华的日常支付需求。数字人民币"支付即结算"的特性也有利于企业及有关方面在享受支付便利的同时，提高资金周转效率。

（2）维护零售支付领域的公平、效率和安全。数字人民币将为公众提供一种新的通用支付方式，可丰富支付工具的类型，有助于提升支付体系的效率并保障其安全。中国一直支持各种支付方式协调发展，数字人民币与一般电子支付工具处于不同维度，既互补也有差异。数字人民币基于M_0定位，主要用于零售支付，以提升金融普惠水平为宗旨，借鉴电子支付技术和经验并对其形成有益补充。虽然支付功能相似，但数字人民币和电子支付工具也存在一定差异：①数字人民币是国家法定货币，是安全等级最高的资产。②数字人民币具有价值特征，可在不依赖银行账户的前提下进行价值转移，并支持离线交易，具有"支付即结算"特性。③数字人民币支持可控匿名，有利于保护个人隐私及用户信息安全。

（3）积极响应国际社会倡议，探索改善跨境支付。当前，社会各界对数字人民币在实现跨境使用、促进人民币国际化等方面较为关注。跨境支付涉及货币主权、外汇管理政策、汇兑制度安排和监管合规要求等众多复杂问题，也是国际社会共同致力推动解决的难题。货币国际化是一个自然的市场选择过程，国际货币地位根本上由经济基本面以及货币金融市场的深度、效率、开放性等因素决定。数字人民币具备跨境使用的技术条件，但当前主要用于满足国内零售支付需要。中国人民银行将积极响应二十国集团（G20）等国际组织关于改善跨境支付的倡议，研究央行数字货币在跨境领域的适用性。根据国内试点情况和国际社会需要，中国人民银行将在充分尊重双方货币主权、依法合规的前提下探索跨境支付试点，并遵循"无损""合规""互通"三项要求，与有关货币当局和央行建立法定数字货币汇兑安排及监管合作机制，坚持双层运营、风险为本的管理要求和模块化设计原则，以满足各国监管及合规要求。

3. 数字人民币的设计特性

数字人民币设计兼顾实物人民币和电子支付工具的优势，既具有实物人民币的支付即结算、匿名性等特点，又具有电子支付工具成本低、便携性强、效率高、不易伪造等优势。其主要考虑以下特性：

（1）兼具账户和价值特征。数字人民币兼容基于账户（Account-Based）、基于准账户（Quasi-Account-Based）和基于价值（Value-Based）等三种方式，采用可变面额设计，以加密币串形式实现价值转移。

（2）不计付利息。数字人民币定位于M_0，与同属M_0范畴的实物人民币一致，不对其计付利息。

(3) 低成本。与实物人民币管理方式一致，中国人民银行不向指定运营机构收取兑换流通服务费用，指定运营机构也不向个人客户收取数字人民币的兑出、兑回服务费。

(4) 支付即结算。从结算最终性的角度看，数字人民币与银行账户松耦合，基于数字人民币钱包进行资金转移，可实现支付即结算。

(5) 匿名性（可控匿名）。数字人民币遵循“小额匿名、大额依法可溯”的原则，高度重视个人信息与隐私保护，充分考虑现有电子支付体系下业务风险特征及信息处理逻辑，满足公众对小额匿名支付服务的需求。同时，防范数字人民币被用于电信诈骗、网络赌博、洗钱、逃税等违法犯罪行为，确保相关交易遵守反洗钱、反恐怖融资等规定。数字人民币体系收集的交易信息少于传统电子支付模式，除法律、法规有明确规定外，不提供给第三方或其他政府部门。中国人民银行内部对数字人民币相关信息设置“防火墙”，通过专人管理、业务隔离、分级授权、岗位制衡、内部审计等制度安排，严格落实信息安全及隐私保护管理，禁止任意查询、使用。

(6) 安全性。数字人民币综合使用数字证书体系、数字签名、安全加密存储等技术，实现不可重复花费、不可非法复制伪造、交易不可篡改及抗抵赖等特性，并已初步建成多层次安全防护体系，保障数字人民币全生命周期安全和风险可控。

(7) 可编程性。数字人民币通过加载不影响货币功能的智能合约，实现可编程性，使数字人民币在确保安全与合规的前提下，根据交易双方商定的条件、规则进行自动支付交易，促进业务模式创新。

知识拓展2-5　数字人民币与微信、支付宝等第三方支付工具的不同

数字人民币与微信支付、支付宝等第三方工具不同，它是电子版的货币，具有M_0属性。表2-1是数字人民币与支付宝、微信支付的比较。

表2-1　数字人民币与支付宝、微信支付

类目	数字人民币	支付宝、微信
性质	是钱，相当于拿着一把“电子钱”直接付给商家	是“钱包”，里面既能装银行存款货币，也能装数字人民币。付款时从“钱包”里拿钱给商家
安全性	以国家信用为支撑	以企业信用为支撑，如果企业出现问题，账户安全性可能也会受到影响
能否拒收	全面推广后，任何商家都不能拒收数字人民币	商家可以拒绝消费者使用微信、支付宝
网络	没有网络也可使用	没有网络难以使用
提现成本	兑换纸币无服务费	提现过程中可能产生服务费
支付效率	支付即结算，确保实时到账	第三方支付清算资金则要延时到账
支付成本	收付款无此手续费	如果是第三方支付，收款商户需要承担一定的支付和提现手续费

2.2　货币的职能

货币的职能是货币本质的表现，是货币作为一般等价物所固有的功能。货币具有价值尺度、流通手段、贮藏手段、支付手段、世界货币五大职能，其中价值尺度和流通手段是基本职能。

2.2.1　价值尺度

货币在表现商品的价值并衡量商品价值量的大小时，发挥价值尺度的职能。这是货币最基本、最重要的职能。商品的价值用货币表现出来后，即成为商品的价格，所以说价格是商品价值的货币表现。由于各种商品的价值量不同，表现为货币的数量和价格的高低也不同，如1辆自行车的价格是500元，1辆小汽车的价格是10万元等。

货币在执行价值尺度职能时，只是想象的或观念上的货币，不需要现实的货币，即不必有相应数量的货币放在商品旁边，而是给商品贴上一个价码标签。

货币在执行价值尺度职能时，本身应该有刻度。用术语来表示，就是应该有价格标准。它是货币发挥价值尺度职能的前提。所谓价格标准，就是人们规定的货币单位及等分。价格标准最初同衡量货币金属的重量单位是一致的。例如，我国过去长期将“两”作为价格标准，也将其作为货币单位。后来随着历史的演变，价格标准和重量标准逐渐分离，如英镑的“镑”。

价值尺度和价格标准是两个完全不同的概念。第一，价值尺度是在商品交换中自发形成的；而价格标准是国家法律规定的。第二，价值尺度是人类劳动的体化物，是用来衡量商品价值的；而价格标准表示货币商品本身的重量，并以此来衡量不同商品的价值量。第三，作为价值尺度，货币的价值量随着社会劳动生产率的变化而变化；而价格标准是货币单位本身的重量，它与劳动生产率的变化没有关系。尽管存在这些区别，价值尺度与价格标准两者之间还是有密切联系的，价格标准是为货币发挥价值尺度作用而做出的技术规定，是货币发挥价值尺度作用的前提。

2.2.2　流通手段

在商品交换中，当货币作为交换媒介实现商品的价值时，就执行了流通手段的职能。货币出现后，商品交换不再是物与物的直接交换，而是商品所有者先把商品换成货币，即“卖出”，然后再用货币换取所需的商品，即“买进”。这种以货币为媒介的商品交换，即商品流通。货币充当商品交换的媒介，执行流通手段的职能，降低了买卖的难度，缩短了交易时间，节省了交易成本，大大提高了交换的效率，并确保了商品流通的链条连续运转。

与货币的价值尺度职能不同的是，充当流通手段的货币不能是观念上的货币，而必须是现实存在的货币。这里的现实货币可以是有形的货币，也可以是无形的货币。

充当流通手段的货币不一定是具有十足价值的货币或货币本体。历史上足值、不足值甚至是无价值的货币都可以执行流通手段的职能。因为货币作为流通手段时只是一种交易的媒介，商品所有者出售商品，换取货币，目的是用货币去购买自己所需的商品；只要货币能购得自己所需要的商品，货币本身的价值对商品所有者而言并不重要。正是这一特点的不断发展最终促成了纸币的产生。

2.2.3 贮藏手段

当货币暂时退出流通领域，被人们当作社会财富的一般代表而保存、收藏起来时，货币就执行了贮藏手段职能。

货币贮藏在不同历史阶段的表现形式是不同的。在金属货币流通的条件下，货币贮藏的方式是窖藏货币，其特点是足值货币，具有自发调节货币流通的作用。当流通中需要的货币量减少时，多余的金属货币就会退出流通领域被贮藏起来；反之，当流通中需要的货币量增多时，贮藏的金属货币又会重新进入流通领域，以满足商品流通的需要。如果说贮藏货币是"蓄水池"，那么贮藏手段就是"排水沟""引水渠"。在现代信用货币流通的条件下，人们除了将金银及其他资产（如房产、珠宝等）作为贮藏手段外，更为普遍的是采取银行存款的形式。对储存者来说，只要不发生通货膨胀，币值稳定，信用货币的贮藏同样具有积累和储存价值的意义。但从全社会来看，这并不意味着有相应数量的货币退出流通领域，因为银行等机构可以通过贷款等方式将它重新投入流通领域，而不像金属货币贮藏那样暂时处于静止状态。因此，在信用货币流通的条件下，货币管理当局需要加以调控，方能实现货币流通的稳定。

同步案例2-1

案例分析2-1

我国2008年发行的面值10元的奥运纪念钞受到各界人士的普遍关注，收藏人员李某花了1 500元买了一张该纪念钞。这里的1 500元执行的是货币的什么职能？

分析提示

2.2.4 支付手段

货币作为价值的独立形态进行单方面转移时，通常执行的是清偿债务或付款的功能。货币支付手段的职能最初是由商品赊销引起的。商品的买方在偿还赊销款项时，货币已经不是商品交换的媒介，而是作为价值的独立形态单方面转移给卖方。随着商品交换及信用关系的发展，货币执行支付手段职能的领域不断扩大，除了货币借贷及商品流通外，缴纳税费、交付租金、支付工资等也都是货币在执行支付手段的职能。

执行支付手段职能的货币与执行流通手段职能的货币一样，都是现实的货币，流通中的每一枚货币，通常都是交替地执行这两种职能。因此，流通中需要的货币数量不仅取决于商品价格总额，即执行流通手段职能所需要的货币数量，同时，还受货币执行支付手段职能的影响。

货币作为支付手段，一方面克服了作为交易媒介要求"一手交钱、一手交货"的局限性，使买与卖的过程相互分离，促进了商品生产和商品流通的发展；另一方面也扩大了商品经济的矛盾。信用关系的过分扩张，或某些企业生产流转过程出现问题，都会导致到期不能支付的“脱节”问题。

2.2.5　世界货币

随着国际贸易的发展，货币超越国界在国际市场上发挥一般等价物的作用，执行价值尺度、流通手段、贮藏手段、支付手段职能时，便成了世界货币。

在各国实行金本位制时期，银行券可以兑换黄金，黄金可以自由输出、输入，黄金不仅在国内市场上是货币，在国际市场上也是货币。当它在国际市场上执行货币职能时，即为世界货币。在现代信用货币制度下，一种货币若能在国际上被公认并具有普遍接受性，它就能在经常性的国际交往中执行世界货币的职能。

答疑解惑2-3

货币的五种职能有内在联系吗？

答：货币的五种职能有内在联系，其中价值尺度和流通手段是货币的两个基本职能，其他职能在这两种职能的基础上产生。所有商品首先都要借助货币的价值尺度表现其价值，然后通过流通手段实现其价值；正因为货币具有流通手段职能，可以随时购买商品，货币作为价值的独立形态而存在，可以用于各种支付，人们才愿意贮藏货币，货币由此执行贮藏手段的职能；支付手段职能是以贮藏手段职能的存在为前提的；而世界货币职能则是货币其他四种职能在国际市场上的延伸和发展。

2.3　货币制度

2.3.1　货币制度的概念及主要内容

货币制度也称货币本位制，简称币制，是一个国家或地区以法律形式确定的货币发行与流通的准则和规范。货币制度主要包括以下几项内容：

（1）确定货币币材。本位币是一国法律规定的标准货币，具有无限清偿的能力。确定用什么材料作本位币，是建立货币制度的首要步骤，也是建立整个货币制度的基础。各国在经济发展的不同阶段规定的币材不同，由此形成了不同的货币本位制度。

（2）确定货币单位。货币单位是一国法律规定的货币计量单位。货币单位的确定就是规定货币单位的名称和货币单位的币值。规定了货币单位也就规定了价格标准。货币单位最早与货币商品的自然单位和重量单位一致，如我国秦代铸造过“半两”铜钱，汉代铸造过“五铢”铜钱，钱面上分别铸有“两”“铢”字样。后来由于种种原因，货币单位日益与自然单位、重量单位相脱离。有的维持原名，内容发生变化。例如，英国货币单位“镑”就是重量单位名称。有的则完全摆脱旧名，重立新名。例如，中国以元为货币单位。

（3）规定主币与辅币的铸造、发行和流通程序。一个国家的通货通常分为主币（即本位币）和辅币，它们各有不同的铸造、发行和流通程序。主币是一国的基本通货。辅币是主币以下的小额货币，供日常零星交易和找零之用。

在金属货币流通的条件下，货币的发行与流通表现为本位币与辅币的铸造和管理。本位币的特点是：①本位币是足值的货币，即它的名义价值（面额）与实际价值一致；②本位币可以自由铸造、自由熔化，即每个公民都有权把货币金属送到国家造币厂请求铸成本位币，造币厂不收费或只收很低的费用；③本位币具有无限法偿能力，即具有无限的法定支付能力。

辅币的特点是：①辅币通常用贱金属铸造，辅币的实际价值低于其名义价值，是不足值的铸币；②辅币不能自由铸造，只有国家才能铸造；③辅币是有限法偿货币，在交易、支付活动中，超过规定的限额，对方有权拒绝接受；④辅币可以与主币自由兑换。

纸币本位制下，纸币的发行权由国家货币管理当局垄断，货币的流通与银行业的经营活动及中央银行的宏观调控结合在一起，主币和辅币的名义价值都高于实际价值，由国家确定为均具有无限法偿的能力。

（4）规定准备制度。为了稳定货币，各国货币制度中都包含准备制度的内容。

在金属货币流通的条件下，建立准备制度主要是建立国家的金准备或称黄金储备，它是一国货币发行与稳定的基础。金准备的用途主要有：①作为时而扩大、时而收缩的国内金属货币流通的准备金；②作为支付存款和兑换银行券的准备金；③作为国际支付准备金。

在不兑现纸币制度下，各国的准备制度由黄金准备和外汇准备制度构成，黄金、外汇由中央银行集中保管，作为国际支付的准备金。

2.3.2 货币制度的演变

纵观世界各国货币制度的演变过程，大体上经历了银本位制、金银复本位制、金本位制、纸币本位制等阶段（如图2-5所示）。

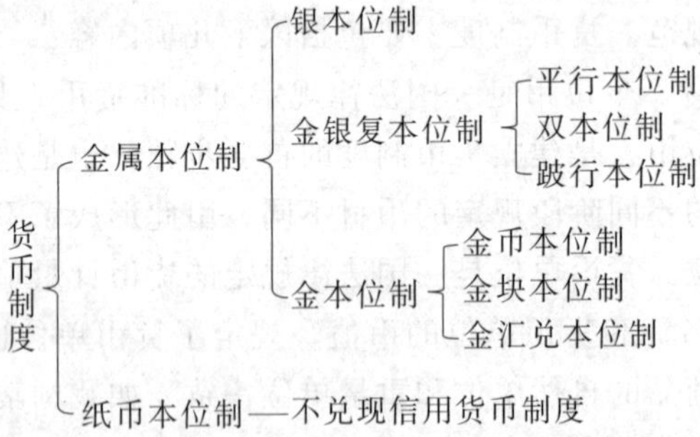

图2-5 货币制度的演变

1.银本位制

银本位制是将白银作为本位币的一种货币制度，包括银两本位制和银币本位制。其基本内容是：本位币的币材是白银；银币可以自由铸造、自由熔化；银行券可以自由兑换成银币；白银与银币可以自由输入、输出；银币具有无限法偿能力。

银本位制是历史上最早的货币制度。在纪元前及纪元初期，欧洲许多国家，如英国、法国、意大利等，均曾有银币流通。16世纪银本位制开始盛行，如墨西哥、日本、印度等国都实行过银本位制。

银本位制主要适用于商品生产不够发达和黄金供应较少的国家。随着时间的推移，银本位制也出现了不少缺陷，其主要缺陷是价值不稳。这是因为世界白银的产量持续增加，导致白银的价格逐步下降，使得黄金同白银的比价持续下跌。这种情况既不利于国内货币流通，也不利于国际结算。加上银币体重价轻，不适合巨额支付，因而许多国家纷纷由银本位制过渡到金银复本位制。

我国自宋代开始银铜并行，直至清宣统二年（1910年）4月，清政府颁布了《币制则例》，正式确定我国实行银本位制。而我国银本位制的健全则是在1933年，国民政府宣布"废两改元"，公布《银本位铸造条例》；但1935年11月又宣布实行"法币改革"，废止了银本位制。

2.金银复本位制

金银复本位制是同时以金、银两种金属作为本位货币的货币制度。其基本内容是：金、银两种金属同时作为币材；金币和银币都可以自由铸造、自由熔化、自由输出和输入；金币和银币都具有无限法偿能力。

金银复本位制1663年始于英国，随后欧洲各主要国家纷纷采用。金银复本位制有以下三种类型：

（1）平行本位制，即金币和银币按其实际价值流通，两种货币的兑换比率完全由市场比价决定，国家不规定金币与银币之间的法定比价。

（2）双本位制，即国家以法律形式规定金银两种货币的固定比价，并要求按法定比价进行流通。

金币与银币的市场比价经常变动，使以不同货币表示的商品价格也经常发生变化，这不利于经济的发展。为了克服这一缺点，一些国家以法律形式规定了金银比价，即实行双本位制。但这又带来了另外一个问题：当金银币的法定比价与市场比价背离时，市场上会出现"劣币驱良币"的现象。劣币驱逐良币，又称格雷欣法则，是指当一个国家同时流通两种实际价值不同而法定比价不变的货币时，价值被低估的货币（即实际价值高于名义价值的货币，称为良币）就会被收藏、熔化或输出国外，而价值被高估的货币（即实际价值低于名义价值的货币，称为劣币）就会充斥市场，最后流通界只有一种货币——劣币。这一规律是16世纪英国金融家托马斯·格雷欣首先发现的，所以又称为格雷欣法则。

（3）跛行本位制，即金银两种金属同为本位币材料并有固定比率，但政府同时规定金币可自由铸造而银币不能自由铸造。在这种货币制度下，银币本位币的地位大打折扣，成为金币的附属货币，起辅助作用，两种货币的地位不平等，所以叫跛行本位制。它是由金银复本位制向金本位制过渡的一种货币制度。

3.金本位制

金本位制是指以黄金为本位币的货币制度。1816年，英国制定了《金本位制度法案》，开始采用金本位制。此后，资本主义各国都相继实行了金本位制。金本位制又可分为三种不同的形态。

（1）金币本位制。这是典型的金本位制，19世纪中叶到第一次世界大战前，主要资本主义国家多采用金币本位制。其基本内容是：黄金是本位币的币材；金币可以自由铸造、自由熔化；黄金和金币可以自由输出、输入；银行券可以自由兑换成金币；金币具有无限法偿能力。

第一次世界大战时期，特别是一战后，由于资本主义政治经济发展的不平衡，黄金的自由流通、银行券的自由兑换和黄金的自由输出入遭到破坏，各国先后放弃了金币本位制。

（2）金块本位制。它又称生金本位制，是指国内不铸造、不流通金币，而流通代表一定重量黄金的银行券，黄金由国家集中保存，银行券只能按照一定条件向发行银行兑换金块的金本位制度。如当时英国规定一次至少兑换400盎司金条，约合1 700英镑。

金块本位制实行的条件是保持国际收支平衡和拥有大量的平衡国际收支的黄金储备。一旦国际收支失衡，大量黄金外流或黄金储备不敷支付时，这种虚弱的黄金本位制就难以维持。1930年以后，英国、法国、比利时、荷兰、瑞士等国在世界经济危机的冲击下，先后放弃这一制度。

（3）金汇兑本位制。它又称虚金本位制，是一种间接兑换黄金的货币制度。实行这种货币制度的国家，国内不铸造、不流通金币，只流通规定含金量的银行券，但银行券在国内不能兑换黄金，中央银行将黄金和外汇存在另一实行金币本位制和金块本位制的国家，并规定本国货币与该国货币的法定兑换比率，居民可按法定兑换比率先用本国货币兑换该国货币，然后再向该国兑换黄金。从本质上看，它是一种附庸的货币制度。第一次世界大战前，它多为殖民地和附属国所采用。第二次世界大战后建立起来的以美元为中心的“布雷顿森林体系”就是一种国际金汇兑本位制。但从20世纪60年代起，美元发生多次危机，美国政府被迫于1971年8月15日宣布停止美元兑换黄金，金汇兑本位制彻底崩溃。

对于金块本位制和金汇兑本位制，流通中都没有金币，黄金失去了作为流通手段和支付手段的职能，因此均为残缺不全的金本位制，都是极不稳定的货币制度。1929—1933年世界经济危机的风暴摧毁了这种残缺不全的金本位制，各国先后实行了纸币本位制。

4.纸币本位制（不兑现的信用货币制度）

纸币本位制是以纸币为本位币的货币制度。纸币是由国家强制发行和流通的、不兑换金银的纸质货币符号。

纸币本位制取代金属货币本位制，是货币制度演进的质的飞跃。它突破了商品形态的桎梏，而以本身没有价值的信用货币作为流通中的一般等价物。纸币本位制有以下特点：

（1）流通中的货币都是信用货币，金银不再作为货币进入流通领域。

（2）信用货币由中央银行垄断发行，并由国家法律赋予无限法偿能力。

（3）信用货币的发行量不受黄金准备的限制，而取决于货币管理当局实施货币政策的需要。

（4）信用货币都是通过银行信用程序投入流通领域的，通过银行信用的扩张或收缩可以调节货币流通量。

（5）中央银行对货币流通的调节日益成为国家对宏观经济进行调控的重要手段。

纸币本位制是当今世界各国普遍实行的一种货币制度。其核心内容是稳定币值，促进经济发展。纸币币值稳定与否主要取决于银行信用、社会资源的保证程度以及社会公众的信心。

2.3.3　我国的货币制度

1.人民币制度

人民币是一种信用货币，人民币制度属于不兑现的信用货币制度。人民币于1948年12月1日由中国人民银行开始发行，这标志着人民币制度开始建立。随着社会主义制度的建立和社会经济的不断发展，人民币制度逐步完善。人民币制度主要包括以下内容：

（1）人民币是我国的法定货币，具有无限法偿能力。

（2）人民币的单位是“元”，元是主币，辅币的名称为“角”和“分”。人民币的符号为“￥”，货币代码为CNY。

（3）人民币的发行高度集中统一，由中国人民银行统一印制、发行。

（4）严禁伪造、变造人民币；禁止出售、购买伪造、变造的人民币；禁止故意损毁人民币；禁止在宣传品、出版物或其他商品上非法使用人民币图样。

（5）人民币是中国大陆唯一的合法通货。任何单位和个人不得印刷、发售代币票券以代替人民币在市场上流通。

（6）残缺、污损的人民币按照中国人民银行的有关规定兑换，并由中国人民银行负责收回、销毁。

（7）对人民币出入境实行限额管理。

（8）人民币在国际收支经常项目下可自由兑换。

2.“一国两制”下的地区货币制度

1997年7月和1999年12月，香港和澳门相继回归祖国。作为中华人民共和国的特别行政区，香港、澳门享有高度自治权，依照“一国两制”的总体精神，《香港特别行政区基本法》和《澳门特别行政区基本法》分别对香港特别行政区和澳门特别行政区的金融事务做出明确规定，港元和澳门元分别是其法定货币。

人民币、港元、澳门元虽然都是中华人民共和国流通的货币，但在法定地位、流通范围和货币主管当局等方面都存在差异。港元和澳门元在内地视同外币形式处理，人民币在香港和澳门地区也视同外币形式处理。

主要概念

货币　信用货币　价值尺度　流通手段　贮藏手段　支付手段　世界货币　价格标准　货币制度　金银复本位制　格雷欣法则　金本位制

知识训练

随堂测2

● 基础知识训练

2.1 单项选择题

(1) 货币的形态经历的阶段依次是（　　）。

A. 实物货币→信用货币→代用货币

B. 实物货币→代用货币→信用货币

C. 信用货币→金属货币→代用货币

D. 金属货币→代用货币→信用货币

(2) 货币可以观念形态执行的职能是（　　）。

A. 价值尺度　　B. 流通手段　　C. 贮藏手段　　D. 支付手段

(3) 在财政收支、银行吸收存款和发放贷款中，货币执行（　　）职能。

A. 价值尺度　　B. 流通手段　　C. 支付手段　　D. 贮藏手段

(4) 货币层次中的 M_0 是指（　　）。

A. 居民手持现金　　B. 流通中的现金　　C. 储蓄存款　　D. 狭义货币

(5) 我国人民币制度建立于（　　）。

A. 1948年　　B. 1949年　　C. 1950年　　D. 1953年

(6) 货币层次的划分国际上一般以货币的（　　）作为主要依据。

A. 安全性　　B. 稳定性　　C. 流动性　　D. 变现性

2.2 多项选择题

(1) 货币最基本的职能包括（　　）。

A. 流通手段　　B. 支付手段　　C. 贮藏手段　　D. 价值尺度

(2) 我国流通中使用的法定货币是人民币，其具体形态有（　　）。

A. 现金　　B. 信用卡　　C. 支票　　D. 银行存款

(3) 下列关于人民币的说法正确的有（　　）。

A. 是一种货币符号　　B. 由国家强制发行

C. 是一种信用货币　　D. 是一种可以兑现的货币

(4) 中国人民银行目前定期公布的货币层次有（　　）。

A. M_0　　B. M_1　　C. M_2　　D. M_3

2.3 简答题

(1) 简述货币各项职能的含义。

(2) 货币形态的演变是怎样的？

(3) 什么是数字人民币？

(4) 什么是货币制度？货币制度包括哪些内容？

(5) 金币本位制有哪些特点？

● 技能知识训练

登录中国人民银行网站（http: //www.pbc.gov.cn），熟悉并解读《中华人民共和国人民币管理条例》。

能力训练

● 案例分析

人民币国际化问题

近几年，人民币在周边国家的流通情况及使用范围可分为三种类型：

第一种，在新加坡、马来西亚、泰国、韩国、日本等国家，人民币的流通、使用主要是伴随旅游业的兴起而得以发展的。中国每年都有大批旅游者到这些国家观光旅游，因而在这些国家可以用人民币购买商品的购物店越来越多，可以用人民币兑换本国货币的兑换店和银行也开始出现。韩国比较知名的购物商场、酒店、宾馆等每日都公布人民币与本地货币、本地货币与美元的比价。人民币同本地货币和美元一样，可以用于支付和结算。

第二种，在中越、中俄、中缅、中老等边境地区，人民币的流通、使用主要是伴随着边境贸易、边民互市贸易、民间贸易和边境旅游业的发展而得以发展的。人民币作为结算货币、支付货币已经在这些国家中大量使用，并能够同这些国家的货币自由兑换。

第三种，由于内地和港澳地区存在着密切的经济联系，每年相互探亲和旅游的人数日益增多，人民币的兑换和使用相当普遍。资料显示，在香港，很多宾馆、商场尤其是游人常去的购物点，每天都会报出人民币与港币的汇率并直接受理人民币业务。

2019年至今，人民币的支付货币功能不断增强，投融资货币功能持续深化，储备货币功能逐渐显现，计价货币功能进一步实现突破，人民币继续保持在全球货币体系中的稳定地位。

根据案例资料，深入了解人民币国际化问题，探讨人民币国际化的策略路径。

● 实务操作

调查一家企业或一户家庭，了解其使用的货币执行流通和支付手段职能的情况。

第3章

信用与利息

学习目标

通过本章的学习，你应该达到以下目标：

知识目标：掌握信用及信用工具、利息、利率的概念，明确各种信用形式的内涵及各种利率之间的相互关系，了解信用、利率在经济运行中的作用。

能力目标：掌握利息的两种计算方法及其与终值、现值之间的联系，学会用现值观念解决投资决策中的问题；能运用各种信用形式和信用工具进行投融资活动；能依据利率决定的一般原理分析利率变动的原因，并预测市场利率的变动趋势。

素养目标：深刻理解信用、利息与利率的本源在于实体经济，因而金融业的根也在于实体经济，其发展动力和发展目标要服务于实体经济。

导读

在现代经济生活中，信用关系是极为重要的经济关系。什么是信用？它是怎样产生的？信用关系呈现出哪些信用形式？信用活动中主要采取哪些信用工具？

与信用相伴相随的利息与利率具有多样性与复杂性的特点，那么如何计算利息？如何运用利率杠杆促进经济的发展？

答案将在本章为你揭晓。下面是本章内容结构导图。

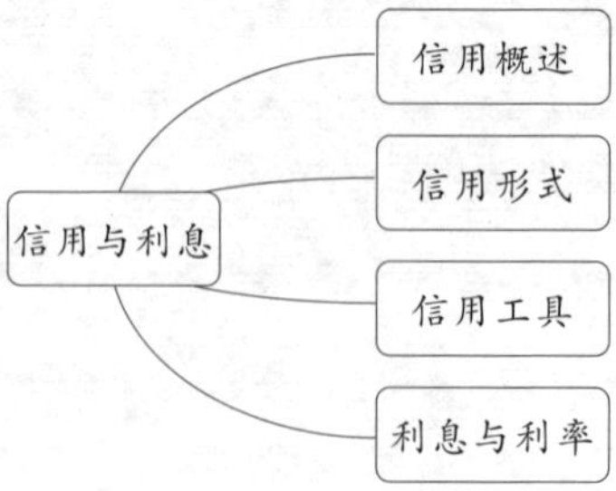

3.1 信用概述

3.1.1 信用及其构成要素

1.信用的定义和特点

从古到今，社会学意义上的“信用”一直被广为使用，主要指相信、信任、声誉、信守诺言等；而经济学意义上的“信用”是指以偿还和付息为条件的商品或货币的借贷行为。信用的特点主要有：

（1）信用是一种借贷行为，借贷行为的结果形成了债权债务关系，即信用关系。

（2）在信用活动中出让的是使用权，并不出让所有权。因此出让人可以凭借所有权要求受让人偿还本金和支付利息。有借有还并附加利息是信用行为的重要特征。

（3）信用是价值的单方转移，不是对等转移，所以它是价值运动的特殊形式。在信用活动中，价值运动是通过一系列的借贷、偿还、支付过程实现的，贷出方在让渡其使用权时，没有发生价值的对等交换，同样受让方还本付息时也没发生价值的对等交换。

2.信用的基本要素

（1）信用主体

信用主体是指信用活动的参与者，一般包括授信方和受信方。授信方是信用活动的债权人，有索回本金并获得相应收益的权利；受信方是信用活动的债务人，有偿还本金并按期支付利息的义务。

（2）信用客体

信用客体是指信用行为指向的资产，它可以是货币形式，也可以是商品形式。历史上，信用有两种具体形式：一是实物借贷；二是货币借贷。实物借贷是在生产力发展不够充分的自然经济时代较为常见的借贷方式，这种方式因其借贷对象的物质特性、规模与范围而受到限制。随着自然经济向商品经济的过渡，货币广泛存在于经济生活的各个领域，在借贷关系中，货币借贷逐渐取代了实物借贷而成为借贷关系的主导形式。

（3）信用载体

信用载体是指信用工具，是指记载信用内容或信用关系的凭证。早期，信用多用口头约定确立债权债务关系，尽管有简便、灵活的特点，但口说无凭，容易引起争执，后来就发展为通过书面签约记载双方的债权债务关系。这种用来证明债权债务关系并具有法律效力的书面文件，就是信用工具。信用工具不但用来确定信用关系，同时也便于信用关系的转移，是现代经济条件下信用的必备要素。信用工具也可称为金融工具，与其有关的概念有投资工具、筹资工具、结算工具、金融商品、金融资产等。

（4）时间间隔

信用关系不同于买卖关系。买卖关系是一手交钱，一手交货，钱货两清，价值同时相向运动，不存在时间间隔；而信用是价值运动的特殊形式，这种特殊性的表现之一就是价值在不同时间的相向运动，存在时间间隔，即借贷期限。

（5）利率

信用作为价值运动的特殊形式，特殊性还体现在借贷期结束后，流回的价值要高于当初流出的价值，高出的部分就是授信者得到的回报，称为利息。在确定信用关系时，一般要同时确定利息与借贷本金的比率，即利率。所以说利率也是信用构成的重要因素。

答疑解惑3-1

信用与信贷、金融有什么联系和区别？

答：信用与信贷的联系和区别：信贷有广义和狭义之分。广义的信贷包括借和贷两个方面的活动，体现为债权债务关系及还本付息。因此，广义的信贷等同于信用。狭义的信贷一般专指以银行为媒介的信用活动，即银行信贷，是银行存贷款等具体业务活动的总称，有时仅指以银行为授信方的银行贷款活动。显然，狭义的信贷比信用的范围要小。

知识拓展3-1

信用的产生和发展

信用与金融的联系和区别：信用与金融的联系主要体现为二者有共同的对象——货币。金融就是货币资金的融通，而信用的重要形式也是货币借贷，共同的对象使二者的内在联系十分紧密。二者的区别体现在范围上存在差别，信用不但包括货币借贷，还包括实物借贷；而金融除了通过借贷货币融通资金外，还通过发行股票等方式融通资金。可见，二者谁也不能完全覆盖对方。

3.1.2 信用的经济功能

现代经济是信用经济，信用的经济功能主要体现在以下三个方面：

（1）促进社会资源的有效配置。在市场经济条件下，各个经济、社会主体（政府、企业、家庭或个人等）在某一时期的资金收支状况是不同的，有的收大于支，有的收入满足不了支出的需要，对这种资金余缺的调剂，信用是较为有效的方式。通过借贷活动，暂时闲置的货币收入和货币资金就流向那些效益较好、有还款保证的企业和投资项目，从而满足经济发展对资金的需要，并促进优质企业做大做强和产业结构的优化。

（2）节约流通费用，提高资金的使用效率。信用的这一功能主要体现为：①现代信用货币特别是其中的存款货币的使用，加之信用活动中创造出的各种信用工具的使用，大大节约了与货币流通有关的各项费用，而且电子货币的流通也使得商品、货币流通的速度进一步加快，流通费用进一步节约。②由于现代信用及其结算方式缩短了商品销售过程，在节约货币流通费用的同时，还节约了商品流通费用，从而有利于提高社会资金的使用效率和效益。

（3）调节经济总量及其结构。信用是市场经济体制下政府实施宏观调控的重要手段，信用的这种经济调节功能既体现在总量上，又体现在结构上。例如，政府通过信用活动调节各层次的货币供应量，在经济增长速度过快时，通过减缓货币供应量的增长速度给过热的经济降温；在有效需求不足、经济增长过慢时，又通过信用扩张以刺激经济增长。同时，政府还通过信用活动调节产业结构、产品结构，如通过对国民经济发展中的瓶颈部门、朝阳产业和供不应求的产品多供给资金，对长线部门、夕阳产业和滞销产品减少资金供应，实现产业结构、产品结构的调整和优化。

3.2　信用形式

信用形式是指借贷活动的表现方式，它是信用活动的外在表现。随着商品货币经济的发展，信用形式日趋多样化。

3.2.1　商业信用

1.商业信用的含义及特点

商业信用是指企业之间相互提供的与商品交易相联系的信用。其具体形式有赊销商品、分期付款、委托代销、预付定金、预付货款等，归纳起来主要有赊销和预付两大类。其中，赊销是商业信用的典型形式。商业信用具有以下特点：

（1）商业信用的参与主体是各种类型的企业，即债权人和债务人都是企业。商业信用是以商品形式提供的信用，不仅债务人是从事商品生产或流通的企业，债权人也必然是从事商品生产或流通的企业。

（2）商业信用发生在商品流通过程中，直接服务于商品生产和流通；是在企业购销活动中自发产生的一种信用形式。在当今社会化大生产过程中，各个企业生产经营活动的联系更加紧密，相互依赖的程度更深。对企业来说，商品销售是重要的一环，但购货方常常没有足够的资金，从而无力支付货款。在这种情况下，销货方可以采用赊销的方式向购货方提供商业信用以实现销售，购货方按双方约定的期限及利息补偿进行还款，结果是双赢。应当说，商业信用润滑、加速了商品生产和流通过程，有力地促进了经济增长。

（3）商业信用是买卖行为和借贷行为的统一，是企业之间以商品形态提供的信用。这一过程包含着两种同时发生的经济行为——买卖行为和借贷行为。授信企业与受信企业之间既是借贷关系，又是买卖关系，借贷行为是建立在商品买卖基础之上的，没有商品买卖，就不存在商业信用。

2.商业信用的局限性

商业信用虽然在促进买卖双方成交、润滑整个生产和流通过程、促进经济发展等方面有明显的作用，而被广泛应用于商品推销和国际贸易领域，但其局限性也是不应忽视的。商业信用的局限性主要体现在以下几方面：

（1）商业信用的规模和数量有一定限制。商业信用受到授信企业拥有的货物与资金的数量的限制。

（2）商业信用在授信方向上受到限制。一般情况下，只能是生产企业向商业企业、批发企业向零售企业、上游企业向下游企业等提供信用，而不能相反。

（3）商业信用的范围受到限制。商业信用只适用于有经济业务联系的企业之间相互提供，这样就限制了商业信用适用的范围。

（4）商业信用的期限受到限制。资金是企业的血液，如果以商品形态贷出的资本不能够在短期内以货币资本形态收回，就会影响授信企业的正常运转，所以商业信用的期限较短，一般不超过1年，只能满足短期资金融通的需要。

由于上述局限性，商业信用不能完全满足社会经济发展的需要，随着商品货币经济的进一步发展，银行信用产生了。

3.2.2 银行信用

1.银行信用的含义及特点

银行信用是银行等金融机构以货币形式向其他经济个体（企业、单位、个人）提供的信用。其表现形式主要是银行吸收存款、发放贷款。银行信用具有以下特点：

（1）银行信用是以货币形式提供的，具有灵活性。银行信用的借贷对象是货币，银行将分散的小额货币以存款等方式聚积成巨额的信贷资金，再以贷款等方式提供给资金短缺的企业、单位和个人。它不受方向和使用范围及数量的限制，具有范围广、规模大、灵活性强的特点。

（2）银行信用具有间接性。银行的主要业务是存贷款业务，银行一方面以债务人的身份从社会上广泛吸收存款，另一方面又以债权人的身份把通过存款聚集起来的资金贷放给企业、单位和个人，从而成为社会的信用中介。

（3）银行信用具有广泛的可接受性。银行等金融机构具有很高的社会信誉，债务凭证具有广泛的可接受性，因而银行信用对经济发展具有更大的促进作用。

（4）银行信用具有创造货币的功能。任何经济单位都必须先获得商品或货币，然后才能提供信用，唯有银行不仅从社会上吸收存款，而且还可以派生存款，创造自身的资金来源。

2.银行信用的地位与作用

银行信用是商业信用发展到一定阶段后产生的，它克服了商业信用的局限性，具有规模大、成本低、风险小的优势；银行作为专门的信用中介机构，具有较强的专业能力来识别与防范风险；银行不仅能提供信用，而且能够创造信用，对商品经济的发展具有巨大的推动作用。就我国目前的信用体系而言，银行信用是主体，居于核心地位，其他信用形式都不同程度地依赖银行信用。

答疑解惑3-2

银行信用与商业信用的关系如何？

答：二者是一种互为条件、相互支持、相互促进的伙伴关系。一方面，银行信用是在商业信用的基础上产生和发展起来的，而且商业信用票据化以后，以商业票据为担保的贷款或商业票据贴现业务，比单纯的信用贷款业务风险要小一些，有利于银行进行风险管理；另一方面，商业信用的发展依赖银行信用的支持，如果没有银行信用的支持，商业信用的授信方就会在授与不授、期限长短上有较多的顾虑，而有了银行信用的支持，授信方就可以解除后顾之忧。

3.2.3 国家信用

1.国家信用的含义及形式

国家信用也称政府信用，是指以政府为主体的借贷行为。它包括国家以债务人身份取得信用和以债权人身份提供信用两个方面。在现代社会中，国家信用主要表现为国家作为债务人的负债行为。若债权人是国内的企业单位、公民，则为国内信用，也叫国家的内债；若债权人是外国政府、企业、公民，则为国际信用，也叫国家的外债。国内信用是其主要构成部分。

国家信用就其内债而言，主要形式有：①公债券，即政府为弥补长期的财政赤字而发行的期限在1年以上的中长期债券；②国库券，即政府为解决短期内的支出需要而发行的期限在1年以下的短期债券。

国家信用就其外债而言，形式主要有：①国际债券，即政府委托金融机构在国际资本市场上发行的以外币标明面值的债券，目的是筹措中长期外汇资金；②政府借款，即一国政府向他国政府、国际金融机构、国外商业银行等借款。

2.国家信用的作用

国家信用在现代经济生活中起着积极的作用：

（1）国家信用是调剂政府收支不平衡的手段。在一个财政年度内，常常出现收支不平衡的现象，如从整个财政年度看，财政收支是平衡的，但可能上半个财政年度支大于收，下半个财政年度收大于支。对于财政年度内收支暂时不平衡的问题，国家往往借助于发行国库券来解决。

（2）国家信用是弥补财政赤字、解决财政困难的较好途径。财政赤字是各国经济运行过程中的常态。解决财政赤字的途径有三个，即增加税收、向中央银行借款或透支和向社会举债。增加税收不仅要经过严格的立法程序，而且容易引起公众的不满，抑制投资和消费；向中央银行借款或透支将直接导致货币供给增加，容易引发通货膨胀，况且许多国家的中央银行法都禁止政府从银行透支；政府向社会举债，只是部分社会资金使用权由非政府部门转移到政府部门，有借有还，有经济补偿，一般不会产生副作用。因此，发行国债弥补财政赤字成为当今各国的通行做法。

（3）国家信用是政府实施宏观调控的重要手段。一方面，政府可以利用国家信用调节社会总需求，如在经济增长滞缓的阶段，通过增发国债及投资，带动社会投资需求乃至消费需求的扩大，从而拉动经济增长；另一方面，政府可以利用国家信用调节投资方向，如政府将长期国债收入投资于市场不愿配置资源的一些投资大、周期长、回报率低、风险大的基础性产业，通过优化投资结构达到优化经济结构的目的。

3.我国国家信用的发展概况

由于资本主义生产方式的发展在我国起步较晚，加之封闭式的小农经济思想的束缚，在欧洲出现公债几个世纪以后，清政府才于1849年首次发行公债，此后北洋军阀政府和国民党政府也先后多次发行公债。在新民主主义革命时期，中国共产党领导的红色政权也曾多次发行过公债。中华人民共和国成立后，我国国债的发展几经风雨，大体上可以划分为四个阶段，见表3-1。

表3-1 中华人民共和国国债发行概况

阶段	时间	债券名称	说明
第一阶段	1950—1953年	人民胜利折实公债	为恢复和发展国民经济、解决财政困难而发行
第二阶段	1954—1958年	国家经济建设公债	为了满足第一个五年计划建设的资金需要，连续5年发行国家经济建设公债，共35.44亿元
第三阶段	1959—1980年		受“左”的思想影响，这一阶段政府停止了国债发行，把“既无内债，又无外债”当作社会主义制度的优越性
第四阶段	1981年至今	国库券、经济建设债券、保值国债、特种国债、凭证式国债、记账式国债、储蓄国债等	1981年开始恢复发行国债。现在我国国债每年分若干次发行，包括中长期国债和一年期的短期国债，而且实物券国债已经被记账式和凭证式国债所取代。在发行方式上，目前基本上采取国际上通用的承购包销方式，并建立了一级自营商制度，实现了国债发行的市场化

答疑解惑3-3

公债等同于国债吗？国债常常被人们称为“金边债券”，为什么？

答：不能等同。政府借的债统称为公债，而只有中央政府借的债才称为国债。

国债的发行主体是中央政府，中央政府不仅有稳定的财政收入作为还款来源，更有国家信誉作为担保，而且，购买国债取得的利息收入到目前为止一直免征所得税(企业所得税、个人所得税)。国债的信誉好、收益高、流通性强，常常被人们誉为“金边债券”，是金融市场上理想的投资品种。

答疑解惑3-4

什么是地方政府债券？

答：地方政府债券，指某一国家中有财政收入的地方政府、地方公共机构发行的债券。地方政府债券一般用于交通、通信、住宅、教育、医院和污水处理系统等地方性公共设施的建设。地方政府债券通常也是以当地政府的税收能力作为还本付息的担保。地方发债有两种模式：第一种为地方政府直接发债；第二种是中央发行国债，再转贷给地方，也就是中央发国债之后给地方用。在某些特定情况下，地方政府债券又被称为“市政债券”。

3.2.4 消费信用

1.消费信用的含义及形式

消费信用是企业、银行和其他金融机构向消费者个人提供的用于满足其生活消费需要的信用。消费信用的特点是先消费、后付款，旨在解决居民个人支付能力不足的困难，实现提前消费的目的。

消费信用既可以采取类似商业信用的做法，以商品形态提供，也可以采取类似银行信用的做法，以货币形态提供。消费信用的基本形式有以下三种：

（1）分期付款。这是指消费者以分期付款的方式购买价格较高的耐用消费品，如房屋、汽车、手机、家具、家电等。

（2）消费贷款。这主要是指银行和其他金融机构直接以货币形式向消费者提供消费贷款，再由消费者利用所得贷款购买消费品或支付旅游、高等教育等费用，如住房按揭贷款、助学贷款等。

（3）延期付款。这是指零售商对消费者提供的信用，即以延期付款方式销售商品，通常以信用卡方式来实现。信用卡是商业银行或信用卡公司对信用合格的消费者发行的信用证明。持有信用卡的消费者可以到特约商业服务部门购物或消费，再由银行同商户和持卡人进行结算，持卡人可以在规定额度内透支。信用卡业务对银行而言，可以同时收取顾客的利息和商店的佣金；对商业部门而言，可以扩大营业额，增加利润；对顾客而言，可以超过存款余额购物和免除携带现金的不便。这种消费信用的服务程序如图3-1所示。

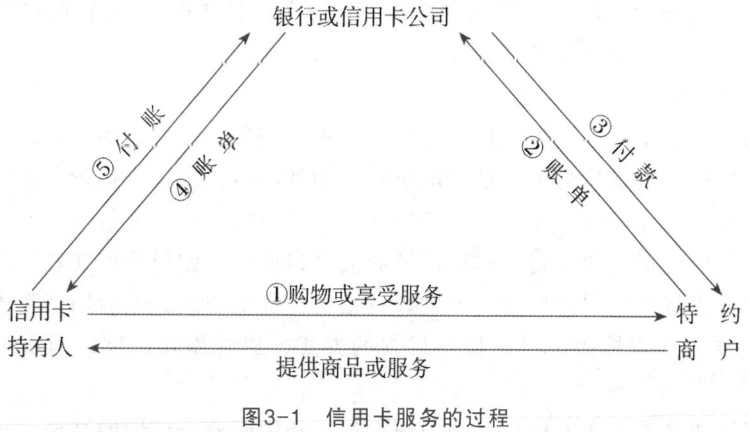

图3-1 信用卡服务的过程

2.消费信用的作用

消费信用是在经济发展到一定程度和人们的消费结构有了较大变化的基础上产生的，其积极作用主要体现在：

（1）它可以提高人们当前的消费能力和福利水平。消费信用可以使消费者提前享受目前尚无力购买的消费品或尚无经济能力享受的劳务服务，从而提高了人们当前的消费能力和福利水平。

（2）它能够促进消费品的生产和销售，刺激经济增长。消费信用的存在和发展，使消费者在取得收入之前购买消费品，特别是能让消费者提前实现消费结构的升级，从而在一定程度上刺激了消费品的生产和销售；同时，经济增长需要投资、消费、出口三大需求拉动，消费需求不足是制约经济增长的重要因素，信用消费能够直接增加现实的消费需求，从而拉动经济增长，正所谓诚信也是生产力。

我国消费信用的发展起步较晚，改革开放之前基本上没有消费信用存在的市场环境。随着改革开放政策的实施，特别是在市场经济体制目标确立后，我国经济规模日益扩大，买方市场逐步形成，加之住房商品化及高等教育体制改革等的推进，信用消费在我国呈快速增长之势。

但消费信用的发展也给经济增加了不稳定因素。消费信用的盲目发展，使一部分人陷入沉重的债务负担之中，通常是借新债还旧债，加剧了经济及社会的不稳定性。

3.2.5 国际信用

国际信用是指国与国之间的企业、金融机构、政府以及国际金融机构等相互提供的信用。随着世界经济一体化和贸易全球化的不断推进，国内的商业信用、银行信用、国家信用等不断向世界扩展，并呈蓬勃发展之势。国际信用日益成为国际结算、扩大出口贸易、加强国际交往的重要工具。

1.国际商业信用

国际商业信用是指出口商用商品形式以延期付款的方式向进口方提供的信用，包括国际贸易中的赊销赊购、来料加工和补偿贸易等。其中，补偿贸易是指外国企业向进口企业提供机器设备、专利技术、员工培训等，待项目投产后，进口企业以该项目的产品或按合同规定的收入分配比例抵付进口设备、技术的价款及利息的信用方式。补偿贸易在发展中国家已得到广泛运用。

2.国际银行信用

国际银行信用主要是指进出口商使用外国银行贷款形成的信用关系，主要形式是出口信贷。出口信贷是指为了鼓励本国出口商增加出口，出口方银行向进口商（或进口方银行）或出口商提供贷款。出口信贷又分为卖方信贷和买方信贷。卖方信贷是出口方银行向出口商提供的信贷，然后出口商向进口商以分期付款形式赊销商品；买方信贷是出口方银行直接向进口商（或进口方银行）提供贷款，然后用贷款支付出口商的货款。如果采用直接向进口商提供贷款的方式，通常需要由进口国一流银行提供担保。

从信用形式来看，卖方信贷是国内银行信用和国际商业信用的结合，买方信贷是国际银行信用形式。

3.政府间信用

政府间信用是指国与国之间相互提供的信用。外国政府贷款是政府间信用的主要形式。外国政府贷款是一国政府利用国库资金向另一国政府提供的优惠性贷款。这种贷款一般由某一发达国家向某一发展中国家提供，其利率较低，期限较长，具有双边援助性质；一般贷款金额不大，有一定的附加条件，如规定采购限制，即借款国必须将贷款的全部或一部分用于向贷款国购买设备和物资，有时还带政治附加条件。

4.国际金融机构信用

国际金融机构信用是指全球性或地区性国际金融机构为其成员方提供的信用。其主要包括国际货币基金组织、世界银行及其附属机构——国际金融公司和国际开发协会以及一些区域性国际金融机构提供的贷款。这种贷款期限较长且条件优惠，但贷款项目及用途是国际金融机构事先确定的，受信国一般不得改变。

3.2.6　公司信用

公司信用也称企业信用，包括以下两种形式：

一是股份公司或其他企业通过发行债券筹集社会资金的一种信用形式。其中，公司以发行债券的方式进行融资，公司是债务人，购买公司债券或企业债券的债权人多为其他企业、商业银行和居民个人。

二是股份信用，即股份公司以发行股票的方式筹集资金的信用形式。股票集资体现的是一种财产所有关系而非债权债务关系。股份信用的组织形式是股份公司。股份公司的主要形式是股份有限责任公司。股份公司具有三个特点：①股份公司的资本所有权和经营权在形式上分离，股份公司筹集资金后，大部分投资者不必具体过问生产经营过程，而只获得股息和分红收入，这一点类似存款者的存款取息；投资者若需要现金，可以随时出售股票，具有很强的流动性。②股份公司的存在以信用关系的普遍发展为前提条件。③股份公司借助信用集中社会资金，即通过发行股票的方式将各种闲置资金聚集起来，用于需投入巨额资金的领域，使资源重新得到配置，具有调整分配、消费的作用，使通过银行的间接投资变为直接投资。

3.2.7　合作信用

合作信用是信用领域中的一种合作经济形式。12—14世纪，威尼斯和热那亚的一些商人为开展海外贸易、摆脱高利贷盘剥和货币经营业的垄断，组成了“信用组合”。这是当时资产阶级反对高利贷的手段之一。合作信用的组织形式是信用合作社。合作信用的原则是：自愿结合，自我服务，民主管理，权利平等，广泛合作，按贡献分配。这是成立于1895年的国际合作联盟组织规定的。我国对信用合作社提出的“组织上的群众性，管理上的民主性，经营上的灵活性”，就是对该原则的具体运用和概括。

3.2.8　租赁信用

租赁信用是以出租设备和工具收取租金的一种信用形式（具体内容将在第8章介绍）。

3.2.9　民间信用

过去一直将民间信用定义为个人信用，即个人之间以货币或实物借贷的方式所提供的信用。这种信用的特点是借贷期限相对较短、利率较高（一般都高于银行利率）、风险较大、容易发生违约纠纷。但由于它灵活、简便，能弥补银行信用的不足，所以在我国一直广泛存在。随着市场经济的发展，民间借贷在农村，在工业、商业、服务、流通、消费等领域变得十分活跃。民间借贷也已突破原来个人信用的主体，呈现出多种融资形式：一是个人之间的直接借贷，这仍然是民间信用最广泛的形式；二是集资，一般是指企业、单位向内部员工强制性或利诱性筹集资金。现在借款主体又扩展到了基层政府、其他社会组织，借款客体也突破了企业、单位内部而走向社会。另外，还有民间互助会、企业之间互相借贷等形式。

应当说，民间信用是我国金融市场的一部分，其积极意义应充分肯定，但其消极影响也不容忽视；对民间信用必须规范引导、加强监管。

答疑解惑3-5

目前，我国对民间借贷的利率有何规定？

答：《最高人民法院关于审理民间借贷案件适用法律若干问题的规定》指出：借贷双方约定的利率未超过年利率24%，出借人请求借款人按照约定的利率支付利息的，人民法院应予以支持。借贷双方约定的利率超过年利率36%，超过部分的利息约定无效；借款人请求出借人返还已支付的超过年利率36%部分的利息的，人民法院应予以支持。

同步案例3-1　　**充分运用各种信用形式为企业投融资服务**

案例分析3-1

分析提示

某企业2025年进行了如下筹资、投资活动：①向银行借款750万元用于办公设备更新；②以分期付款的方式从国内某企业购进200万元的原材料；③经审批发行期限为3年的企业债券，共筹资4 000万元；④向内部员工集资2 000万元；⑤以延期付款的方式出口货物一批，合同金额2 000万元，同时获得我国进出口银行的信贷支持1 500万元；⑥从某发达国家进口材料一批，并商定以产成品偿还；⑦购买了某股份有限公司发行的可转换债券120万元；⑧购买了当年发行的记账式国债500万元；⑨年底在银行存入3个月的定期存款500万元以备来年之需。此外，该企业还进行了增持某上市公司股份的运作。问：该企业以上投融资活动涉及哪些信用形式？

3.3 信用工具

3.3.1 信用工具的概念和特征

1.信用工具的概念

信用工具也叫金融工具，作为信用关系的载体，是一种以书面形式发行和流通的载明资金交易金额、期限、价格等的合法凭证。信用工具又被称为金融资产或金融产品，作为资金或资本的载体而成为金融市场上的重要交易对象。在金融市场上，人们通过买卖金融资产，实现资金从盈余部门向赤字部门的转移，使资金和资源在时间和空间上得到重新配置。信用工具具有双重性质，对于发行人，它是一种债务，即负债；对于购买者，它是一种债权，即资产。

2.信用工具的特征

信用工具种类繁多，不同的信用工具有不同的用途和特点，但其仍然有一些共同的基本特征。

（1）期限性，即信用工具规定了资金盈余者向资金短缺者转移资金的期限，资金盈余者（即债权人或投资人）可按信用工具上记载的应偿还债务的时间，到时收回债权或投资；投入到股票上的资本属于长期投资，但可随时在股票市场上出售而收回投资。

信用工具的偿还期限是指在进行最终支付前的时间长度。如1年之后到期的公司债券，其偿还期就是1年，商业票据从发行日至到期日的时间就是偿还期。对当事人来说，更有现实意义的是实际的偿还期限，即从持有信用工具之日起到该信用工具到期日止所经历的时间，他可以据此衡量自己的投资收益率。例如，2015年4月1日发行的10年期记账式国债，2025年4月1日到期，某人于2020年4月1日购入，则对他来说，偿还期是5年而非10年。

信用工具一般规定有明确的偿还期限，但在以下两种情况下信用工具没有明确的偿还期，或者说其偿还期是两个极端：一个是活期存款单，具有零到期日；一个是股票或永久性债券，具有无限长的到期日。

（2）流动性，即信用工具在不受或少受损失的前提下迅速变为货币的能力，有时也称货币性。因为它实际上是指金融资产可以作为货币或很容易转换成货币的功能。

通常从两个方面衡量某种信用工具的流动性强弱：一是变现的速度，二是变现过程中价格的损失程度以及所耗费的交易成本大小。变现的期限短、交易成本低的信用工具，意味着流动性强；反之，则意味着流动性差。一些金融资产本身就是货币，如现金和银行活期存款，其流动性最强。一些金融资产很容易变成货币，如国库券，其流动性较强。其他类的金融资产，如股票、公司债券、长期国家公债等，在短期内不易脱手卖出，流动性较弱。

一般来说，流动性和偿还期成反比，即偿还期越长，流动性越差；流动性与债务人的资信程度成正比，即债务人的信誉越高，流动性越强。

（3）风险性，即信用工具的本金和预期收益遭受损失的可能性。

任何一种信用工具的投资和交易都存在着未来结果的不确定性，即存在各种各样的风险，主要有市场风险、信用风险、流动性风险等。

市场风险是指由金融基础变量（如利率、汇率、股票价格、通货膨胀率等）方面的变动所引起的信用工具市场价值变化而给持有者带来损失的可能性。信用风险是指债务人不履行契约责任而使持有人资产遭受损失的可能性。流动性风险有两种含义：一种是由于市场的流动性不高，证券持有者无法及时变现而产生损失的风险；另一种是金融交易者本身在现金流方面出现困难，不得不提前将金融资产低价变现，以至于账面损失变为实际损失的风险。

一般来说，信用工具的风险性与偿还期成正相关，即偿还期越短，信用风险和市场风险越低；与流动性呈负相关，即流动性越强，风险越低；与发行人的信用成反比，即发行人的信用越好，风险越小。

（4）收益性，即信用工具能定期或不定期地给持有者带来收益的特性。信用工具的收益有两种：一种为固定收益，如债券和存单的收益，在债券票面上或存单上就载明了利息率，持有人按规定利息率得到收益。另一种是即期收益，就是按市场价格出售时所获得的收益。比如，一张面值为100元的股票在股息10%、银行利息率5%的情况下，交易价格可为200元。这样就为持有者带来了一笔收益。信用工具的收益性可以用收益率来表示，收益率等于净收益除以本金。

信用工具的收益性一般与偿还期成正比，即偿还期长，收益高，反之收益低；与流动性成反比，即流动性好，收益低，反之收益高；与风险性成正比，即风险高，收益高，反之收益低。作为投资者，必须根据自己的投资目的、财务状况、心理承受能力以及对市场的分析预测能力，选择不同的信用工具，实现收益与风险合理配比。

3.3.2 信用工具的种类

随着信用在现代经济生活中的不断深化和扩展，信用工具的种类越来越多，我们可以从不同角度对信用工具进行分类。

1.直接信用工具和间接信用工具

按发行者的融资方式划分，信用工具可分为直接信用工具和间接信用工具。前者是指资金需求者和供给者在金融市场上开展直接融资活动所使用的工具，主要是非金融机构（如工商企业、政府、个人）签发的商业票据、公司债券、股票、政府债券等；后者是指金融机构所发行的银行券、存单、保险单、银行票据等，是资金需求者和供给者通过银行和其他金融机构融资而产生的。

2.短期信用工具和长期信用工具

按期限划分，信用工具可分为短期信用工具和长期信用工具。前者又称货币市场工具，主要指偿还期在1年及1年以下的信用工具，包括各类票据、国库券、信用卡、大额可转让定期存单等；后者又称资本市场工具，指偿还期在1年以上的信用工具，包括股票、债券等。

3.债务凭证信用工具和所有权凭证信用工具

按是否拥有所投资产的所有权，信用工具可划分为债务凭证的信用工具和所有权凭证的信用工具。前者表明发行者对持有者的负债，到期必须对持有者还本付息。债券、存单是债务凭证。后者表明持有者获得了一定资产的所有权而非债权，所以无权索要本金，但有权通过出售所有权凭证收回本金。股票是所有权凭证。

4.基础性信用工具和衍生信用工具

按是否与实际信用活动直接相关，信用工具可分为基础性信用工具和衍生信用工具。前者指在实际信用活动中出具的能证明信用关系的合法凭证，如商业票据、股票、债券等；后者指在基础性信用工具基础之上派生出来的可交易凭证，如各种金融期货合约、期权合约等。

此外，按发行和流通的地理范围不同，信用工具又有地方性、全国性和世界性之分。

3.3.3 常见的信用工具

1.货币市场工具

货币市场工具主要包括各类票据、可转让存单、国库券等。

票据是具有一定格式、载明金额和日期、到期由付款人对持票人或指定人无条件支付一定款项的信用凭证。票据的期限一般都在1年以内，因此票据属于短期金融工具。

有关票据，需掌握以下几个重要的概念：①出票：创造和签发票据的行为。②背书：票据的收款人或持票人为了将未到期的票据转让给第三者而在票据的背面签名、盖章的行为。③承兑：票据的付款人在票据上签名、盖章，写明“承兑”字样，承诺票据到期保证付款。④付款：票据到期时，持票人提交票据，付款人或承兑人付款。

票据一般包括支票、本票、汇票。凡企业之间因商品交易引起的债权债务关系，由企业签发的称为商业票据，包括商业本票、商业汇票；凡由银行签发或由银行承担付款义务的称为银行票据，包括支票、银行本票、银行汇票。

（1）支票。它是由出票人（活期存款的存款人）签发的、委托办理支票存款业务的银行在见票后从其账户上支付一定金额给收款人或持票人的无条件支付命令书。支票经过背书后可以流通转让。

支票按是否记载受款人（收款人）的姓名分为记名支票和无记名支票。记名支票，银行只对支票上所指定的人付款。此种支票必须经持票人背书，银行方能付款。对于无记名支票，银行可对支票的任何持票人付款。

支票按支付方式可分为现金支票、转账支票和保付支票。现金支票，可以用来支取现款；转账支票，只能用于转账，不能提取现款，常在票面用两条红色平行线来表示，故又称为划线支票、平行线支票或横线支票；保付支票，票面上注明“保付”字样，由银行保证付款，不会发生退票。

支票被存款人从银行提取现款时，只是一种普通的信用凭证，而当支票被用来向第三者支付款项时，它就不再是简单的信用凭证，而是作为代替货币发挥流通手段和支付手段职能的信用货币。由于支票通常不是用于提取现款，而是用以转移活期存款账户上的款项，这样，支票的流通就大大地节约了现金。

（2）本票。它是由债务人对债权人发出的承诺自己在一定时期内无条件支付款项的债务证书。

本票的当事人有两个，即出票人和收款人。根据出票人的不同，本票可以分为银行本票和商业本票。

银行本票是由银行签发的，以出票银行自己为付款人，承诺见票或在票据到期日无条件向收款人支付一定金额的票据。银行本票是一种支付凭证，是建立在出票银行信用基础之上的票据，一般用于日常结算，具有通货作用，可以减少现金的收付、清点工作，为经济活动提供了方便。

商业本票是企业因临时资金周转需要，在货币市场上筹措短期资金时发行的一种票据。商业本票也称期票。持票人可以用背书的方法使本票流通转让。

(3) 汇票。它是债权人签发给债务人，命令债务人支付一定金额给持票人或第三者的无条件支付命令书。

汇票必须注明三个当事人，即发票人、收款人和付款人。发票人自己可以为收款人，也可以指定第三者为收款人。汇票按出票人不同分为商业汇票和银行汇票。出票人是公司或企业的称为商业汇票，出票人是银行或金融机构的称为银行汇票。

商业汇票是指在商业活动中，由债权人（如销售方）向债务人（如购货方）或者债务人的委托银行签发的汇票，要求债务人在一定时间内无条件支付一定的金额给收款人。有些情况下，出票人在签发汇票的同时，还会附上货运清单，此时汇票称为跟单汇票；而没有相应单据的汇票被称为光票。由于商业汇票是由债权人签发的，因此必须经过债务人承兑才有法律效力。经过承兑的汇票，叫承兑汇票。承兑如果由企业做出，就叫商业承兑汇票；如果由银行做出，就叫银行承兑汇票。银行承兑汇票大大提高了商业票据的信用能力，如果债务人不能按期足额付款，将由银行直接付款。承兑后的票据可以流通转让。

银行汇票是由银行签发的一种异地支付凭证。汇款人将款项交当地银行，银行收妥款项后，签发汇票给汇款人，由汇款人持往异地或邮寄给收款人，收款人或持票人向汇票指定银行提示汇票，以办理转账结算或向该指定银行提取现金。汇票可以是见票后立即付款，也可以是指定在未来的一定期限内付款。前者叫即期汇票，后者叫定期汇票。

知识拓展3-2

本票、汇票、支票的主要区别

票据的交易是在票据市场进行的，主要针对商业票据，包括商业本票和银行承兑汇票两类。

在商业票据中，具有商品交易背景的叫真实票据，没有商业交易背景而只是单纯以融资为目的发出的票据叫融通票据。商业票据（本票）的签发不需要提供其他保证，只靠签发人的信用，因而不是任何企业都可以发行商业本票，只有那些资信度较高的大型企业发行的票据才可以进入金融市场。商业本票发行后，一般很少转让，二级市场很弱。在发达国家的商业票据市场上，目前大量流通的是非金融机构发行的期限在1年以内的融通票据，购买者多为商业银行、投资银行等金融机构，其票面金额已经标准化。

当前，我国票据贴现市场仍处于发展过程中，交易的票据绝大部分是银行承兑汇票。

(4) 大额可转让定期存单（CDs）。这是银行负债创新的最早表现。传统的银行定期存款多采用存折或存单作为载体，不能自由转让，并且，银行对活期存款不支付利息，对定期存款也不支付竞争性利息。因而，企业或个人为增强资产的流动性，同时为寻求短期闲置资金获得利息的机会，宁可持有银行承兑汇票和商业本票、国库券等，对定期存款缺少兴趣，造成商业银行信贷资金来源减少，于是，一种可转让的定期存单应运而生。银行发行的可转让定期存单与普通的银行存款单不同，从表3-2中可以看出其特点。

表3-2　大额可转让定期存单（CDs）的特点

CDs的特点	特点描述
不记名	一般存单均为记名存款单；CDs不记名
可转让	一般存单只能由存款人支取，不可转让；CDs可以自由转让买卖、在市场上流通，存在CDs市场
面额大，金额固定	一般存单的面额不固定，最低存款数额也不受限制；CDs面额大，且金额固定，如美国的最低面额为10万美元
期限短，流动性强	CDs的存款期限平均在4个月左右，最短为14天，最长一般在1年以内

由于上述特点，大额可转让定期存单很受投资者的欢迎，因而有发达的一级市场，但一般转让较少，次级市场不发达。

我国于1986年由中国银行和交通银行首次发行大额可转让定期存单，但后来因多种原因于1996年取消了该项业务。为规范大额存单业务的发展、拓宽存款类金融机构负债产品市场化定价范围、有序推进利率市场化改革，中国人民银行于2015年6月2日发布了《大额存单管理暂行办法》，商业银行的大额存单业务由此快速发展。

（5）国库券。它是由政府发行的、期限在1年以内的短期债务工具，作用是弥补短期财政收支的差额。国库券与其他货币市场工具相比，有以下几个优点：一是信誉度高。国库券由政府发行，一般不会发生违约风险，是比较可靠的投资方式。二是流动性强。国库券期限较短，而且可以在市场上进行交易，能以较短的时间和较低的成本变现。三是可以享受税收优惠。许多国家对国库券投资免收利息所得税。四是起点金额低。国库券一般是贴现发行，其面值较小，购买的起点较低，期限种类多，适合中小投资者的购买需求。由于有这些优点，国库券不仅有活跃的发行市场，而且有活跃的流通市场。

2.资本市场工具

它主要指债券和股票等有价证券相应形成债券市场和股票市场。第6章将详细介绍证券市场投融资业务。

（1）债券。它是一种债务融资工具，表明债券持有者有权从债券发行者处定期取得固定的利息收入，到期收回本金；或者在债券到期前在流通市场上出售以获得现款。

根据发行主体的不同，债券分为政府债券、公司债券和金融债券。政府债券是一国政府发行并承担还款责任的债务凭证。其中，公债券属长期债券，发行的目的是弥补财政赤字；国库券属短期债券，发行的目的是平衡财政收支。还有一种地方政府发行的债券，目的是满足地方财政的需要，称为地方债券。公司债券是企业向外借债的一种债务凭证，种类很多。金融债券是由银行等金融机构发行的债券，作为扩大资金来源的一条途径。

（2）股票。它是企业在资本市场融资的重要方式。股票突出的优点有：

① 股票没有偿还期。尽管对股东来说，股票是可以买卖的，但是，对以股票融

资的企业而言，一旦获得资金，就可以长期使用。因而只要企业不倒闭，股票的寿命一般是永久的。

② 企业可以灵活地安排分给股东的股息。当企业的利润较高时，企业可以支付比较高的股息，使投资者对股票充满信心；当企业遇到经营困难时，可以少分甚至不分红利。

③ 企业还可以根据自身的发展计划对股票总数和红利支付进行调整。例如，当企业发现了一个回报率比较高的新业务时，可以减少股息支付，把资金用到新的发展项目上，这样就避免了向银行等金融中介机构借款或通过其他渠道筹资的麻烦。有时，在新业务得到股东认同的情况下，企业还可以通过增发股票的方法从原有股东或者新股东手中获得追加投资。

④ 对许多股东来说，他们有权投票参与公司的重大经营决策，还可以从股票的价格提高上获得收益。例如，股东大会为股东发表对企业监督管理的意见提供了机会，股东可以通过转让的方式获得股票升值带来的收益。

股票按照股东的权利不同可以分为普通股和优先股。

第一，普通股票。它是股票中最普遍和最主要的形式。普通股股东是公司的所有者，享有经营决策参与权、盈利分配的享有权、优先认股权和公司解散时的财产分配权。

普通股股东一般有出席股东大会的权利，他们可以在股东大会上行使表决权、选举权和被选举权，通过投票的方式参与公司的经营管理。

优先认股权是指在企业增发新的普通股时，现有股东可以按照原来的持股比例认购新股，以保持现有股东对企业的所有权比例不变。一般来说，在优先认股权的规定下，现有股东可以按照比市场价格低的某一价格购买新股，所以优先认股权本身就是一种权益凭证。在企业增发新股时，普通股股东可以选择行使优先认股权，维持自己对企业的所有权的比例；也可以选择出售优先认股权，获得即时的收益。转让价格会受到政治政策、经济环境、公司的经营状况、股票供求关系、心理因素等各个方面的影响，往往波动很大。

普通股股东不仅可以通过卖出股票获得超出购买价格的差额部分的收益，还有获得企业盈利分配——红利的权利，红利的多少由企业的管理者根据经营状况和发展规划确定。

不过，普通股股东获取红利的权利是排在优先股股东后面的。只有当优先股股东获得股息收入以后，普通股股东才有可能得到偿付。

第二，优先股票。它是股东有优先于普通股分红和优先于普通股资产求偿权的一种股票。与普通股不同，优先股的股东往往是没有投票权的，他们通常不能参与企业的经营管理。只有在某些特殊情况下，优先股股东才有临时投票权。例如，当企业要发行新的优先股时，原有的优先股股东的权益会受到影响，此时优先股股东就有权投票，决定是否批准企业发行新的优先股。

可转换优先股是一种特殊的优先股。它是指在规定的时间内，优先股股东可以按照一定的比率把优先股换成普通股。这给了优先股股东更多选择的权利。例如，当公司的经营状况不好时，可转换优先股的股东可以持有优先股，以获得相对比较稳定的股息收入；当公司的盈利增加，普通股股息增加，价格上升时，可转换优先股的股东可以把手中的优先股转换为普通股。把优先股转换成普通股，不仅可以带来收益的增加，还可以使股东获得对企业经营决策的控制权。

3.衍生信用工具

衍生信用工具也称衍生金融工具或金融衍生产品，是在货币、债券、股票等传统金融工具的基础上衍化和派生的，以杠杆和信用交易为特征的金融工具。衍生信用工具是金融创新的产物，其种类繁多，常见的主要有以下几种：

（1）金融远期合约。它是指交易双方约定在未来的某一确定时间按约定的价格买卖一定数量的某种资产的合约。远期合约通常是在两个金融机构之间或金融机构与其客户之间签署的，一般不在规范的交易所内进行。

目前，金融远期合约主要有货币远期（外汇远期）和利率远期两类。远期合约的特点在于它是非标准化的合约，双方可以就交割地点、交割时间、交割价格、合约规模和标的物的要求等许多细节问题进行谈判，从而使双方的需求都得到尽量大的满足。在远期合约的有效期内，合约的价值随相关资产市场价格的波动而变化。若合约到期时以现金结清，当市场价格高于合约约定的执行价格时，应由卖方向买方支付价差金额；当市场价格低于执行价格时，则由买方向卖方支付价差金额。

（2）金融期货合约。它是指交易双方在固定场所以公开竞价的方式成交后，约定在未来的某一日期以确定的价格买卖标准数量的某种金融商品的合约。其包括利率期货、股票指数期货、货币期货（外汇期货）等。

期货合约与远期合约相似，但二者也是有明显区别的。远期合约的交易一般规模较小，较为灵活，交易双方易于按各自的愿望就合约条件进行磋商；而期货合约的交易是在有组织的交易所内完成的，合约的内容，如相关资产的种类、数量、价格、交割时间、交割地点等，都是标准化的。

（3）金融期权合约。它是指期权的买方有权在约定的时间或时期内，按照约定的价格买进或卖出一定数量的相关资产，也可以根据需要放弃行使这一权利。期权的买方要向期权的卖方支付一定数额的费用，即期权费。

按照相关资产的不同，金融期权有外汇期权、利率期权、股票期权、股票价格指数期权等。

期权分为看涨期权和看跌期权两个基本类型。看涨期权的买方有权在某一确定时间以确定的价格购买相关资产；看跌期权的买方有权在某一确定的时间以确定的价格出售相关资产。我国证券市场上推出的认股权证属于看涨期权，认沽权证则属于看跌期权。

期权交易中合约双方的权利和义务是不对称的。对期权的买方来说，当市场价格对自己有利时就行使期权，对自己不利时就放弃期权；对期权的卖方来说，只有应期权买方的要求而进行交易的义务，而没有要求期权买方进行交易的权利。

期权的买方可以实现有限的损失和无限的收益，因为他所亏损的也仅限于期权费。因而金融期权交易具有避险、保值的功能。

（4）金融互换合约。互换也译作“掉期”“调期”，是指两个或两个以上的交易当事人按照商定的条件，在约定的时间内交换一系列支付款项的金融交易合约。其主要有货币互换和利率互换两种。

货币互换一般指交易双方针对具体数量的两种货币进行交换，并按合同约定的条件在到期时购回原来的货币。如果期限较长，将涉及利息的支付，即交易双方要向对方支付所购入货币的利息。

利率互换是交易双方针对相同币种债权或债务的不同形式的利率进行的交换。与货币互换不同的是，利率互换只涉及利息的支付，而不涉及本金。互换可以是某种货币固定利率和浮动利率的对换，也可以是两笔浮动利率的对换。

（5）证券投资基金。它是指一种利益共享、风险共担的集合证券投资方式，即通过发行基金单位，集中投资者的资金，由基金托管人托管，由基金管理人管理和运用资金，从事股票、债券等金融工具投资，以获取投资收益和资本增值。

3.4 利息与利率

利息与利率是经济生活中十分重要的经济变量，利率的高低及变动，既影响企业的经营决策，也影响居民个人的投资、消费行为。

3.4.1 利息的含义

利息也叫“利金”或“子金”。借钱还债，还本付息，天经地义。所以利息从债权人角度看，是收回的高于本金的部分，即因贷出货币资金而从债务人处获得的报酬；从债务人角度看，利息是比本金多还的部分，即债务人为取得货币资金的使用权所付出的代价。由此可见，利息实际上是资金使用权的价格或者说是借贷资本的价格。

在现代经济社会中，多种融资方式并存使得融资成为市场行为，金融工具成为商品，资金需求者通过出售金融商品而筹集资金，资金供应者通过购买金融商品而投资，资金供求关系转化为金融商品的买卖关系，利息成为金融商品买卖的价格。其实各种各样的金融商品都是借贷资本的载体，因此，利息实质上是借贷资本的价格，在市场经济条件下，它会随着借贷资本供求关系的变动而变动。

3.4.2 利率及其种类

利率即利息率，简而言之，利率是资金的价格。从质的规定性来看，利率是利息与借贷资本之比；从量的规定性来看，利率是单位时间内利息额与借贷资本之比。换句话说，利息率是单位时间单位资本产生的利息额。因而利率是表示利息水平的指标，真正反映借贷资本的价格水平。

在现实经济生活中，利率都是以某种具体形式存在的，人们提到利率时，也总是从某个角度出发的。随着金融活动的日益发达、金融活动方式的日益多样化，利率的种类不断增多，形成一个繁杂的利率体系。我们可以按不同标准对利率进行分类，见

表3-3。

表3-3 利率的常见划分标准及种类

划分标准	种类
计算利息期限	年利率、月利率、日利率
借贷期内是否调整	固定利率、浮动利率
是否剔除通货膨胀因素	名义利率、实际利率
决定机制	市场利率、官定利率
作用	基准利率、普通利率
银行业务	存款利率、贷款利率
借贷期限长短	长期利率、短期利率
是否带有优惠性质	一般利率、优惠利率、差别利率

1.年利率、月利率和日利率

按计息单位时间不同，利率分为年利率、月利率和日利率。

年利率是指以年为时间单位计算利息时的利率，通常用%表示。例如，100元本金，借贷时间1年，获得5元利息，则年利率为5%；借贷时间2年，共获得10元利息，则年利率仍为5%。

月利率是指以月为时间单位计算利息时的利率，通常用‰表示。例如，1 000元本金，借贷时间1个月，获得10元利息，则月利率为10‰；借贷时间2个月，共获得10元利息，则月利率为5‰。

日利率是指以天为时间单位计算利息时的利率，通常用‰表示。例如，10 000元本金，借贷时间1天，获得10元利息，则日利率为1‰；借贷时间2天，共获得10元利息，则日利率为0.5‰。

它们之间的关系是：

月利率=年利率÷12

日利率=月利率÷30

日利率=年利率÷360

习惯上，我国将年利率、月利率和日利率统称为“厘”，但是不同借贷时间限定下的“厘”代表的含义不同，如年利率1厘代表1%，月利率1厘代表1‰，日利率1厘代表0.1‰。

2.固定利率和浮动利率

按照借贷期内利率是否调整，利率可分为固定利率和浮动利率。

以借贷关系成立时确定的利率为标准，在借贷期内不作调整的利率是固定利率；相反，在借贷期内随市场利率的变化作定期调整的利率为浮动利率。

固定利率简单明了，易于计算借贷成本，适用于借贷期较短或市场利率变化不大的情况；浮动利率能够灵活反映市场上的资金供求情况，但借贷成本的计算、考核相对复杂。

目前，国际金融市场占主导地位的是浮动利率，而我国仍以固定利率为主。例如，我国目前定期储蓄存款利率就是固定利率，而贷款利率则是浮动利率，每年核定一次，如住房抵押贷款采用按年浮动的利率。从世界范围内的情况看，各国利率波动的频率和幅度趋于增高，因此浮动利率被越来越多地采用。

答疑解惑 3-6

李某于2020年10月10日存入1万元定期5年的存款，当时5年期存款的年利率是4.75%，以后年利率调整多次，至2025年存款到期时，年利率是3.05%。问：李某2025年存款到期应以哪种利率计算利息？

答：应以4.75%计算到期存款的利息，因为对储蓄存款我国实行的是固定利率。

3.名义利率和实际利率

按利率与通货膨胀的关系，利率可分为名义利率、实际利率。名义利率是指借贷合同和有价证券上标明的利率。对债权人来说，应按此利率向债务人收取利息，债务人也应按此利率向债权人支付利息。一般我们所说所用的利息率都是指名义利率。实际利率是指名义利率剔除通货膨胀因素以后的真实利率。名义利率与实际利率的关系为：

实际利率=名义利率-通货膨胀率

例如，一年定期存款的利率为4.14%，就是名义利率，如果这一年的通货膨胀率是7.14%（即价格总水平上涨了），则实际利率是-3%；如果这一年的通货膨胀率是-1%（即价格总水平下降了），则实际利率为5.14%。

可见，在经济活动中，区分名义利率和实际利率是很重要的，实际利率更应该重视。对债权人来说，在借贷过程中，不仅要承担债务人到期无法归还本金的信用风险，还要承担货币贬值的通货膨胀风险。因此，在做经济决策时，重要的是对通货膨胀和实际利率有个正确的估计。

4.市场利率和官定利率

按利率决定机制，利率可分为市场利率和官定利率。

市场利率是指由资金借贷市场供求关系决定的利率，借贷资金供大于求，市场利率下跌；借贷资金供小于求，市场利率上升。

官定利率是指由政府金融管理部门或者中央银行确定的利率。官定利率不像市场利率随资金供求状况自由波动，而是作为政府的宏观调控手段，主要顺应政策意图。

目前，世界各国几乎都形成了官定利率与市场利率并存的格局。我国仍以官定利率为主，其中一部分是规定一个定值，商业银行只能按规定执行；另一部分是在确定值的基础上规定浮动方向和浮动幅度，具体水平由商业银行自行确定。

另外，与该种分类相关的还有一种利率叫公定利率，是非官方的行业自律组织（如银行业公会、协会等）确定的利率，对组织成员有约束作用，这一利率也被称为行业利率。

5.基准利率和普通利率

知识拓展3-3

中国人民银行决定下调存贷款基准利率并降低存款准备金率

按在利率体系中的作用不同，利率可分为基准利率和普通利率。

基准利率是在整个金融市场上和整个利率体系中处于关键地位、起决定作用或指导作用的利率。它既是一定时期利率水平的一般标准，又是中央银行实施金融调控的一种“指示器”，它的变动会带动普通利率的相应变动。对金融市场的参与者来说，注意观察基准利率的变动就可以预测整个金融市场利率的变化趋势。

一些国家把再贴现率视作基准利率，一些国家把同业拆借利率视为基准利率。国际金融市场通常把伦敦银行间同业拆借利率LIBOR视为基准利率。

此外，利率还可按银行业务不同分为存款利率和贷款利率；按借贷期限的长短分为长期利率和短期利率；按利率制定是否带有优惠性质分为一般利率、优惠利率和差别利率等。

3.4.3　利息的计算

利息的计算方法有两种，即单利法和复利法。

1.单利法

单利法是仅以本金为基数计算利息的一种利息计算方法。其计算公式为：

$$I=P\cdot r\cdot n \qquad \text{（公式3-1）}$$

$$S=P+I=P(1+r\cdot n) \qquad \text{（公式3-2）}$$

式中：I为利息额；P为本金；r为利率；n为时间；S为本金与利息之和。

例如，李女士将10 000元存入银行，存期3年，假定年利率是2.5%，则第1年年末，李女士账户上的存款应该是：

$S_1=10\,000\times(1+2.5\%)=10\,250$（元）

第2年年末，李女士账户上的存款应该是：

$S_2=10\,000\times(1+2.5\%\times2)=10\,500$（元）

第3年年末即存款到期时，李女士的存款本息共计：

$S_3=10\,000\times(1+2.5\%\times3)=10\,750$（元）

2.复利法

它是将上期利息加入本金一并计息的利息计算方法，俗称“利滚利”“驴打滚”的计算方法。其计算公式为：

$$S=P(1+r)^n \qquad \text{（公式3-3）}$$

$$I=S-P \qquad \text{（公式3-4）}$$

式中各字母的含义与上面相同。若将单利法中的例子按复利法计算，则第1年年末，李女士账户上的存款是：

$S_1=10\,000\times(1+2.5\%)=10\,250$（元）

第2年年末，李女士账户上的存款是：

$S_2=10\,000\times(1+2.5\%)^2=10\,506.25$（元）

第3年年末，存款到期时李女士的本息共计：

$S_3=10\ 000\times(1+2.5\%)^3=10\ 768.91$（元）

用单利方法计算利息直观、简单。我国银行的存贷款利息、国债利息等都采用这种计息方法。在本金相同、期限相同、利率相同的情况下，单利方法计算出的利息少于复利方法计算出的利息。用复利方法计算利息，利于树立资金的时间观念。

3.终值与现值

经济学上把现在的货币资金价值称为现值，把未来的货币资金价值称为终值。

按复利法计算的一定期限后的本利和就是终值，如上例中李女士的10 000元存入银行，1年后的终值就是10 250元，2年后的终值就是10 506.25元，3年后的终值就是10 768.91元。终值的存在，说明即使在没有任何通货膨胀的情况下，现在1个单位货币资金的价值也比未来的价值大，通俗地讲，就是今年的1元钱比明年的1元钱要值钱，因为有利息的存在。如果知道终值，在年利率确定的情况下，如何逆算出现值（即复利法中的本金）呢？其计算公式为：

$$P=S\div(1+r)^n \qquad \text{（公式3-5）}$$

式中：P是本金，称为现值或贴现值；r是利率，这里也称贴现率；n是时间；S是本利和，也称终值。

例如，5年后的终值是13 382.256元，年利率为6%，则现值是：

$P=13\ 382.256\div(1+6\%)^5=10\ 000$（元）

复利、现值、终值的概念表明，货币资金具有时间价值，即现在一个单位的货币资金与未来一个单位的货币资金价值是不同的，树立货币时间价值的观念具有重要意义。银行买进未到期的票据的活动（即贴现业务）就是以上原理的运用。这一原理也常常用于投资方案的选择，因为运用现值这一概念，可以把不同时间、不同金额的投资额换算成同一时点的值（即现值），使它们具有可比性，从而便于选择其中的最佳方案。

同步案例3-2　　**投资方案的选择**

案例分析3-2

分析提示

有一项工程需10年建成，现有A、B两个投资方案。A方案第1年年初需投入5 000万元，以后9年每年年初再追加投资500万元，共需投资9 500万元；B方案是每年年初均投入1 000万元，共需投资1亿元。从投资总额上看，A方案少于B方案，从资金占用时间上看，B方案比A方案看上去好一些，不过也不是很肯定。假定市场利率为10%，请根据现值的观念选择最佳方案。

3.4.4　决定和影响利率的因素

在现实经济生活中，市场利率是频繁变动的，即使是官定利率也要考虑影响利率的各种因素，适时调整利率水平。决定和影响利率的主要因素有：

1.社会平均利润率

就全社会而言，利息来源于再生产过程中创造的利润，利润可以分解为两部分：一部分是作为企业自有资本和经营报酬的企业收入，一部分是作为企业借入资本的报酬的利息收入。当资本一定时，平均利润率的高低决定着利润总量，平均利润率越高，总利润越多，利息额越有可能增加；反之，利息额将减少。毫无疑问，借款人借入资本的最终目的是追求高额利润，但如果因此支付的利息额很多，以至于利率等于甚至高于社会平均利润率，借款人就会因为无利可图而不愿借入资本，因此利率只能低于社会平均利润率，社会平均利润率是决定利率的基本因素。再从借贷资本所有者角度看，他们贷出资本的目的是获取一定的利息收入，如果利率等于零，他们宁可把货币资金保留在自己手中。所以，一般情况下，利率在零和社会平均利润率之间波动。

2.借贷资本的供求状况

利率是借贷资本的价格，遵循“价格取决于市场供求”的一般规律，也取决于其借贷资本的供求状况。在市场经济条件下，借贷资本的供求关系是决定具体利率水平的最主要因素。当借贷资本供不应求时，利率会提高或利率向上的压力增加；当借贷资本供应增加、需求减少时，利率就会下跌或向下的压力增加。借贷资本供求状况是影响市场利率变动的直接因素。而影响借贷资本供求的因素又是多方面的，既有实际经济因素（如实业投资利润率降低导致对借贷资本需求的减少)，也有纯货币因素（如股票市场行情看涨，投资者急需从借贷市场上融入资金参与炒作等)。可见，借贷资本供求状况是影响利率水平的各种因素的综合反映。

3.经济运行周期

利率的波动表现出较强的周期性，这主要受经济运行周期的影响。当经济处于繁荣期时，投资旺盛，市场资金需求强劲，市场利率就会较高且呈上升趋势。在这种情况下，中央银行为防止经济过热，保持经济持续稳定增长，也会提高基准利率。相反，当经济不景气时，商品销路不畅，价格下跌，利润减少，导致投资疲软，生产压缩甚至停滞，市场资金需求不足，市场利率水平就会降低。这时，中央银行为刺激经济增长，就会降低基准利率以降低投资成本，刺激投资需求。

4.价格水平的变动及预期

从名义利率与实际利率的关系可以看出，价格水平的变动直接关系到实际利率水平的高低。要保持实际利率不降低，在价格总水平上升的情况下，名义利率就应随之提高；反之亦然。同理，人们对价格水平变动的预期也会影响利率的变化。例如，当贷款人预期价格水平将上升时，就会在贷款时提高利率，或减少长期贷款，以避免将来借款人还本付息时因价格上涨带来的货币贬值损失；如果借款人也有相同的预期，就会接受贷款人提高的利率，或尽量增加长期贷款。双方共同作用的结果，使得借贷利率上升。

5.宏观经济政策对利率的影响

当今各国政府普遍对经济实施宏观调控，利率已成为国家对经济活动进行调节的重要工具。因此，利率不再是完全随借贷资本的供求状况自由波动。比如，世界各国政府根据本国经济发展状况和经济发展目标，通过中央银行确定利率水平、利率结构，调节资金供求、经济发展速度、经济结构。利率作为调控经济活动的重要经济杠杆，明显受国家经济政策的影响。

6. 国际利率水平

在经济日益全球化的时代，国际利率水平及其变动趋势对一国的利率水平具有很强的示范效应，国内金融市场与国际金融市场的波动日益同化。如果国内利率水平高于国际市场利率水平，就会吸引国际“热钱”大量涌入，导致国内金融市场上资金供给大量增加，国内利率就会因此下跌；如果国际金融市场上利率上升，就会导致国内资金大量流出，国内资金供不应求，国内利率就会上升。所以说，资本的自由流动使得利率的国际影响力越来越强，各国利率的趋同倾向越来越明显。

3.4.5 利率的功能与作用

知识拓展3-4

西方的利率决定理论

在市场经济条件下，利率及其变动直接关系到金融市场各个主体的经济利益，从而成为一个重要而有效的经济杠杆，在调节储蓄与投资、优化资源配置、调节资金供求等方面具有强大的功能和作用。

1. 利率与储蓄和消费

储蓄有广义和狭义之分。广义的储蓄可理解为收入减消费；狭义的储蓄是指居民储蓄存款。无论是广义的储蓄还是狭义的储蓄，都与消费呈此消彼长的关系，即在收入既定的前提下，如果用于储蓄的比例降低，用于消费的比例就会提高；反之亦然。因此，利率对储蓄与消费的影响正好是相反的。

（1）利率对储蓄的影响。利率的变化不仅影响储蓄的总量，而且影响储蓄的结构。

① 利率对储蓄总量的影响。储蓄是利率的增函数，较高的利率会促进储蓄总量的增加，特别是对储蓄存款的促进作用更明显。在其他条件不变的情况下，利率的提高会缩减即期消费，从而增加储蓄，储蓄因此有较大的利率弹性。但是，如果收入水平提高，可能会出现利率水平提高后储蓄与消费同时增加的状况。

② 利率对储蓄结构的影响。其主要表现为影响储蓄者是选择实物储蓄还是金融资产储蓄，是选择存款还是选择购买债券、股票等。

（2）利率对消费的影响。在其他条件不变的情况下，从短期看，利率的提高往往会使消费减少，利率的变化会影响消费总量，消费是利率的减函数。从长期看，利率影响的只是即期消费量。提高利率减少的是即期消费量，却会使远期消费量增加，即增加社会消费总量，因为减少的那部分即期消费如果变成储蓄存款，将为其所有者带来利息收入。

在我国，储蓄有较大的利率弹性，一旦储蓄存款利率提高，储蓄存款的增长速度就加快；一旦储蓄存款利率下调，储蓄存款的增长速度也明显下降。

2. 利率与投资

投资一般可分为直接投资和证券投资。利率对直接投资和证券投资的影响是不一样的。

证券投资是指人们对金融商品（即股票、债券等有价证券）的购买和持有。在正常的经济情况下，利率与证券价格成反方向变化，即市场利率下降时，资金更多地流向证券市场，证券价格上升；反之，证券价格下跌。市场利率变化是影响证券行情的一个重要因素。

3.利率与价格总水平

利率作为一个重要的经济杠杆，根据经济形势的变化，如果运用得当，可以起到稳定物价、抑制通货膨胀、促进经济增长的作用。利率对稳定物价的作用是通过以下途径实现的：

（1）利率可以调节货币供应量。当流通中的货币量超过需要量，出现物价上涨时，通过上调利率，可以抑制信贷需求，从而收缩信贷规模，减少货币供应量，最终实现物价稳定；反之，当流通中货币量偏少，出现物价下跌时，通过下调利率，可以刺激信贷需求，从而扩大信贷规模，增加货币供应量，促使价格回升。

（2）利率可以调节社会总供给和总需求。上调利率可以吸引更多的社会闲置资金以存款的方式集中到银行。一方面，推迟了购买，减少了社会总需求；另一方面，银行得以汇集更多的资金，用来支持商品生产和流通，增加有效供给，从而使社会总供给和总需求趋于平衡，达到稳定物价的目标。下调利率的作用刚好与此相反，而目标与上调利率一致。

4.利率与企业经营管理

银行可以运用利率杠杆，对经营管理好、资金效益高、信用状况好的企业实行较低的利率；对经营管理不善、资金周转缓慢、贷款逾期不还的企业实行高利率，从而促使企业改善经营管理，提高资金使用效率。

5.利率与资源配置

只有当企业投资的预期收益率高于或至少等于利率时，企业投资才有实际意义。利率的变动会引起投资成本的变化，进而影响企业的投资行为。因此，利率会自发引导资金流向利润率较高的部门，使社会资源配置得到优化。同时，国家还可以自觉地运用利率杠杆来调节国民经济结构，主要是采用差别利率和优惠利率，对国家重点发展的产业、企业、项目或产品采用低利率予以支持，对国家要压缩的产业、企业、项目或产品采取高利率予以限制。这样，在利率机制的驱动下，企业投资就会纷纷转向低利率和高收益的产业、部门或产品，实现社会资源的优化配置，从而优化产业结构。

3.4.6 我国利率市场化改革

1.利率市场化的具体内涵

利率市场化，是指利率的决定权交给市场，由市场主体自主决定利率的过程。在利率市场化条件下，如果市场竞争充分，则任何单一的经济主体都不可能成为利率的单方面制定者，而只是利率的接受者。利率市场化的主要内容包括：

（1）金融交易主体享有利率决定权。金融交易主体（即参与金融活动的资金盈余部门和资金短缺部门）应该有权对其资金交易的规模、价格、偿还期限、担保方式等具体条款进行讨价还价；讨价还价的方式可能是面谈、招标，也可能是资金供求双方在不同客户或者服务提供商之间反复权衡和选择。

（2）利率的数量结构、期限结构和风险结构应由市场自发选择。同任何商品交易一样，金融交易同样存在批发与零售的价格差别。与其不同的是，资金交易的价格还应该存在期限差别和风险差别。利率管理部门既无必要也无可能对利率的数量结构、期限结构和风险结构进行科学准确的测算。相反，金融交易的双方应该有权就某一项交易的具体数量（或称规模）、期限、风险及具体利率水平达成协议，从而为整个金融市场合成一个具有代表性的利率数量结构、期限结构和风险结构。

（3）政府（或中央银行）享有间接影响金融资产利率的权力。利率市场化并不是主张放弃政府的金融调控，正如市场经济并不排斥政府的宏观调控一样。但在利率市场化条件下，中央银行对金融的调控只能依靠间接手段，如通过公开市场操作影响资金供求格局，从而间接影响利率水平；或者通过调整基准利率影响商业银行的资金成本，从而改变市场利率水平。

答疑解惑3-7

利率市场化的核心是商业银行对存贷款具有定价权，对吗？为什么？

答：正确。商业银行作为经营货币信用业务的特殊企业，定价权是其基本权利，没有定价权的企业，其经营收益是其自身无法控制的，改善经营也就无从谈起。

知识拓展3-5

贷款基础利率集中报价和发布机制正式运行

2.我国利率市场化改革的方式与目标

2003年2月20日，中国人民银行在发布的《2002年中国货币政策执行报告》中公布了我国利率市场化改革的方式，即渐进、有序，遵循先外币、后本币，先贷款、后存款，先农村、后城市，先长期、后短期，先大额、后小额的步骤。

我国利率市场化改革的目标是：建立由市场供求决定金融机构存、贷款利率水平的利率形成机制，中央银行通过运用货币政策工具调控和引导市场利率，使市场机制在金融资源配置中发挥主导作用。

3.我国利率市场化改革的进程

1996年1月3日，全国银行间同业拆借市场成立，这是中国利率市场化改革的第一步。同年6月，中国人民银行根据市场需要，取消上限管理，实现由拆借双方根据市场资金供求自主确定拆借利率。1997年6月，银行间债券市场正式启动，同时放开了债券市场债券回购和现券交易利率。1998年3月，我国改革再贴现利率及贴现利率的生成机制，放开了贴现和转贴现利率。1998年9月，我国放开了政策性银行金融债券市场化发行利率。1999年9月，我国成功实现国债在银行间债券市场的利率招标发行。1999年10月，我国对保险公司大额定期存款实行协议利率。

1998年，金融机构对小企业的贷款利率浮动幅度由10%提高到20%，农村信用社的贷款利率最高上浮幅度由40%提高到50%；1999年，允许县以下金融机构贷款利率最高上浮30%，将对小企业贷款利率最高可上浮30%的规定扩大到所有中型企业（2002年又进一步扩大试点）。2000年9月21日实行的外汇利率管理体制改革，放开了外币贷款利率；300万美元以上的大额外币存款利率由金融机构与客户协商确定。2002年3月，将境内外金融机构对中国居民的小额外币存款利率管理纳入中国人民银行现行小额外币存款利率管理范围，实现中外资金融机构在外币利率政策上的公平待遇，同时下放了非中国居民小额外币存款利率的自主决定权。

2003年3月21日，经中国人民银行批准，浙江省、黑龙江省、吉林省、福建省和内蒙古自治区的8家县市级农村信用社进行“浮动利率试点”，这些信用社存款利率在法定利率的基础上最高可以上浮30%，贷款利率最高可以上浮100%。2004年10月29日，中国人民银行决定放开金融机构存款利率的下限和贷款利率的上限，即允许金融机构在法定利率的基础上，存款利率向下浮动，贷款利率向上浮动，取消了浮动幅度的限制，实现了“贷款利率管下限，存款利率管上限”的阶段性目标。由此，我国利率市场化的进程又向目标迈进了重要的一步。2012年，中国人民银行决定，自6月8日起，将金融机构存款利率浮动区间的上限调整为基准利率的1.1倍，将贷款利率浮动区间的下限调整为基准利率的0.8倍。自2013年7月20日起，全面放开金融机构贷款利率管制，由金融机构根据商业原则自主确定利率水平。2014年3月1日，中国人民银行放开中国（上海）自由贸易试验区小额外币存款利率上限。自贸区的先行先试，为在全国推进小额外币存款利率市场化积累了可复制、可推广的经验。

2015年10月，存款利率上限取消，标志着中国的利率管制已经基本放开，利率市场化改革迈出最为关键的一步。

取消对利率的行政管制后，中国的利率市场化改革进入新阶段。进一步推进利率市场化改革的核心是要发挥好金融机构、自律机制、央行三道“防线”的作用，进一步健全市场化利率形成和调控机制。同时，还应从以下三个方面进一步推进：一是督促金融机构进一步提高自主定价能力，根据市场供求关系决定各自的利率，不断健全市场化的利率形成机制；二是完善央行利率调控和传导机制，疏通利率传导渠道，提高央行引导和调控市场利率的有效性；三是针对个别非理性定价行为进行必要的行业自律和监督管理，防患于未然。

知识拓展3-6

利率市场化对百姓的影响：理财会出现更多选择

主要概念

信用　商业信用　银行信用　国家信用　消费信用　信用工具　利率　名义利率　实际利率　基准利率　固定利率　浮动利率　市场利率

知识训练

● 基础知识训练

随堂测3

3.1 单项选择题

（1）信用活动中，货币主要执行（　　）职能。

A.价值尺度　　B.支付手段

C.流通手段　　D.贮藏手段

（2）商业信用最典型的做法是（　　）。

A.商品批发　　B.商品代销　　C.商品零售　　D.商品赊销

（3）消费信用有三种形式，其中有两种属于银行信用，另一种则类似于（　　）。

A.国家信用　B.民间信用　C.商业信用　D.银行信用

(4) 非官方的行业自律组织规定并对组织成员有一定约束力的利率是(　)。

A.官方利率　B.公定利率　C.市场利率　D.基准利率

(5) 国家信用的主要形式是(　)。

A.发行政府债券　B.短期借款　C.长期借款　D.征税

(6) 利用信用卡透支属于(　)。

A.商业信用　B.银行信用　C.国家信用　D.消费信用

(7) 利率按其地位和作用可划分为(　)。

A.固定利率和浮动利率　B.名义利率和实际利率

C.基准利率和普通利率　D.长期利率和短期利率

(8) 个人购买国债和企业债券的活动，分别属于(　)。

A.企业信用与银行信用　B.企业信用与国家信用

C.国家信用与企业信用　D.国家信用与消费信用

(9) 利率高、风险大、容易发生违约纠纷，但比较灵活方便的信用形式是(　)。

A.国家信用　B.银行信用　C.民间信用　D.出口信用

(10) 在借贷期内可以定期调整和变动的利率是(　)。

A.市场利率　B.官定利率　C.固定利率　D.浮动利率

3.2　多项选择题

(1) 下列属于银行信用的有(　)。

A.银行吸收个人存款　B.银行购买国债　C.银行发行信用卡

D.银行发放贷款　E.银行代理收费

(2) 下列属于国家信用的有(　)。

A.政府发行债券　B.政府从他国政府借款　C.政府从国际金融机构借款

D.政府降低税率　E.政府向贫困地区增加拨款

(3) 按利率的决定机制，利率可以分为(　)。

A.名义利率　B.实际利率　C.官定利率

D.市场利率　E.浮动利率

(4) 我国目前实行市场利率的主要有(　)。

A.民间借贷利率　B.商业银行存款利率

C.商业银行贷款利率　D.银行间同业拆借利率

(5) 我国企业与企业之间相互提供的信用通常是票据信用，这些票据包括(　)。

A.银行承兑汇票　B.银行本票　C.商业汇票

D.信用卡　E.转账支票

3.3　简答题

(1) 信用和信用工具有何特征?

(2) 信用有几种形式? 各有什么特点和作用?

(3) 利率是如何分类的?

(4) 决定和影响利率的因素有哪些?

（5）利率的作用是什么？

● 技能知识训练

3.1　张先生于某年1月17日在某银行存入定期3个月10万元的人民币存款，他实际取款日为当年4月30日。该行3个月定期存款的利率为2.6%，活期存款利率为0.35%，计算张先生应得的利息额。

3.2　某人在中国银行储蓄所存入3年期定期存款100万元，若3年期定期存款的利率为5%，试用单利法和复利法分别计算此人满3年的应得利息额。

3.3　王女士的孩子5年后上大学，估计那时上大学的费用是每年10万元，现在1年期的存款利率是3.25%，王女士打算现在存入一笔钱以保障这笔费用的着落，那么王女士该往银行存入多少钱呢？

3.4　现有一项工程，需5年建成，有甲、乙两个投资方案。甲方案：第一年需投入500万元，以后4年每年年初需追加投资100万元，共需投资900万元。乙方案：每年年初平均投入200万元，共需投资1 000万元。在市场利率为6%的情况下，试比较两种方案的优劣。

能力训练

● 案例分析

查阅我国近十年贷款利率变化情况，分析判断利率在经济中的作用。

● 实务操作

实地调查一个企业或一户家庭采用信用方式进行投融资的情况（各种信用方式在其筹资、投资中的比例）并进行评价，同时提出相应的建议。

模块3　金融的运行

第4章

金融机构与金融市场

学习目标

通过本章的学习，你应该达到以下目标：

知识目标：了解金融机构体系的一般构成，明确我国各类金融机构的性质、职能，熟悉金融市场的基本框架。

能力目标：掌握我国商业银行及非银行金融机构的组成情况，并结合实际较好地掌握金融市场中各子市场的功能；熟悉各种经营性金融机构的主要业务范围，初步具有同金融机构打交道、参与金融市场活动的能力。

素养目标：明确完善和健全金融机构体系和金融市场体系的重要性。理解设立中小银行和民营银行对满足中小微企业资金需求，践行普惠金融的意义；理解提高直接融资比重，促进多层次资本市场健康发展对弥补我国金融服务实体经济短板的意义。

导读

专门从事金融活动的组织，统称为金融机构。通过金融机构进行信用工具交易的场所则是金融市场。现代经济条件下，金融机构种类繁多，形式各异。例如，有专门与资金余缺双方进行金融交易的商业银行；有为筹资者和投资者双方牵线搭桥，提供策划、咨询、承销、经纪服务的投资银行、证券公司；有专门从事保险业务的保险公司；有从事信托、租赁业务的信托投资公司、金融租赁公司等。由这些各种各样的金融机构构成的整体就是一国的金融机构体系。同样，金融市场也由各种功能不同的子市场构成。那么，我国金融机构体系和金融市场是如何组成的呢？它们在融资活动中扮演什么角色、起着什么作用呢？相关知识点将在本章展现。下面是本章内容结构导图。

4.1 金融机构体系

金融机构是指从事金融业务、协调金融关系、维护金融体系正常运行的机构。在市场经济下，从金融机构的职能来看，世界各国的金融机构体系一般包括三类：一是货币金融政策、制度的制定及执行机构；二是金融业务的经营机构；三是金融活动的监督管理机构。这三类机构构成了一国完整的金融机构体系。

我国的金融机构体系可以分为三部分（如图4-1所示）：一是银行体系，包括中央银行、商业银行、专业银行；二是非银行金融机构，包括保险公司、证券公司、信托投资公司、金融租赁公司、信用合作社、财务公司、基金管理公司；三是金融监管体系，包括中央金融委员会、中国人民银行、国家金融监督管理总局、证监会。因此，我国的金融机构体系是以中央银行为领导，以商业银行为主体，其他金融机构并存。

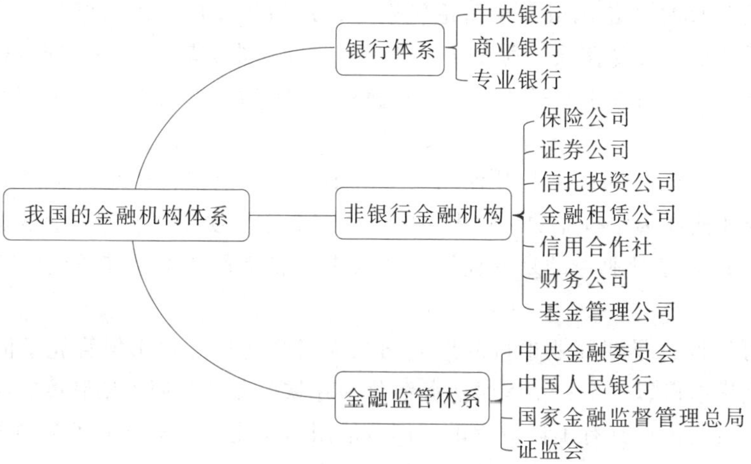

图4-1 我国的金融机构体系

4.1.1 商业银行

商业银行是指吸收公众存款、发放贷款、办理结算等业务的信用机构。商业银行在银行体系中占有重要地位，它也是整个金融机构体系的主体，在信用活动中起着主导作用。商业银行的存贷款业务在银行体系中占有最大比重，它是工商业贷款的主要供给者，它的经营活动影响着工商企业的经营方向和规模；它的业务范围广泛，而且与其他金融机构关系密切；商业银行通过办理非现金结算加速了资金周转，在非现金结算及贷款的基础上，起着创造存款货币的作用；它为客户提供多种金融服务，为企业和个人带来便利。如今商业银行同其他金融机构的业务界限已日趋消失，但在许多方面商业银行仍是其他金融机构所不能替代的。

1.商业银行的产生

（1）早期银行的产生

早期银行的前身是货币经营企业，主要从事货币兑换、保管和结算等与货币有关的业务。这时还不能称其为银行，因为古代货币经营的业务特点是保有100%的现金准备，客户交予保管的货币不用于贷款生息；在代客保管货币的活动中，要向客户收取保管费，而不是相反。当货币经营者发现被保管的货币有一个稳定的沉淀额，而且保管数量越大沉淀额也越多时，它们开始用这部分沉淀额放款（意味着由十足准备金变为部分准备金，这是银行业形成过程中一个重要标志），而且为吸引客户存放货币，开始向托管人支付一定的货币（实际上相当于存款利息），货币保管业务演变为存款业务。这样，货币兑换业就发展成为既办理兑换，又经营货币存款、贷款和汇款的早期银行业了。贷放业务是货币经营业转变为银行业的重要标志。

在古希腊和古罗马时代，已有货币委托保管、汇款及兑换货币等活动，属于货币兑换业性质。中世纪时期，工商业发展迅速，意大利成为当时欧洲地中海沿岸国际贸易的中心，一些专门经营货币业务的机构得到了很大发展，银行业务逐渐兴起。16世纪，意大利开始出现银行业，如1580年成立了威尼斯银行，1593年成立了米兰银行等。随着世界商业中心由意大利向荷兰及欧洲北部转移，1609年荷兰成立了阿姆斯特丹银行，1621年德国成立了纽伦堡银行，1629年又成立了汉堡银行。这些银行既经营货币兑换、接受存款、划拨款项等业务，也发放贷款。这一时期银行放款的利率都比较高，贷款对象主要是政府和一些拥有特权的企业，难以满足大多数工商业的融资需要。

而在英国，银行的产生与其他国家有所不同，早期银行业是由金匠业发展而来的。在金匠业演变为银行业的过程中，完成了三个重要演变：①金匠业的保管凭条演变为银行券；②保管业务的划款凭证演变为银行支票；③十足准备金转变为部分准备金。

因此可以说，早期商业银行的形成归结为三个转折点：①保管凭条演化为银行券，使现代货币得以产生；②保管业务演化为存款业务，并使支票制度、结算制度得以建立，使商业银行具有了创造货币、创造信用的功能；③全额准备金制度演变为部分准备金制度，使商业银行的信贷业务得以扩大。

（2）现代商业银行的产生

早期银行基本上是高利贷银行，利率高、规模小，不能满足工商业融资需要，在客观上需要建立起既能汇集闲置资金又能按适当的利率向工商业提供贷款的现代商业银行。

现代银行业是通过两条途径产生的：一是组建新的股份制银行；二是旧有的高利贷性质的银行逐渐适应新的经济条件，转变为资本主义性质的商业银行。

现代商业银行产生的标志是1694年英格兰银行的诞生，它是世界上第一家股份制银行。区别于具有高利贷性质的早期银行，它的贴现率规定为4.5%～6%，大大低于早期银行业的贷款利率。由此，现代银行制度建立。

现代商业银行与早期银行相比具有两个特点：一是利息水平适当；二是信用功能扩大。现代商业银行除了接受存款、发放贷款、发行银行券外，还代客户办理信托、汇兑、信用证，代收代付，代理有价证券买卖。

2.商业银行的性质

商业银行是吸收公众存款、发放贷款、办理与货币有关的各种金融业务的金融机构。它是特殊的企业。

（1）商业银行是企业。

商业银行与一般工商企业一样，实行独立核算、自主经营，并以利润最大化作为自己的经营目标。可见，商业银行具有现代企业的基本特征。

（2）商业银行是特殊企业。

商业银行的特殊性，一是指商业银行经营的对象是特殊商品，即作为一般等价物的货币；二是指商业银行的经营方式特殊，一般企业采取买卖的方式经营物质产品和劳务，而商业银行采取借贷方式（即信用方式）经营货币收付、借贷及各种与货币有关的金融业务；三是指商业银行与整个社会经济的关系较特殊，即其对整个社会经济的影响要远远大于一般企业，同时商业银行受整个社会经济的影响也较其他企业更为明显。

（3）商业银行是综合性、多功能的金融企业。商业银行的业务经营具有广泛性和综合性，加之人们金融意识的普遍提高，参与金融活动的人越来越多，要求商业银行提供的金融服务也越来越多，这使得商业银行成为业务触角伸至社会经济生活各个方面的“金融百货公司”。

3.商业银行的职能

商业银行在现代经济运行中具有不可替代的作用，这正是其信用中介职能、支付中介职能、信用创造职能及金融服务职能运用的效果。

（1）信用中介职能

这是商业银行最基本、最能反映其经营活动特征的功能。这一职能是指商业银行通过吸收存款等负债业务，把社会上的各种闲置货币资金集中起来，再通过贷款等资产业务将其投向社会经济的各部门，充当货币资金的贷出者和借入者的中介人，从而实现资金的融通。

商业银行信用中介职能的运用，对经济活动具有十分重要的意义：一方面，可以将多种不同数额、不同期限的闲置货币资金动员起来，积少成多，变死为活，续短为长，从而扩大可用的社会资本总量，为经济发展提供资金来源；另一方面，在利益的驱使下，商业银行可以将货币资本从低效益的企业、部门引向高效益的企业、部门，从而促进经济结构的优化。

（2）支付中介职能

它是指商业银行提供商品、劳务买卖的货币结算以及与货币收支有关的技术性服务的功能，如通过存款在账户上的转移代理客户支付、在存款的基础上为客户兑付现金等，成为企业、机关团体和个人的货币保管者、出纳员和支付代理人，由此商业银行成为社会经济活动的出纳中心和支付中心。

商业银行支付中介功能的运用，大大减少了现金的使用，节约了流通费用，加速了结算过程和货币资金的周转，促进了经济发展。

（3）信用创造职能

商业银行信用创造职能表现在两个方面：一是能够创造存款货币；二是能够创造信用流通工具。创造存款货币是指商业银行通过吸收存款、发放贷款等业务，在转账结算的基础上派生出更多的存款货币，从而增加货币供给量的功能。创造信用流通工具是指商业银行能够签发银行券、支票、汇票、本票。

商业银行信用创造职能是在信用中介和支付中介功能的基础上产生的，它既可以节约现金使用，减少社会流通费用，又能满足经济发展对流通手段和支付手段增加的需要。但商业银行的信用创造并不是无限制的，它要以原始存款为基础、以贷款需求为前提，并受中央银行的制约。

（4）金融服务职能

这是指商业银行利用其较好的信誉、设备（如电子计算机及网络）以及充当信用中介和支付中介过程中的客户等资源，为社会各界提供其他金融服务的功能，如商业银行开展的各种代理业务、咨询业务、信托业务等。

商业银行的金融服务既提高了自身信息资源与信息技术的利用价值，增加了利润来源，同时也有利于扩大其资产负债业务。因此，拓展金融服务领域、提升金融服务水平是商业银行现在和今后增加利润来源的重要渠道。在银行业竞争日趋激烈的形势下，商业银行的金融服务意识必将越来越强，金融服务的功能及作用将会越来越广泛。

4.商业银行的组织形式

商业银行的组织形式有两种划分标准：一是按资本所有权划分；二是按其外部组织形式划分。

（1）按资本所有权划分

按资本所有权划分，可分为私人银行、合伙组织的银行、国家商业银行和股份制商业银行四种。

①私人银行。它是一种独资的私营银行。目前，世界上商业银行采取私人银行组织形式的情形已很少。例如，有着100多年历史的英国私人银行——商人银行，在20世纪70年代从私人独资的家庭企业转变为股份公司。

②合伙组织的银行。它是由两个以上的自然人合伙组成的，目前很少有这种组织形式的银行。

③国家商业银行。它是指归国家所有并委派高层管理人员进行经营管理的商业银行。这是一种常见的银行组织形式。例如，法国的三大银行里昂信贷银行、巴黎国民银行和兴业银行，都是经过国有化后成为国家所有的商业银行。法国商业银行的国有化程度在西方国家中最高。

我国的中国银行、中国农业银行、中国工商银行、中国建设银行曾经是国家独资设立的国有商业银行。从2004年到2009年，中国银行、中国建设银行、中国工商银行和中国农业银行先后完成股份制改造，成为国家控股商业银行，也称国有商业银行。交通银行在1987年4月重新组建后成为中国第一家全国性的国有股份制商业银行。中国邮政储蓄银行于2007年3月成立，是在改革邮政储蓄管理体制的基础上组建的国有商业银行。

④ 股份制商业银行。它是通过股份制方式筹集银行资本金并通过股份公司形式进行经营管理的商业银行。目前，股份制是现代商业银行的主要组织形式。美国、英国、德国、日本、加拿大等主要发达国家和许多发展中国家的商业银行都以股份制形

式存在。许多国家和地区的银行相关法律规定，除法律另有规定外，商业银行必须采取股份有限公司形式，如我国香港地区规定银行必须是股份有限公司，否则只能称银号。

随着国际银行业务的不断发展，多个国家的大银行合资设立跨国财团银行，从事大规模的国际资本投资活动。

（2）按外部组织形式划分

按外部组织形式划分，可分为单一银行制、分支行制、银行控股公司制、连锁银行制。

①单一银行制。它是指银行业务完全由一个银行机构（总行）经营，不设立任何分支机构的制度。美国银行曾采用这一体制，但通过金融创新，突破了对设立分支机构的限制。各州都颁布了自己的法律，规定了银行可以开办的分支机构的类型和数目。例如，东西海岸各州一般都允许银行在本州范围内开办分支机构；而中部各州对开办分支机构的限制较多。在中国，规模较小的城市商业银行实行单一银行制。

单一银行制在一定程度上限制了银行兼并和垄断，缓和了银行间的竞争和集中，有利于协调地方政府和银行的关系，各家银行在业务上具有较大的灵活性和独立性。但单一银行制在限制竞争的同时，也限制了自身的业务创新和规模的扩大。

②分支行制。它是指银行机构除总行外，还可在其他地区设立分支机构。目前，多数国家采用这种制度。我国的国有商业银行、股份制商业银行和一些规模较大的地方性商业银行也普遍实行分支行制。

分支行遍布各地，容易吸收存款；便于分支行之间的资金调度，减少现金准备；放款分散于各分支行，可以分散风险。但分支行制会使银行业过分集中，不利于自由竞争。

③银行控股公司制。它也称集团银行制，即由某一集团成立一股权公司，再由该公司控制或收购两家以上银行的股票，大银行通过持股公司把许多小银行置于自己的控制之下。

这一制度在美国最为流行。第二次世界大战后，美国商业银行为了冲破各种对设立分支行的限制，使银行业务多样化，银行控股公司迅速发展。银行控股公司有两种形式：一种是银行控股公司控制一家商业银行的股权，设立各种附属机构，开展多种非银行金融业务，它以大银行为主；另一种是银行控股公司控制两家以上商业银行的股权，便于银行扩展和进行隐蔽的合并，它以中小银行为主。

银行控股公司制有利于扩大资本总量，增强银行的实力，弥补单一银行制的不足。但这种制度容易形成银行业的集中和垄断，不利于银行之间开展竞争。

④连锁银行制。它是指由个人或集团控制两家以上商业银行的制度。它可以通过持有控股权以上的股票、共同董事等法律所允许的方式实现。

连锁银行制的成员银行都保持其独立性，连锁银行是在禁止实行分支行制和多家控股公司的美国各州发展起来的，经营活动大多控制在较小地理范围内，其成员多是小银行。它们一般环绕在一家主要银行的周围，其中的主要银行确立银行业务模式，并以它为中心，形成集团内部的各种联合。

5.商业银行的类型

各国商业银行大体有两类：一类是职能分工型商业银行；另一类是全能型商业银行。在某一阶段，一国只选择采用其中的一种类型。

（1）职能分工型商业银行

这种类型的商业银行实行分业经营体制，即银行业、证券业、保险业、信托业实行明确的分工，独立经营，业务不准交叉。商业银行一般只能经营存贷款和结算业务。这种类型的商业银行经营风险易于控制，相对比较稳健，但利润来源明显受到影响。

（2）全能型商业银行

这种类型的商业银行实行混业经营模式，即商业银行在经营传统的存款、贷款、结算等业务的同时，还可以经营证券、信托、保险等多种金融业务。采用这一类型的商业银行，能向客户提供综合性服务，增强与客户的联系，增加利润来源渠道，有利于提高自身的综合竞争力，但对风险管理水平的要求比较高。

实行分业经营的职能分工型商业银行和实行混业经营的全能型商业银行各有利弊。随着金融业竞争的加剧，混业经营的浪潮正在形成。我国商业银行目前仍属职能分工型，但受国际大环境的影响，为增强商业银行的竞争力，现已允许在某些业务上的一些交叉经营，从趋势看，混业经营是我国商业银行发展的方向。

4.1.2 中央银行

1.中央银行的产生

现代商业银行是根据社会经济发展的需要，从货币兑换业逐渐发展演变而来的，中央银行的产生也是植根于经济基础、组织基础、思想基础的形成和各个基础的不断充实、扩大和强化。18世纪中后期到19世纪初期，伴随着资本主义工商业的快速发展，资本主义银行获得进一步发展，表现为股份制银行数量不断增多，规模不断扩大；与此同时，众多小银行破产倒闭的情况时有发生，使银行信用体系受到冲击，危及金融的稳定和发展。18世纪末到19世纪初，中央银行从商业银行的分离、演变和创设过程是集中银行券发行权的过程，是满足票据清算、最后贷款人和金融监管的需要的体现。

（1）垄断货币发行权的需要呼唤着中央银行的产生

① 银行券分散发行的缺陷。在银行形成初期，许多私人银行除办理存款、放款和汇兑等业务外，也都办理银行券发行业务。银行券发行权分散的缺陷表现为：一是货币流通不稳定。小银行信用能力薄弱，无法保证自己所发行银行券的兑现，从而无法保证银行券的信誉及流通的稳定性，进而引起社会混乱。二是小银行信用能力有限，所发行的银行券不能广泛流通。随着资本主义经济的发展，要求有更加稳定的通货，也要求银行券成为能在全国市场上流通的一般的信用流通工具。由此，客观上要求有一个资本雄厚，并在全国范围内有权威的大银行来集中发行。

② 发行权自发集中到大银行。在经济发展过程中出现了一些大银行，它们拥有大量资本并在全国范围内具有较高的威信，这些银行所发行的银行券在流通中开始排

挤小银行的银行券。同时，由于存款业务的发展，一般的商业银行已经逐渐地可以不依靠银行券的发行来扩大其信用业务，这样，就形成了银行券集中发行的经济基础。于是，国家用法令限制或取消商业银行的银行券发行权，并把发行权集中到一个或少数几个银行，它们成为发行银行，这些银行逐渐放弃直接对企业的信用业务，其主要业务是专门与商业银行和国家往来，发行银行在金融市场上的地位日益提高。

（2）建立清算中心的需要呼唤着中央银行的产生

随着商品生产和商品流通的扩大，银行结算业务与日俱增，每天所收受的票据数量不断增长，银行之间的债权债务关系复杂化，票据清偿和结清债权债务中的矛盾不断涌现，信用渠道被堵塞的现象经常发生，客观上要求有一个统一的交换票据和清算债务的中心机构。于是，许多商业银行逐渐把现金准备存入发行银行，它们之间的清算也就通过发行银行来办理，发行银行逐渐成为公认的清算中心和现金保管者。

（3）商业银行对“救命稻草”的需要呼唤着最后贷款人的出现

贷款的过度发放，使一些资金实力相对较弱的银行丧失了清偿力，受到挤兑。由于挤兑而破产的现象时有发生，于是迫切需要把各家银行的现金准备集中起来，当某家银行发生支付困难时给予支持，避免在挤兑中破产。这样，一些大的发行银行就依靠自己的威望和充足的财力在吸收商业银行存款的同时，对某些资金周转困难的银行和金融机构给予信用上的支持。

（4）金融发展对金融监管的需要呼唤着中央银行的产生

随着银行数量不断增加，业务范围越来越广，金融对国民经济的影响越来越大。要保证金融稳定、经济稳定，必须建立一个由政府组织、授权并因此具有权威的专门机构对金融业的经营活动作必要的管理和监督。

由于上述四个方面原因，一些大的商业银行逐渐从商业银行体系中分离出来，演变为中央银行。例如，瑞典的里克斯银行、英国的英格兰银行。里克斯银行建于1656年，开始是一家私营商业银行，它于1661年发行银行券，是欧洲第一家发行银行券的商业银行，1668年，由政府出面将它改组为国家银行，1879年，瑞典政府通过一项法案，赋予该行统一的货币发行权，使它逐步演变为瑞典的中央银行。1694年成立的英格兰银行，开始时是一家拥有120万英镑股本的私人股份银行。英国政府出于财政需要，准许英格兰银行在不超过资本总额的条件下发行在伦敦地区流通的银行券，它是分散的、多元的银行券发行主体之一，在100多年之后，英国政府在1833年的立法中明确了英格兰银行发行的银行券是唯一法偿货币。1844年，英国国会颁布的《银行特许条例》（即《皮尔条例》）进一步对英格兰银行相对独占银行券发行的地位做出明确的规定。英格兰银行在自身地位逐渐提升的过程中，对众多商业银行提供票据交换、债权债务清偿服务，接受商业银行的票据再贴现，在经济、信用出现危机时，及时充当商业银行的“最后贷款人”，以稳定货币供给、维护信用秩序。英格兰银行作为“政府的银行”，在其成立之初就已经因为享有接受政府存款的特权成为政府财政的代理人，随着英格兰银行逐渐演变为“发行的银行”“银行的银行”，其作为“政府的银行”的职能日益强化，成为名副其实的英国的中央银行。1913年12月，美国通过了《联邦储备法》，据此，在1914年美国建立了联邦储备体系，即美国的中央银行。规定其职责是：发行货币、代理国库、调节货币流通、监管金融及组织票据清算等。

我国的中央银行萌芽于20世纪初。当时币制紊乱，银圆、铜钱、钱钞、银票、私贴及外国银圆同时流通，成色折合复杂。为整理币制，于清光绪三十年（1904年）由户部奏请清政府设立户部银行。光绪三十四年（1908年），户部改为度支部，户部银行改称大清银行（发行货币，经办存贷款等业务）。户部银行成立时间不长，经清政府批准，由邮传部着手于1908年3月4日成立交通银行，发行纸币，经办铁路、轮船、电报、邮政四个单位的一切款项收支。户部（大清）银行、交通银行都是属于国家的银行，但实际上都没有真正起到中央银行的作用，只能说是一种萌芽。

2.中央银行的发展

中央银行的发展大致可分为两个阶段，即中央银行的普遍推行时期和中央银行的强化时期。

（1）中央银行的普遍推行时期

19世纪初至20世纪中叶，这段时间为中央银行的普遍推行时期。第一次世界大战开始后，各国金融领域发生了剧烈的波动，中央银行纷纷停止或限制银行券兑现，提高贴现率，外汇行市下跌，禁止黄金出口，各金融中心交易亦相继停市，货币制度极端混乱。由此，各国政府当局和金融界人士深感必须加强中央银行的地位和对货币信用的管制。于是，1920年在比利时首都布鲁塞尔召开国际金融会议。会上提出：凡未设立中央银行的国家应尽快建立中央银行，中央银行应摆脱各国政府政治上的控制，实行稳定的金融政策。布鲁塞尔会议推进了中央银行的普遍建立。

（2）中央银行的强化时期

20世纪中叶到现在为中央银行的强化时期。第二次世界大战后，西方各国政治经济发生了重大变化。大多数参战国受到严重的战争破坏，经济困难，通货膨胀严重。为了尽快恢复本国经济，稳定货币，筹集资金，都把货币信用政策作为干预生产和调节经济的杠杆，中央银行是制定货币政策的重要机构，中央银行制度因此发生了变化，中央银行的地位日渐提高。

1948年12月1日，合并华北银行、西北农民银行、北海银行，中国人民银行在石家庄成立。但这时及以后一段时期的中国人民银行既是政府的银行（代理财政金库、管理金融行政）和发行银行，执行中央银行职能，也兼办商业银行的各项业务，这就是所谓“大一统”的“一身而兼二任”的兼营式中央银行。这种体制很容易顾此失彼，而且不可避免会扭曲中国人民银行同其他专业银行及其他金融机构的关系。1983年9月，国务院决定中国人民银行专门行使中央银行的职能，不再兼办工商信贷和储蓄业务，以加强信贷资金的集中管理和综合平衡，更好地为宏观决策服务。1984年1月1日，中国工商银行成立并承办原中国人民银行的城市工商信贷和储蓄业务。中国人民银行开始真正专门行使中央银行职能，成为货币发行银行、政府的银行、银行的银行、管理金融的银行。

3.中央银行的性质

中央银行的性质可以表述为：中央银行是代表政府干预经济、管理金融的特殊的金融机构，是金融管理机关。中央银行作为特殊的金融机构，与商业银行不同；作为一个管理机关，与政府机关不同。

（1）与商业银行不同

中央银行在宏观金融管理方面进行经营活动，它是完成国家经济目标的重要机构。中央银行利用货币政策工具，对经济进行调节、管理和干预，以稳定货币、发展经济，并代表国家制定和执行金融政策。

中央银行不是普通的银行，它居于商业银行和其他金融机构之上，与商业银行和其他金融机构是调控、管理、服务与被调控、被管理、被服务的关系；中央银行不是普通的信用中介，它的主要职能是制定货币政策，加强金融监管，为金融机构提供金融服务。

（2）与一般政府管理机构不同

中央银行作为管理机构，运用的是特殊的管理手段。中央银行不是主要依靠行政手段对经济进行干预和管理，而主要通过特有的经济手段进行管理，如货币供应量、利率、贷款等。

中央银行通过一定的金融活动，实施对金融的管理和控制。中央银行通过对商业银行和其他金融机构办理贷款业务和清算服务，代表国家发行货币，为政府办理国库资金保管收支业务，在金融市场上买卖有价证券等，实现了对经济的干预和管理。中央银行调节和干预经济的主要对象是货币供应，因而中央银行发挥它在国民经济中的调节作用，就不能只依靠政治权力，而必须以经济规律为依据。

中央银行的性质决定了它的任务是：调节控制商业银行和其他金融机构业务活动，执行货币政策，维护币值稳定，促进生产与就业，推动经济发展。

4.中央银行的职能

中央银行的职能有两种划分方法：一种是按照中央银行在社会经济中的地位划分；另一种是按照中央银行的性质划分。

（1）按照中央银行在社会经济中的地位划分

按这种划分方法，中央银行的职能主要是发行的银行、银行的银行和政府的银行。

①发行的银行。

中央银行是发行的银行，是指中央银行垄断货币发行权，具有货币发行的特权、独占权，是一国唯一的货币发行机构。因此，根据经济发展的客观情况，适时、适度地发行货币，调节货币供给量，稳定币值，为经济稳定增长提供良好的金融环境，中央银行责无旁贷；同时，中央银行应根据货币流通的需要，适时印刷、铸造、销毁货币，调剂地区间货币分布、货币面额比例，满足流通中货币支取的不同要求。

②银行的银行。

中央银行是银行的银行，是指中央银行对商业银行及其他金融机构办理存、放、汇等项业务施以有效的影响。这一职能集中体现为中央银行应履行以下职责：

第一，集中保管存款准备金。商业银行及有关金融机构需按吸收的存款和法定的比例向中央银行缴存存款准备金。因此，集中统一保管商业银行存款准备金的制度，构成现代中央银行制度中一项极其重要的内容。

答疑解惑4-1

中央银行为什么要求商业银行缴存存款准备金？

答：中央银行要求商业银行缴存存款准备金的意义在于：①保证商业银行等存款机构的清偿能力，保障存款人的资金安全及商业银行等金融机构自身的安全；②有利于中央银行调节信用规模，控制货币供给量；③强化中央银行的资金实力；④为商业银行及有关金融机构之间的清算创造条件。

第二，充当最后贷款人。所谓最后贷款人，是指中央银行为稳定经济、金融运行，向那些资金周转困难的商业银行及其他金融机构及时提供贷款，帮助它们渡过难关。中央银行作为最后贷款人提供贷款，也使得它成为一国商业银行及其他金融机构的信贷中心。

第三，组织全国银行间的清算。由于商业银行都在中央银行开立存款账户，商业银行之间因业务办理产生的债权债务关系，就可以通过中央银行采用非现金结算办法予以清算，从而使得中央银行成为一国银行业的清算中心。

③政府的银行。

中央银行是政府的银行，是指中央银行为政府提供服务，是政府进行金融管理的专门机构。中央银行的这一职能主要体现在以下几个方面：

第一，代理国库，即经办政府的财政收支，充当政府的出纳。

第二，充当政府的金融代理人，代办各种金融事务，如代理国债的发行及到期国债的还本付息事宜。

第三，为政府提供融资支持，如向财政提供贷款，或直接购买政府债券。

第四，代表政府参加国际金融活动，进行金融事务的协调、磋商等。

第五，制定和执行货币政策。

（2）按照中央银行的性质划分

依据中央银行的性质划分，可分为调节职能、管理职能和服务职能。

①调节职能。

中央银行通过制定和执行货币政策，运用各种金融手段，调节全社会的信用总量，即调节全社会的总需求和总供给，对全国货币、信用活动进行有目的的调控，影响和干预国家宏观经济，从而实现社会总供求的平衡。

② 管理职能。

中央银行为维护全国金融体系的稳定和各项金融活动的正常运行，防止金融危机，对金融机构和金融市场的设置、业务活动、经营情况进行检查、指导、管理与控制。主要内容包括：

第一，制定金融政策、法规。

第二，管理金融机构。包括审查、批准金融机构的设置、撤并、迁移，办理金融机构的注册、登记和办理营业执照等手续（在建立银行监督管理委员会、保险监督管理委员会、证券监督管理委员会的国家，一般不再由中央银行管理金融机构）。

第三，管理金融业务。包括确定业务活动范围，检查信贷活动情况（在建立银行监督管理委员会的国家，由其负责），制定存放款利率，管理金融市场，监督稽核资产负债结构、法定存款准备金交存状况及清偿能力等。

③服务职能。

中央银行向政府、各金融机构提供资金融通、划拨清算、代理业务等方面的金融服务。

第一，为政府服务，包括代理国库；代理政府发行债券；代办有关金融业务，如买卖金银、外汇等；代表政府参加国际金融活动；充当政府的经济顾问等。

第二，为金融机构服务，包括吸收金融机构存款（包括法定准备金和超额准备金存款），提供贷款和其他形式的融资服务，主持金融机构之间的债权债务清算等。

5.中央银行的类型

知识拓展4-1

中国人民银行的职能

（1）单一中央银行制

这是指一个国家只建立一家统一的中央银行，并形成由总行、分行、支行垂直隶属组成的中央银行体制。目前，世界上大多数国家的中央银行都采用这种体制，我国也是如此。

英国的中央银行是英格兰银行，成立于1694年，总行设在伦敦。法国的中央银行是法兰西银行，成立于1800年，总行设在巴黎。日本的中央银行是日本银行，成立于1882年，总行设在东京。

我国的中央银行是中国人民银行，成立于1948年12月1日，它既独占货币发行权、代理国库、管理金融，又具体经办银行业务，如集中全国农业、工业、商业短期信贷业务和城乡居民储蓄业务。1983年9月17日，国务院做出了中国人民银行专门行使中央银行职能的决定。1984年1月，中国人民银行正式行使中央银行职能，总行设在北京，按行政区划设立省（自治区、直辖市）一级分行、地市级二级分行和县支行。1998年11月，我国对中国人民银行管理体制实行改革，撤销省（自治区、直辖市）级分行，跨省（自治区、直辖市）设立了九家分行（天津、沈阳、上海、南京、济南、武汉、广州、成都、西安分行），并在九家分行的基础上，又增设了上海总部、北京营业部和重庆营业部，其目的是建立货币政策的区域性研究制度，强化金融监管的独立性、公正性，建立健全金融风险防范责任制度。2023年8月18日，中国人民银行31个省份（自治区、直辖市）分行，深圳、大连、宁波、青岛、厦门5个计划单列市分行和317个地（市）分行挂牌。中国人民银行各分行加挂国家外汇管理局分局牌子，各省（自治区、直辖市）分行加挂分行营业管理部牌子。至此，运行20余年的中国人民银行大区分行成为历史，省分行制度再度回归，重新按照行政区划设立中国人民银行省级分行。

（2）复合中央银行制

这是指一国在国内设立中央和地方两级相对独立的中央银行机构，二者分别行使其职权。其中，中央级机构是最高权力与管理机构，地方级机构也有其独立的权力。采用这种类型的国家有美国、德国等。

美国的中央银行是联邦储备体系，在联邦一级，设立联邦储备委员会，作为联邦储备系统的最高决策机构；设立联邦公开市场委员会，作为公开市场政策的制定和执行机构；设立联邦顾问委员会，对经济发展及银行业发展问题向联邦储备委员会提出建议和提供咨询。在地方一级，将全国划分为12个联邦储备区，共设立12家联邦储备银行及25家分行。

德国的中央银行是德意志联邦银行，于1957年建立，总行设在法兰克福，下辖10个州中央银行。各州中央银行作为区域性机构不是中央银行总行隶属机构，有很强的独立性。

（3）跨国中央银行制

这是指由参加某一货币联盟的所有成员国共同组成中央银行的制度，如西非货币联盟、中非货币联盟、东加勒比海货币管理局、欧洲中央银行都属于这种体制。

（4）类似中央银行制

这是指一国或地区只设置类似中央银行的机构，或者授权几个大的商业银行行使中央银行部分职能的体制。目前，新加坡、我国香港地区等实行的就是类似中央银行制。

新加坡没有中央银行，中央银行的职能由政府设立的金融管理局和货币委员会两个机构行使，新加坡金融管理局负责制定货币政策和金融业的发展政策，执行除货币发行以外的中央银行的一切职能。货币委员会主要负责发行货币，保管准备金和维护新加坡货币的稳定 。

我国香港地区在很长时间没有统一的金融管理机构，中央银行的职能分别由政府、同业公会和商业银行来承担。1993年4月1日，香港地区成立了金融管理局，其集中了货币政策、金融监管及支付体系管理等中央银行的基本职能。香港金融管理局的职能与一般中央银行大致相同，但它不执行下列职能：发行钞票、结算所功能、政府的银行。

6.中央银行的业务原则

中央银行的业务是中央银行职能的体现。中央银行的业务原则不同于普通银行。

（1）不以营利为目的。中央银行有自身的业务活动，也会取得一些利润，但营利不是目的。中央银行以金融管理和调控为己任，稳定货币、促进经济发展是其宗旨。

（2）不经营普通银行业务。中央银行的业务对象是政府和商业银行等金融机构，不办理一般企业单位和个人的存贷款、结算业务。

（3）资产流动性高。中央银行持有具有较高流动性的资产，旨在灵活调节货币供求，确保金融运行的相对稳定。

（4）业务活动公开化。中央银行为了使社会各界了解其所制定的金融政策和经营方针、策略等，必须定期向社会公布其资产负债情况和业务状况，并提供有关统计资料。

（5）不在国外设立分支机构。根据国际法的有关规定，一国中央银行在他国只能设立代表处而不能设立分行，不能在他国发行货币、经营商业银行业务，不能与各国商业银行发生联系。

因此，各国都对中央银行业务进行一定的限制。包括：①不得从事商业票据的承兑业务；②不得从事不动产买卖业务；③不得进行不动产抵押放款；④不得收买本行股票；⑤不得以本行股票为抵押进行放款等。

7.中央银行的主要业务

(1）负债业务

①货币发行业务。

这是中央银行最重要的负债业务。中央银行通过再贴现、贷款、购买证券、收购金银、外汇等方式，把它们投入市场，形成流通中的货币。每张投入市场的纸币（又称通货）都是中央银行对持有者的负债或者说是持有者对中央银行的债权。

各国中央银行对货币（现钞）发行均有以下几个原则：

第一，集中垄断发行。中央银行发行的货币具有无限法偿能力，并且现代中央银行均不承担兑现义务。

第二，要有可靠的信用基础。在纸币流通条件下，货币的发行不能随意，必须有一定的发行保证制度，必须有独立的发行体制，不受政治压力和外界影响，使货币的发行建立在可靠的信用基础上。

第三，维持高度弹性。中央银行发行货币应当适应经济变化的客观要求，有一定的伸缩弹性。随着生产和流通规模的扩大，中央银行应该相应增加货币数量，避免形成通货紧缩，影响商品生产和流通；同时，中央银行也要适当控制货币发行数量，避免形成通货膨胀，影响经济稳定。

我国现行货币发行的原则是：集中统一发行原则、经济发行原则、计划发行原则。

②代理国库业务。

中央银行作为国家的银行，一般均由政府赋予其代理国库的职责，政府财政的收入和支出，都由中央银行代理。同时，那些依靠国家拨给行政事业单位的存款，也都由中央银行办理。金库存款、行政事业单位存款在其支出之前在中央银行存放，构成中央银行的负债业务，并成为中央银行重要的资金来源。对于这部分存款，各国中央银行一般不予支付利息，因而对中央银行的资金运用是极为有利的。

③集中存款准备金业务。

集中存款准备金是中央银行制度形成的重要原因之一。各商业银行及有关金融机构既然吸收存款，则势必要准备部分现款，以备存户随时提取，这种准备金称为存款准备金。这种准备金存放在本行，称为库存现金，各国中央银行法都要求商业银行将其一部分准备金存于中央银行。当代中央银行吸收的商业银行存款包括法定准备金和部分超额准备金。各商业银行都将准备金存于中央银行。此外，中央银行还有一些其他负债业务，如发行中央银行票据等。

(2）资产业务

①再贴现和再贷款业务。

这主要是指中央银行对商业银行及其他金融机构进行融资的业务。中央银行有责任对后者提供融资支持。在商业银行等金融机构资金紧缺时，中央银行用再贴现、再抵押方式给予资金融通，目的是保证银行制度的安全性、灵活性和银行业务的顺利进行。

②对政府的贷款。

中央银行对政府的贷款是政府弥补财政赤字的途径之一。但对这种贷款应加以限制，否则会从总量上削弱中央银行宏观金融控制的有效性。

《中华人民共和国中国人民银行法》规定，中国人民银行不得对政府财政透支，不得直接认购、包销国债和其他政府债券，不得向地方政府、各级政府部门提供贷款。

③金银、外汇储备业务。

各国政府都赋予中央银行掌管全国国际储蓄的职责，即掌管国际储备。金银、外汇储备是中央银行集中储备金职能的具体表现。中央银行开展这种业务是为了代表国家集中储备、调节资金，稳定金融和促进一国贸易及对外交往的顺利进行。

④证券买卖业务。

各国中央银行一般都经营证券业务，主要是买卖政府发行的长期或短期债券。在金融市场发达的国家，政府债券发行量大，市场交易量也大，仅以政府债券为对象进行买卖，中央银行即可达到调节货币供应量的目的。在金融市场不太发达的国家，政府债券在市场上流通规模很小，中央银行买卖证券的范围就要扩大到各种票据和债券，如汇票、地方政府债券等。

中央银行持有证券和参与买卖证券的目的，不在于盈利，而是调节和控制货币供应量。中央银行买进有价证券，向市场投放货币，可以增加商业银行的原始存款，用以创造存款货币，扩大货币供应量；反之，中央银行卖出有价证券，则可减少货币供应量。中央银行买进有价证券时，会促使有价证券需求增加，从而提高有价证券价格，降低银行利率；反之，中央银行卖出有价证券，会造成银行可贷资金减少，致使利率上升。

中央银行经营这项业务，应当具备以下条件：一是中央银行处于领导地位，且有雄厚的资金力量；二是赋予中央银行弹性操作的权力，即在买卖证券的数量、种类等方面有一定的机动权限；三是金融市场较发达，组织也较健全；四是证券的数量和种类要适当，长期、中期及短期各类都具备，便于选择买卖；五是信用制度要相当发达。

中国人民银行已于1996年4月1日开始参与公开市场业务操作，主要是买卖国库券等。

（3）中间业务

中间业务是中央银行为商业银行及其他金融机构和政府办理资金支付清算的业务，包括办理票据集中交换及交换差额的集中清算，办理异地资金转移，提供全国性的资金清算职能等。

8.中央银行与政府的关系

一方面，中央银行与政府有着密切的关系，主要表现在三个方面：代理国库；对政府提供信贷；其货币政策要与国家财政政策相互配合。

另一方面，中央银行必须保持相对独立性。这种相对独立性是指中央银行在政府的监督和国家总体经济政策的指导下，独立地制定、执行货币政策。

中央银行作为“政府的银行”，对国家发展目标必须予以支持。但是中央银行在具体制定货币政策及措施时，要充分考虑银行业务的特殊性，以及国家资源、社会积累水平、货币流通状况，不能完全受政府所控制，必须保持一定的独立性。中央银行的首要任务在于稳定币值，保证货币正常流通。

一般而言，中央银行相对独立性的保持应遵循这样两条基本原则：中央银行应以一国客观经济目标为出发点制定实施货币政策，从事业务操作；中央银行应按照金融运行规律，制定实施货币政策，从事业务操作，规避政府短期行为的干扰。

4.1.3　专业银行

专业银行是指有专门经营范围和提供专门性金融服务的银行。其存在是社会分工在金融领域的体现。具体分为投资银行、储蓄银行、抵押银行、清算银行和政策性银行。在我国主要是指投资银行和政策性银行。

1.投资银行

投资银行是主要从事证券发行、承销、交易，企业重组、兼并与收购，投资分析、风险投资、项目融资等业务的专业银行，是资本市场上的主要金融中介。投资银行是美国和欧洲大陆的称谓，英国称之为商人银行，在中国和日本则指证券公司。

投资银行的组织形态主要有四种：一是独立型的专业性投资银行，这种类型的机构比较多，遍布世界各地，它们有各自擅长的业务方向，比如中国国际金融公司，美国的高盛、摩根士丹利；二是商业银行拥有的投资银行，主要是商业银行通过兼并收购其他投资银行，参股或建立附属公司从事投资银行业务，这种形式在英德等国非常典型，比如汇丰集团、瑞银集团；三是全能型银行，其直接经营投资银行业务，这种形式主要出现在欧洲，银行在从事投资银行业务的同时也从事商业银行业务；四是跨国财务公司。

2.政策性银行

政策性银行具有专业银行的特征。它多是由政府创立、参股或保证的，不以营利为目的，专门为配合政府社会经济政策的贯彻实施，在特定的业务领域内，从事政策性融资活动的金融机构。

政策性银行的基本特征有：①融资途径特定，即资本金由政府全额拨付或参股，营运资金主要以发行金融债券的方式筹集，不吸收公众的存款。②经营活动不以营利为目的，但要坚持自主经营、保本微利的原则。③有特定的业务领域和服务对象，与商业银行不存在业务竞争。

一般来说，大多数国家成立的政策性银行主要有开发银行、农业政策性银行、进出口政策性银行。

（1）开发银行

开发银行是指那些专门为经济开发提供长期投资贷款的金融机构。

中国国家开发银行于1994年4月成立。其主要任务是按照国家法律、法规和方针、政策，筹集和引导境内外资金，向国家基础设施、基础产业和支柱产业的大中型基本建设和技术改造等政策性项目及其配套工程发放贷款，并从资金来源上对固定资产投资总量进行控制和调节，优化投资结构，提高投资效率。

2008年12月16日，国家开发银行转为国家开发银行股份有限公司，当日在京挂牌成立，成为我国第一家由政策性银行转型而来的商业银行，但其仍部分发挥政策性银行的职能作用。

（2）农业政策性银行

农业政策性银行是指为了贯彻和配合政府的农业政策，向农业提供特别贷款，主要是低利率、中长期的优惠性贷款，以促进和保护农业生产与经营的金融机构。

中国农业发展银行是我国的农业政策性银行，于1994年11月成立。其主要任务是按照国家的法律、法规和方针、政策，以国家信用为基础，筹集农业政策性信贷资金，承担国家规定的农业政策性金融业务，同时代理财政性支农资金的拨付，为农业和农村经济发展服务。

（3）进出口政策性银行

进出口政策性银行是指国家支持和推动进出口尤其是出口，促进国际收支平衡，带动经济增长的金融机构。各国名称不统一，有的国家称作进出口银行或输出入银行、外贸银行；有的国家称为出口信贷公司、出口信贷担保公司、出口信贷保险公司等。

中国进出口银行于1994年4月组建并于同年7月1日正式开业。其主要业务是设立基金，为出口商提供长期、低息贷款，鼓励出口；为大宗货物出口提供卖方、买方贷款和信贷担保，以抵消他国出口补贴，推动本国商品出口；为本国金融机构在海外开拓业务提供支持；广泛参与国内、国际银团，向他国提供援助和信贷。

4.1.4 非银行金融机构

非银行金融机构是指不通过吸收存款筹集资金，经办某种专门的金融业务的金融机构，主要包括保险机构、证券机构、信托投资公司、金融租赁公司、信用合作社、企业集团财务公司、基金管理公司、养老基金组织等。

1.保险机构

保险机构包括专门经营保险业务的保险公司和专业的保险中介机构。

（1）保险公司。其业务范围分为两大类：一是财产保险，包括财产损失保险、责任保险、信用保险等业务；二是人身保险，包括人寿保险、健康保险、意外伤害保险等业务。按照《中华人民共和国保险法》（以下简称《保险法》）的规定，同一保险公司不得同时兼营上述两类保险业务，由此保险公司分为财产保险公司和人寿保险公司两大类。

（2）保险中介机构。包括：①保险代理公司。它是受保险公司的委托代其开展保险业务的机构。保险代理公司应根据保险公司委托的业务范围和授予的权限进行业务代理，因此所产生的权利、义务、责任等均由保险公司承担。②保险经纪公司。它是投保方的代理人，是指基于投保方的利益，为投保人提供选择险种、与保险公司订立保险合同、缴纳保费、索取赔付等中介服务的保险中介机构。③保险公估公司。它是指接受保险当事人委托，专门从事保险标的评估、勘验、鉴定、估损、赔偿额的核算等业务的机构。

2.证券机构

证券机构是指那些专门从事证券发行、交易及其相关业务的机构，包括证券经营机构和证券服务机构两类，主要有证券公司、证券交易所、证券登记结算公司等。

（1）证券公司，也称券商，是专门经营证券业务的非银行金融机构。证券公司的业务主要有：①证券承销业务，即证券公司依照协议或合同为发行人包销或代销证券的业务；②证券自营业务，即证券公司以自己的名义和资金进行证券买进和卖出，以获取证券买卖差价为目的的业务；③证券经纪业务，即证券公司接受客户的委托，代客户买卖证券并收取一定佣金的证券中介业务；④咨询服务业务，即证券公司利用自身信息及专业优势为投资者提供服务，帮助客户确定投资策略的业务。

由于各个证券公司的资本实力不同，承担风险的能力存在差异，各国法律一般对不同资本规模的证券公司业务范围都有规定，由此证券公司分为两大类，即经纪类证券公司和综合类证券公司。经纪类证券公司的资本规模相对较小，为了防范经营过程中可能出现的经营风险，各国法律一般规定其只能从事委托交易的证券经纪业务；综合类证券公司的资本规模相对较大，具备一定的风险承担能力，其业务范围较宽，能经营上述证券公司的各项业务。《中华人民共和国证券法》（以下简称《证券法》）也明确了综合类证券公司和经纪类证券公司的分类管理原则。

（2）证券交易所。它是有价证券集中交易的场所，是依法设立，不以营利为目的，为证券的集中和有组织的交易提供场所、设施并履行相关监管职责的会员制事业法人。目前我国内地的证券交易所有三家，即1990年11月26日在上海成立的上海证券交易所、1990年12月1日在深圳成立的深圳证券交易所，以及2021年11月15日在北京成立的北京证券交易所。

（3）证券登记结算公司。它是为证券交易提供集中登记、保管和结算服务的机构，是不以营利为目的的法人。上海证券交易所和深圳证券交易所都设有证券登记结算公司，每个交易日结束后，由其对当日的证券交易进行清算、交割和过户，使买入者得到证券，卖出者得到资金。

3.信托投资公司

信托投资公司，也称信托公司，是指以资金及其他财产为信托标的，根据委托者的意愿，以受托人的身份管理及运用信托资财的金融机构。信托公司具有财产管理和运用、融通资金、提供信息和咨询等功能。

一般来说，信托投资公司主要经营资金和财产信托、资产保管、金融租赁、经济咨询、证券发行及投资等业务。根据我国现阶段金融机构分业经营、分业管理的原则，信托投资公司要与银行业、证券业分业经营、分业管理，不得吸收存款，不得自营期货，不得用负债资金发放贷款和进行实业投资。其主要业务是：受托经营资金信托业务，受托经营动产、不动产及其他财产的信托业务；受托经营国家有关法规允许从事的投资基金业务，作为基金管理公司发起人从事投资基金业务；受托经营国务院有关部门批准的国债、企业债务业务；代保管业务；信用鉴证、资信调查及经济咨询业务；以自有财产为他人提供担保等。

4.金融租赁公司

金融租赁公司是指专门经营融资租赁业务的机构，即通过融物的形式起到融资作用的企业。

国际上租赁行业基本上有三种类型的机构：一是银行或与银行有关的金融机构所属的租赁公司；二是属于制造商的租赁公司；三是综合经营并独立开展业务的租赁公司。中国的租赁公司大都属于第一类和第三类，且很多是由国有银行、股份制银行、城商行、农商行控股或参股的。

5.信用合作社

信用合作社是由个人集资联合组成的，以互助为主要宗旨的合作金融组织。其基本的经营目标，是以简便的手续和较低的利率，向社员提供信贷服务，帮助经济力量薄弱的个人解决资金困难，以免遭高利盘剥。

成员缴纳的股金和吸收的存款，是其主要资金来源，贷款主要用于解决其成员的资金需要。

信用合作社的基本准则是：入社和退社实行自愿原则；每个成员都应提供一定数额的股金并承担相应的责任；实行民主管理，社员具有平等的权利，每位社员只有一个投票权；信用合作社的盈利主要用于业务发展和增进社员福利。这些原则可以避免信用合作社成为被少数人所控制和为少数人谋取利益的企业。

信用合作社按照地域不同，可分为农村信用合作社和城市信用合作社。

6.企业集团财务公司

财务公司，也称财务有限公司。根据各国金融体制的不同，财务公司承办的业务有很大的差别。

我国内地的财务公司，多为企业集团内部各分公司集资而建立的。其成立的目的是为本企业集团内部融通资金，促进其技术创新和发展，一般不得吸收外部企业的存款。其在业务上接受国家金融监督管理总局的领导、管理、监督和稽核，在行政上隶属于各企业集团，是实行自主经营、自负盈亏的独立企业法人。

7.基金管理公司

基金管理公司是通过向许多小投资者发行基金来聚集资金，代投资者购买证券以获取投资收益，从事投资基金管理业务的公司。

所谓投资基金，是通过发行基金汇集社会资金，委托专门的投资管理机构（如基金管理公司）进行投资，将投资收益分配给基金持有人的一种融资方式。

投资基金作为一种金融工具和融资方式在发达国家得到广泛运用并已经形成庞大规模，近几年在我国也得到迅速发展。我国的证券投资基金管理公司，是指经中国证券监督管理委员会批准，在中华人民共和国境内设立，从事证券投资基金管理业务的企业法人。基金管理公司应当遵守法律、行政法规和中国证监会的规定，恪守诚信，审慎勤勉，忠实尽责，为了基金份额持有人的利益管理和运用基金财产。基金管理公司可以依照规定，按所管理的基金资产规模提取基金管理费用，作为其收入来源。

知识拓展4-2　　什么是QFII、QDII

QFII是qualified foreign institutional investor（合格的境外机构投资者）的首字母缩写，是一国在货币没有完全可自由兑换、资本项目尚未开放的情况下，有限度地引进外资、开放资本市场的一项过渡性制度安排。这种制度要求外国投资者若要进入一国证券市场，必须符合一定的条件，得到该国有关部门的审批通过后汇入一定额度的外汇资金，并转换为当地货币，通过严格监管的专门账户投资于当地证券市场。

QDII是qualified domestic institutional investor（合格的境内机构投资者）的首字母缩写，也是在货币没有完全可自由兑换、资本项目尚未开放的情况下，有限度地允许境内投资者投资境外证券市场的一项过渡性制度安排。

8.养老基金组织

养老基金组织是向参加养老基金计划的公司雇员以年金形式提供退休收入的金融机构，即一种向加入基金计划的人们提供养老金的金融机构。其资金来源有两方面：一是雇主缴纳和雇员工资的扣除，其中雇主缴纳占主要部分；二是基金的投资收益，即养老基金用于投资取得的投资收益。养老基金组织的资产与保险公司的资产基本相同，养老基金组织多投资于股票、债券及不动产等高收益资产项目。

知识拓展4-3

我国新型的非银行金融机构——消费金融公司

4.1.5　金融监管机构

金融监管是指金融管理当局根据金融法规，对各类金融机构及其金融活动实施监督与管理，以保证金融体系的安全、稳定，保证公众的利益。金融监管从监管内容或范围来看，包括市场准入监管、业务运营监管和市场退出监管。

金融监管机构是作为社会公共利益的代表，运用国家法律赋予的权力去监管整个金融体系的特殊机构。中央银行或其他金融监管当局是金融监管的主体机构。

金融监管机构的设立取决于金融监管模式。金融监管模式分为混业监管模式（统一监管模式）和分业监管模式。混业监管模式是指不同的金融领域、金融机构和金融业务均由一个统一的监管机构负责监管，这个监管机构一般是该国的中央银行或专门设置的金融监管当局。分业监管模式是在银行、证券和保险三个业务领域内分别设立一个专职的监管机构，负责各行业的业务监管。

目前我国的金融监管机构是“一委一行一总局一会”格局，即中央金融委员会、中国人民银行、国家金融监督管理总局、证券监督管理委员会。

我国的金融监管体制经历了从集中监管到分业监管、再到目前的混业监管探索的发展变化。

1.1984—1992年，集中监管体制阶段

中华人民共和国成立后，与高度集中的计划经济相适应，实行高度集中的金融管理体制。在很长一段时间内，中国人民银行既有中央银行职能，又有商业银行职能，并承担金融活动的调节和监管职责。

1984年1月1日，中国工商银行接管了中国人民银行一般银行的存贷款和结算业务，中国人民银行从此成为现代意义上的中央银行，专门行使中央银行职能，并担负金融监管职能。在1992年之前，中国人民银行是全国唯一的金融监管机构，它在国务院的领导下承担对全国所有银行和非银行金融机构的监管职能。

2.1992—2003年，分业监管体制形成

随着金融体制的改革和中国金融业对外开放的不断扩大，金融业面临更多的风险和挑战，要求必须加强金融监管，防范和化解金融风险。1992年10月成立了中国证券监督管理委员会（证监会），负责资本市场监管；1998年11月成立了中国保险监督管理委员会（保监会），负责保险业监管；2003年4月成立了中国银行业监督管理委员会（银监会），负责银行业监管。银监会的成立标志着我国金融业分业经营、“一行三会”垂直分业监管体制正式形成。

3.2003年—2023年，分业监管体制有所松动

随着对外开放的深入与发展，金融市场的开放度也越来越高，许多金融机构的经营范围越来越广，涉及银行、保险、证券、信托、租赁等多种金融业务，银行和非银行金融机构、证券、保险等分别由三个监管部门进行分业监管，缺乏有效的沟通渠道和相互协调机制，存在监管上的盲点，为金融安全留下隐患。为防范系统性金融风险，2017年11月国务院设立了金融稳定发展委员会，领导并协调银监会、证监会、保监会之间的关系，织密了风险监控网络。2018年4月中国银行保险监督管理委员会正式挂牌，整合了银监会和保监会的职责，不再保留银监会和保监会。“一委一行两会”监管格局的形成，意味着我国分业监管的金融监管体制有所放松，但是还没有形成混业监管的体制。

4.2023年至今，探索混业监管模式

近年来，我国金融业虽然快速发展，但也积累了一定的金融风险；同时，我国分业监管体制与金融业综合经营趋势不相适应，金融监管部门之间沟通不畅、协调不够，都在一定程度上影响了金融稳定与发展。

2023年3月，中共中央、国务院印发了《党和国家机构改革方案》，组建中央金融委员会，不再保留国务院金融稳定发展委员会及其办事机构，以加强党中央对金融工作的集中统一领导，负责金融稳定和发展的顶层设计、统筹协调、整体推进、督促落实，研究审议金融领域重大政策、重大问题等。

同时，在中国银行保险监督管理委员会基础上组建国家金融监督管理总局，不再保留中国银行保险监督管理委员会。2023年5月18日，国家金融监督管理总局揭牌，其主要职责是依法对除证券业之外的金融业，具体包括银行业、保险业、金融控股公司等实行统一监管，强化机构监管、行为监管、功能监管、穿透式监管、持续监管，统筹负责金融消费者权益保护，加强风险管理和防范处置。

至此，中国金融监管体系迈入“一委一行一总局一会”新格局。我国金融领域形成了“双峰”监管体系——人民银行主要负责货币政策和宏观审慎监管；国家金融监督管理总局统一负责除证券业之外的金融业监管和金融消费者权益保护；中国证监会

负责资本市场监管，增加企业债券发行审核等职责。

金融监管体制这一改革有助于减少监管空白和监管交叉，落实好行为监管和功能监管；有助于推进监管机构之间的协调和履行监管职责，减少理解偏差和执行偏差，提升监管效率和防控系统性金融风险。它表明我国正在逐步建立符合现代金融混业经营创新发展特点的监管框架。

知识拓展4-4

美国金融体系中主要的监管机构

同步案例4-1　　民营银行在民营经济发展中的作用

2025年2月17日，习近平总书记出席民营企业座谈会，提出了关于民营经济的核心思想要义，即：党和国家对民营经济发展的基本方针政策，已经纳入中国特色社会主义制度体系，将一以贯之坚持和落实，不能变，也不会变。新时代新征程民营经济发展前景广阔、大有可为，民营企业和民营企业家大显身手、正当其时。要统一思想、坚定信心，促进民营经济健康发展、高质量发展。希望广大民营企业和民营企业家胸怀报国志、一心谋发展、守法善经营、先富促共富，为推进中国式现代化做出新的更大的贡献。他强调要继续下大气力解决民营企业融资难融资贵问题。

我国民营银行是相对于国有银行而言的，只要这个银行的产权为民间所有，由经理层独立自主经营，以营利为目的，资产所有者享有对净利润的分配权，这样的银行就是民营银行。分析民营银行作为我国金融机构体系的组成之一，在支持民营经济发展中的作用。

案例分析4-1

分析提示

4.2　金融市场

4.2.1　金融市场的含义

金融市场是金融性商品交易的场所。它有广义和狭义之分。广义的金融市场通常是指以金融资产为交易对象而形成的供求关系及机制的总和，即通过金融工具交易进行资金融通的场所与行为的总和。狭义的金融市场仅指证券市场。

4.2.2　金融市场要素

金融市场包括交易对象、金融商品、交易主体、交易价格和交易组织系统五个构成要素。

1.交易对象

传统的金融市场上的交易对象是指货币或货币资金的使用权。但如今金融市场已不再只是融资的场所，还是重要的投资场所，人们关注的重点也从交易对象转向了交易工具，交易对象是什么已变得不那么重要了。

2.金融商品

金融商品即交易工具，也称金融工具或信用工具，是交易的载体。

3.交易主体

交易主体是指金融市场活动的参与者。按参与目的划分，交易主体包括资金供给者、资金需求者、中介人、金融监管机构和中央银行。具体为：居民（个人或家庭）、工商企业、政府部门、金融机构。

（1）居民

居民主要作为资金供给者参与金融市场。居民通过银行存款即居民储蓄为金融市场提供资金；还通过购买债券、股票、基金等多种金融工具向金融市场提供资金。当然，居民也通过使用消费信贷成为金融市场的资金需求者。

（2）工商企业

工商企业是金融市场主要的资金需求者。工商企业在生产经营或扩大再生产过程中需要巨额资金，如短期资金周转困难、新产品开发资金短缺、扩大生产规模需要资金投入等情形。为解决资金短缺问题，工商企业可以申请贷款，发行债券、股票、短期票据等，以获得资金使用权。当然，工商企业在生产经营过程中也有暂时闲置的资金，成为金融市场上资金的供给者。

（3）政府部门

政府部门主要作为资金需求者参与金融市场。为解决财政收支不平衡、财政赤字和满足经济建设需要，政府利用国内金融市场和国际金融市场发行国债筹集资金。

（4）金融机构

金融机构是金融市场的重要参与者，按其目的不同可分为三类：一是中介人。其目的是营利，连接资金盈余者和资金需求者，起到桥梁作用，从而实现资金从短期到长期、从小到大、从储蓄到投资的转化。这类金融机构有商业银行、证券公司、投资银行、信托投资公司等。二是金融监管机构。它们是代表政府对资金融通进行监督和管理的金融机构。三是金融市场的特殊参与者——中央银行。它除了作为监管者参与金融市场外，也进行买进或卖出，但不以营利为目的，而是利用金融市场调节货币供应量，实现宏观调控目标。

4.交易价格

金融交易是按一定价格成交的。根据交易价格适时选择买点或卖点，是盈亏的关键。价格通常是由交易工具的价值决定的，交易工具价值的大小取决于它能够为持有者带来多少收益，它可以用收益额或收益率来表示。交易工具的价值是很难确定的，而且交易价格与价值是否相一致很难判断，根据两者关系选择买或卖关系到交易盈亏。如果交易价格高于交易价值时卖出，交易价格小于交易价值时买入，意味着实际收益高于平均收益，就盈利；反之，实际收益低于平均收益，就亏损。

5.交易组织系统

交易组织系统是金融交易特定的制度安排。区分场内交易（如证券交易所）和场外交易的不同。随着信息技术的发展和渗透，现代金融交易系统日趋电子化、网络化。

4.2.3 金融市场的分类

现代金融市场已成为由许多功能不同的子市场组成的庞大的市场体系。每个子市场金融交易的对象、方式、条件、期限等要素各不相同，人们可以从不同角度对金融市场进行分类，如图4-2所示。

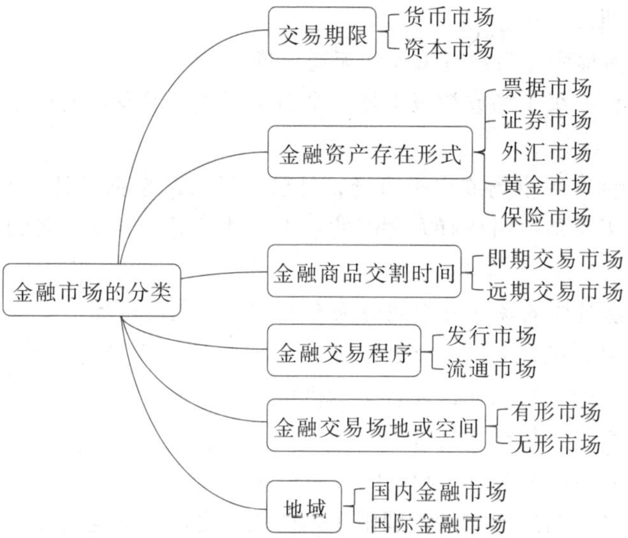

图4-2 金融市场的分类

1.按交易期限分为货币市场和资本市场

货币市场是指交易期限在1年及1年以下的短期资金融通市场，主要包括短期存贷款市场、商业票据市场、银行同业拆借市场、大额可转让定期存单市场等。这一市场流动性较强。

资本市场是指交易期限在1年以上的长期资金融通市场，主要包括长期借贷市场、股票市场、中长期债券市场、投资基金市场等。其特点是融通资金期限长，主要解决投资资本不足问题；交易工具风险大且流动性比较低，但收益较高；融资具有资本特点。

2.按金融资产存在形式分为票据市场、证券市场、外汇市场、黄金市场、保险市场

（1）票据市场，指汇票、本票和支票的发行、担保、承兑、贴现、转贴现、再贴现的市场。

（2）证券市场，指股票、债券、投资基金等有价证券发行和交易的市场。

（3）外汇市场，指经营外币和以外币计价的票据等有价证券买卖的市场。

（4）黄金市场，指集中进行黄金买卖的交易场所。世界各地的黄金市场都由存在于各地的黄金交易所构成。在黄金市场上买卖的黄金形式多种多样，主要有各种成色和重量的金条、金币、金丝和金叶等，其中最重要的是金条。

（5）保险市场，指保险人通过出售各类保险商品为企业、单位、个人等消费者提供保险保障的市场。它是保险商品交换关系的总和。

3.按金融商品交割时间分为即期交易市场和远期交易市场

即期交易市场也称现货市场，是指交易双方成交后在两三个营业日内进行交割的金融市场。

远期交易市场是指交易双方成交后不立即进行交割而是在约定的未来日期按约定的金融商品种类、价格、数量进行交割的市场。包括普通的远期交易市场和标准化的远期交易市场（期货市场）。

4.按金融交易程序分为发行市场和流通市场

发行市场也称一级市场或初级市场，是新票据或证券发行的市场，它可以增加发行者的资本。

流通市场也称二级市场或次级市场，是已经发行的票据或证券转手买卖的市场，这一市场的证券买卖是不同持有人之间的转手活动，对证券发行者的资本数量没有直接影响。

5.按金融交易具体的场地或空间分为有形市场和无形市场

有形市场有具体的固定交易场地，如证券交易所；无形市场则是观念上的市场，没有具体的、固定的交易场地，如资金拆借可以电话成交，也可以在柜台成交，又称场外交易、店头交易、柜台交易等。

6.按地域分为国内金融市场和国际金融市场

国内金融市场是指融资活动范围限于本国领土之内，参与融资活动的当事人为本国居民（即本国的自然人和法人，以及依法享受国民待遇的外国自然人和法人），交易对象是本币或以本币表示的金融商品的市场。

国际金融市场是指融资活动范围超越国界，参与融资活动的交易双方中至少一方是非居民，交易对象可以是本国货币或外国货币，以及由本国货币或外国货币表示的金融商品的市场。

4.2.4 金融市场的功能

金融市场通过组织金融产品的交易，实现重要的经济功能。

1.聚集和分配资金的功能

复杂多样的现代经济活动往往需要长期的巨额资金投入，而个人、家庭或企业等单个投资者的力量往往又难以满足投资所需的最小资金需求量。因此，聚集社会上的闲散资金，并对其进行合理的再分配，以满足资金盈余者和资金短缺者各自不同的需求，就成为经济持续发展的前提。而只有金融市场才能实现资金供求双方的联结，具有为政府、企业或个人聚集资金并进行有效分配的功能。这是金融市场最基本、最能说明其经营活动的功能。例如，银行吸收个人和家庭的存款，再以贷款的形式发放给企业；资本市场上债券或股票的发行与流通转让是政府或企业筹集资金的方式。金融市场成为储蓄转变为投资的桥梁，开辟了外源融资渠道，并实现了资源的跨期、跨空间配置。

答疑解惑4-2

现实生活中哪些金融活动体现了金融市场能够在时间、空间上转移并配置资源?

答:首先,金融市场可以实现资金资源的跨期分配,即在时间上使资金得到合理有效的配置。例如,在银行存款中,存款人实际上是放弃了现在的消费进行储蓄,以获得未来的资金流入。又如,贷款、养老金计划、保险等都是资金在时间上进行分配的典型例子。其次,金融市场还可以消弭金融资源在空间上分配的不均衡状态,实现资金在地区间的转移。某些时期,需要资金进行投资且有较高资本回报的企业可能远离有盈余资金的地方。如我国中西部许多地区有很好的投资项目,却由于缺乏资金而得不到发展;而东部沿海地区的某些城市,盈余资金相当丰厚。金融市场就可以在其中发挥作用。东部城市的居民通过购买西部城市发展项目的股票或债券将资金注入西部地区,从而实现资金的跨区域配置。国际银行信贷和国际证券发行与交易活动,则体现了金融市场在国际上的资金配置功能。

2.支付、清算服务的功能

金融市场一个传统的功能是为个人、家庭、企业和政府部门在购买产品和服务时提供有效的清算和支付手段及服务。例如,支票的使用、信用卡的划账、电子货币的出现、网上支付系统的发展等。各类金融机构借助不断更新的金融工具使形形色色的交易顺利完结,各种货币支付日益便捷、安全和快速,不仅提高了资金使用效益,同时也节省了经济发展的社会成本。现代的清算和支付活动一般都建立在巨大的网络系统的基础上,即使你的开户银行和消费地点相隔万里,或者在不同的国家,只要它们的清算支付系统相互联结,你也可以轻松地完成转账和结算。

3.增强金融工具流动性的功能

针对以各种金融工具储存的资金,如股票和债券等,金融市场提供了许多以较小的损失将其转化为现金的方式和渠道,从而使金融工具具有流动性。其中,一个重要的途径就是金融资产的持有者在金融市场上将资产售出、变现。金融工具的流动性越高,金融工具转换为现金就越容易,需要的成本就越低、时间就越少。

4.转移、降低风险的功能

由于不确定性的存在,金融活动存在着各种各样的风险,会给金融资产的持有者带来意想不到的损失,甚至会危及一个国家的经济利益。金融风险的防范和转移需要借助金融市场才能实现。金融市场的各个要素都与分散和转移风险直接相关:金融机构体系提供了风险管理的渠道;各种金融工具的流通转让,在使金融资产具有广泛流动性的同时,也获得了安全性;衍生金融工具出现的直接目的就是规避和对冲风险;国家通过金融政策的制定和实施,以及有关货币、信用、银行、交易等各种制度的规定,对金融业及金融市场进行调控和监管,其目的就是保证金融业的安全和稳定。

5.提供经济信息的功能

金融市场不仅可以提供各种投融资渠道,还是人们公认的经济运行情况的“晴雨表”和“气象台”，可以提供经济领域的各种信息。首先，金融市场能够为资金供求双方提供利率、汇率、股市行情等相关信息，便于投资者做出投资决策和经营决策，也便于政府管理部门进行宏观分析与预测。其次，金融市场的价格信息直接或间接地反映出中央银行的货币政策及其变动趋势。最后，金融市场收集和提供信息是一种高效率、低成本的活动，可以降低交易的搜寻成本和信息成本。金融市场中专门从事这方面服务的金融中介机构，有可能使金融市场的参与者大大减少获取经济信息的支出。

6.经济调节功能

金融市场一边连着资金盈余者，一边连着资金需求者。投资者在金融市场上对不同行业或公司发行的金融工具的选择决定着资金的流向，进而引导各种资源流入效益好的产业、地区、企业，从而实现对产业结构、地区结构、企业结构和产品结构的调整。此外，金融市场的存在和发展，为政府实施宏观调控提供了舞台、创造了条件。

主要概念

金融机构体系　商业银行　中央银行　金融监管机构　金融市场

知识训练

● 基础知识训练

4.1　单项选择题

（1）一国金融机构体系最基本的经济职能首先是（　　）。

A.为社会提供和创造货币　　B.稳定金融秩序

C.充当资金融通的媒介　　D.防范金融风险

随堂测 4

（2）商业银行最基本、最能反映其经营活动特征的功能是（　　）。

A.信用中介　　B.支付中介

C.信用创造　　D.金融服务

（3）在商业银行类型中，法律规定必须分门别类、各有专司的是（　　）商业银行。

A.全能型　　B.职能分工型　　C.综合型　　D.连锁式

（4）在我国银行业中，第一家民营银行是（　　）银行。

A.中国农业　　B.深圳发展　　C.中国光大　　D.中国民生

（5）香港金融管理局的类型属于（　　）。

A.复合型中央银行　　B.单一型中央银行

C.跨国型中央银行　　D.准中央银行

（6）能保障社会经济安全的金融机构是（　　）。

A.商业银行　　B.保险公司　　C.投资基金　　D.投资银行

（7）中国农业发展银行是（　　）银行。

A.国有专业　　B.国有商业　　C.国有投资　　D.国有政策性

（8）金融市场的交易对象是（　　）。

A.银行资产　B.货币资产　C.实物资产　D.金融资产

(9) 外汇市场是指经营外币和以（　）的票据等有价证券买卖的市场。

A.外汇计价　B.外币计价　C.本币计价　D.美元计价

(10) 下列关于金融市场的说法不正确的是（　）。

A.融资主体不包括金融机构　B.交易对象是金融工具

C.包括现货市场和期货市场　D.具有经济调节功能

(11) 保险代理公司是受（　）委托开展保险业务的机构。

A.投保人　B.被保险人　C.保险人　D.受益人

(12) 在金融市场中，对发行者的融资数量有直接影响的是（　）。

A.现货市场　B.期货市场　C.发行市场　D.流通市场

4.2　多项选择题

(1) 我国负责金融监管任务的金融机构有（　）。

A.国家金融监督管理总局　B.中国保监会　C.中国证监会

D.中国人民银行　E.国资委

(2) 下列关于商业银行的说法正确的有（　）。

A.是以追求利润为目标的特殊企业　B.是综合型、多功能的金融企业

C.具有创造存款货币的作用　D.资金来源主要是发行金融债券

E.以上说法都正确

(3) 世界各国商业银行的类型主要有（　）。

A.直接融资型　B.间接融资型　C.职能分工型

D.综合型　E.分业型

(4) 我国的商业银行体系由（　）等机构构成。

A.国有或国有控股的商业银行　B.股份制商业银行

C.城市商业银行　D.外资商业银行

E.农村信用社

(5) 中央银行的职能包括（　）。

A.发行的银行　B.清算的银行　C.银行的银行

D.政府的银行　E.管理的银行

(6) 下列不属于非银行金融机构的有（　）。

A.保险公司　B.信托投资公司　C.证券公司

D.金融租赁公司　E.农村信用社

(7) 我国现有的政策性银行包括（　）。

A.中国农业银行　B.中国农业发展银行　C.国家开发银行

D.中国进出口银行　E.中国银行

(8) 下列关于金融市场的说法中，正确的有（　）。

A.金融市场可以分为货币市场和资本市场

B.货币市场可以分为发行市场和流通市场

C.金融机构在金融市场上只是为资金交易提供服务，而不可能是资金交易的主体

D.金融市场分为国内和国际的，其依据是融资数量的多少

E.金融市场具有提供经济信息的功能

4.3 简答题

(1) 简述商业银行的性质和职能。

(2) 政策性银行的经营特点有哪些？

(3) 如何理解中央银行职能？

(4) 金融市场常见的分类有哪些？

(5) 如何理解金融市场的功能？

● 技能知识训练

4.1 我国商业银行体系是如何构成的？你所在的城市有哪些商业银行？

4.2 我国非银行金融机构是如何构成的？你所在的城市有哪些非银行金融机构？

能力训练

● 案例分析

截至2024年12月31日，我国共有小额贷款公司5 257家，贷款余额7 533亿元。

问题：什么是小额贷款公司？它对小微企业的发展有何现实意义？了解2025年1月17日国家金融监督管理总局发布的《小额贷款公司监督管理暂行办法》。

● 实务操作

4.1 调查了解当地金融机构体系情况。

4.2 了解我国金融市场情况。

第5章

商业银行业务

学习目标

通过本章的学习，你应该达到以下目标：

知识目标：了解商业银行在整个金融体系中的角色定位、性质和职能，以及主要开展哪些金融业务。

能力目标：通过对商业银行负债业务、资产业务、中间及表外业务的学习，掌握商业银行业务的具体分类和基本运作方法；熟悉我国商业银行主要业务的特点，能够辨识商业银行开展各种业务的目的，初步具备办理商业银行业务的能力。

素养目标：探索我国商业银行发展绿色金融，实现碳达峰、碳中和目标的路径。

导读

商业银行作为信用中介和支付中介，以信贷经营和结算服务为核心，其业务触及现代经济生活的许多领域，成为对经济活动影响最大的金融中介机构。例如，家庭、个人的货币积蓄，企业、事业单位的闲置和结余资金，都可以在商业银行找到一个安全、便捷、生息的存放场所；企业追加投资和日常周转所需的长、短期资金需要取得商业银行的融资支持；各经济主体之间的债权债务结清需借助商业银行的结算和转账服务；人们在购置住房、汽车等大宗商品时可以向商业银行贷款，银行提供的消费信贷可以使人们不必永久等待就能拥有自己的房子和汽车；商业银行接受委托可以为客户办理各种代收、代付、代保险及理财等业务。可以说，商业银行为社会提供了全方位的金融服务，其业务种类繁多是其他金融机构所不能比拟的。那么，商业银行具体经营哪些业务呢？本章将为你详细介绍。下面是本章内容结构导图。

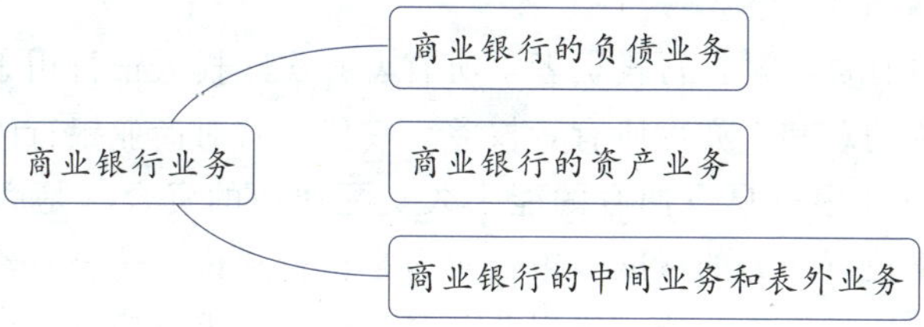

5.1 商业银行的负债业务

负债业务是形成商业银行资金来源的业务，是商业银行开展资产业务的前提条件。商业银行通过负债来筹集资金，作为业务经营的基础，银行因此承担了能够以货币计量、需要以资产或服务偿付的债务。所以，负债代表的是商业银行对其债权人所承担的全部经济责任。在商业银行经营的业务中，负债是最基本和最主要的业务，列在资产负债表的右方。商业银行的负债规模决定其资产规模，负债结构影响其资产运用方向和盈利水平。

商业银行的全部资金来源包括银行自有资本和吸收的外来资金两部分。也就是说，商业银行的资金来源有广义和狭义之分。广义的商业银行资金来源包括银行资本和银行负债两大类；而狭义的商业银行资金来源仅指银行负债，分为存款负债和借款负债。从图5-1可以看出广义的商业银行资金来源的基本类型。

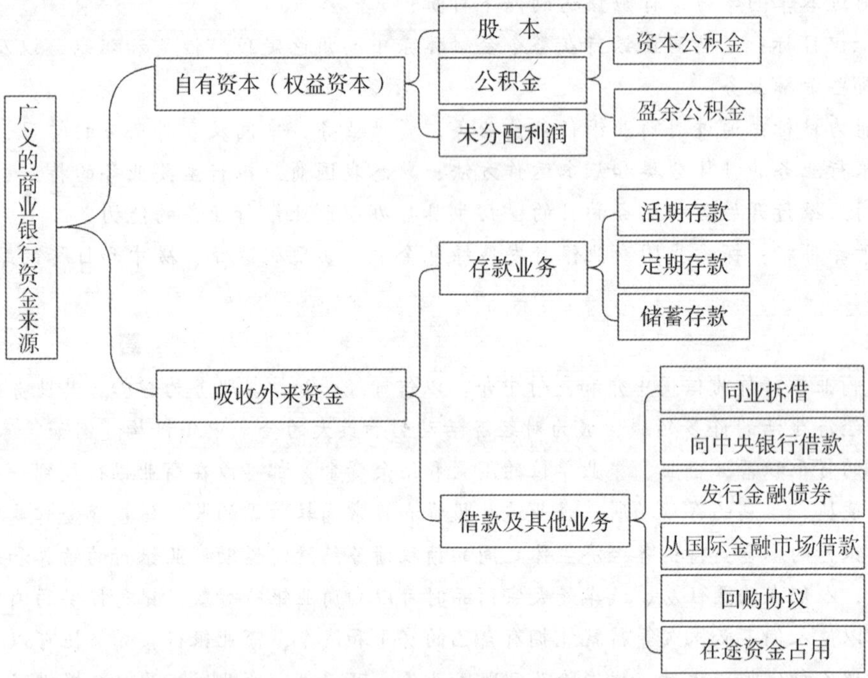

图5-1 广义的商业银行资金来源

5.1.1 商业银行的自有资本

商业银行的自有资本是银行投资者（所有者）实际投入银行用于经营活动的各种资金、财产和物资的总和，亦称所有者权益，它代表着对商业银行的所有权。商业银行的自有资本是商业银行自身拥有的能永久支配使用的资金，是商业银行的立身之本。资本金是衡量银行实力的标准。银行实力是银行地位、信誉及经营成果的综合反映，是银行同业间选择合作伙伴、确定业务风险标准的重要依据。

1.商业银行资本的功能

任何以营利为目标的企业，在申请开业时，都必须筹足一定数量的资本，它是企业经营的基础，商业银行也不例外。资本是商业银行从事业务经营与管理的基本条件。各国对资本金的定义不同，对资本金功能的描述也有所不同。如美国联邦储备委员会把银行资本金的作用概括为：对不可预见的损失起缓冲作用；协助维持公众对某银行的信心；万一发生不能偿债的情况时，为提款人提供部分保护；支持银行业务的合理增长。英格兰银行确认资本有四个重要功能：作为损失的缓冲；对潜在的存款者表明股东用自己的资金承担风险的意愿；提供固定融资成本的资源；作为对总的经营基础投入资金的适宜形式。

银行的自有资本一般只占银行负债的一小部分，但它却是银行吸收外来资金的基础。一般说来，商业银行资本的功能主要有三个：营业功能、保护功能和管理功能。

（1）营业功能

商业银行自有资本是银行设立的先决条件。任何一家商业银行在开业之前都必须具备一定的物质条件，这些物质条件包括购置营业场所、各种设备、办公用品等，而这部分资金必须由股东提供。因为在开业之前，银行无法通过其他途径筹措到资金，所以拥有一定量的自有资本是银行正式开业的前提条件。并且，银行在业务营运过程中会出现偶发性资金短缺，资本金可以填补这一缺口，保证银行日常业务活动的顺利进行。

（2）保护功能

自有资本是商业银行的安全保障。银行信誉是银行经营成功的基本因素。银行拥有的资本越雄厚，表明银行的实力越强，就越能得到存款人的信任，从而获得更多的存款。当银行出现亏损的时候，如拥有充足的资本金，就可以吸收亏损，特别是贷款损失，维持人们对银行的信心。如果银行资本金不足，就会引起金融恐慌，出现挤兑现象，加剧银行经营风险，甚至导致银行破产倒闭。当银行破产时，银行资本首先被用于赔偿非保险性存款。因此，资本金经常被看作“抵偿风险的最后一道屏障”。

（3）管理功能

由于商业银行的经营活动直接关系到整个社会及各阶层民众的利益，关系到经济运转，各国金融管理部门普遍对商业银行实行比一般工商企业更加严格的管制，以保证金融安全并维护社会稳定。尤其是在目前，多种因素导致国际性金融风险加大，对商业银行风险的控制与管理，是各国金融监管当局重要的甚至是首要的工作，而对银行资本金的管理成为其中重要的环节。资本金的管理功能主要体现为：金融当局对银行资本金的有关规定，如资本金与资产或负债的比例、最低资本充足率等，可以起到控制银行资产规模盲目膨胀的作用，有利于促进银行通过改进经营管理来增加盈利，而不是单纯地靠资产数量的扩张来获得利润。

2.商业银行资本的构成

商业银行组成的方式不同，其资本构成也不同，有独资银行资本，有合资银行资本，也有股份制银行资本。由于在商业银行中股份制银行所占比重最大，所以商业银行的资本金主要是指股份制银行成立时发行股票所筹集的股份资本以及公积金和未分配的利润，属于银行的权益资本。商业银行资本的内涵不同于一般公司，一般公司的资本是根据会计学的定义理解的，是指资产负债表中资产总额减去负债总额后的净值，即所有者权益；而商业银行资本的内涵较为宽泛，除了所有者权益外，还包括一定比例的债务资本和各项准备金。

（1）股本

它是商业银行筹建时股东投入的股本金，是商业银行最原始的资金来源。商业银行在开业注册时必须有一定的资本金，招募的股本达不到法定要求的不准开业。股本是银行资本中最基本、最重要，也是最稳定的部分，包括普通股股本和优先股股本。它等于股票发行数量乘以每股面值，是股东行使银行所有者权利的依据。股本属于商业银行的外源资本。

（2）公积金

它包括资本公积和盈余公积。资本公积也叫资本性盈余，是商业银行在发行股票时，发行价超过股票面值而形成的盈余，也就是股票发行的溢价部分，以及银行资产的市场重估增值部分。此外，还包括银行资本的其他增值部分，如接受捐赠所增加的资本等。它可以按照法定程序转增资本金，即计提法定公积金，这部分资金不能用于分配股息或红利，只能用于弥补经营亏损，或将其转化为股本。资本盈余是调节银行资本金、制定银行股息政策的一个重要项目，属于商业银行的外源资本。

盈余公积也叫经营性盈余，是指在银行税后利润中按照一定比例提取的公积金，是商业银行自我发展的一种积累。国家法律规定商业银行在经营期间必须将每年盈利的一定比例用来充实资本金。

（3）未分配利润

它又称留存收益或留存盈余，是商业银行税后利润中未分配给股东的部分，即银行税后利润在提取公积金、派发股息和红利后的余额。留存盈余属于商业银行内源资本，是商业银行增加自有资本的主要渠道。

（4）资本储备金

它又称风险准备金，是指银行为了防止意外损失，按照一定比例从收益中提留的资金，包括资本准备金、贷款损失准备金、证券损失准备金。资本准备金用于应对优先股的赎回和股份损失等股票资本的减少；贷款和证券损失准备金则用于贷款呆账损失、证券本金被拒付或价格下跌造成的损失。

（5）债务资本

它是20世纪70年代以来西方发达国家的银行广泛使用的一种外源资本，是商业银行资本中较为特殊的项目，是指当商业银行破产清算时，偿还顺序较为靠后的债务，包括资本性票据和债券。资本性票据是指那些期限较短、以固定利率计息、发行额度大小不等的银行票据；期限为7～15年不等，可以在金融市场上出售，也可以向银行的客户推销。资本性债券是指那些期限较长、发行额度较大的债券，包括可转换后期偿付债券、浮动利率后期偿付债券等。

从本质上讲，以债务方式筹集的资金是不能永久性使用的，但这些债务由于有特殊的安排，即在银行破产清算时，此类证券对银行资产的要求权落在存款和借款等债务之后，仅仅在优先股之前，所以，具有一定的资本属性。各国银行监管当局都认可将某些从属债务也算作银行资本。

3.商业银行的资本充足性与《巴塞尔协议》

商业银行的资本充足性是指银行资本数量必须超过金融监管当局所规定的能够保障正常营业并足以维持充分信誉的最低限度；同时，银行现有资本或新增资本的构成，应该符合银行总体经营目标或所需增加资本的具体目标。商业银行资本的充足性有数量和结构两个层面的内容。

《巴塞尔协议》是1975年2月成立的国际性常设跨国银行监督管理机构——巴塞尔委员会颁布的一系列关于统一国际银行业监督管理的重要文件的统称。1988年7月15日，巴塞尔委员会通过了《关于统一国际银行资本衡量和资本标准的协议》，简称《巴塞尔协议》。

资本是一家银行防止亏损的最终防线，只有资本才能衡量一家银行的真正实力。商业银行资本包括核心资本和附属资本两部分，核心资本包括股本和公开储备；附属资本包括未公开储备、资产重估储备、普通贷款损失准备金、混合资本工具和长期从属债务等。银行的资本与风险加权资产的标准比率不得低于8%，其中核心资本应达到资本总额的50%，即最低核心资本充足率（核心资本与风险加权资产总额的比值）至少为4%。附属资本总额不得超过核心资本总额的100%。

$$\text{资本充足率}=\frac{\text{资本总额}}{\text{风险加权资产}}\geqslant 8\% \qquad \text{（公式5-1）}$$

$$\text{核心资本充足率}=\frac{\text{核心资本总额}}{\text{风险加权资产}}\geqslant 4\% \qquad \text{（公式5-2）}$$

巴塞尔委员会又对协议做了几次修订，2001年开始修订、2006年年底正式实施的《新巴塞尔协议》全面取代了1988年的《巴塞尔协议》，成为新的国际金融环境下各国银行进行风险管理的最新法则。新协议在对资本的定义和8%的最低资本充足率的要求方面没有发生变化，但在原来只考虑信用风险的基础上，进一步考虑了市场风险和操作风险，确定最低资本比率的分母项由三部分组成，即总的风险加权资产等于由信用风险计算出来的风险加权资产与根据市场风险和操作风险计算出来的风险加权资产的总和。

$$\text{资本充足率}=\frac{\text{资本总额}}{\begin{matrix}\text{信用风险}\\\text{加权资产}\end{matrix}+12.5\times\left(\begin{matrix}\text{市场风险的}\\\text{资本要求}\end{matrix}+\begin{matrix}\text{操作风险的}\\\text{资本要求}\end{matrix}\right)}\geqslant 8\% \qquad \text{（公式5-3）}$$

商业银行吸收外来资金，主要是通过存款业务和借入款业务（包括同业拆借、向央行借款、发行债券等）进行的，这才是商业银行负债业务的重心，占商业银行全部资金来源的90%以上（如图5-2所示）。

知识拓展5-1

我国商业银行的资金来源

5.1.2 商业银行存款业务

吸收存款是指商业银行接受客户存入的货币资金，存款人可以随时或按约定时间支取款项的一种信用业务。这是银行的传统业务，在银行负债业务中占有最主要的地位，占其负债总额的70%以上。商业银行的存款业务一般分为活期存款、定期存款和储蓄存款三大类。尽管我们在实际生活中会发现存款的名称不止于此，但都是在这三类存款的基础上变化而来的，包括各种负债创新品种。

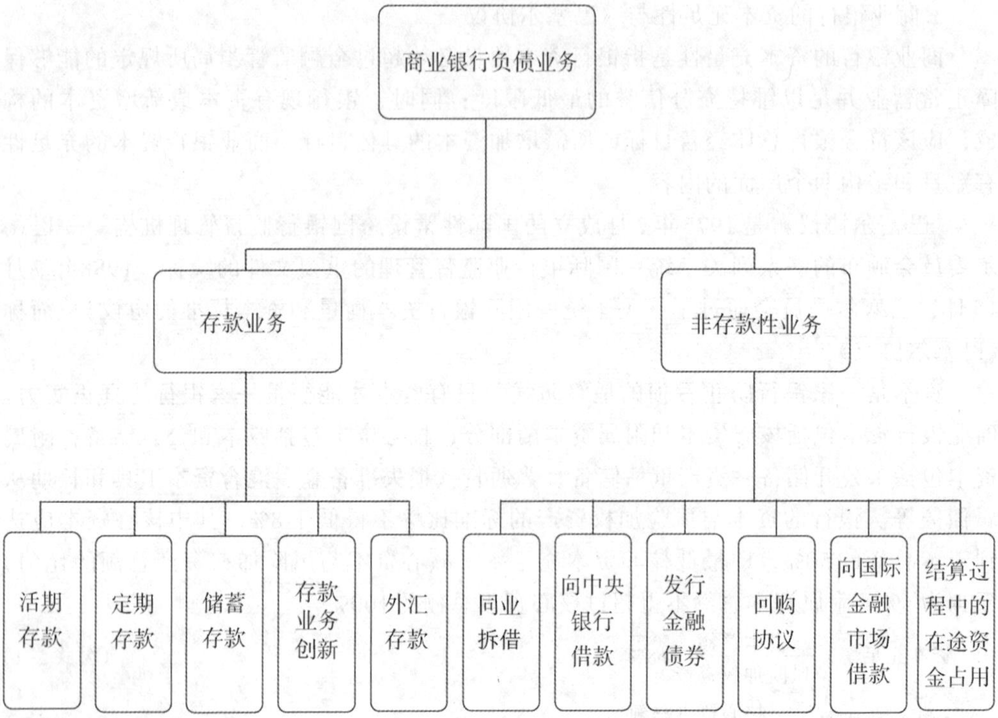

图5-2　商业银行的负债业务

1.活期存款

活期存款是不规定存款期限，存户可随时提取，银行有义务随时兑付的存款。由于存款人支用款项时需使用银行规定的支票，因而活期存款又被称为支票存款。支票存款主要用于交易和支付。银行发给存款人支票簿，存款人可用支票从银行提取现款，但更多的是用支票向第三者支　付货款或偿还债务。活期存款能满足存款客户存取自由、运用灵活的需要，同时也是客户从银行获得贷款和服务的基本条件。因此，公司、个人、社会团体、政府机构、非银行金融机构都在银行开立活期存款账户，商业银行彼此之间一般也会开立活期存款账户，以便往来、结算之用。

银行吸收活期存款要提供多项服务，支付各种费用，而活期存款存取频繁、手续复杂，银行的经营成本较高，因而绝大多数国家的商业银行对活期存款不给付利息，有些国家甚至收取活期存款客户的手续费。即便如此，活期存款在商业银行对客户的业务中仍占有相当大的比重，各国商业银行仍然十分重视这项业务，并尽可能地增加活期存款。这是因为，一方面，客户将闲置资金作为活期存款存入银行，不是为了获取利息，而是为了通过银行进行各种支付和结算；另一方面，对于商业银行来说，虽然活期存款时存时取，流动性很强，经营成本较高，有悖于商业银行的盈利性原则，但吸收活期存款，商业银行不仅可以获取短期资金，用于短期贷款和投资，而且在存取交替之间总会使银行形成一笔相对稳定、数量可观的余额，用于长期贷款和投资，所以活期存款是商业银行一项重要的资金来源。此外，经营活期存款也是商业银行开展中间业务的基础。在现代经济中，支票通常很少用来提取现金，而是把支票所开金额转存到持有者的活期存款账户中。这种转账支票的使用和流通，大大节约了流通费用，商业银行也因此具有了信用创造和信用扩张的能力。许多国家的银行还允许超过存款金额签发支票，即允许支票存款户透支，其目的就是争取更多的活期存款客户。我国是少数对活期存款支付利息的国家之一。

2.定期存款

定期存款是有固定期限、到期才能提取的存款，其载体一般采用存单或存折形式。如果到期前存款人要求（提前）支取，银行或按制度规定不予提前，或要求客户事先通知银行。通常，银行为了争取客户的存款，在执行这一制度时并不严格，只是要求客户填写“存单提前提取书”，银行在扣除提前日期的利息后照付本息。普通的定期存单不能像支票一样转让流通，只作为到期提取款项的凭证，但存款人可以未到期的定期存单作为抵押向商业银行申请贷款。20世纪60年代以来推出的“可转让”的定期存单使定期存款获得了流动性，存单持有人于到期日前可在货币市场上将存单转让以获取现款。

定期存款的期限通常为3个月、6个月、1年期甚至更长，利率也随着期限的长短而高低不等。由于定期存款一般要到约定的期限才能提取，所以银行给予的利率较高，且总是高于活期存款利率，因而对存款人来说，定期存款是其获取利息收入的一种重要方式。而对商业银行来说，定期存款在银行存款负债中占有相当大的比重，是其吸收外来资金的主要方式。因为定期存款期限固定而且比较长，为商业银行提供了稳定的资金来源，可以满足商业银行长期贷款和投资的需要。

除活期存款和定期存款外，商业银行还开展通知存款业务。通知存款是存款人在存款时未约定期限，提取存款时，必须提前一定时间通知银行，以便银行准备资金，保证支付的存款。这种存款的利率一般高于活期存款利率而低于定期存款利率。

3.储蓄存款

储蓄存款是商业银行为满足居民个人积蓄货币和获得利息收入的需要而开办的一种存款业务。储蓄存款不使用支票，而使用存折或存单，手续比较简单，使用时只能提取现金或先转入存款人的支票存款账户。存折一般不能流通转让，存户不能透支款项。储蓄存款的利率介于活期存款和定期存款之间。储蓄存款的存户通常限于个人和非营利组织。近年来，也逐渐允许某些企业开立储蓄账户。在美国，88%以上的储蓄存款是由个人和非营利组织所持有的，约1.5%为政府机构的存款基金，营利公司的存款占存款总额的10%。至于经营储蓄存款的金融机构，有的国家严格限定只准专门的金融机构开办储蓄存款，如储蓄银行（属专业银行），而商业银行以及其他金融机构不准经营。我国的储蓄存款专指居民个人在银行的存款，政府机关、企事业单位的所有存款都不能称为储蓄存款，公款私存则被视为违法行为。我国各商业银行均可办理居民储蓄业务。

储蓄存款分为活期储蓄存款和定期储蓄存款两类。其中，定期储蓄存款居多，但无论是活期还是定期，都支付利息，只是利率高低不同。

（1）活期储蓄存款

其存取没有固定期限，只凭存折即可提现。开立活期储蓄存款账户无须他人介绍或保证，只要填写“开户申请书”即可。我国各商业银行按有关规定要求开户人提交有效证件（如居民身份证等），以证明其真实身份，实行储蓄实名制。

（2）定期储蓄存款

其类似于定期存单，但不可以流通转让和提前贴现，可以质押贷款。定期储蓄存款有整存整取、零存整取、整存零取、存本取息等多种形式。这种存款如果到期前客户要求（提前）支取，不仅要受到种种限制，而且往往会遭受部分损失。在美国，客户如果提前支取，必须提前14天通知银行。我国《储蓄管理条例》第24条规定：“未到期的定期储蓄存款，全部提前支取的，按支取日挂牌公告的活期储蓄存款利率计付利息；部分提前支取的，提前支取的部分按支取日挂牌公告的活期储蓄存款利率计付利息，其余部分到期时按存单开户日挂牌公告的定期储蓄存款利率计付利息。”定期储蓄存款是个人投资获利的重要手段。

在我国商业银行的负债业务中，储蓄的地位和作用十分突出。20世纪90年代以来，储蓄存款额占存款总额的比重始终保持在50%以上，其中定期储蓄部分的比例既高又相当稳定，为商业银行提供了大量的长期性资金来源。

答疑解惑5-1

商业银行的交易性存款和非交易性存款分别指的是什么业务？

答：交易性存款即活期存款，可以签发支票用于交易支付；非交易性存款有两种基本类型，即定期存款和储蓄存款。

4.存款业务创新

20世纪60年代以来，为了规避不合理的、过时的金融管制，应对日趋激烈的金融业竞争和金融制度的变革，商业银行借助新的科技手段，进行了各种金融创新。其中，针对存款负债的金融创新主要有以下几种：

（1）大额可转让定期存单（negotiable certificates of deposits，CDs）

为了规避美联储“Q条例”对定期存款规定最高利率的限制，在定期存款利率低于市场利率的情况下，能够吸引资金以保持银行的负债规模不下降；同时为了规避“不准对活期存款支付利息”的规定，1961年美国花旗银行率先推出了大额可转让定期存单。

大额可转让定期存单与普通存单不同，其特点是：①不记名。一般存款单为记名存款单。②可以转让。一般存款单不能转让买卖，只能由存款人支取；事实上，大额可转让定期存单的一级市场比较发达，二级市场比较薄弱。③面额大。金额比较固定，例如，美国CDs的最低金额是10万美元，一般在50万美元以上；一般存款单的面额不固定，最低存款额也不受限制。④期限短。CDs的存款期限短，平均为4个月，最短为14天，一般在1年以内；而定期存款单期限相对较长。⑤CDs的利率一般取决于市场上的资金供求状况，即市场利率和银行自身的信用，也受存单面额大小、到期日等因素的影响，一般比同期国库券的利率高。

我国在1986年由交通银行和中国银行首次发行了大额可转让定期存单。根据中国人民银行的规定，我国发行的大额可转让定期存单分为对个人和对单位两种。对个人发行的面额有500元、1 000元、5 000元3种，对单位发行的面额有1万元、5万元、10万元、50万元、100万元5种；存单不管是对个人还是对单位，期限都是1个月、3个月、6个月、9个月和12个月5种；存单利率一般比同类定期存款利率上浮1～2个百分点；存单不能提前支取，也不能转让，到期一次还本付息，逾期不计利息。1996年我国取消了这项业务。2005年曾重提构建中国可转让大额定期存单市场问题，利率市场不成熟是发展该市场的最大障碍。直至2015年6月，中国人民银行发布《大额存单管理暂行办法》，重启商业银行发行大额可转让定期存单的大幕，大额存单才正式推出，其大多在基准利率基础上上浮一定比率。这是我国向存款利率市场化迈出的关键一步。

大额存单本质就是银行存款，具有以整数金额发行、可以转让、利息较高三个特征，它是在同业竞争和存款分流环境下，满足了高净值客户对资金流动性和稳健收益的需求。同时，对于银行而言，大额存单的资金流动性相对较低，有助于形成稳定的资金池，满足了银行稳定资金来源的需求；银行可以通过筛选优质客户群体，提升客户忠诚度和综合收益。因此，大额存单有效平衡了客户利益与银行发展之间的关系。

大额可转让定期存单的推出在商业银行经营管理史上具有划时代意义，经营管理由资产管理理论阶段进入负债管理理论阶段。大额可转让定期存单从名义上看是存款凭据，是存款人的债权凭证，实际上是银行发行的允许在一定日期（到期日）按票面金额和约定利率支付本金和利息的债券，属于允诺支付的银行本票，是银行负债管理的一种新形式。

（2）可转让支付命令账户（negotiable order of withdrawal accounts，NOW）和超级可转让支付命令账户（super NOW）

根据美国“Q条例”的规定，“储蓄账户不得使用支票”，而活期存款可以方便地提现和支付，但禁止银行向客户支付利息。为绕过金融管制，1972年5月，美国马萨诸塞州一家互助储蓄银行创造了可转让支付命令账户。这是一种付息的储蓄账户，它可以开出有支票作用但无支票名称的“可转让支付命令”，签发的支付命令和支票一样可以提现和支付，具有交易结算功能，而账户上的资金还可以获得储蓄存款利息。

可转让支付命令账户实际上是一种有息的交易型账户，既可支付利息，又可用于转账结算，其年利率略低于储蓄存款。通过这种账户，商业银行在为客户提供支付上的便利的同时，又支付利息，从而能吸引客户，增加存款。可转让支付命令账户一般只针对个人和非营利性组织，1980年，美国新银行法允许全国的储蓄银行和商业银行开立这样的账户，使这种新的存款品种得以迅速推广。

1982年，美国又推出了与市场利率挂钩的超级NOW账户，是可转让支付命令账户的创新发展。超级可转让支付命令账户与普通可转让支付命令账户相比的特点是：①可以与普通可转让支付命令账户一样，无限制地开出支付命令书进行转账结算；②设有最低存款余额和平均余额的限制，金额起点为2 500美元，日常平均余额不得低于起存额，否则按普通可转让支付命令账户的较低利率水平计息；③利率高于普通可转让支付命令账户；④账户开立限定为个人和非营利机构。

（3）自动转账服务账户（automatic transfer service accounts，ATS）和协定账户（agreement account，AA）

自动转账服务账户于1978年11月由美国商业银行首创，1980年美国准许全国存款性金融机构开办。这一创新也是为了规避不准对活期存款付息的规定。在自动转账服务账户下，客户开设两个账户：一个是无息的活期存款账户；另一个是有息的储蓄存款账户。通常，活期存款账户上的余额保持在1美元。客户在不需要支付和提现时将资金放在储蓄存款账户上，取得利息收入，在需要开支票时银行自动在客户的储蓄存款账户上把相应的金额转移到活期存款账户上，满足客户开支票用于支付的要求。客户得到了既获取利息又方便支付和提现的金融服务。

协定账户是自动转账服务账户的创新发展，是按照约定，存款可以在储蓄存款账户、支票存款账户和货币市场存款账户之间自动转账的账户。其特点是：①对储蓄存款账户或支票存款账户一般都规定一个最低余额，超过最低余额的款项由银行自动转入同一存户的货币市场存款账户上，以便取得较高的利息；②达不到最低余额，银行自动将同一存户在货币市场存款账户上的款项转入储蓄存款账户或支票存款账户。货币市场存款账户的收益率高于储蓄存款的利率，故协定账户能保证存款人获得尽可能多的收益。

（4）货币市场共同基金（money market mutual funds，MMMF）和货币市场存款账户（money market deposit accounts，MMDA）

20世纪70年代初，美国仍对金融机构实行利率管制，而对货币市场工具则采取浮动利率，但众多中小投资者无法进入货币市场（因有最低交易额规定），于是货币市场共同基金应运而生。这种基金吸收小额投资，然后再在货币市场上投资，如投资可转让大额存单、银行承兑汇票及国库券等。因为是购买投资基金而不是存款，所以，从基金得到的利润不受存款利率的限制，并且货币市场共同基金不必缴纳法定准备金。由于允许基金投资者签发金额不低于500美元的支票，货币市场共同基金被归入支票存款的类别。

货币市场存款账户诞生于1982年《存款机构法案》出台之际，具有一些与货币市场共同基金十分相似的特征，也被归为支票存款。其特点是：①对存款人无资格限制，开户对象可以是个人、营利性机构和非营利机构。②有存款限额的规定，但起点不高，最低存入额为2 500美元，后来又降至1 000美元。③无利率上限的限制。它与可转让支付命令账户一样是支付和储蓄混合的账户，但该账户利率不固定，商业银行依据货币市场上利率的变动，每天调整该账户的存款利率，使存款利率与市场利率走势一致。如果货币市场上利率上升，存款利率也随之上升，存款可以免受固定利率带来的损失；如果货币市场上利率下降，存款利率也随之下降，银行也可以避免固定利率带来的损失。④可通过签发支票或电话通知向第三者支付，但对这类账户的转账次数有限制，该存款账户每月可以对第三方转账6次，其中支票转账最多3次。

（5）货币市场存单（money market certificates，MMC）

它是一种与可转让大额定期存单利率或长期国债利率相关的定期存款，于1978

年6月问世，由美国商业银行和储蓄机构创造。其特点是利率随市场利率而变化，存单购买者是各类个人投资者。商业银行根据高收入投资者、中等收入投资者和一般个人投资者设计出不同品种，按购买存单的最低金额不同，分为大额货币市场存单、中额货币市场存单和小额货币市场存单。货币市场存单和可转让大额定期存单的不同之处在于货币市场存单不具有可转让性，而且金额比可转让存单的面额小。

在我国，商业银行的存款业务分为对公存款和对私存款。对公存款又称单位存款，指国家机关、企事业单位、团体、部队等单位的存款，具体形式有活期存款、定期存款、单位协定存款、单位通知存款、集团账户存款等。对私存款又称储蓄存款，指居民个人存款，具体形式有活期储蓄存款、定期储蓄存款、定活两便储蓄存款、银行卡存款、个人通知储蓄存款、教育储蓄存款等。我国商业银行的资金来源中存款负债占有十分重要的地位，但存款创新形式不够，缺乏活力。

5.1.3 商业银行借入款业务和其他负债业务

吸收存款是商业银行负债业务的主要方面，也是其传统的资金来源。但是，存款负债属于商业银行的被动负债，因为商业银行能够吸收多少资金，在很大程度上取决于存款人的意愿和存款人手中闲置资金的状况，商业银行对存款资金的调控较为被动。因此，商业银行还采取主动负债的方式，即以各种借入款的形式吸收资金。在借款业务中，商业银行借款的方式、数量等可以由自己控制。根据借款期限的不同，商业银行的借款分为短期借款和长期借款。期限在一年以内的债务如同业借款、向中央银行借款和回购协议等是短期借款；期限在一年以上的债务如商业银行发行的资本性票据和债券是长期借款。

1.同业拆借

同业拆借是指商业银行之间以及商业银行与其他金融机构之间的短期资金融通。借入资金的银行主要是为解决临时资金周转的困难，借入的资金构成其对他行的负债。实际上，银行在日常经营中有时会有暂时的资金闲置而形成多头寸，有时又会发生临时性的资金不足而形成缺头寸，前者拆出资金，后者拆入资金，方式是相互买卖它们在中央银行存款的余额或其他超额储备。同业拆借的期限一般较短，多数在一周以内，最长不超过12个月，常常是今日借，明日还（称为隔夜拆借），有的甚至是半日拆借，上午借，下午还。由于时间很短，一般以日计息。同业拆借的利率基本控制在存款利率和短期贷款利率之间。

商业银行进行同业拆借，不仅能弥补短期资金的不足、平衡头寸，同时也能为其带来盈利。在西方国家，由于中央银行对商业银行的存款准备金不支付利息，而商业银行对一部分活期存款也不支付利息，这就更加刺激商业银行将暂时闲置的资金头寸投放到同业拆借市场，以获取盈利。我国中央银行对商业银行的准备金存款支付利息，商业银行对活期存款也支付利息，商业银行同业拆借的目的是补充准备金的不足和保持资金的流动性。只有当拆入资金的投资所得高于中央银行存款准备金利率时，拆借用于投资才是盈利的。

同业拆借形成拆借市场，是重要的货币市场之一。我国银行间拆借市场是1996

年1月开始运行的，同业拆借利率为市场利率，拆借方式有信用拆借和回购协议两种。

除同业拆借外，商业银行向其他银行或金融机构临时借入资金的方式还有转抵押和转贴现。转抵押是指商业银行将客户抵押的物品向另一金融机构转让进行第二次抵押以获取资金融通的业务。转贴现是指商业银行将客户贴现的票据再向另一金融机构进行贴现的业务。转抵押和转贴现增强了银行资金的流动性，促进了商业银行票据信用的发展。目前，我国商业银行这两种业务开展得较少。

2.向中央银行借款

中央银行作为一国金融体系的核心，有充当最后贷款人的职能，商业银行资金不足时还可以向中央银行借款，其借款方式主要有再贴现和再贷款。

（1）再贴现

它是指商业银行把自己在贴现业务中买进的尚未到期的票据，如商业票据、国库券等，拿到中央银行申请再次贴现。商业银行因此将债权转移到中央银行，自己则提前获得资金融通。一般来说，再贴现是最终的贴现，票据随即退出流通转让过程。

（2）再贷款

它是商业银行凭借自身信用，或以自己持有的合格票据、银行承兑票据、政府债券等作为抵押品向中央银行申请的直接贷款。各国对再贷款的限制较严，一般只允许用于商业银行资金临时调剂的急需，而不能用于扩大银行资产规模。

商业银行向中央银行借款的直接目的在于缓解本身资金的暂时不足。从西方国家来看，无论在商业银行负债中，还是在中央银行资产中，其比重都很小；从我国来看，由于体制的原因，央行借款一直是国有商业银行一项比较重要的资金来源。而对再贴现和再贷款这两种方式的选择，在市场经济发达国家，商业票据比较流行，贴现业务广泛开展，再贴现便成为商业银行向央行借款的主要途径；在票据市场欠发达的国家，商业银行利用自身信用或抵押有价证券向央行进行再贷款是其主要借款方式。

3.发行金融债券

发行金融债券是指商业银行以发行人的身份，通过承担债券利息的方式，直接向债券购买者举借债务。与吸收存款这种被动性负债相比，发行金融债券是典型的主动负债方式。这种方式可以为商业银行筹集中长期资金。商业银行在发行金融债券时，可凭自己的信用担保发行，或者以自身的资产作为抵押品或通过第三方担保发行。在英美等国家，金融机构发行的债券归类于公司债券；在我国及日本等国家，金融机构发行的债券称为金融债券。

发行金融债券不需要缴纳存款准备金，同时能给银行带来较为稳定的资金来源；但银行承担的利息较高，使其融资成本较其他融资方式要大。资金成本的提高又促使商业银行不得不去经营风险较大的资产业务，这就从总体上加大了银行的经营风险。因此，各国对商业银行发行债券用法律、法规加以限制。通常，西方国家鼓励商业银行通过发行长期债券来融资，尤其是资本性债券；而我国中央银行则根据不同时期的资金状况以及金融政策实行一定的限制，商业银行发行中长期债券的比例较低。自1985年开始，经中国人民银行批准，商业银行可以面向社会发行金融债券，为指定用途筹集资金。而在20世纪90年代后的一段时期，我国金融债券的发行主体主要是政策性银行，商业银行几乎停止了以发行债券的方式筹集资金。但目前这种状况已经发生改变。

目前，我国金融债券的品种包括：①政策性金融债券。它是政策性银行在银行间债券市场发行的金融债券。②商业银行债券。符合条件的商业银行可以向中国人民银行申请发行金融债券。商业银行债券包括普通债券、次级债券、混合资本债券和小微企业专项金融债券。③证券公司债券和债务。证券公司债券包括普通债券、短期融资债券和次级债务。④保险公司次级债务。⑤财务公司债券。⑥资产支持证券。

我国金融债券主要是在银行间债券市场发行、流通和转让。我国金融债券统计口径包括国家开发银行及政策性银行债、证券公司短期融资券、银行间金融债和交易所金融债。2014年5月6日，国家开发银行首次通过商业银行柜台向个人和非金融机构投资者发行金融债券。

知识拓展5-2　国开行成功发行首期乡村振兴专题金融债券

2021年6月24日，国家开发银行成功发行首期乡村振兴专题人民币金融债券100亿元，所募资金将主要用于向污水处理和美丽乡村建设等乡村振兴相关领域项目提供贷款。本次发行的5年期乡村振兴债发行利率为3.16%，获得广大投资人的踊跃认购，认购倍数达6.8倍，特别是得到了杭州银行、中国农业银行、徽商银行、中国建设银行、广东南海农商银行、上海农商银行、洛阳银行、浦发银行、东海证券、江苏银行等机构投资人的大力支持。

本次发行是国家开发银行认真学习贯彻习近平总书记重要讲话精神，贯彻新颁布实施的《中华人民共和国乡村振兴促进法》，以开发性金融服务国家乡村振兴战略的一项新举措。通过探索创新专题债券发行模式，深度挖掘债券市场融资优势，高效筹集低成本资金，为金融支持乡村振兴提供有力保障。

4.回购协议

回购协议是商业银行以出售其持有的证券（主要是短期政府债券）的方式，从资金供给者手中获得资金，并与其订立协议，承诺在未来某个时间按约定价格购回这些证券的融资方式。回购协议期限短的为一个营业日，长的则为几个月。回购方式主要有两种：一种是交易双方同意按相同的价格出售和购回证券，双方事先约定利息，在回购证券时一并支付；另一种是证券的买卖价格不同，证券回购价格（买价）高于出售价格，其差价就是银行融资的利息成本。

回购协议是商业银行的一项金融创新，是调整短期资金头寸的工具。商业银行向企业借款通常采用证券回购方式，这样，企业既可以获得一定的收益，又能保证资金的流动性，相当于银行变相对活期存款支付利息；而对于银行来说，则形成一种新的负债方式。实际上回购协议是一种证券抵押融资，银行以证券作抵押获得了所需头寸，其所付利息通过买卖差价来确定，与证券本身的利率无关，且低于同业拆借利率。

答疑解惑 5-2

回购协议与同业拆借有什么不同？

答：第一，参与的主体不同。同业拆借中参与的双方往往都是金融中介机构；而在回购协议中，通常售出证券的一方是金融中介机构，购买证券的一方是大企业。第二，有无抵押品的区别。同业拆借一般没有担保和抵押品；而回购协议中用于交易的证券就是抵押品。

5.向国际金融市场借款

各国商业银行尤其是大的商业银行，通常在国际金融市场上通过发行大额定期存单、出售商业票据和银行承兑票据以及发行债券等方式筹集资金。目前，影响最大的是欧洲货币市场，其特点是：①限制少。欧洲货币市场不受任何国家的政府管制和金融当局的限制，如没有缴纳法定存款准备金的要求。②利率具有吸引力。其存款利率相对较高，放款利率相对较低，存贷利差较小。因此，无论对存款人还是贷款人都具有吸引力。③手续简便，交易灵活，业务方式主要是凭信用。④金额大、流动性强。

6.结算过程中的在途资金占用

这是指商业银行在办理中间业务或同业业务过程中临时占用客户的资金而形成的结算性负债。例如，商业银行在办理汇兑业务中，从客户把款项交给汇出银行起，到汇入银行把该款项付给指定的收款人止，中间总会有一定的间隔时间。在这段时间内，对于该笔在途资金款项，汇款人和收款人均不能支配，而为银行所占用。此外，商业银行在办理代收代付、代客买卖、代理投资等中间业务时，可以在从收进款项到完成业务之间的这段时间内占用客户的资金；在同业往来过程中，如果出现应付账款大于应收账款的情况，也会占用他行的资金。虽然从每笔业务看，占用时间很短、金额不大，但由于周转总额巨大，因而占用的资金数量也就相当可观。所以，在途资金占用也是商业银行负债业务的一个组成部分。

答疑解惑 5-3

如果你是一家商业银行的储户，当得知其负债很高而自有资金较少时，你会怎么想？

答：商业银行资本金的多少可以表明其实力的强弱，而负债成本过大也会使其承受风险。

5.2 商业银行的资产业务

商业银行的资产业务是指商业银行运用资金以取得收益的业务。商业银行运用资金的目的是创造利润，常见的业务有贴现、贷款和证券投资，但除此之外，商业银行必须将其资金的一部分以现金资产的形式加以保留，用以随时应对客户提取存款的需要。所以，商业银行的资产业务不仅包括能够为其带来盈利的贷款业务和投资业务，还包括不能产生增值的储备性资产。图5-3显示了商业银行资产业务的构成。

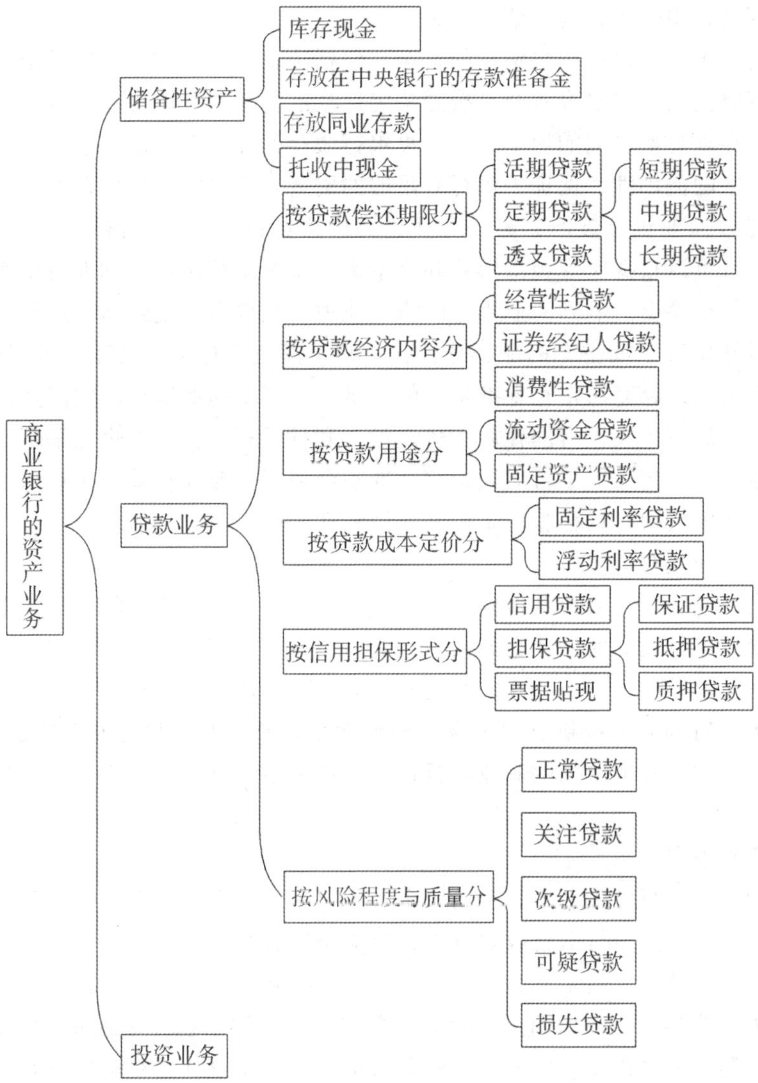

图5-3 商业银行资产业务的构成

5.2.1 储备性资产

储备性资产就是银行的现金类资产，是商业银行为应对客户提取或结算等的需要而保留的一定比例的现金和其他准备，它构成银行的一线准备。由于这类资产占用了银行的经营资金，所以也是银行的资产业务。储备性资产基本上不会给银行带来收益，但却是银行经营必不可少的。商业银行储备性资产包括：

（1）库存现金

它是存放在商业银行金库中用于客户日常提现和零星开支的通货，包括纸币和硬币。保持一定数量的库存现金可以保证商业银行的清偿能力。但由于库存现金属于非营利性资产，不能给银行带来任何收益，却必须花费保管费用，因此商业银行一般会尽量控制库存现金的规模，仅保持必要的、适度的库存现金。

（2）存放在中央银行的存款准备金

这是商业银行存放在中央银行的资金，包括法定准备金和超额准备金，供商业银行办理结算时使用。法定准备金是按照法定存款准备金率（法定存款准备金额与商业银行吸收的存款总额之间的比率）向中央银行缴存的准备金。法定准备金一方面为银行提供了有限的流动性，保证了银行有足够的资金来应对客户提取存款，避免因流动性不足而导致商业银行破产；另一方面也为中央银行控制商业银行提供了有效的途径。中央银行可以根据宏观经济形势和金融运行状况调整法定存款准备金率，法定存款准备金率的调整会影响到商业银行的贷款能力。超额准备金是指商业银行存放在中央银行超过法定存款准备金的那部分存款。它是商业银行用来贷款和投资的准备金，可以随时支用，以补充法定存款准备金的不足，或用于商业银行间的同业清算等。在许多国家，存放在中央银行的存款准备金没有利息或利率很低，也几乎不能给商业银行带来收益，而中国人民银行对法定存款准备金视同一般性存款支付利息。因此，我国商业银行在中央银行的存款属于低利或微利性资产。

（3）存放同业存款

它是指商业银行存放在其他商业银行的存款，以方便在银行间开展代理和结算支付业务。商业银行设立的同业存款账户一般为活期，可随时支用，视同现金资产。一般来说，规模较小的银行需要找一些规模较大的银行作为其代理行，并会在大银行存款，这些大银行为它们提供支票清算、外汇交易以及证券买卖等方面的服务。另外，一些大银行通常与其他国家的商业银行存在代理关系，以便彼此之间进行跨国的支票清算。

（4）托收中现金

它是指商业银行应收而未收到的资金，主要是支票款项。在支票清算过程中，已计入银行的负债，需向付款行收取款项，但支票所载金额还未划入本行收款账户前占用的银行资金，称为“托收中现金”，也叫在途资金。例如，当存款人将一张以A银行为付款人的支票存入B银行时，B银行会在负债方记上该存款人相应金额的存款，但实际上这笔资金尚需要一定的清算过程和时间才能够从A银行的账户转入B银行的账户，在这一清算过程完成之前，A银行实际上占用了B银行的资金，B银行只能在其资产方中以“在途应收资金”的形式加以体现。在收到资金后，或是增加B银行在中央银行准备金账户的存款，或是增加其同业存款。这项资产在银行界被称为“浮存”或“浮金”。在途资金也是一种非营利性资金，商业银行应尽量缩短收款时间，以提高资金的使用效率。

5.2.2 贷款业务

贷款也叫放款，是商业银行将其吸收的资金，按一定的利率贷给客户并约定归还期限的业务。贷款是传统的资产业务，目前也是商业银行的核心资产业务，是其运用资金取得利润的主要途径。贷款按不同的标准有不同的划分。

1.根据贷款偿还期限划分，可分为活期贷款、定期贷款、透支贷款

（1）活期贷款

它是指贷款期限未定，银行可以随时通知收回或借款人可以随时偿还的贷款，也叫“通知贷款”。在西方国家，通知贷款要由银行提前至少3～5天通知借款人还款。

（2）定期贷款

它是指具有确定期限的贷款。这是商业银行的主要贷款形式，包括短期贷款、中期贷款和长期贷款。短期贷款是指贷款期限在1年以内的贷款，用于支持企业短期流动资金的需求或季节性资金需要；中期贷款期限一般为1～5年，通常采用分期偿还本息的方式；长期贷款一般归还期在5年以上，主要是指银行发放的不动产抵押贷款。

（3）透支贷款

它是银行允许存款户在约定的范围内，对超过其存款余额签发支票并予以兑现的一种贷款。透支有信用透支、抵押透支和同业透支3种。透支贷款有随时偿还的义务，利息按天计算。

2.根据使用贷款的经济内容划分，可分为经营性贷款、证券经纪人贷款、消费性贷款

（1）经营性贷款

这种贷款是指商业银行针对工商企业等经营活动过程中的正常资金需要而发放的贷款，包括工商企业贷款、农业贷款和不动产抵押贷款等。其中，工商企业贷款是银行对工商企业因生产或销售对资金的需要而发放的贷款，在银行放款总额中所占比重最大，也是传统的放款业务。在我国，这是商业银行最主要的放款种类。

（2）证券经纪人贷款

这是银行向专门从事证券交易的经纪人提供的贷款，目的是应对证券交易过程中暂时资金不足的困境。

（3）消费性贷款

这是银行向消费者个人发放的、用于购买耐用消费品或支付其他费用的贷款。发放这种贷款时，既可以是消费者和银行直接发生借贷关系，也可以是银行通过某一商业企业与消费者间接发生借贷关系，即银行贷款给商店，商店将商品赊销给消费者，消费者根据协议分期付款。消费性贷款也可以通过信用卡透支发放。

3.根据贷款的用途不同划分，可分为流动资金贷款、固定资产贷款

流动资金贷款一般属于短期贷款，包括工业、农业、商业、建筑、外贸业流动资金贷款；固定资产贷款一般属于中长期贷款，包括基本建设贷款和更新改造贷款。

4.根据成本定价方法的不同划分，可分为固定利率贷款、浮动利率贷款

（1）固定利率贷款

它是指客户根据借款时与银行约定的利率还本付息，利率在整个贷款期间不变。固定利率贷款多适用于短期贷款。

（2）浮动利率贷款

它有两种：一种是在市场利率不稳定的条件下为了使双方都避免一定的利率风

险，在贷款时选定一个利率作为基础，并确定一个浮动幅度和时间区间，贷款利率在整个贷款期间可根据市场利率的变化，在基准利率的基础上加以调整。另一种是对资信状况较好又与银行有长久合作关系的客户实行优惠利率，即在银行贷款基准利率的基础上向下浮动；而对一些信用等级较差的客户实行高利率，即以银行贷款基准利率为基础向上浮动。浮动利率贷款多适用于中长期贷款。

5. 根据信用担保形式划分，可分为信用贷款、保证贷款、抵押贷款、质押贷款，以及票据贴现

（1）信用贷款

它是指根据借款人的信誉发放的贷款。其最大特点是不需要借款人提供任何形式的担保，只需凭借款人的资信、财务状况、预期收益和过去的债务清偿记录，银行就可以发放贷款。因而这种贷款风险程度较高，一般只针对少数经营状况好、经济实力强、借款往来时间长、信誉高的借款人提供。信用贷款利率较高，而且银行发放信用贷款是有条件的，如要求借款人必须是银行的基本客户，要有较稳定的存款量，具有较高的资信等级，与贷款银行有长期的信用关系等。

（2）担保贷款，包括保证贷款、抵押贷款和质押贷款

第一，保证贷款。它是以第三者承诺在借款人不能偿还贷款时，按约定承担一般保证责任或连带责任为前提而发放的贷款。在保证贷款中，借款人是主债务人，提供信用保证的第三人是连带债务责任人。这种贷款只有当保证人有能力和意愿代替借款人偿还贷款时才是可靠的。银行必须充分了解保证人的财务实力和信誉。贷款的担保对借款人来说能起到一种微妙的监督作用。这是因为，贷款的保证通常是由借款人的股东、所有人、高级管理人员或关联机构提供的，能够增强相关人员和机构对公司债务的责任感，时刻提醒他们对借款人所承担的义务，同时也会努力督促借款人稳健经营以获得利润。

第二，抵押贷款。它是借款人或第三人在未转移财产占有权的情况下，将财产作为债权的担保而取得的贷款。银行持有抵押财产的担保权益，当借款人不履行借款合同时，银行有权以该财产折价或者以拍卖该财产的价款优先受偿。抵押是最常见的担保形式，不仅适用于中长期贷款，也适用于短期周转性贷款。

第三，质押贷款。它是以借款人或第三人的动产或权利作为质物发放的贷款。借款人未如期偿还贷款本息时，银行有权将该动产或权利折价出售来收回贷款，或者以拍卖、变卖该财产或权利的价款优先受偿。质押的法律特征与抵押相似，但用于质押的只能是动产和权利。

抵押贷款和质押贷款都需要借款人或第三方为贷款的偿还提供抵押物、质押物，一旦借款人不能履行债务责任，贷款银行可通过处置抵押物或质押物来挽回损失。二者的区别在于：在抵押贷款中，抵押物的占有权仍属于借款人；而在质押贷款中，质押物的占有权已转移给了贷款银行。

一般把以各种商品和商品凭证（如货运提单、仓库栈单）作抵押的放款叫作商品抵押放款。当贷款不能按期归还时，银行可以出售抵押的商品，以补偿放款。银行放款时，垫头较大，商品估价通常大大低于市场价格，一般为商品市价的30%～50%，

以防止商品跌价或销售发生困难而遭受损失。

知识拓展5-3

抵押物的确定标准

一般把以各种票据作担保的放款称为票据抵押放款。放款期限不得超过票据到期的期限。放款到期时，借款人应偿还放款、赎回票据；如不赎回，银行有权处置票据。在票据贴现时，银行付给持票人的款项中扣除的只是贴现利息，但在进行票据抵押放款时，银行为了避免借款人不赎回票据而遭受损失，其放款额总是低于票据的面额，一般为票据面额的60%～80%。票据面额与放款额之间的差额通常称为“垫头”。

商品抵押放款和票据抵押放款均与产业资本循环过程密切联系，可使商品资本和票据债权转化为货币资本，使企业能够克服商品销售中的一些困难。当商品暂时未能销售出去时，可以把商品抵押给银行取得贷款；当商品还处于运送途中时，也可以把商品运送凭证抵押给银行取得贷款。所以商品抵押放款可以使资本从商品形态提前转化为货币形态。当商品以信用形式出售以后，企业可以获得票据，虽然票据可以作为信用货币而流通，但它毕竟有一定的局限性，这时持票人可以把票据提交银行贴现或抵押取得贷款，所以票据业务也可使资本从票据债权形态转化成货币形态，以保证资本循环的连续进行。可见，以上两种放款业务均能加速资本的周转，促进生产的扩大。

一般以股票或债券做担保的放款在确定数额时也有垫头。证券投机商往往以有价证券做质押取得银行放款，运用这笔放款再去购买有价证券，然后再质押再购买，为有价证券的投机提供了大量的货币资本。他们用这些货币资本增加了对证券的需求，提高了证券的行市，从中获得了投机利润。

（3）票据贴现

这是银行以购买借款人未到期商业票据的方式发放贷款的资产业务，即客户将未到期的票据提交给银行，银行扣除自贴现日起至到期前一日止的利息后将款项交与客户，票据到期时由贴现银行按票据面额向票据的债务人收回款项。贴现最早以商业票据为主，现在已扩展到政府短期债券。政府债券信用较高、风险较小，且便于转让，商业银行对其贴现既能获利，又可以满足流动性需求。办理贴现时表现为折价收购，银行会按一定的利率（贴现率）向申请贴现的客户收取一定的利息（贴现利息）。银行给付的现款额是：

$$贴现付款额=票据面额\times（1-年贴现率\times\frac{未到期天数}{360}） \quad （公式5-4）$$

例如，某企业持未到期票据到银行申请贴现，票据面额为10 000元，3个月后到期，贴现率为6%，则银行给付现款额是：

$$10\,000\times（1-6\%\times\frac{30\times 3}{30\times 12}）=9\,850（元）$$

银行扣除的利息为：

$$10\,000\times 1.5\%=150（元）$$

贴现业务形式上是票据的买卖，但实际上是信用业务。它反映的是票据载明的支付人对持票人负债：在票据贴现前，支付人对持有票据的客户负债；贴现后，则对购入票据的银行负债。所以，票据贴现实际上是银行通过收购票据，直接地贷款给贴现人，而间接地贷款给票据金额的支付人。

贴现从本质上说是一种贷款，但它是一种特殊的贷款。与普通的贷款相比，虽然都是运用资金并收取利息，但两者有许多不同之处：第一，利息收取的时间不同。贷款是到期以后收取利息；贴现是在贴现业务发生时从票据面额中预扣利息。第二，借款人角色不同。贷款通常以购货人（付款人）为借入对象；而票据贴现通常以持票人（收款人）为借入对象。第三，融资的期限不同。贷款的期限可长可短，但经银行同意，贷款可以延期或提前归还；贴现的期限较短，通常都是3个月到期，最长不会超过1年，到期必须无条件付款，不得延期。第四，流动性不同。贷款到期才能收回本息，流动性较差；而通过商业银行贴现的票据还可以通过转贴现、再贴现融通资金，流动性较强。第五，利率水平不同。因银行的实际付款额低于票据到期收款额，所以贴现利率要低于贷款利率。第六，风险性不同。贷款的申请人即银行的直接债务人，而贴现的申请人并非银行的直接债务人，票据的出票人、承兑人、背书人均应对票据款项负责。在贴现业务中，银行保留了对票据出售人的追索权，实际上是保留了对承兑银行的追索权，因而，票据贴现风险较低。而在贷款业务中，贷款到期借款人无力还款时，银行只能对借款人行使抵押权。一般来说，抵押权的行使成本高于追索权。因此，贷款的风险高于票据贴现。正因如此，贴现已成为西方商业银行的重要资产业务之一。

6. 根据贷款风险程度与质量不同划分，可分为正常贷款、关注贷款、次级贷款、可疑贷款、损失贷款

（1）正常贷款。它是指借款人能够履行合同，有充分把握按时足额偿还本息的贷款。

（2）关注贷款。它是指尽管借款人目前有能力偿还贷款本息，但是存在一些可能对偿还产生不利影响的因素，贷款本息损失概率不超过5%、逾期90～180天的贷款。

（3）次级贷款。它是指借款人的还款能力出现了明显的问题，依靠它正常的经营收入已无法保证足额偿还本息，贷款本息损失概率在30%～50%、逾期181～360天的贷款。

（4）可疑贷款。它是指借款人无法足额偿还本息，即使执行抵押或担保，也肯定要造成一部分损失，贷款本息损失概率在50%～75%、逾期360～720天的贷款。

（5）损失贷款。它是指在采取所有可能的措施和一切必要的法律程序之后，本息仍然无法收回或只能收回极少部分，贷款本息损失概率达到95%～100%、逾期720天以上的贷款。

在上述分类中，后三类合称为不良贷款。贷款五级分类法是国际上推行的针对商业银行贷款进行风险管理的一种方法。商业银行的贷款风险管理不仅要注重“事前的”管理，也要注重资金投放过程之中及投放后的管理。已发放的贷款由于种种原因可能会从风险较低的贷款变为风险较高的贷款，从而使商业银行遭受损失。因此，从防范风险的角度，通过分析借款人的财务状况及信用情况来判断借款人的还款能力及还款的可能性，随时关注贷款的使用及偿还情况，并将贷款分成不同等级加以区别对待，尤其是对不良贷款采取相应的方法及时处理，就成为商业银行风险管理的重要内

容之一。

答疑解惑5-4

对一笔贷款按五级分类法确定其为某一类型后，是否就固定不变了？

答：不是。贷款五级分类法是针对贷款发放过程中和发放以后的运行情况来划分的。某笔贷款可能会从正常贷款变为关注贷款，从关注贷款变为次级贷款、可疑贷款或损失贷款，也可能反过来变化。银行需及时发现并处理不良贷款，确保贷款的正常运作和到期收取本息。

5.2.3 投资业务

商业银行的投资业务是指其购买有价证券的业务活动。目前，各国商业银行的证券投资主要是购买政府债券，包括公债、国库券，也购买公司债券；而对于股票，绝大多数国家都限制或禁止商业银行购买。商业银行的投资业务不仅可以为其带来固定收益，而且有价证券作为一种资产的存在形式，比较灵活主动，需要现款时可以通过出售证券脱手变现，增强了银行资产的流动性，成为银行的二线准备，同时也实现了资产多样化，分散和降低了风险。

作为盈利性资产业务，商业银行的投资与贷款极为相似，但也有许多不同之处：①贷款是银行应借款人的请求而发放的，一定程度上是被动的；而投资则是银行主动地以购买证券的方式运用资金。②贷款一般在到期以后才能收回；而投资可以通过随时将证券在公开市场上出售收回。③贷款一般用于生产经营活动，与产业资本循环发生联系；而投资一般用于证券投机活动，不和真实资本发生直接联系。如果商业银行在发行市场买卖有价证券，就是与实业资本循环发生联系；如果在流通市场买卖有价证券，就是一种虚拟资本的买卖。

商业银行在证券市场不仅购买有价证券从中谋取投机利润，而且以贷款资助证券交易所的经纪人进行投机。据统计，纽约证券交易所内取得商业银行贷款的有价证券周转额超过50%。证券投资的盈利有可能高于放款的收益，但其风险也较大。因此银行必须加强对证券投资的管理，并运用各种投资方式注意回避和分散投资风险，以确保获取利润。

《中华人民共和国商业银行法》规定："商业银行在中华人民共和国境内不得从事信托投资和股票业务，不得投资于非自用不动产。"目前，我国商业银行证券投资业务的对象主要是政府债券、央行票据和金融债券。

5.2.4 商业银行的经营原则

商业银行是经营货币的特殊企业，盈利并追求最大化的利润是商业银行的经营目标，为实现这一目标，就必须进行有效的管理；同时，商业银行特殊的资金来源结构和经营方式，使得其资产的流动性和安全性同样受到关注。因此，安全性、流动性和盈利性成为商业银行业务经营的三个基本原则。

1.安全性

这是指商业银行在经营中使资产免遭风险的程度。由于受到外部环境和内部管理等不确定性因素的影响，商业银行的资产业务在给其带来收益的同时，也使其面临着各种风险，如信用风险和利率风险。一方面，商业银行在发放贷款时会遇到信用风险，即借款人可能到期未能偿还贷款本息；另一方面，在固定利率贷款下，市场利率的不确定性，会使银行面临利率风险而导致损失。银行在进行证券投资时，可能会因为市场利率上升导致证券价格下跌而使投资出现亏损。此外，商业银行的风险还包括流动性风险、市场风险、国家风险、操作风险、法律风险等。

商业银行之所以坚持安全性原则，是因为其资金来源主要依赖负债，尤其是存款负债，如果大量的贷款到期时商业银行不能收回本息，必然影响其偿还居民的存款负债，从而影响其信用，当然也影响其新的负债来源。如果商业银行失去信用，就会造成存款客户挤兑，危及银行的经营前景，甚至使商业银行倒闭。

2.流动性

这是指商业银行能够随时应付客户提存、满足客户必要贷款要求的能力。商业银行的资金主要来自存款，银行能否做到按要求到期偿还债务，是其信誉高低和能否生存下去的主要标志。为此，银行应保持一定的清偿能力，以应对客户日常提现的需要，特别是应对突然大量提现的需要；同时，银行对客户提出的正常贷款要求，从表面上看，有选择的权利，既可以满足也可以不满足，但在激烈的竞争环境下，银行必须满足客户合理的贷款要求，这就要求银行要随时拥有足够的资金来源。可见，流动性应包括两种含义：一是资产的流动性；二是负债的流动性。前者是指在银行资产不发生损失的情况下迅速变现的能力，后者是指银行以较低的成本随时获得所需资金的能力。能迅速变现而不会带来损失的资产流动性就强。一般说来，流动性较强的资产有库存现金、在中央银行的存款、短期同业拆放、短期政府债券及一些商业票据等，而流动性较弱的资产有中长期贷款等。为保持资产流动性，银行应首先使库存现金和短期内可变现资产能够满足客户提现的需要；为保持负债的流动性，银行则需要通过创造主动性负债来实现。比较传统的方式包括从同业拆入资金、向中央银行借款、发行金融债券借入资金等。此外，商业银行还应围绕扩大负债推出一系列创新金融工具。

3.盈利性

它是指商业银行获得利润的能力。这是商业银行的核心原则，是商业银行的经营动机，也是银行生存和发展的内在动力和根本原因。商业银行主要是通过各项资产业务来取得盈利的，盈利来自它利用存款进行贷款和投资所得的收入与它对存款人所付的利息之间的差额，再扣除各项管理费用之后的余额。商业银行在竞争中必须不断改善经营管理，采取各种措施以获取更多的利润。这些措施主要包括：合理调度头寸，把银行的现金准备压缩到最低限度；大量吸收存款，开辟资金来源渠道，把这些资金用于能够获取较多收益的贷款和投资上，并尽可能避免呆账损失；加强经济核算，采用先进技术，提高劳动效率，降低费用开支，不断增加业务效益。

商业银行的三大原则既有统一的一面，又有矛盾的一面。一般说来，流动性与安全性是正相关的，表现为：流动性越强的资产，风险越小，安全性越高；反之亦然。流动性和安全性是盈利性的前提和基础，银行首先要生存下来才有可能去实现盈利目标；盈利又反过来给商业银行带来更多的资金，确保其流动性和安全性。银行如果长期不盈利，必然导致其负债大于资产，安全性和流动性从根本上得不到保证。流动性和安全性同盈利性之间往往也存在着矛盾，表现为：流动性越强，安全性越高，其盈利性就越低。因此，商业银行必须在安全性、流动性和盈利性三者之间不断寻求最佳平衡点，这也正是银行经营管理的难点所在。

我国的《中华人民共和国商业银行法》规定："商业银行以效益性、安全性、流动性为经营原则，实行自主经营、自担风险、自负盈亏、自我约束。"

5.2.5 商业银行资产业务风险管理的方法

商业银行从事资产业务特别是贷款业务，必须兼顾和协调上述三性原则，只有这样才能尽可能地降低风险，减少损失。商业银行资产业务风险防范应从以下几方面入手：

1.建立两线准备，降低流动性风险

在商业银行的资产构成中，流动性最强的是储备性资产，包括库存现金、存放在中央银行的存款和同业存款。银行吸收存款后，要保持一部分现金资产以应对客户的提存，称为一线准备，这是保障银行安全的第一道防线。但现金比例又不能过高，否则会形成闲置资金，减少收益，不符合银行的盈利性原则。

同时，银行还要持有一些公开市场的短期证券（如国库券），保有一定的短期票据和短期贷款，这是二线准备，充当一线准备的后备或在借款要求紧迫的情况下出售证券以应急。二线准备资产有利息收益，但其流动性不如现金，因为这些证券被迫出售时，可能会因市场流动而受损。如果有一个完善的二级市场，这类资产是容易变现的。商业银行必须经营好二线准备，以保持资产的可变性。只有二线准备充足，商业银行才能将资金运用于风险较大、流动性较低但收入较高的资产业务。

2.做好资信评估，降低信用风险

银行在运用资金时，既要选择收益高的投资项目，又必须对债务人的资信和投资项目的盈利前景进行充分评估，然后择优授信。西方各国银行在多年实践的基础上，逐步形成了一套完善的评估标准，一般称为"6C"原则：①品德（character），指借款人是否具有清偿债务的意愿以及是否能够严格履行合同。不论借款人是个人还是公司，考察其履行合同条款的历史信用记录都是十分重要的。②能力（capacity），指借款人偿还贷款的能力。③资本（capital），即借款人的自有资金。资本反映借款人的财富积累，并在某种程度上表明其所取得的成就和还款的实力。④担保或抵押品（collateral），指借款人提供的抵押品的价值，有保证人的，还要考虑保证人的信誉。⑤环境条件（condition），指借款人所处的经营环境。⑥事业的连续性（continuity），指借款人连续经营的前景。

3.制定贷款政策，确保贷款安全性

在信用评估的基础上，银行要制定详尽的贷款政策，包括确定贷款的规模、种类、期限、利率及偿还办法等。银行应尽量降低信用贷款的比重，提高抵押担保贷款的比重，以保证银行在借款人无力偿还贷款时能得到一定的补偿。另外，即使银行制定了谨慎的贷款政策，出现问题贷款也是正常的。银行应建立风险预警机制，争取及早发现问题贷款，防止其演化为呆账，给银行带来损失或流动性危机。银行还要提留呆账准备金来冲销呆账，以减少其对银行的危害。

4.实行浮动利率，降低利率风险

商业银行利用浮动利率可以有效降低利率风险。

5.通过资产多样化来分散风险

商业银行在资产业务中应尽量发放多种不同的贷款，购买多种不同的证券，在不改变资产预期收益率的前提下，分散和降低风险。

同步案例 5-1

商业银行的负债业务与资产业务应在期限上相互匹配，即负债和资产的偿还期应保持对称。例如，活期存款周转速度极快，偿还期为零，因此其带来的资金主要用在一线、二线准备上，而不能用于投资长期证券；储蓄存款和定期存款流转速度较慢，可用流动性较低和偿还期较长的资产如贷款、长期证券投资与之匹配；至于资本账户，则可用于购买土地和建筑物等固定资产。具体可参见图 5-4。

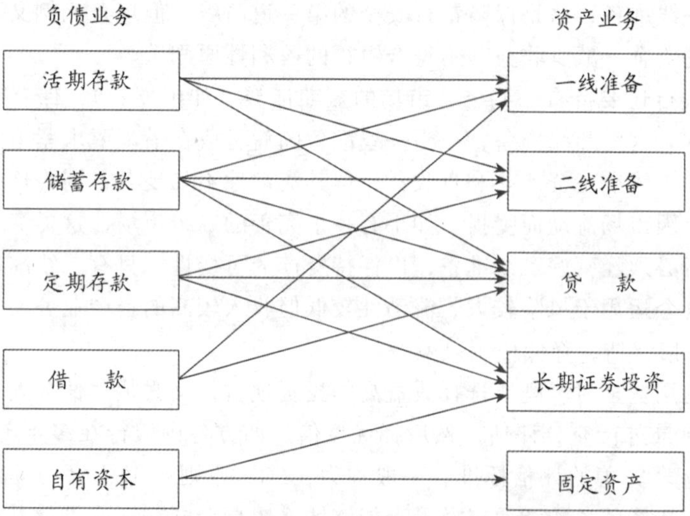

图5-4　商业银行负债业务与资产业务的匹配

5.3　商业银行的中间业务和表外业务

5.3.1　商业银行的中间业务

商业银行的中间业务是指商业银行在资产业务和负债业务的基础上，不需要运用自己的资金，而是凭借自身在机构、信誉、资金、技术、设备、信息和人员等方面的优势，以中间人的身份为客户办理各种委托事项，提供各类金融服务，并从中收取手续费的业务。中间业务是商业银行三大业务之一，是商业银行实现综合经营、增强竞争实力的重要途径。

商业银行主要是通过吸收存款和借入款等负债业务获得资金，然后把所获资金用于开展放款和投资等资产业务并从中获取收益。而商业银行的中间业务不涉及商业银行资产和负债变化，不构成商业银行表内资产和表内负债，形成的是商业银行的非利息收入。正是因为商业银行的中间业务不反映在商业银行资产负债表中，因而从广义上讲，商业银行的中间业务可以被称为表外业务。

中间业务的种类很多，可以将其划分为以下几大类（见表5-1）。下面我们就常见的中间业务进行介绍。

表5-1 商业银行中间业务分类

结算业务	它是指商业银行为客户办理的与货币收付有关的业务，以帮助结清客户之间的债权债务关系。在结算业务中，银行应恪守信用、履约付款；坚持谁的钱进谁的账，由谁支配；银行不得为客户垫款。其主要包括传统的汇兑业务，以及结售汇、外币兑换、国际收支申报、信用卡等业务。结算业务是一项业务量大、风险小、收益稳定的典型的中间业务
代理业务	它是指商业银行接受个人或单位的委托，以代理人的身份代表委托人办理双方议定的经济事务的业务。在代理业务中，银行不使用自己的资产，不为客户垫款，不参与收益分配，只收取代理手续费。其主要包括代收代付业务、代客买卖证券或外汇业务、代发行和代承销债券业务、代理保险业务、代保管和出租保管箱业务等。代理业务是现阶段商业银行开展的最为普遍的中间业务
融资业务	它是指商业银行向客户提供的除传统信贷以外的其他融资引起的有关业务，包括租赁、信托投资、出口押汇、代理融通业务等。其中，代理融通是银行在为客户办理代收业务时，向客户提供资金融通的行为。这种业务产生于工商企业扩大销售与收回货款的需要，既有利于应收账款按时收回，又可解决赊销企业资金周转不灵的问题。银行可从中收取一定的手续费和融资利息
服务性业务	它是指商业银行利用现有的机构网络和业务功能，为客户提供纯粹服务的业务，包括提供市场信息、企业管理咨询、项目资产评估、企业信用等级评定、公司财务顾问、电子计算机服务等
担保性业务	它是指商业银行向客户出售信用，或为客户承担风险而产生的有关业务，包括担保、承诺、承兑、信用证等。这类业务往往以信用业务的替代形式出现，有的会构成商业银行的“或有资产”“或有负债”，形成表外业务
衍生性业务	它是指商业银行从事与衍生金融工具有关的各种交易引起的业务，包括金融期货、期权、远期利率协议、互换业务等。这类业务实际上属于商业银行的表外业务

1.结算业务

结算业务是指商业银行通过账户余额结转代替客户清偿因商品交易、劳务供应、资金调拨等原因引起的债权债务、收付款项的一种传统的中间业务。

支付结算的意义在于：对银行自身来讲，办理结算业务可以聚集社会闲散资金，扩大银行信贷资金的来源，提高商业银行信贷资产质量。对全社会而言，银行支付结算业务可以加速资金周转，促进商品流通，提高资金运转效率；节约现金，节约流通费用，调节货币流通；加强资金管理，提高票据意识，增强信用观念；巩固经济合同制和经济核算制；综合反映结算信息，监督国民经济活动，促进中央银行实施宏观调控，维护社会金融秩序的稳定。

结算业务的主要结算工具包括银行汇票、商业汇票、银行本票和支票。

结算业务分同城结算和异地结算。同城结算主要采用支票、本票等支付工具。支票结算是付款人根据其在银行的存款和允许的透支额，签发以开户行为付款人的支票交给收款人，收款人可以自己到付款行要求付款，更多的是将支票送达自己的开户行，委托其向付款人收款。如果支票的收款人和付款人恰好在同一银行开户，则银行只需将支票上所记载的金额从出票人的账户划转到收款人账户即可；若双方不在同一银行开设账户，需要通过同城票据交换所的票据交换进行清算。本票结算是银行在收妥客户款项后签发一张以自己为付款人的银行本票，由客户将本票交给收款人，收款人可以自己到付款行要求付款，更多的是将本票送达自己的开户行，委托其向付款人收款。清算程序类似支票清算。本票结算可以代替现金使用，携带安全，使用时免于清点现金。异地结算采用汇兑方式。

具体的结算方式有：汇兑结算方式、委托收款结算方式、托收承付结算方式、信用证结算方式。

（1）汇兑结算方式

汇兑是银行结算业务中常用的方式。它是指汇款人委托银行将其交付的现金款项支付给异地收款人的业务，主要包括国内汇款和国际汇兑两类业务。汇兑业务使用的汇兑凭证有银行汇票和付款委托书两种。按汇出行将付款命令通知汇入行的方式不同，汇兑可分为电汇、信汇和票汇三种形式。

银行汇票由出票银行交给客户，客户再将它寄给收款人，由收款人或被背书人向汇票指定的银行取款，这种方式称为票汇。

付款委托书是指由承汇银行（汇出行）接受汇款人交来的现金，经审查无误后，用邮寄或电报、电传或电讯手段直接通知收款人所在地的分支行或代理行（承兑行或汇入行），将款项转入收款人所开设的存款账户中，并由汇入银行向收款人发出收款通知。这种方式分别称为信汇和电汇。电汇的成本较高，收费也高；信汇的收费较低，但花费时间较长。

在当今银行业务广泛使用电子技术的情况下，除小额款项仍使用电汇、信汇或票汇的方式外，大笔款项都是通过电子资金划拨系统处理的。

国际汇兑包括货币兑换和汇款两个过程，对于银行而言，开展这项业务可以赚取货币兑换的买卖差价和汇款手续费。

汇兑适用于异地各单位的资金调拨、交易货款、清理旧欠、差旅费等。银行在经营汇兑业务时，可以利用客户资金，尽管每笔款项占用数额不大，时间也短，但由于银行每天办理大量的汇兑业务，因此其占用的资金数额就颇为可观。

（2）委托收款结算方式

委托收款是指商业银行接受客户委托，根据各种凭证以客户名义代替客户向付款人收取款项的结算方式。委托收款在同城、异地均可以使用。单位和个人凭已承兑商业汇票、债券、存单等付款人债务证明办理款项的结算，均可以使用委托收款结算方式。

（3）托收承付结算方式

托收承付是根据购销合同由收款人发货后委托银行向异地付款人收取款项，由付款单位向银行承认付款的方式。托收承付只有异地托收承付方式。

（4）信用证结算方式

信用证业务是银行提供付款保证的业务。信用证是由银行根据申请人的要求和指示，向受益人开立的载有一定金额，在一定期限内凭规定的单据在指定地点付款的书面保证文件。信用证结算方式是国际结算的一种主要方式。信用证有商品信用证和备用信用证两种，其中商品信用证是在异地采购，尤其是在国际贸易中最广泛使用的结算方式，它可以有效地解决异地商品交易中双方互不信任的矛盾。其基本业务流程是：银行应买方（购货方——付款人）的要求，在收取一定的保证金（购货方向银行申请开证时，一般只将一部分货款预交给银行）后，开给卖方（销货方——收款人）保证付款的信用证，信用证上注明付款条件，卖方在收到信用证后，按所列条件发货，并在发货后备齐所有单据向银行要求付款，银行对单据审核无误后即向卖方付款，同时向买方收取全部货款（如图5-5所示）。

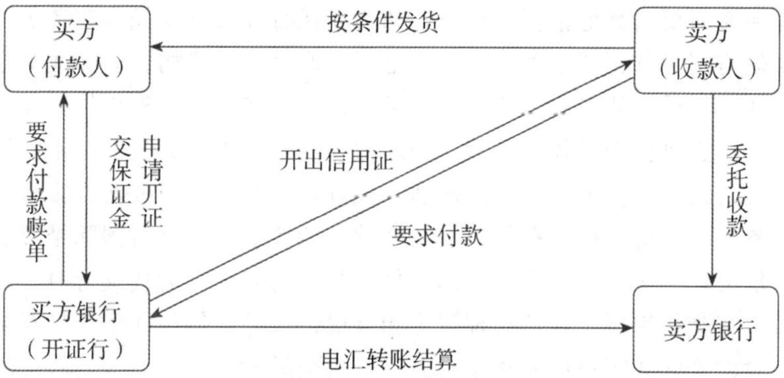

图5-5　信用证业务流程

信用证结算是以银行的信用为担保的，买方和卖方都有保证，银行划拨资金也很安全。而且，信用证保证在交易中即使买方不付款，开证行也必须支付给卖方款项，从而保证了卖方的权益。银行办理信用证业务，可以从中收取手续费，由于通常要求买方（进口商）交纳开证保证金，因此可以占用客户一部分资金（备用信用证业务将在表外业务中介绍）。

2.代理业务

代理业务是指商业银行接受客户的委托，以代理人的身份代表委托人办理经双方议定的经济事务的业务。

代理业务是典型的中间业务。在代理业务中，委托人和银行必须用契约方式规定双方的权利和义务，包括代理的范围、内容、期限以及纠纷的处理等，并由此形成一定的法律关系。在代理过程中，委托人不转移财产所有权，银行则充分运用自身的信誉、技能、信息等资源优势，代客户行使监督管理权，提供各种金融服务。在代理业务中，银行不使用自己的资产，不为客户垫款，不参与收益分配，也不承担损失，只收取代理手续费，因而是风险较低的银行业务。代理业务的种类很多，包括代理政策性银行业务、代理中央银行业务、代理商业银行业务、代收代付业务、代理证券业务、代理保险业务和其他代理业务。

（1）代理政策性银行业务

代理政策性银行业务是指商业银行接受政策性银行委托，代为办理政策性银行因服务功能和网点设置等方面的限制而无法办理的业务，包括代理贷款项目管理等。

（2）代理中央银行业务

代理中央银行业务是指根据政策法规应由中央银行承担，但由于机构设置、专业优势等方面的原因，由中央银行指定或委托商业银行承担的业务，主要包括财政性存款代理业务、国库代理业务、发行库代理业务和金银代理业务等。

（3）代理商业银行业务

代理商业银行业务是指商业银行之间相互代理的业务，主要是代理资金清算业务，具有典型代表性的是代理银行汇票业务。代理业务既包括国内银行之间的代理，也包括国际银行之间的代理。因为即使分支机构再多的银行也有辐射不到的地区和领域，有些业务就需要由其他银行来代理，如为委托行办理支票托收业务等；而任何一家规模巨大的跨国银行，都不可能在世界范围内遍设分支机构，国际业务全球性和海外机构有限性的矛盾，便产生了代理的要求。这样，在没有海外机构而又有国际业务的地方，都可以通过代理行代为经营，因此银行间的代理业务就为在不同国家或不同货币金融中心的银行提供了财务上的沟通。代理行为对方银行或对方银行的客户提供各种银行服务，如为对方接受存款、发放贷款、调拨资金、进行国际结算、买卖有价证券等。代理关系一般都是双向的，即一家银行以对方银行为代理行时，对方银行也同时以这家银行为代理行。虽然代理双方相互提供服务，但彼此不全把存款、贷款或优先权让与对方，除非客户优先指定对方银行为交易对象。

（4）代收代付业务

代收代付业务是指商业银行利用办理结算业务的便利，接受客户的委托代为办理指定款项的收付事项的业务。代收代付业务的特点是：时间的固定性；收付款的经常性；数额的少量性；工作范围的广泛性；手续的统一性。目前，我国商业银行代理收付业务的品种繁多，主要包括代发工资、代理公用事业收费、代理缴费业务、代收行政罚没款、代理社会保障基金发放、代收代付医疗保险费等。

知识拓展5-4　　银行代收业务新规落地

2020年10月26日，央行发布《中国人民银行关于规范代收业务的通知》（以下简称《通知》），自2021年4月26日起正式实施。央行在《通知》中明确，符合代收业务的适用场景包括便民服务缴费、政府服务税费缴纳、公益捐款、通信服务费缴纳、还款、保险费用缴纳、银行账户充值、资金归集、小额便民费用缴纳、跨机构业务等（见表5-2）。

表5-2　代收业务适用场景

<table>
<tr><th colspan="3">类型</th><th>说明</th></tr>
<tr><td rowspan="11">需符合代收业务适用场景第一项规定的授权要求</td><td colspan="2">便民服务缴费</td><td>水、电、煤、燃气、供暖、废弃物处理费用，物业费，交通出行费用</td></tr>
<tr><td colspan="2">政府服务税费缴纳</td><td>涉及政府服务的税收、非税收入，五险一金等</td></tr>
<tr><td colspan="2">公益捐款</td><td>向社会福利与公益慈善组织的捐款</td></tr>
<tr><td colspan="2">通信服务费缴纳</td><td>固定电话、手机、网络、电视等费用缴纳</td></tr>
<tr><td colspan="2">还款</td><td>信用卡还款、银行及国务院银行业监督管理机构批准设立的有发放贷款资质许可的其他机构的贷款偿还</td></tr>
<tr><td colspan="2">保险费用缴纳</td><td>保险费用缴纳（不含投资型保险）</td></tr>
<tr><td colspan="2">银行账户充值</td><td>限定为定期或者在Ⅱ类或Ⅰ类银行账户余额低于约定额度时，通过本人Ⅰ类银行账户向本人同名Ⅱ类或Ⅲ类银行账户进行充值</td></tr>
<tr><td colspan="2">资金归集</td><td>同一法人控股集团内收款、同一品牌特许经营类收款、具有合法资金收付协议关系的企业上下游资金归集等</td></tr>
<tr><td rowspan="2">小额便民费用缴纳</td><td>跨机构业务</td><td>缴纳租金、会员费用等，具体由清算机构制定并向中国人民银行报备</td></tr>
<tr><td>本机构业务</td><td>缴纳租金、会员费用等，具体由付款人开户机构制定并向中国人民银行报备</td></tr>
<tr><td colspan="3" style="display:none"></td></tr>
<tr><td rowspan="4">需符合代收业务适用场景第二项规定的授权要求</td><td colspan="2">教育培训费用缴纳</td><td>限定为经教育主管部门、人力资源社会保障部门等有权部门批准成立的教育及培训类机构费用缴纳</td></tr>
<tr><td colspan="2">还款</td><td>小额贷款公司贷款偿还</td></tr>
<tr><td colspan="2">基金理财产品购买</td><td>限定为投资者定期或者定额投资经国务院金融监督管理机构批准或者备案发行的基金或者理财产品</td></tr>
<tr><td colspan="2">保险费用缴纳</td><td>保险费用缴纳（投资型保险）</td></tr>
</table>

（5）代理证券业务

代理证券业务是指商业银行接受委托办理发行、兑付、买卖各类有价证券的业务，还包括接受委托代办债务还本付息、代发股票红利、代理证券资金清算等业务。这里的有价证券主要包括国债、公司债券、金融债券、股票等。

（6）代理保险业务

代理保险业务是指商业银行接受保险公司委托代其办理保险业务。商业银行代理保险业务，可以受托代理个人或法人投保各险种的保险事宜，也可以作为保险公司的代表，与保险公司签订代理协议，代保险公司承接有关的保险业务。代理保险业务一般包括代售保单业务和代付保险金业务。

（7）其他代理业务

其他代理业务包括代理财政委托业务、代理其他银行的银行卡收单业务、代理保管、代理会计事务、代理监督、代理清欠等。

3.咨询顾问业务

咨询顾问业务是指商业银行依靠自身在信息、人才、信贷等方面的优势，收集和整理有关信息，并通过对这些信息以及银行和客户资金运动的记录和分析，形成系统的资料和方案，提供给客户，以满足其业务经营管理或发展的需要的服务活动。

咨询顾问业务的种类包括：

（1）企业信息咨询业务

其包括项目评估、企业信用等级评估、验证企业注册资金、资信证明、企业管理咨询等。

（2）资产管理顾问业务

这是指为机构投资者或个人投资者提供全面的资产管理服务，包括投资组合建议、投资分析、税务服务、信息提供、风险控制等。

（3）财务顾问业务

其包括大型建设项目财务顾问业务、企业并购顾问业务。大型建设项目财务顾问业务指商业银行为大型建设项目的融资结构、融资安排提出专业性方案。企业并购顾问业务指商业银行为企业的兼并和收购双方提供的财务顾问服务，银行不仅参与企业兼并与收购的过程，而且作为企业的持续发展顾问，参与企业机构调整、资本充实和重新核定、破产和困境企业的重组等策划和操作过程。

（4）现金管理业务

这是指商业银行协助企业科学合理地管理现金账户头寸及活期存款余额，以达到提高资金流动性和使用效益的目的。银行协助企业进行现金管理，使企业既不占压资金，又能保证灵活周转，通过合理安排资金获取最佳经济效益；同时，银行也可收取一定的手续费，并进一步加强与客户的紧密关系。

4.信托业务

知识拓展5-5

信托业务的发展

信托是指银行接受他人的委托，代为管理、经营和处理所托管的资金和财产，并为其盈利的活动。商业银行对信托业务一般只收取相应的手续费，而经营所获得的收入归委托人所有。商业银行在开展信托业务时，应忠实地执行委托人的指示，尽力保护和扩大委托人的收益。信托资金必须与商业银行的其他业务资金分开，禁止银行挪用信托资金作其他用途（相关内容详见第8章）。

5.租赁业务

租赁业务是银行通过所属的专业机构将大型设备出租给企业使用的业务。租赁一般由专门的租赁公司承办，但大的商业银行也将其列入服务性项目中，由银行所控制的分公司经营。商业银行办理的租赁业务属于融资性租赁（相关内容详见第8章）。

5.3.2 商业银行的表外业务

表外业务是指未列入商业银行资产负债表，不影响银行资产负债总额，却能为商业银行带来额外收益，同时也使银行承受额外风险的经营活动。广义的表外业务泛指所有能给银行带来收益而又不在资产负债表中反映的业务，既包括传统的中间业务，又包括备用信用证、贷款承诺、贷款销售以及金融创新中产生的一些有风险的业务。狭义的表外业务专指后一类，即通常所说的表外业务，仅指涉及承诺和或有债权的活动。图5-6说明了表外业务的内涵。

知识拓展5-6

借记卡、贷记卡和储值卡

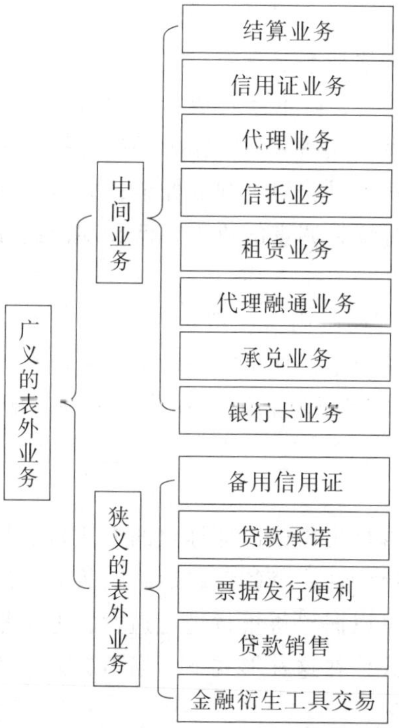

图5-6 商业银行的中间业务和表外业务

（1）备用信用证

它是指商业银行为其客户开立的保证书，即商业银行应客户（借款人）的要求向其债权人（贷款人）做出的付款保证。这种业务涉及三方当事人，即开证银行、客户和受益人。通常，客户与其债权人（受益人）之间已达成某种协议，如借贷协议，并向商业银行申请备用信用证。备用信用证是独立于借款人和贷款人之间的借贷合同。银行应客户的申请向客户的贷款人（信用证的受益人）开立备用信用证，保证当客户未能按协议偿付或履行其他义务时，代替客户向受益人进行偿付，银行为此支付的款项变为银行对客户的贷款。银行支付后，借款人（客户）必须补偿银行的所有损失。客户通过申请银行开立备用信用证，可以有效地提高自己的信誉，当然要向银行支付手续费。开展备用信用证业务，会形成商业银行的或有资产。

备用信用证与商品信用证的区别是，在商品信用证业务中，银行承担的是第一付款责任，只要收款人提供合格的单据，银行就必须按合同履行支付义务；而在备用信用证中，银行承担的是连带责任，只有在借款人未能履行其付款义务时才代其支付。

（2）贷款承诺

它是指商业银行向客户做出承诺，保证在未来一定时期内，按照事先约定的金额、利率等条件，随时应客户的要求提供贷款。银行在提供这种承诺时一般要按一定的比例向客户收取承诺费，即使在规定的期限内客户没有提出贷款申请，承诺费也不予退还。贷款承诺可以采用多种形式，如向老客户提供一种无正式协议的信贷额度或者有正式协议的循环贷款承诺。贷款承诺在实现前并不列入银行的资产负债表，但形成银行的或有资产，属于表外业务。对借款人来说，贷款承诺使其拥有了一种灵活选择的保证，可随时根据自身的运营情况，确定信贷承诺的用与不用、用多用少、用长用短，并且可以避免未来贷款利率上升而多支付利息的风险，还可以通过信贷承诺支持其在直接融资市场上的信誉，降低筹资成本。而对承诺银行来说，贷款承诺具有较高的盈利性，申请承诺的借款人通常把它作为一种支持性工具，因此银行实际上并不需要动用资金，仅凭承诺就可以获得可观的佣金；同时，承诺的借款对象多是银行所熟悉的优质客户，银行进行贷款调查的成本很低，却由此加强了与这些客户的联系。

（3）票据发行便利

它是指银行保证在协议期限内（一般是3～7年）客户可以不高于预定水平的利率发行商业票据，筹集所需资金；如果客户的票据未能在市场上全部售出，银行将购入剩余部分或者以贷款的方式予以融通。在该业务中，银行实际上充当了包销商的角色。

（4）贷款销售

它是指商业银行通过直接出售或以证券化的方式将贷款进行转让，以此来降低风险资产比例，提高资金的流动性。贷款售出后，购买方一般会保留对出售银行的追索权，即当借款人违约时，可以向出售银行进行追索，但是根据买卖双方的协议，贷款销售也可以采取卖断的形式，在这种形式下，当借款人违约时，贷款买者无权向出售银行追索。

（5）金融衍生工具交易

互换、期权、期货、远期利率协议等金融衍生工具交易的内容和作用在第3章中做过介绍，这里不再详述。商业银行可以利用金融衍生工具交易进行套期保值，管理风险；同时，商业银行也要承受金融衍生工具交易带来的风险。

表外业务是20世纪80年代以来西方国家银行业发展的重点，其规模和收益有的已大大超过了表内业务量和收入。表外有风险业务的出现，给银行业带来了更多的发展机会，有利于提高其收益和竞争能力，但随之而来的高风险也必须予以重视。

答疑解惑5-5

表外业务与中间业务有什么不同？

答：银行对这两种业务所承担的风险不同。在中间业务中，银行不承担任何资产负债方面的风险；而表外业务虽然不直接形成资产或负债，却是一种潜在的资产或负债，在一定条件下，表外业务可以转化为表内业务，因此银行要承担一定的风险。

主要概念

自有资本金　资本充足率　存款负债　同业拆借　现金资产　信用贷款　抵押贷款　信用证业务　表外业务

知识训练

● 基础知识训练

5.1　单项选择题

（1）在商业银行资产业务中，（　　）是其流动性最强而收益性最低的资产。

A.现金资产　　B.票据贴现

C.短期贷款　　D.短期债券

随堂测5

（2）在国际贸易中，商业银行会为客户提供保证付款的金融服务，其中应用最为广泛的是（　　）业务。

A.汇兑　　B.商品信用证　　C.备用信用证

D.信用卡　　E.承兑

（3）甲企业向A银行申请贷款，但其向银行提供的资产负债表中，有一笔票面金额为50 000元的已贴现的商业承兑汇票没有反映。以下观点正确的是（　　）。

A.商业汇票贴现不属于资产负债表项目，可以不反映

B.商业汇票已经贴现，转为企业的货币资金，已通过货币资金反映，所以不必再作其他说明

C.商业汇票贴现构成企业的或有负债，必须在补充资料中说明

D.通过货币资金项目或补充资料反映都是正确的

（4）同业拆借是指金融机构之间为（　　）而相互融通资金的行为。

A.增加效益　　B.减少风险

C.调剂短期资金余缺　　D.减弱流动性

（5）商业银行最基本的职能是（　　）。

A.支付中介　　B.信用中介　　C.信用创造　　D.金融服务

（6）下列有关银行资产负债表的表述正确的是（　　）。

A.银行的负债是其资金来源　　B.银行的资产是其资金运用

C.资产–负债=银行资本　　D.上述都正确

5.2　多项选择题

（1）商业银行向中央银行借款的途径有（　　）。

A.同业拆借　　B.再贷款　　C.再贴现

D.回购协议　　E.发行债券

（2）以下属于商业银行运用资金获取利润的业务有（　　）。

A.质押贷款　　B.结算业务　　C.信用证业务

D.兑换现钞业务　　E.证券投资业务

（3）商业银行信贷业务担保是指（　　）。

A.保证　　B.抵押　　C.质押

D.信用证　　E.承兑

（4）下列业务中，（　　）属于银行的资产业务。

A.存放中央银行款项　　B.期货交易　　C.购买国库券

D.发行长期债券　　E.代客买卖业务

5.3　判断题

（1）商业银行有无资本金并不重要。　　（　　）

（2）我国的商业银行体制是单一银行制。　　（　　）

（3）票据贴现可视同以票据作抵押的流动资金贷款，它与普通的贷款没有区别。　　（　　）

（4）综合授信是商业银行对客户的一种信贷承诺，其额度必须执行。　　（　　）

（5）商业银行表外信贷业务主要包括商业汇票承兑、备用信用证、商业汇票贴现等。　　（　　）

（6）商业银行资不抵债是指银行资产的价值下降至其负债之下，因此，如果银行资产价值的下降幅度在资本金之内，即可接受。　　（　　）

5.4　简答题

（1）商业银行的经营原则是什么？

（2）商业银行有哪些主要业务？

（3）商业银行的一级准备金是什么？

（4）商业银行的二级准备金是什么？持有二级准备金的目的是什么？

（5）对商业银行而言，哪类资产创造的利润最大？

● 技能知识训练

某市乙公司向甲公司购买钢材20吨，货款1 000 000元，双方在合同中约定采取银行承兑汇票的方式结算货款，乙公司（信用等级A级）已于2024年12月10日开出汇票一张，请其开户行A银行承兑后交给甲公司，承兑汇票金额1 000 000元，期限4个月，2025年4月10日到期。甲公司于2025年1月10日因急需资金周转向B银行申请贴现，B银行审查其合同复印件后同意予以贴现。假定贴现年利率为6%，请问：银行实付金额为多少？

能力训练

● 案例分析

商业汇票赎回式贴现业务

中国工商银行对公司客户开办了多种票据业务，其中，商业汇票赎回式贴现业务的主要内容如下：

一、业务简述

商业汇票赎回式贴现业务，是赎回方（贴现申请人）将其合法持有的未到期商业汇票以贴付利息的形式售与工行票据营业部和各受理网点，工行票据营业部和各受理网点承诺赎回方在约定条件下赎回其所供票据的权利，赎回发生日，工行票据营业部和各受理网点足额收妥票款后，将票据如数返还赎回方的一种交易行为。

二、适用对象

该业务的适用对象是资信良好、业务管理规范、大量采用票据结算的优质企业客户。

三、特色优势

（1）商业汇票赎回式贴现业务针对优质客户在资金的流动过程中出现的短期资金不足，企业客户能够随时实现资金支取，提高了资金使用效率。

（2）商业汇票赎回式贴现业务票据权利不发生转移，企业赎回票据后仍由其本身收取票款，避免了短期融资需求以外的额外付息，最大限度地降低了企业融资成本。

（3）商业汇票赎回式贴现业务能够使客户实现自行控制融资期限，从而减少资金的无效闲置。

（4）商业汇票赎回式贴现业务扩展了票据产品的外延，传统的票据赎回业务只能满足金融机构间的资金融通需求，而商业汇票赎回式贴现业务可满足企业客户的资金融通需求。

（5）商业汇票赎回式贴现业务操作手段简单，到账速度迅捷，符合企业迅捷融资的需求。

分析：商业汇票赎回式贴现业务与一般的商业汇票贴现业务相比有什么特点？银行开展商业汇票赎回式贴现业务的基本要素有哪些？

● 实务操作

选择一家或几家商业银行，通过网银渠道和手机银行App，了解目前我国商业银行开展的中间业务和表外业务项目种类。

第6章

货币市场和资本市场

学习目标

通过本章的学习，你应该达到以下目标：

知识目标：了解同业折借市场、票据市场、国库券市场、大额可转让定期存单市场、回购协议市场、股票市场、债券市场和投资基金市场的含义和特征。

能力目标：熟悉货币市场和资本市场的基本功能，掌握证券发行与交易的关键要素，学会运用现货交易、期货交易、期权交易和信用交易等方式进行股票投资、债券投资及基金投资；具备选择投融资方式的能力，能够借助金融市场实现金融资产的最优组合。

素养目标：能够清醒地认识到直接融资特别是股权融资是制约我国金融服务实体经济的一块短板，因而要促进多层次资本市场的健康发展。

导读

家庭、企业和政府总要持有一定数量的现金来弥补收入与支出间的缺口。但通常情况下，有的主体准备的货币量大于一段时期内收支的缺口，有的主体则会遇到暂时的入不敷出。货币市场的主要功能是在上述双方间融通资金。而在资本市场，越来越多的企业、机构等希望通过发行股票和债券筹集资金，对这些资金需求者而言，证券市场为其提供了直接融资的便利条件；同时，也为投资者提供了一个资产增值和风险规避的场所。在我国，越来越多的人开始关注证券市场并参与各类证券交易，股票价格的涨跌、债券品种的增减、投资基金的回报等，都成为人们关心的话题。本章第1节将重点介绍主要货币市场，第2~4节介绍资本市场，主要是证券市场的运作，包括股票、债券的发行和流通，投资基金的发行、认购和赎回，即股票市场、债券市场和投资基金市场。下面是本章内容结构导图。

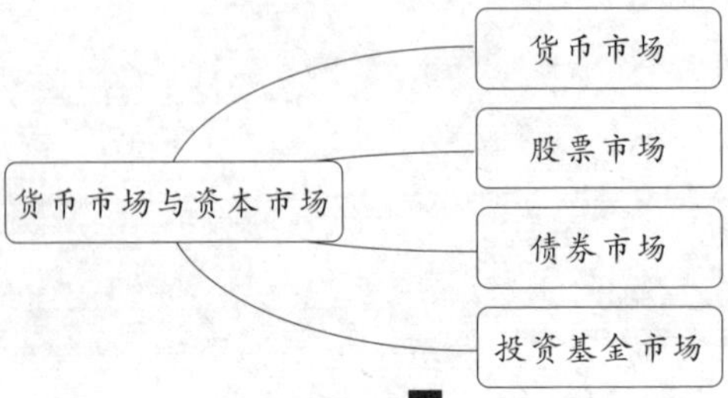

6.1 货币市场

货币市场是指期限在1年及1年以内的债务工具发行和交易的市场，又称短期金融市场，是最早和最基本的金融市场的组成部分。由于这一市场的金融工具期限很短，类似于货币，因此称为“货币”市场。

货币市场的参与者以机构为主，如商业银行、证券公司、基金管理公司等金融机构，以及政府和中央银行。货币市场交易的金融工具流动性强、收益率低。货币市场的主要功能是调剂短期资金余缺。它是金融机构调节流动性的重要场所，是中央银行货币政策操作的基础。

答疑解惑6-1

个人参与货币市场交易主要扮演什么角色？

答：个人是货币市场的资金供给者，即短期融资工具的购买者。有些国家对货币市场交易有最低规模的限制，个人资金可以各种“基金”“协会”组织的名义，参与市场交易。

6.1.1 同业拆借市场

同业拆借市场是指银行与银行之间、银行与其他金融机构之间以及其他金融机构之间进行短期临时性头寸调剂的市场。关于同业拆借的基本内容已在第3章信用工具和第5章商业银行负债业务中阐述。这里要强调的是，同业拆借市场已经发展成为各金融机构弥补流动性和充分运用资金进行有效资产负债管理的重要市场。其特点归纳起来有以下几点：

（1）交易的同业性。同业拆借市场有着严格的市场准入条件，一般只在实力强、信誉好和经常有业务往来的金融机构之间进行。而非金融机构，如工商企业、政府部门及个人或非指定的金融机构，不能进入拆借市场。

（2）融资期限的短期性。银行同业拆借期限一般较短，以隔夜、2天或7天为多，最短也可能只有几个小时，最长不超过1年。

（3）交易金额的批发性和无担保性。同业拆借金额较大，以英国伦敦同业拆借为例，交易数量最少为25万英镑，最高可达几百万英镑。而且，同业拆借一般不需要担保或抵押，完全是一种协议和信用交易，双方都以自己的信用担保。

（4）拆借利率的参考性和政策指导性。同业拆借的拆款按日计息，拆息额与拆借本金的比例称为“拆息率”。在国际货币市场上，比较典型的、有代表性的同业拆借利率有三种：伦敦银行间同业拆借利率（London inter-bank offered rate，LIBOR）、新加坡银行间同业拆借利率（Singapore inter-bank offered rate，SIBOR）和中国香港银行间同业拆借利率（Hongkong inter-bank offered rate，HIBOR）。同业拆借利率是一种市场化程度很高的利率，能够充分灵敏地反映资金供求状况及变化，从而成为货币市场的参考利率，影响货币市场利率；同时，能敏感地反映货币政策意图，也成为货币政策调控的主要对象。

(5) 交易简便的无形市场。参与同业拆借的机构基本上都在中央银行开立存款账户，采取电话协商等方式达成拆借协议，然后通过各自在中央银行的存款账户自动划账清算；或者向资金交易中心提出供求和报价，由资金交易中心进行撮合成交，并进行资金划账。

我国银行间同业拆借市场成立于1996年1月3日，其交易方式主要有信用拆借和回购两种，回购比重较大。期限包括隔夜、1周、2周、1个月、3个月、6个月、9个月和1年。参与交易的机构有商业银行、证券公司、财务公司、基金公司和保险公司等。目前，我国同业拆借利率采用上海银行间同业拆借利率（Shanghai inter-bank offered rate，SHIBOR）。它是由全国银行间同业拆借中心在2007年1月4日发布的，由信用等级较高的银行组成报价团自主报出人民币同业拆出利率的算术平均利率，属单利、无担保、批发型利率。银行间同业拆借市场是我国规模最大的一种货币市场，已成为中国人民银行进行公开市场操作的场所。

答疑解惑 6-2

解释一下头寸、拆借、拆入、拆出的含义。

答：头寸是中国传统的商业、金融用语，意思指款项。如果银行当日全部收入款项大于支出款项，称多头寸；支出款项大于收入款项，称缺头寸；对头寸盈余和短缺进行预计，叫轧头寸。

拆借是指金融机构同业之间为了平衡头寸而发生的短期资金借贷活动，包括拆入和拆出资金。

拆入是指资金短缺者从资金盈余者处借入款项，也称拆借；拆出是指资金盈余者向资金短缺者借出款项，也称拆放。

6.1.2 票据市场

票据市场主要是指由票据的发行和转让构成的市场，具体表现为票据的签发、承兑、抵押、背书、贴现等活动所形成的市场。由于货币市场中使用的票据主要有商业票据和银行承兑汇票两种，商业票据市场和银行承兑汇票市场也就成为票据市场最重要的两个子市场。第3章3.3.3中已经谈到有关商业本票和商业汇票的相关内容，这里不再重复。需要指出的是：

(1) 商业票据是一种最古老的金融工具，源于商业信用，是工商业者之间由于信用关系形成的短期无担保债务凭证的总称。传统的商业票据产生于商品交易中的延期支付，有商品交易的背景，被称为真实票据。创新的商业票据叫融通票据，是大型工商企业、银行持股公司及金融公司等单纯以融资为目的发出的票据。目前，融通票据在票据市场上的比重已越来越大。

(2) 银行承兑汇票是在商业票据的基础上产生的，是由银行担任承兑人的一种可流通汇票。银行承兑汇票是商业信用与银行信用相结合的信用票据，因而其信用风险极低，是货币市场的重要工具。目前，在发达市场经济国家，银行承兑汇票的出票人大多是银行自身。由于一些国家（如美国）规定银行出售银行承兑汇票的收入无须缴纳存款准备金，这就鼓励了大量银行及其他金融机构参与银行承兑汇票的买卖。

（3）票据贴现是短期融资的一种典型方式，因此，短期融资市场也称票据贴现市场，或简称贴现市场。如果将金融产品按照是否用贴现的方式发行作为划分的标准，那么，贴现市场几乎涵盖了所有短期融资市场的内容。因为不仅商业票据、银行承兑汇票采用贴现方式，国库券也是采用贴现的规则发行的。在贴现过程中，贴现利率及实际收益率的计算公式是：

发行价格=票面额-贴现利息 （公式6-1）

贴现利息=票面额×贴现率×期限÷360 （公式6-2）

贴现率=贴现利息÷票面额×360÷期限×100% （公式6-3）

实际收益率=贴现利息÷发行价格×360÷期限×100% （公式6-4）

例如，如果某投资者以97美元的折扣价格购买期限为180天、价值为100美元的商业票据，其贴现率和实际收益率分别是多少？

贴现率=（100-97）÷100×360÷180×100%=6%

实际收益率=3÷97×360÷180×100%=6.19%

贴现率不等于票据的实际收益率。

我国现在的商业票据绝大部分是银行承兑汇票，且票据贴现市场的规模小。根据1993年国务院121号令发布的《企业债券管理条例》（于2011年修订）中第三十七条的规定，“企业发行短期融资券，按照中国人民银行的有关规定执行”。2005年5月24日，中国人民银行出台了《企业短期融资券管理办法》和与其配套的《短期融资券承销章程》。企业短期融资券发行期限不得超过365天，实行余额备案制。所有企业只要经过信用评级机构的评级，在20天内将欲发行的融资券向中国人民银行备案，就可以发行，即“不用审批，也没有核准，规模、利率、价格权限统统下放给市场，融资券的具体情况完全依赖于信用评级机构的信用评级报告”。2005年5月25日，华能国际电力股份有限公司、国家开发投资公司、中国五矿集团公司、中国国际航空股份有限公司和上海振华港口机械（集团）股份有限公司成为第一批短期融资券的发行者。5家企业共发行7只不同机构的企业短期融资券，发行量为109亿元。

短期融资券在西方国家是常见的企业短期融资工具，实际上就是一种商业票据。我国在20世纪90年代初曾发行过此类融资券，但90年代中期，很多企业出现了偿付问题而被中国人民银行叫停。目前，企业短期融资券的发行期限已覆盖到1年以下的所有短期品种。企业短期融资券代表着商业信用而非政府信用，而且没有担保物，是一种短期信用债券品种。企业短期融资券的发行，使短期货币市场利率更加多样化，进而带动长期债券定价的市场化，推动我国利率市场化改革得以向纵深发展。

6.1.3 国库券市场

如第3章所述，国库券是政府发行的短期债券，具有区别于其他货币市场工具的特征。国库券的发行和交易市场即国库券市场。作为重要的货币市场，国库券市场的作用体现为：①它是弥补国家财政临时性资金短缺的重要场所；②它为商业银行的二级准备提供了优良的资产，比现金资产等一级准备具有更高的收益；③它为中央银行宏观调控提供了平台，中央银行通过国库券的公开市场操作可以灵活地调控货币供应量；④增加了社会投资渠道，国库券信用好、流动性强、收益免税，是居民个人短期投资的理想工具。

国库券一般采用拍卖（即公开招标）的方式发行，具有代表性的是美国。美国每个星期都发行一次国库券，采取竞争性投标和非竞争性投标两种方式。竞争性投标是指在投标书中列出国库券的购买数量和购买价格；非竞争性投标是指在标书中只报出购买的数量，不报价格，而以中标价格的平均价为购买价格，但购买数量有最高限制。一般中小投资者采用非竞争性投标方式。

国库券按券面折扣发行，到期按券面金额偿还，二者之差为国库券的利息。因此，国库券一般不记名、不附息票、不载明利率。其发行公式为：

$$\text{发行价格}=\text{面值}\times(1-\text{贴现率}\times\text{发行期限}\div 360) \quad \text{（公式 6-5）}$$

国库券流通市场的交易方式有到期前贴现转让、二级市场转售和到期兑现三种。国库券的收益率计算公式为：

$$\text{国库券年收益率}=\frac{\text{本利和}-\text{买价}}{\text{买价}}\div\text{未到期的天数}\times 360\times 100\% \quad \text{（公式 6-6）}$$

6.1.4 大额可转让定期存单市场

关于大额可转让定期存单的含义和特点，第3章和第5章已经介绍过相关内容。经营大额可转让定期存单的市场即大额可转让定期存单市场，也称CD市场。由于期限短、转让少，大额可转让定期存单的一级市场比较发达，二级市场比较薄弱。

大额可转让定期存单一般采用批发和零售两种方式发行。所谓批发，是指必须经过批准在规定时间、按照规定额度出售存单，发售数量受发行时间和发行金额的限制；所谓零售，是指没有发行时间和发行金额的限制，与银行的存款业务一样，是银行的一项日常业务。通过发行大额存单，银行获得了稳定的资金来源，增加了负债工具品种；对投资者来说，也多了一种短期投资工具。

大额可转让定期存单的利率由发行人根据市场利率水平和银行本身的信用而定，通常比同期限国库券的利率高。

6.1.5 回购协议市场

回购协议（repurchase agreement）是一种在证券出售时卖方向买方承诺在未来某个时间将证券买回的协议。以回购的方式进行证券交易，实际上是在进行证券抵押融资。资金需求者出售中短期证券给投资者，并于一定时间后按事先协商的价格重新购回先前出售的证券，卖者获得了所需头寸，同时又避免了通过买卖证券获取流动性而蒙受的价格风险；买者则为暂时闲置的资金找到了合适的投资场所。

回购协议的特点有：用于回购的证券都是短期政府债券；回购交易的期限很短，且十分灵活，从1天到数月不等，但通常是隔夜；回购协议的交易是一种与同业拆借紧密关联的短期资金融通形式，是机构间进行大规模资金拆借的批发交易，如美国的回购协议最低金额是100万美元；回购交易的价格由双方事先协商确定，与作为抵押品被买卖的证券本身的利率无关，由于采取抵押形式，其价格一般低于同业拆借利率。

回购协议市场是通过回购协议进行短期资金交易的市场。其参与者有商业银行、券商、工商企业、中央银行等。回购协议市场为回购方提供了有效的资金筹措方式，可以避免由于急需变现而造成的证券资产损失；同时，为证券买方提供了风险较小的短期投资途径。该市场也是中央银行对银根松紧进行扭转性微调的场所。

回购协议从交易的主动性出发，分为正回购和逆回购。正回购，即通常意义上的回购概念；逆回购，是就正回购的对方而言的，是指资金供给者在买入证券的同时承诺在约定日期再按约定价格将证券出售给对方的交易。

例如，某证券公司刚用手头可以动用的全部资金购买了面值5 000万元的国债，一家收益前景十分看好的公司将于次日上市，而证券公司也打算购入这家公司的股票。虽然2天后证券公司将有现款收入，足以支付购买该股票的款项，但现在手中已无现钱。这时，证券公司可到回购市场上，将手中持有的5 000万元国债以回购协议的方式售出，并承诺在第三天如数购回，利率为4%。如果市场上有愿意做这笔交易的商业银行，那么这家证券公司即可取得为期2天、利率为4%的借款。在这笔交易中，证券公司以5 000万元的总额出售国债，2天后，向该商业银行支付50 010 959元再把国债购回。其中，10 959元（50 000 000×4%×2÷365）为借款利息。

我国的回购协议市场比较活跃，回购交易的抵押品都是国债，被称为国债回购市场，期限包括1天、7天、14天、21天、1个月、2个月、3个月和4个月，以7天内回购的比例最大。我国的国债回购业务开始于1991年。1997年，为防范金融风险、规范和引导银行资金流向，中国人民银行规定将回购市场分为两个部分：一个是上海证券交易所和深圳证券交易所的国债回购市场，参与者主要是券商、机构投资者和个人投资者；另一个是全国银行同业拆借市场的国债回购市场，参与者主要是商业银行和非银行金融机构。中国人民银行也是回购市场的重要参与者，回购交易是中国人民银行公开市场业务中人民币操作的主要工具之一，分为正回购和逆回购两种。其中，正回购为中国人民银行向一级交易商卖出有价证券，并约定在未来特定日期买回有价证券的交易行为，是央行从市场收回流动性的操作，正回购到期则为央行向市场投放流动性的操作；逆回购为中国人民银行向一级交易商购买有价证券，并约定在未来特定日期将有价证券卖给一级交易商的交易行为，是央行向市场上投放流动性的操作，逆回购到期则为央行从市场收回流动性的操作。

6.2 股票市场

6.2.1 股票发行市场

股票发行市场又称一级市场，是筹集资金的股份公司将其新发行的股票销售给最初购买者，从而使社会上分散的资金转化为公司股本的金融市场。凡新公司成立发行股票、老公司增资补充发行股票，均构成一级市场交易的内容。因此，一级市场可以细分为初次发行市场和再发行市场，前者也称首次公开发行（initial public offering，IPO），主要是指公司第一次发行新股票的行为；后者主要是指已上市公司增资补充发行股票的行为。股票发行市场是整个股票市场的起点和股票交易的基础。它与股票流通市场相互依存，共同构成了完整的股票市场。

1.股票发行方式

（1）按募集对象不同，可分为私募和公募

第一，私募。它是指股票只向少数特定的投资者发行，也称非公开发行。一般情况下，私募的对象是少数与发行人有关系的个人投资者或机构投资者，如本公司的员工、与公司有商业联系的企业，以及保险公司和投资基金等。在我国，股份公司向特定的投资者或投资机构定向募集股份，或者在企业内部通过员工持股计划向员工募集股份，都是私募的主要形式。此外，股份公司在现有股票的基础上进行配股，给予现有股东优先认股权，使他们可以低于市场价值的价格优先购买新发行的股票，也属于私募的范畴。

私募发行具有以下优点：①在私募条件下，股票的认购和销售比较简单，不需要通过政府主管部门的注册审查，投资人根据认购协议可直接向发行人购买股票；②私募发行属于直接发行，发行条件多由发行企业和投资者直接协商确定，绕过了中介服务机构，节省了发行费用，因而手续费低；③由于有确定的投资者，企业可以根据投资者的投资数额决定发行股票的数量，不必担心出现发行失败的情况。

知识拓展6-1

我国最早实行员工持股计划的公司

私募发行也有一些缺点：①私募的股票不能上市，难以流通转让；②为了吸引投资者，私募往往需要提供高于市场平均水平的优厚条件；③发行数额不大，不利于筹集较大数额的资金，且股权集中，投资者往往有能力干预企业的经营管理。

第二，公募。它是指面向整个社会公开发行股票，也称公开发行。一般情况下，股票的发行对象是市场上大量的非特定的投资者。

与私募相比，公募的优点主要表现为：①公募发行的股票可以在二级市场上流通转让，具有较高的流动性，对现有的投资者和未来的潜在投资者都比较有吸引力；②潜在的投资者数量大，因而筹资潜力大，可以满足企业的大额资金需求；③由于投资者比较分散，公募方式下发行人仍然可以保持经营管理的独立性，而且不需要为了吸引某些投资者而提供优厚条件。

公募发行也有一些缺点，表现为：①手续烦琐，工作量大，发行人必须向证券管理机构提供各种资料，办理发行注册或审核手续；②公募发行属于间接发行，需要委托金融中介机构作为承销商，发行费用高；③由于公募是面向社会广泛的不特定投资者出售股票，难以保证企业筹集到足够的资金。

企业采用公募方式发行股票，一般都需要借助投资银行的参与。投资银行帮助企业进行金融资产的具体设计和销售，减少了企业直接向大量的普通投资者销售证券所花费的时间和精力，发挥这种功能的投资银行被称为承销商。在我国，承销商一般是由开展投资银行业务的证券公司担当的。按照承销中企业对承销商的委托程度和承销商责任的不同，承销可以分为包销和代销。包销按照包销程度不同又可分为全额包销和余额包销。

全额包销，是承销商先将发行人的股票按照协议全部认购下来，马上向发行人支付全部股票款项，然后再按市场条件转售给投资者的承销方式。在这种方式下，发行人可以迅速筹集到所需资金，但要支付较高的费用作为对承销商的补偿。因为如果股票销售不完，或者股票的市场价格下降，承销商就必须承担全部发行风险。

余额包销，是承销商按照规定的发行额和发行条件，在约定的期限内向社会推销股票，到销售截止日，将剩余未销售出去的股票自行购入的承销方式。承销商要按约定的时间向发行人支付全部股票款项，并承担部分发行风险；发行人支付的手续费也较高。

代销，指发行人委托承销商代为向投资者销售股票。承销商在约定的时间内尽可能多地销售股票，但不保证能够完成预定的发行数额，未销售出去的部分，承销商退给发行人，不承担任何发行风险，发行风险由发行人自己承担，承销商的手续费收入也就没有包销高。

包销和代销由于发行人和承销商承担的风险不同，因而应用情况也不同。一般来说，包销比较适合资金需求量大、时间紧、社会知名度低的公司；而代销适合知名度高、信誉好的大中型企业。目前，我国比较常见的是余额包销方式。

一些发行量比较大的股票往往需要若干家具有承销资格的证券公司或投资银行共同组成承销团进行发行。我国《证券法》规定，当拟公开发行的证券的票面总值超过5 000万元人民币时，应当由承销团承销。

知识拓展6-2

包销示例

（2）按发行过程不同，可分为直接发行和间接发行

直接发行是指发行人不通过股票发行中介机构，而直接向投资者销售股票。私募发行的股票通常都采用直接发行方式。间接发行是指通过股票发行中介机构即承销商向社会发行股票。一般公募发行的股票采用间接发行方式。我国《公司法》规定，股票的发行只允许采用间接发行方式，即只要是公开募集的股票，都应当由依法设立的证券经营机构承销，签订承销协议。

（3）按是否首次发行，可分为初次发行和增资发行

初次发行是指股份有限公司首次上市发行股票，向社会公众募集资本。初次发行一般都是发行人在满足必须具备的条件并经证券主管部门审核批准或注册后，通过证券承销机构向社会公众公开发行股票。通过初次发行，发行人不仅募集到了所需资金，而且完成了股份有限公司的设立或转制。股票首次公开发行之前，一般要进行路演，也叫路演推介，是股票承销商在股票发行前帮助发行人安排的调研和向投资者进行推介的活动。增资发行指已经上市的股份有限公司为增加公司股本而增发新股，具体又分为有偿增资发行和无偿增资发行两种。前者是指向社会公众发行股份，认购者必须按股票的发行价格支付现款，方能获得新发行股票。后者是指向现有股东配售股份，股份公司将公司盈余结余、公积金和资产重估增益转入资本金科目的同时，发行与之对应的新股票，分配给公司原有的股东，原有股东无须缴纳认购股金款。这实质上是一种增加内部股东的积累，而不增加新股东，不公开发行新股票的发行方式，一

般只在股票派息分红、股票分割、法定公积金或盈余转作资本配股时采用，通常是为了增强股东的信心和树立公司信誉。

2.股票发行程序

股票的发行可以按股份公司发行股票的经历分为设立发行和新股发行两类。设立发行是指创设新股份公司的股票发行，一般由股份公司发起人作为原始股东认购普通股，由此筹集的资金构成该企业的注册资金（为法定资金），是其开展业务的基础，企业资金在任何时候都不能低于法定资金。新股发行是指旧股份公司增资发行，包括配发股票给原股东和向社会公开招募。股票发行程序必须依照相关法律规定。公募式新股发行一般包括下列主要环节（如图6-1所示）：

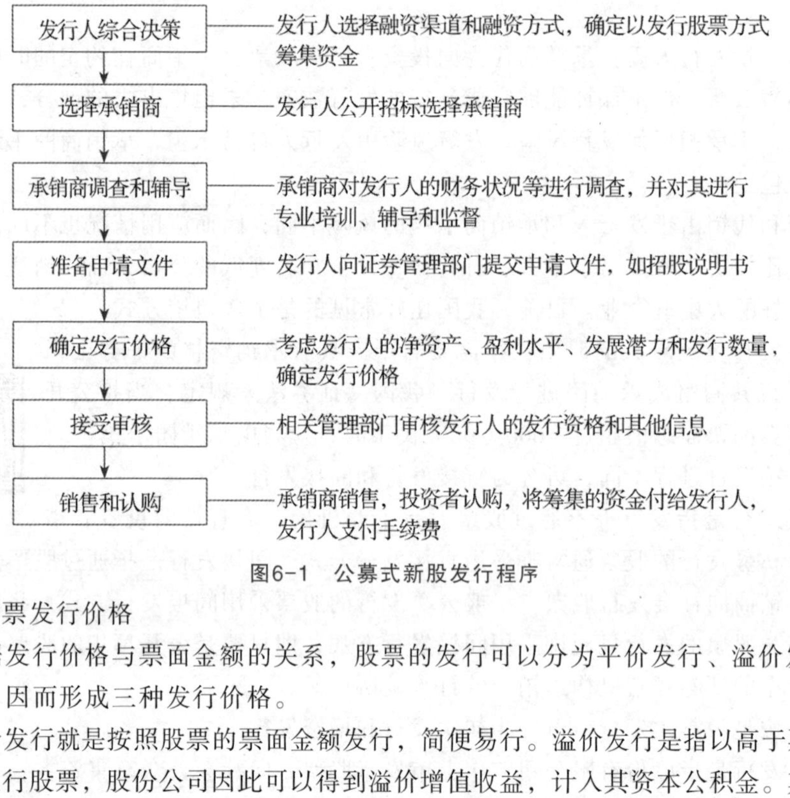

图6-1 公募式新股发行程序

3.股票发行价格

根据发行价格与票面金额的关系，股票的发行可以分为平价发行、溢价发行和折价发行，因而形成三种发行价格。

平价发行就是按照股票的票面金额发行，简便易行。溢价发行是指以高于票面金额的价格发行股票，股份公司因此可以得到溢价增值收益，计入其资本公积金。其中，票面金额部分通常作为股份公司的股本，而溢价部分则计入资本公积。折价发行是指以低于票面金额的价格出售股票，折扣的大小取决于发行公司的业绩和承销商的销售能力。世界上许多国家都不允许折价发行，我国《公司法》也有不允许折价发行的规定。

此外，对企业进行再融资而增资扩股发行股票的，还可以采用市价（即依照规定按该公司股票的市价）发行，或者采用中间价（即按照公司股票市价和面值的中间平均价）发行。

6.2.2 股票流通市场

股票流通市场也称二级市场，是已发行股票的买卖转让场所。它为股票发行人创造了有利的筹资环境，也为投资者提供了金融资产的流动性。

答疑解惑 6-3

二级市场的重要性表现在哪里？

答：二级市场最重要的功能在于实现了金融资产的流动性。当股东想转让股票或债券持有人想将未到期债券提前变现时，均需在二级市场上寻找买主；当投资者想投资于股票或债券时，可以进入二级市场，从前者手中购买证券，实现投资目的。同时，二级市场是对初级市场的进一步延伸，没有二级市场，新发行的证券就会因缺乏流动性而难以推销，导致初级市场萎缩甚至无法存在。

1.股票流通市场的构成

股票流通市场由证券交易所、场外交易市场、第三市场和第四市场构成。

（1）证券交易所（场内交易市场）

它是指有固定地点、有组织，能够使证券集中、公开、规范交易的证券交易市场。证券交易所本身不参与交易，而是为证券买卖双方提供交易场所和交易设施，并制定交易所内证券上市、交易、清算、交割和过户的规则，管理和公布市场信息，保证交易公平而有序地进行。证券交易所的组织形式一般有以下两类：

第一，公司制证券交易所。它是以营利为目的，由银行、证券公司、信托机构等共同投资入股建立起来的公司法人。交易所为证券商的交易与交割提供场所和服务人员，通过收取发行公司的上市费和证券成交的佣金来取得收入，其内部人员不能参与证券买卖。实行这种制度的交易所主要有美国的纽约证券交易所和瑞士的日内瓦证券交易所。

第二，会员制证券交易所。它是不以营利为目的，由会员自治自律、互相约束，参与经营的会员可以参与股票买卖与交割的证券交易所。目前，大多数国家的证券交易所都实行会员制。

我国三家证券交易所分别设在上海、深圳和北京。上海证券交易所成立于1990年11月26日，是我国目前最大的证券交易中心。深圳证券交易所成立于1991年7月3日。这两个交易所的组织形式均为国际通行的会员制，是非营利的事业单位。北京证券交易所于2021年9月3日成立，是公司制证券交易所。

不论是公司制还是会员制的证券交易所都有这样的规定：只有取得交易所会员资格才能进入交易所从事交易。会员有两类：经纪人和自营商。证券经纪人专门替客户买卖股票，其收入来自佣金。非会员投资者若想在交易所买卖上市股票，必须通过经纪人，在经纪人处开设账户，取得委托买卖证券的资格。证券自营商则可以直接进行证券买卖，其收入来自买卖差价。

（2）场外交易市场（OTC）

它是在证券交易所以外进行股票买卖而形成的市场。场外交易市场具有以下特点：①无集中交易场所，交易通过计算机、电话等无形网络进行，因而又被称为第二市场；②交易对象主要是没有在交易所登记上市的证券；③交易可以通过交易商或经纪人，也可以由客户直接进行；④交易一般由双方协商议定价格，不同于证券交易所的竞价制度；⑤交易方式仅限于现货交易。

自营商在场外交易市场上发挥了组织交易的重要作用。自营商先投入资金买入证券，然后向客户卖出自己的存货，从中赚取买卖差价。由于自营商的存在，场外交易市场可以维持流动性和连续性，因此自营商又被称为“做市商”。但由于该市场管理比较松散，场外交易中自营商没有维持市场稳定的义务，所以在价格剧烈波动的情况下，自营商会停止交易以避免损失。

由于场外交易的大部分是在证券商的柜台上进行的，所以场外交易也有“柜台交易”或“店头交易”的称谓。场外交易市场与证券交易所相比，受到的管制较少，市场准入的门槛较低，更为灵活方便，因此受到了中小型公司和有发展潜力的新公司的欢迎。美国的纳斯达克市场就是全球最著名的场外交易市场。

（3）第三市场

它是指已在证券交易所挂牌上市的证券不在交易所集中交易，而在场外交易形成的市场。第三市场原属于柜台市场范围，开创于20世纪60年代，近年来发展成为独立的市场，其主要目的是适应大额投资者的需要。一方面，机构投资者买卖证券的数量巨大，如果委托交易所的经纪人代理，就必须按交易所的规定支付相当数量的佣金。为了减少投资费用，机构投资者便把目光逐渐转向了场外交易市场，这一市场可以大大节约交易的手续费支出。另一方面，一些非交易所会员的证券商为了招揽业务，常以较低廉的费用吸引机构投资者，在柜台市场大量买卖交易所挂牌上市的证券。

（4）第四市场

它是指投资者不通过证券经纪人和自营商等中介机构，利用计算机网络直接进行大宗证券交易形成的市场。这个市场可以最大限度地降低交易费用。同第三市场一样，第四市场也是为适应机构投资者的需要而产生的。由于机构投资者进行的股票交易一般都是大量的，为了保密，不致因大笔交易而影响价格，也为了节省经纪人的手续费，一些大企业在进行大宗股票交易时，会通过计算机网络直接进行交易。第四市场是国际上近几年流行的场外交易市场，它对第三市场和证券交易所来说是一个颇具竞争性的市场。

2.股票交易程序

知识拓展6-3

我国的股票交易市场

证券交易所股票交易程序如图6-2所示。

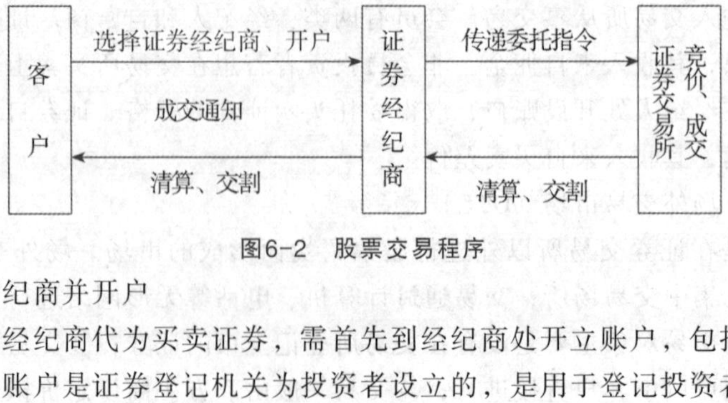

图6-2 股票交易程序

（1）选择证券经纪商并开户

投资者委托证券经纪商代为买卖证券，需首先到经纪商处开立账户，包括证券账户和资金账户。证券账户是证券登记机关为投资者设立的，是用于登记投资者所持有的证券种类、名称、数量及相应权益变动情况的一种账册。资金账户是投资者在证券商处开设的资金专用账户，用于存放投资者买入证券所需的资金或卖出证券取得的资金，记录证券交易资金币种、余额变动情况，类似于银行的活期存折，投资者可以随时提取存款，也可以获得活期存款利息。例如，甲投资者买入证券，乙投资者卖出证券，成交后证券从乙投资者的证券账户转入甲投资者的证券账户，相应的资金在扣除费用后从甲投资者的资金账户转入乙投资者的资金账户。

（2）委托并通知受托经纪商办理股票买卖

投资者买卖证券不能亲自到交易所办理，而必须通过交易所会员进行。投资者签订委托契约书，明确买卖股票的种类、数量、价格和时间等。经纪商如未收到投资者明确的委托指令，不得动用其资金和账户进行交易。

（3）竞价与成交

经纪商在接受投资者的委托后，立即与派驻在交易大厅的代表联系，按投资者的指令进行申报竞价，并将“成交通知单”送达客户，经过竞价拍板成交。竞价的方式一般有口头竞价、牌板竞价、书面竞价和计算机终端竞价等。其中，计算机终端竞价是目前世界各国证券交易所采用的主要竞价方式。

（4）清算与交割

其统称为证券的结算。买卖成交后，投资者应在规定时间内完成交割。交割，是指买方付款取货与卖方交货收款的手续。目前，大多数国家的证券市场都实行滚动交割，即在成交后的固定天数内完成，如成交后的第1个营业日，称为T+1规则。目前，我国证券结算对A股实行T+1交割，对B股实行T+3交割。

（5）过户

它是指办理变更股东名簿记载，是原所有者向新所有者转移有关证券全部权利的记录手续。我国证券交易所的股票已实行无纸化交易，因而结算完成即实现了过户，所有的过户手续都由交易所的计算机自动过户系统一次完成，无须投资者另外办理过户手续。

目前，股票交易委托买卖的途径选择主要有营业部计算机终端委托、电话委托、网上委托和手机炒股等。

3.证券行市

证券行市是指在证券流通市场上买卖证券的实际交易价格，针对股票而言也叫股票行市。

证券市场上的交易价格与证券的名义价值（券面金额）通常并不一致，有时高于名义价值，有时低于名义价值。这是由于投资者在购买证券时，其直接目的并不是对证券发行者进行投资，而在于获得证券收益，所以投资者购买证券所考虑的重点不是证券面值，而是证券收益的多少，希望能获得高于市场利率水平的证券收益率。于是，投资者就会将证券收益按市场利率进行折算，并将折算金额与证券券面金额进行对比，如果折算金额高于券面金额，就会购买；否则，就不会购买。从中可以看出，证券行市取决于两个因素：一是证券收益；二是当时的市场利率。假如一张票面为100元的股票企业付给的股息是每年5元，同期银行存款利率为5%，那么用100元去购买这张股票的年收入与将100元存入银行所得利息是一样的，这张股票的价格就是100元，与票面价值一致。如果企业付给的股息是每年10元，同期银行存款利率仍为5%，那么将200元存入银行，一年所得利息与这张股票一年所得股息是一致的，投资人便可以接受这张股票200元的购买价格，这时的股票价格高于其名义价值。如果企业每年支付的股息仍是5元，而同期银行存款利率升为10%，那么投资人宁可存款也不去购买股票，出售股票的人就可以将票面为100元的这张股票降为50元出售。可见，证券行市与证券带来的收益成正比，与市场利率成反比。用公式表示为：

$$证券行市=\frac{证券收益}{市场利率}（对股票而言，股票行市=\frac{预期股息}{市场利息率}） \quad （公式6-7）$$

例如，某种股票的票面金额为100元，预期年收益为10元，当市场利率为8%时，该股票的行市为：10÷8%=125（元）。如果市场利率上升为10%，则该股票的理论价格降为：10÷10%=100（元）。

上述公式只是确定证券行市的估值公式，股票估值并不是股票的交易价格，实际影响证券行市的因素是相当复杂的。证券的供求关系、经济周期、物价变动、国家的经济金融政策、国际形势变化等，都会对证券行市产生影响，因此证券行市的波动可以敏锐地反映出一个国家的经济情况。

4.股票价格指数

股票价格指数是一种用多种股票平均价格水平及其变动来衡量股票行市的指标。它包括股票价格平均数和股票价格指数。股票价格平均数从静态的观点看股票行市，它所表示的是一定时点上上市股票价格的相对水平；股票价格指数从动态的观点看股票行市，它所表示的是一定时期不同时点的股票行市平均涨跌变化的情况和幅度。

股票价格指数是以若干具有代表性的上市公司的股票价格为基础编制的，而这些公司在整个经济体系中占有举足轻重的地位，所以股票价格指数是反映一个国家社会经济发展状况的“晴雨表”。如果社会经济运行正常，则股票价格指数稳中有升；否则，就会出现下跌。股票价格指数为投资者进行股票投资提供了重要的参考依据，借助于股票价格指数，投资者可以观察和分析股票市场的发展动态，确定最佳的买卖股票机会。不仅如此，股票价格指数还为投资者进行股票指数期货交易提供了工具，丰富了证券投资的品种。

（1）股票价格平均数

其计算方法有简单算术平均法、修正平均法和加权平均法等。

第一，采用简单算术平均法计算股价平均数，是将样本股票的每日收盘价之和除以样本数。其计算公式为：

$$P=\frac{\sum P_i}{n} \quad （公式6-8）$$

式中：P——股价平均数；P_i——某一时点第i种样本股票的价格；n——股票样本数。

第二，采用修正平均法计算股价平均数，考虑了股票分割、分红、增资发行等因素的影响，需要先计算出一个新除数或弹性除数，再用新的股票价格合计数除以这个新除数。其计算过程可用公式表示为：

$$新除数=\frac{折股后的总价格}{折股前的平均数} \quad （公式6-9）$$

$$修正股价平均数=\frac{折股后的总价格}{新除数} \quad （公式6-10）$$

应当指出，用修正平均法计算的股价平均数，已经与原来意义上的平均股价相分离，其计量单位不再是货币单位，而是以“点”来表示。美国道·琼斯股票价格指数最初采用算术平均法，后以1928年10月1日为基期，采用除数修正的简单平均法编制。

第三，采用加权平均法计算股价平均数，考虑了样本股票发行量或交易量不同，对股票价格的影响不同，以样本股票的发行量或交易量为权数来计算。其计算公式为：

$$P=\frac{\sum P_iW_i}{\sum W_i} \quad （公式6-11）$$

式中：W_i——第i种股票的发行量或交易量；P_iW_i——第i种股票的发行额或交易额。

（2）股票价格指数

它是将计算期的股票价格与某一基期的股票价格相比较得到的相对变化指标。其编制过程通常是：首先从股票市场上选择几十种或几百种有代表性的股票作为样本，然后选定某一年份为基期，将基期的股票价格值定为100，用报告期股票价格与基期股票价格相比，计算出升降百分比，即得出该时点的股票价格指数。其计算方法有相对法、综合法和加权法等。其中，适用性较强、使用较广泛的是加权股票价格指数法。它以计算期发行量或成交量作为权数来计算股票价格指数。其计算公式为：

$$P'=\frac{\sum P_{1i}Q_{1i}}{\sum P_{0i}Q_{0i}} \quad （公式6-12）$$

式中：P'——股票价格指数；P_{0i}——基期第i种股票价格；Q_{0i}——基期第i种股票的发行量或成交量；P_{1i}——计算期第i种股票价格；Q_{1i}——计算期第i种股票的发行量或成交量。

知识拓展6-4

国际上有影响力的股票价格指数

我国的股票价格指数包括上海证券交易所的上证指数、深圳证券交易所的深圳成分股指数、上海证券交易所和深圳证券交易所联合编制的沪深300指数、上证30指数、创业板指数和中小板指数等。

上证指数最具代表性的是上证综合指数，于1991年7月15日由上海证券交易所公布，基期为1990年12月19日，基期值为100，以上交所上市的全部股票为样本，采用市值加权平均法计算。

深证指数最具代表性的是深圳成分股指数，由深交所编制，从深交所上市的所有股票中选取40只作为样本股，其中A股用于计算深证成分A股指数，B股用于计算深证成分B股指数，以成分股的可流通股本数为权数加权平均计算，基期为1994年7月20日，基期指数定为1 000。

沪深300指数简称沪深300，是从上海和深圳证券市场中选取规模大、流动性好的300只A股作为样本，其中沪市有179只、深市有121只，以2004年12月31日为基日，基日点位1 000点，采用市值加权平均法计算。它于2005年4月8日正式发布。沪深300指数样本覆盖了沪深市场6成左右的市值，具有良好的市场代表性。

6.2.3 股票交易方式

债券、股票、外汇等金融资产的交易方式有许多相通之处，主要有现货交易、期货交易、期权交易和信用交易等。

1.现货交易

现货交易是指证券交易双方成交后，在两三个营业日内办理交割手续，卖者交出证券、买者付出现款的交易方式。从理论上讲，现货交易是一手交钱、一手交货、钱货两清的交易，但在实际中，由于技术上的因素，从成交到交割之间常常有一小段时间差。按照惯例，现货交易一般是在当日或次日交割。

现货交易的特点是成交与交割同时进行，卖者实实在在地转移证券，买者必须交付现款；购买证券者一般是真正的投资人，希望在长期投资中获得利息或红利收入，而不是为了利用证券价格的时间差进行投机。

2.期货交易

期货交易的核心是期货合约。期货合约是一种标准化合约，是协议双方同意在约定的未来某一时间按照约定价格买入或卖出一定标准数量的某种资产的书面协议。期货合约交易是在期货交易所进行的，期货交易所的组织结构、运作机制与股票交易所类似。交易双方以开仓和平仓的方式进行标准化合约的买卖。投资者购买或出售期货合约称为开仓，买方称为多头，卖方称为空头。投资者要想结束其在期货市场上建立的仓位（称平仓），有两种选择：第一是到期进行实际资产交割；第二是在到期日之前，在市场上买卖与自己的合约品种、数量相同但方向相反的期货，通过这种对冲交易来结清其在交易中的权责关系。金融期货中进行实际资产交割的很少，还不到1%。

答疑解惑6-4

期货交易有什么特点？

答：①成交与交割不是同时进行；②交易对象标准化，期货合约规定了金融资产的品种、数量、价格、交割时间、交割方式等；③可以对冲，仅支付差额，不一定要交实货；④以保证金制度为保障。

期货交易的主要功能有：①价格发现功能。它是指期货市场的价格趋势提供了开办远期交易的商品的价格信号。期货交易的结果形成了与现货市场价格相关联而又相对独立的期货价格体系。每个交易者都会依据自己对市场价格的预期做出一定的买卖价格的委托，通过公开竞价得到在某一时刻市场对期货价格的平均看法。它间接反映出所有交易者知道的信息和因此形成的买卖意见。②风险转移功能。它也称为套期保值功能，是指利用期货交易和现货交易进行买或卖的反向操作，以消除价格变动的影响，即消除价格变动带来的风险。期货交易者可以按照事先约定的价格锁定未来的收益或成本，减少不确定性带来的风险。虽然这并不意味着购买合约的一方必然会获益或者可以完全消除风险，但从全社会的角度来看，交易双方的风险实现了转移，价格风险得以分配，从而使社会资源得到更加有效的配置。③投机功能。它是指在期货市场上做多或做空，通过对冲结束交易，以获取价差收益。

期货交易制度一般包括保证金制度、价格涨停板制度和持仓限额制度。

（1）保证金制度

在期货交易中，由于交易者之间约定在未来进行交割，可能会出现由于标的物价格的变动使期货合约对一方有利而对另一方不利的局面，因此期货交易中存在很大的违约风险，面临不利的一方很有可能不愿意或者没有能力履约。为了有效防止交易者因市场价格波动而导致的违约行为，期货交易建立了保证金制度。保证金不是交易的预付款，而是一种履约保证。期货合约的买卖双方都要向经纪人缴纳保证金，存入保证金账户中。保证金分为初始保证金和维持保证金。客户开仓时缴纳的保证金叫作初始保证金，一般相当于合约价值的5%～10%。在以后的每个交易日内，保证金账户都会根据前一天和当天的期货交易价格变化进行调整，这种结算方式称为盯市，即期货交易实行每日结算制度。盯市制度下期货价格的变动会立即反映到期货交易所的资金流动上。随着期货价格的变化，投资者保证金账户的余额也在发生变化，但是在平仓之前，该余额必须维持在规定的最低水平上，这就是维持保证金，通常为初始保证金的75%。

例如，某投资者在5月16日（星期一）购买了某种股票的期货合约2份，每份合约是100股，当时期货价格为每股400元。若初始保证金比率为5%，则投资者需在保证金账户中存入4 000元（100×2×400×5%）初始保证金。假设当天交易结束后，该股票价格降为每股397元，则该投资者损失600元（100×2×（400−397）），其保证金账户余额减少600元，降为3 400元；反之，假设当天价格升至每股403元，则该投资者盈利600元（100×2×（403−400）），其保证金账户中余额为4 600元，投资者可将超出初始保证金的部分（600元）提走。进一步假定维持保证金是初始保证金的75%，则该投资者在其保证金账户中必须保有最低数额的保证金为3 000元（4 000×75%）。如果根据盯市制度计算出保证金账户中余额低于维持保证金，则经纪人会要求客户再存入一笔保证金，以达到初始保证金水平，这就是追加保证金。若客户不马上存入追加保证金，经纪人将强行平仓。该投资者在各交易日保证金账户情况见表6-1。

表6-1 某投资者保证金账户运作情况 单位：元

日期	期货价格	每天盈亏	累计盈亏	保证金账户余额	追加保证金
5月16日	400.00			4 000	
5月17日	397.00	−600	−600	3 400	
5月18日	396.10	−180	−780	3 220	
5月19日	398.20	420	−360	3 640	
5月20日	397.10	−220	−580	3 420	
5月23日	396.70	−80	−660	3 340	
5月24日	395.40	−260	−920	3 080	
5月25日	393.30	−420	−1 340	2 660	1 340
5月26日	393.60	60	−1 280	4 060	
5月27日	391.80	−360	−1 640	3 700	
5月30日	392.70	180	−1 460	3 880	
5月31日	387.00	−1 140	−2 600	2 740	1 260
6月1日	387.00	0	−2 600	4 000	

在表6-1中，期货价格的变化，使得保证金低于维持保证金水平，所以在5月25日、31日两次追加保证金。当然，5月26日的保证金超过了初始保证金，表中假定该投资者没有提走盈余。事实上，投资者为了便于结算，有的也不提走盈余。

保证金制度和每日结算要求降低了期货市场的参与者由于交易对象违约而蒙受损失的可能性，为期货市场的稳健运行提供了保障。

（2）价格涨停板制度

即每日价格波动限制，就是将每日价格波动限定在一定范围内，一般是在上一个交易日收盘价（有时为结算价）的基础上上下浮动一定数量或比例。当期货价格的上升幅度等于每日价格波动限制时，称合约达到涨停板；当期货价格的下降幅度等于每日价格波动限制时，称合约达到跌停板。涨停板和跌停板是由交易所规定的，任何买方还价或卖方开价超过这个范围都会被禁止。当期货价格达到涨停板或跌停板时，当天期货合约就停止交易。实行这一交易机制的目的是限制过度的投机活动造成期货价格的剧烈波动。

（3）持仓限额制度

也就是对于投资者来说，其某一交割月份的期货合约持仓量最多不能超过某一限额。这样可以防止某些投资者通过大量持仓垄断和操纵市场。

金融期货的基本类型主要有外汇期货、利率期货、股票指数期货三种。这里主要介绍股票指数期货。

股票指数期货交易是交易双方买卖一定金额的股票指数而在未来一定的时间交割的一种行为。由于在股票交易中股票价格经常有升有降，很难确定其变化趋向，投资不同种类的股票又有不同的风险，所以投资者很难做出购买哪种股票的决策，这样就产生了一种新的交易方式：不具体买卖某种股票而买卖股票价格指数。由于股票价格指数是多种股票价格的平均数，不是某种股票的价格，故综合性的股票价格指数的变动一般是小于某种股票的变动的，风险自然会小一些。这种股票价格指数的交易因具体交易所而不同。股指期货合约的价格升降以“点”来计算，一点代表多少价值因地而异，如在美国，股指每升或降1个点，价格就升或降500美元，即每份合约的金额为股指数字的500倍；而在中国香港，每点则为50港元。

下面以一简例加以说明：假设有甲乙两个投资者，他们对香港恒生指数的升降预期不一，因而进行了不同的期货操作，具体见表6-2。

表6-2 操作表

	甲投资者	乙投资者
20×4年7月24日	因预期恒指会上升，故买入一张1月期的恒指期货合约，当时期货市场内的作价为12 346点	因预测恒指会下降，故卖出1月期的一张恒指期货合约，期货市场作价为12 346点
20×4年8月24日	股市果然上升，收市恒指为12 646点，结果净赚15 000港元（（12 646-12 346）×50）（其他费用支出未计）	股市走势与预测相反，结果亏损15 000港元（其他费用支出未计）

股票指数期货交易的特点是：首先，不以股票为交易对象，其交易对象是股票指数；其次，它是一种期货交易，成交签约与交割不同时进行；最后，股票指数期货是唯一用现金结算的期货品种，到交割期时，没有股票的转移，只有现金的支付，即按成交日与交割日股票价格指数变化计算的金额差额来支付结算。

知识拓展6-5

香港恒生指数期货合约

同步案例6-1　货币职能的运用

投资银行为发行人包销证券，一般先以一个固定的价格购买由发行人发行的证券，然后再向社会推销。在从购进到发行这段时间内，市场条件的变化会导致证券价格的下跌而给投资银行带来风险。投资银行可以利用金融期货交易规避其在承销业务中的风险。假设一家投资银行承销1 000万美元的某公司普通股，并以固定价格每股100美元购入该股票，共计10万股。当天标准普尔500指数期货协定价为200点，每点代表500美元，即每份合约价值是100 000美元（500×200）。该投资银行为避免发行股票时市场大势下跌而给自身带来损失，便进入期货市场，出售100份标准普尔500指数期货合约。在随后的4天中，所有发行股票均以每股90美元的平均价格售出，该投资银行的价格风险损失就是100万美元（（100-90）×10）。而此时标准普尔

500指数期货的协定价格也落至190点，即95 000美元（500×190）。于是，该投资银行再次进入期货市场，通过买入100份期货合约平仓，在期货市场上获得500 000美元（100×（100 000−95 000））的收益，从而使承销损失从100万美元降至500 000美元。

3.期权交易

期权交易也称选择权交易，包括股票期权交易、利率期权交易、外汇期权交易等。股票期权交易是指期权的买方与卖方经协商后以买方支付一定的期权费为代价，取得在一定时期内按协定价格买进或卖出一定数量股票的权利。期权交易需订立期权合约，对期权买方来说，合约赋予他的是权利而非义务，他可以在期限内的任何时候行使这个权利——买进或卖出某种金融资产，或不行使期权而任其作废；对出售期权的卖方来说，合约赋予他的是义务而非权利，当买方按合约行使其买进或卖出的权利时，他有义务按合约规定卖出或买进某种金融资产。超过期限，合约义务自动解除。期权费也叫保险费，是期权买方向卖方支付的购买权利的费用。期权费将期权买方可能遭受的最大损失控制在期权费之内，也使卖方可立即得到一笔收入，买方的损失和卖方的盈利均以期权费为限。

答疑解惑6-5

期权交易与期货交易有什么区别？

答：①期权合约赋予买方的是权利，在约定期内，买方可在任何时候行使权利，也可在任何时点放弃权利；期货只有一个交割日，如果约定期内合约不能抵消的话，到期还需以实物交割。②期权合约只对卖方有强迫性，即只要在合约期内买方要行使期权的权利，卖方就应履行义务；而期货交易的履约责任是双方的，也是强迫性的，如果不抵消，到时必须履约。③在期权交易中，买方的盈利随价格的有利变化而增加，若价格不利，亏损也不会超过期权费；而在期货交易中，双方盈亏是随价格变动而增减的，即都面临着无限的盈利和无止境的亏损。④期权的保险费是根据市场行情而定的，由买方付给卖方，买方的最大损失就是最初交的保险费，不存在追加的义务；而期货合同要求双方均需放置原始保证金，且在交易过程中还需根据价格变动要求亏损方追加保证金，而盈利方可适当提取多余的保证金。

期权交易的类型在第1章已做过简单介绍。针对股票期权，一般有看涨期权和看跌期权两种基本形式。

（1）股票看涨期权，即期权买方可在规定期间内按协定价格购买若干单位的股票（芝加哥期权交易所规定一个合同为100股，伦敦证券交易所规定一个合同为1 000股），当股票价格上涨时，期权买方则执行期权，按合约规定的低价买进，再以较高的市场价卖出，从而获利；反之，若股票价格下跌，低于合约价格，期权买方则放弃期权，承担期权费损失。由于买方盈利大小视涨价程度高低而定，故称看涨期权。

例如，投资者购进某公司股票期权合约1份，每份合约100股，期限6个月；股票价格为每股10美元，合约价值1 000美元；期权费每股1美元，共100美元；协定价格每股11美元。如果在合约期内股票价格上涨，则买方一般会选择执行期权。假定股票价格上涨到每股13.5美元，投资者可按11美元买入100股，支付1 100美元，然后再将这100股在交易所以每股13.5美元卖出，收入1 350美元，利润为250美元，扣除期权费后，净利达150美元。如果在股票价格上涨时，期权费也上升，买方也可以选择转让期权。假定期权费变为每股3美元，买方可出让该看涨期权，收入300美元，净赚200美元，收益率高达200%。反之，如果股市走势与买方预测相反，买方就要承担损失。假定股票价格下降为每股8.5美元，如果买方执行期权则会遭受损失，损失数额为350美元（（11-8.5）×100+100）。这时他也有两种选择：第一种，不执行期权，使期权自动到期，只损失100美元期权费；第二种，削价出售期权，即买方在合约有效期内对行情上涨已失去信心，于是就中途削价出售期权，假定以每股0.5美元出售，则损失50美元。

（2）股票看跌期权，即期权买方可在规定期间内按协定价格出售若干单位的股票，当股票价格下跌时，期权买方就按合约规定的价格把股票卖给期权卖方，然后在交易所低价购进股票，从中获利。由于此时买方盈利大小视股票价格下跌的程度而定，故称看跌期权。

例如，期权买方与卖方签订了一份6个月期的合约，协定价格为每股14美元，出售股数100股，期权费每股1.5美元，共150美元，股票价格为每股15美元。如果在合约期内股票价格下跌，买方有两种选择：第一种，执行期权。6个月后股票价格降为每股12美元，买方可按协定价格卖给卖方100股，收进1 400美元，然后在交易所按市场价买入100股，支付1 200美元，获利200美元，扣除期权费150美元，净利50美元。第二种，出卖期权。当股票价格下跌时，看跌期权费也升高，如涨至每股3.5美元，则买方就出售期权，收进350美元，净利200美元。反之，如果股票价格走势与预测相反，买方则会遭受损失，损失程度即其所付的期权费。

4.信用交易

信用交易也称垫头交易或保证金交易，是指客户凭借自己的信誉，交纳一定比例的保证金，委托证券经纪人买进或卖出一定数量的有价证券。如果投资者预计股票价格上涨，要买进价值100万元的某种股票，保证金比例为30%，那么该投资者只需向证券经纪人交付30万元，就可委托经纪人买入100万元的股票，等股票价格上涨后，该投资者卖出股票，获取的价差收益首先归还证券经纪人的本金和利息，剩余部分是其买卖股票的投资收益。如果投资者预计股票价格下跌，要卖出价值100万元的某种股票，保证金比例为30%，那么该投资者只需向证券经纪人交付30万元，就可委托经纪人卖出100万元的某种股票，等股票价格下跌时再买入同等数量的证券归还证券经纪人，以赚取价差收益。先买后卖，叫保证金买长；先卖后买，叫保证金卖短。

信用交易的特点：一是便利客户用较少的资金做较大的证券买卖，赚取较大的投资收益（如果预测错误，则会承担更大的损失）；二是造成证券市场的虚假需求与供给，导致市场波动大。因此，各国证券管理当局对信用交易都实行严格管理。

6.2.4 股票投资收益

股票投资的重要目的之一是获取投资收益。股票投资带来的收益有两种：一是股利收益。它是指投资者以股东身份，按照持股数量，从公司盈利分配中获得的股息或红利（简称股利）。股利是根据公司经营状况好坏以及公司未来规划而定的，因此投资者的股利收益是变化的。二是买卖股票所获得的价差收入，也称资本利得。

6.3 债券市场

6.3.1 债券发行市场

债券发行市场是资金需求者通过发行债券筹措资金的场所。

1.债券的种类

债券是一种资金借贷证书，是政府、企业、金融机构等向投资者发行的，承诺按一定的利率支付利息并按约定条件偿还本金的债务凭证，包括债务的金额、期限、支付方式、利率等内容。债券的种类很多，最基本的分类方法是按发行主体不同划分为政府债券、公司债券和金融债券。

（1）政府债券

这是由中央政府和地方政府发行的债券。它以政府的信誉作保证，无须抵押品，其风险在各种投资工具中是最小的。政府债券有的附有息票，定期付息、到期还本；有的则以到期一次还本付息的方式支付本息。利率或采取固定利率，或采取浮动利率。我国目前有财政部直接发行的债券和政策性金融机构发行的政策性金融债券，前者称为国债，后者称为政策性金融债券。

（2）公司债券

这是企业为筹措营运资金而发行的债券，一般期限在10年以上。我国的公司债券目前多为3年期和5年期，利率或采用固定利率，或采用浮动利率。还本付息方式可以是分期偿还，也可以是到期一次还本付息。

公司债券的类型主要有：①信用债券，是指完全凭公司信誉，不提供任何抵押品而发行的债券。这种债券大多由资信等级较高的大公司发行，期限较短，利率较高。②抵押债券，是以土地、房屋、设备等作为抵押担保品而发行的债券。当债务人不能按期还本付息时，持有人可以将抵押品出售。③通知偿还债券，又称可赎回债券。这种债券附带有提前赎回的条款，即允许债券发行人在债券尚未到期时提前以购回的方式使债券交易终止。发行这种债券后如果出现市场利率下降的情况，发行人可以通知偿还已发行的债券，一般是用新发行的低利率债券换回以前发行的高利率债券，以减少利息支出。但此时对债券持有人不利，因而一般规定在债券发行后至少5年内不允许赎回。④偿债基金债券。它要求发行公司每年从盈利中提取一定比例存入信托基金，定期从债券持有人手中购回一定量的债券以偿还本金。发行公司一般将特定数量的资金交给信托机构，信托机构将收到的资金再投资于其他证券，所获本息作为偿债基金的组成部分。⑤可转换债券。其赋予债券持有人按预先确定的比例转换为该公司普通股的选择权。大部分可转换债券都是没有抵押的低等级债券，并且是由风险较大的小公司发行的。可转换债券可增强对投资者的吸引力，使企业减少债务、扩大资本。

（3）金融债券

这是由银行和非银行金融机构发行的债券。在欧美国家，这种债券归类于公司债券。发行金融债券，表面看来同银行吸收存款一样，但由于债券有明确的期限规定，不能提前兑现，所以筹集的资金要比存款稳定得多。金融机构可以主动选择适当时机发行必要数量的债券以吸引资金，故金融债券的发行通常被看作银行资产负债管理的重要手段，而且，由于银行的资信度比一般企业要高，金融债券的信用风险也较公司债券低，其利率通常低于公司债券。

2.债券发行条件

债券发行条件是指债券发行人在以债券形式筹集资金时所涉及的各项条款和规定。债券发行条件有许多内容，一般包括债券发行时需要确定的发行金额、期限、票面利率、发行价格等。

（1）发行金额

它是根据发行人所需资金的数量、发行人的信誉、债券种类以及市场承受能力等因素决定的。有些国家在法律上规定了不同发行人发行债券的最高发行金额。

（2）期限

债券与股票不同，在债券发行章程中必须明确规定债券的期限。债券期限是指从发行之日起到还本付息完毕之日止的时间间隔。债券期限的确定一般取决于两个主要因素：一是资金使用周期。发债人为了能确保到期还本付息，在确定债券期限时一般应与资金使用周期相一致。二是市场利率发展趋势。如果发行的是固定利率债券，当预测市场利率下降时，发债人就应尽量缩短发行债券期限；反之，如果预测市场利率上升，发债人应结合资金使用情况考虑发行期限较长的债券。与债券期限有关的概念是债券的偿还期，债券的期限是固定不变的，而偿还期会随着还本付息日的到来逐渐缩短。偿还期是指距偿还债券本金及支付债券利息的时间间隔。

（3）票面利率

在确定债券票面利率时，应主要考虑四个方面的因素：①债券期限长短。一般债券的利率与期限成正比，即期限越长，利率越高；反之，期限短，利率就低。②债券信用等级。在期限相同的情况下，信用等级高的债券风险小，利率可以低一点；反之，信用等级低的债券风险大，利率就必须高一点，否则筹资会失败。③市场利率。确定发行债券的利率时，必须参考市场利率以及银行同期定期存款利率，否则也会导致筹资失败或筹资成本过高。④资金供求状况。如果市场上资金供应充足，证券流通量小，债券利率可低一点；反之，资金供应紧张，利率就高一点。此外，还应考虑债券的还本付息方式（如是一次还本付息还是分期或分次还本付息）、国家政策、最高利率限制、利息所得税缴纳等。

(4) 发行价格

其主要取决于债券期限、债券票面利率和市场利率水平。债券的发行一般包括平价发行、折价发行和溢价发行。所谓平价发行，是按面值发行，按约定票面利率付息，到期按面值还本；折价发行，是按低于面值的价格发行，按约定票面利率付息，到期按面值还本；溢价发行，是按高于面值的价格发行，按约定票面利率付息，到期按面值还本。发行价格主要取决于票面利率和市场利率之间的关系。当票面利率等于市场利率时按面值发行，当票面利率低于市场利率时折价发行，当票面利率高于市场利率时溢价发行。

3.债券信用评级

信用评级是指对有价证券的质量进行评价和分类。债券在发行前，尤其是公开发行的公司债券，都需要通过权威的信用评级机构进行信用评级。信用评级有利于保护投资者的利益和方便投资者进行债券投资决策。对债券发行人的信用状况和偿债能力进行分析、评估，并将结果公之于众，有助于投资者比较各种债券的等级，保证投资质量，降低投资风险。另外，信用评级也有助于发行人顺利发行债券，提高市场效率。

目前，国际上公认的最具权威性的信用评级机构是美国的标准普尔公司和穆迪投资者服务公司，它们负责评级的债券包括地方政府债券、公司债券、外国债券等。美国标准普尔公司评定公司债券等级的标准见表6-3。

表6-3　美国标准普尔公司的债券评级标准

债券级别		级别含义
AAA	最高级	还本付息能力很强
AA	高级	还本付息能力强，仅次于AAA级
A	中上级	还本付息能力较强，但易受不利经济因素和环境的影响
BBB	中级	有充足的还本付息能力，但不利的经济条件会改变这一能力
BB	中低级	有投机因素，经济条件变化会使本息偿还缺乏保障
B	半投机级	投机性债券，不能保障按期还本付息
CCC	投机级	本息尚能支付，但有可能拖欠、停付
CC	较强投机级	投机性强，一旦出现不利条件，风险很大
C	充分投机级	信誉差，无利息支付能力
D	最低等级	违约债券，不能履行债务

穆迪投资者服务公司信用等级标准从高到低可划分为Aaa级、Aa级、A级、Baa级、Ba级、B级、Caa级、Ca级、C级。

两家机构债券的评级标准有所不同，但都把债券分为两类，投资级和投机级。前四个级别债券信誉高、风险小，是投资级债券；从第五级开始的债券信誉低，是投机级债券（也称为垃圾债券）。

标准普尔公司和穆迪投资者服务公司都是独立的私人企业，不受政府控制，也独立于证券交易所和证券公司。它们所做出的信用评级不具有向投资者推荐这些债券的含义，只是供投资者在作决策时参考，因此，它们对投资者负有道义上的义务，但并不承担任何法律上的责任。

4.债券发行方式和程序

债券的发行既有由发行人直接向投资者推销债券并承担风险，而不需要中介机构进行承销的直接发行方式，一般私募债券采用直接发行；也有通过中介机构承销，向非特定投资者发售的间接发行方式，一般公募债券采用间接发行。债券的发行程序有两类：

（1）政府债券一般采取公募招标的方式。其发行程序是：①认购者索取投标单；②中央银行接受投标单；③决定中标者及中标价格；④由财政部宣布投标结果；⑤财政部正式发行国债。

（2）公司债券的发行程序是：①制订发行计划和发行章程；②董事会决议；③评定信用等级；④提出发行申请；⑤签订委托代理协议；⑥签订信托合同；⑦发布发行公告；⑧认购者应募交割；⑨发行总结。

6.3.2　债券流通市场

1.债券流通市场概述

债券流通市场是已发行的债券按时价进行买卖的场所。债券的流通直接受到利率变动的制约，很少像股票那样有投机性价格变动，并且热衷于长期债券投资的多半是拥有富余资金的富有者和机构投资者，其往往将所购债券持有至期满享受利息。所以债券的买卖不像股票那样活跃。债券交易既可以在交易所进行，也可以在场外进行。交易所交易的债券是指那些上市债券。因为同是在证券交易所交易，所以债券交易与股票交易有许多相似之处，如市场结构、上市标准、交易方式等。世界各国的债券交易大多是在场外市场进行的。我国目前的债券交易分别集中在证券交易所和银行间拆借市场。交易所主要发行和交易公司债券及部分政府债券，银行间拆借市场则主要交易政府债券。

债券交易方式同股票交易方式基本一致，具体有现货交易、信用交易、期货交易、期权交易等。此外，债券回购也是重要的交易方式。例如，利率期货交易是指买卖双方在证券交易所内通过公开竞价买进或卖出某种有息资产（主要是国库券、中长期国债、房屋抵押债券等）并在未来一定时间进行交割的一种标准化交易，其基本规则类似于股票期货交易。

债券交易价格是指债券在证券市场上自由买卖的价格，也称债券行市。它与债券的名义价值并不一致，往往高于或低于名义价值。债券交易价格的变动主要取决于两个因素：一是它能带来的利息收入；二是当时的银行存款利率。同股票行市一样，债券交易价格与利息收入成正比，与同期银行存款利率成反比。此外，债券发行人的信誉也影响债券交易价格，发行人的信誉越好，其价格就越高；反之，发行人的信誉越差，债券的交易价格就越低。债券交易价格与到期收益率成反比，即债券交易价格越高，从二级市场上买入债券的投资者所得到的实际收益越低；反之亦然。

2.债券的收益率

对债券投资者来说，债券收益应该是其最关心的问题。债券收益包括到期收益和名义收益两种。到期收益是利息收入和债券买卖价格的差额之和。这是衡量债券收益最普遍的尺度。名义收益是债券票面所载明的利率与本金的乘积。债券收益率是衡量债券收益的指标，是债券收益与投资者投入本金的比率，通常用年收益率表示。一般来说，债券收益率有名义收益率、即期收益率、持有期收益率和到期收益率四种。

（1）名义收益率

即债券本身所规定的利率，亦称票面收益率或息票收益率。用公式表示如下：

$$票面收益率=\frac{票面收益}{票面金额}\times 100\%$$ （公式6-13）

比如，一张面额为10 000美元的债券，期限为10年，利率为年息6%，每年支付一次，则其名义收益率就是6%。

只有在债券的市场价格与债券面额相等时，名义收益率与实际收益率才会一致，但一般很少出现这种情况。因此，名义收益率只能用于理论分析，难以反映出债券投资的实际收益水平。

（2）即期收益率

它是债券每年的利息收入与该债券当时的市场价格之比，也叫当期收益率。如上例，若投资者购买时的债券行市为9 500美元，则其即期收益率为：

$$10\,000\times 6\%\div 9\,500=6.32\%$$

当债券买入价格等于债券面值时，即期收益率等于票面收益率。即期收益率一定程度上弥补了票面收益率的缺陷，可以反映债券市场价格对债券收益的影响，但它只能反映当期利息收益与投资成本之间的关系，不能全面反映投资者在整个持有期的投资收益水平。

（3）持有期收益率

它是指投资者从买进债券到卖出债券的整个持有期内所获得的年均收益率。该指标一般用来衡量投资者在二级市场买入债券，又在债券到期前卖出债券时所获得的收益多少。用公式表示如下：

$$持有期收益率=\frac{年利息收入+(卖出价-买入价)\div 持券年限}{买入价}\times 100\%$$ （公式6-14）

持有期收益率综合考虑了债券买卖的资本损益和利息收益，是债券收益的恰当衡量标准。

（4）到期收益率

它是指购买债券并持有至到期为止时获得的年平均收益率。这对债券购买者而言是实际收益率。对于溢价发行的债券，到期收益率小于票面收益率；对于折价发行的债券，到期收益率高于票面收益率；对于平价发行的债券，到期收益率等于票面收益率。到期收益率还可用来衡量投资者在二级市场购入债券并持有到期所获收益的多少。其计算公式如下：

$$\text{到期收益率}=\frac{\text{债券年利息}+\dfrac{\text{票面金额}-\text{债券行市(发行价格)}}{\text{持券年限}}}{\text{债券行市(发行价格)}}\times 100\% \qquad \text{(公式6-15)}$$

或者：

$$\text{到期收益率}=\frac{(\text{到期本息和}-\text{买入价})\div \text{偿还期}}{\text{买入价}}\times 100\% \qquad \text{(公式6-16)}$$

再如上例，投资者以9 500美元的价格购入一张面额为10 000美元、年利率6%、期限10年的新发行债券，债券每年支付一次利息，则其到期收益率为：

$$\frac{10\,000\times 6\%+\dfrac{10\,000-9\,500}{10}}{9\,500}\times 100\%=6.84\%$$

6.4　投资基金市场

投资基金市场是进行证券投资基金认购、申购和赎回的市场，即进行投资基金发售和交易的市场。

6.4.1　投资基金的含义和特点

1.投资基金的含义

投资基金是一种收益共享、风险共担的集合投资工具。投资基金的发起人通过向投资者出售基金单位（或基金份额）的形式筹集资金，交由专业的基金管理人在约定的领域进行约定性质的投资。基金管理人根据基金净资产值提取管理费，基金投资者可通过基金收益分配和资本增值获得投资回报。我国的投资基金是指证券投资基金，是一种利益共享、风险共担的集合投资方式，即通过发行基金单位集中投资者的资金，由基金托管人托管，由基金管理人管理和运用资金，从事股票、债券等金融工具投资，以获取投资收益和实现资本增值。

投资基金作为一种金融制度设计，在国外已有100多年的历史。进入20世纪80年代，投资基金迅猛发展，基金的规模和种类迅速增加。投资基金起源于英国，繁荣于美国，美国是当今投资基金业最发达的国家。

投资基金在各国（地区）名称不一，在美国称作“共同基金”，在英国和中国香港称作“单位信托基金”，在日本、韩国和中国台湾称作“证券投资信托基金”，在中国大陆则称“证券投资基金”，但其实质是相同的。从本质上说，投资基金是一种金融信托，是一种由众多不确定的投资者通过购买基金证券而将资金交由专业投资机构进行操作的集合投资制度。该投资机构将资金分散投资于各种有价证券和其他金融资产，所得收益按投资者出资比例分配，投资机构本身只作为基金管理者获得固定比例的佣金。

我国证券投资基金开始于1998年3月，在较短的时间内就成功地实现了从封闭式基金到开放式基金、从资本市场到货币市场、从内资基金管理公司到合资基金管理公司、从境内投资到境外理财的几大历史性跨越，走过了发达国家几十年或上百年走过的历程。证券投资基金规模发展很快，成为我国证券市场最重要的机构投资力量和广大投资者最重要的投资工具之一。

投资基金券是基金发起人或其委托的证券机构向投资者发行的，表示持有人按所持有的份额享有基金资产所有权、收益分配权和其他相关权利，并承担相应义务的可转让或可赎回的凭证。对公司型基金来说，基金券表现为公司股份；对契约型基金来说，基金券表现为受益凭证。基金券与股票、债券同属有价证券，都是重要的金融投资工具，但它与股票、债券又有区别，主要在于：①反映的经济关系不同。股票反映的是产权关系，债券反映的是债权关系，基金券反映的是信托关系。②操作上投向不同。股票和债券是融资工具，集资主要投向实业；而基金券是信托工具，集资主要投向其他有价证券和不动产。③收益的多少和稳定性不同。股票收益是不确定的，股利的支付随公司经营效益的变动而波动，投资股票有较大的风险。债券收益一般是事先确定的，其投资风险较小。基金出于信托关系，不会对其投资人承诺一定的收益，投资人收益的多寡取决于基金业绩，但由于基金由专家经营和分散投资的优点，其收益稳定性大于股票，投资风险又可能小于股票；与债券相比，基金券的收益有可能高于债券，但稳定性差些。

答疑解惑6-6

投资基金与日常生活中所说的各种基金是不是一回事？

答：不是。通常所说的基金如果不加以说明的话，指的是有某种专门用途的资金，如教育基金、医疗保险基金、青少年活动基金等都有明确的筹资目的，主要用于与本事业有关的业务，其投资首先注重安全性，其次才是盈利性。而投资基金是指分散的投资者汇集资金进行投资，其主要目的是获取利润，具有一定的风险。

2. 投资基金的特点

(1) 投资小，费用低

基金对投资的最低限额要求不高，投资者可以根据自己的财力，多买或少买基金单位。投资基金的基本功能就是把投资者（主要是中小投资者）零散的资金汇集成一笔大额资金进行投资。同时，证券交易的佣金随交易数额的增大而递减。因此，投资基金可以在参与证券买卖中获得佣金率较低的好处，从而产生规模效应。比如在我国，每份基金单位的面值为1元人民币，至少认购1 000元。因此只需1 000元就可投资，门槛低，解决了中小投资者钱不多、入市难的问题；基金交易费用相对低廉，基金认购和申购时一般只需缴纳认购额或申购额的1.5%的管理费，持有基金单位达到一定年限，赎回时可以免交费用。

(2) 专家理财，集中管理

投资基金实行专家管理制度，这是投资基金对投资者尤其是中小投资者富有吸引力的一个重要原因。基金管理人一般都是经过专门训练的投资分析专家，他们善于运用先进的技术手段分析各种信息资料，能对金融市场上价格的变动做出比较准确的判断，最大限度地避免投资决策失误，因而投资成功率相当高。对中小投资者来说，投资于基金，实际上就可以获得专家在市场信息、投资经验和金融知识方面所拥有的优势，可以避免盲目投资带来的失败。

（3）投资基金是一种间接的证券投资方式

基金投资者购买基金单位，成为证券基金的投资者，再由证券投资基金投资债券、股票等有价证券，因此基金投资者是间接投资于证券市场的。它与债券发行人、股票发行人没有直接关系，不直接参与发行人的利息、红利分配，也不参与股份公司的经营管理。

（4）组合投资，分散风险

投资者在进行投资时，要尽力使其资产多样化以分散风险，即所谓“不能将所有的鸡蛋都放在一个篮子里”。但要做到这一点，需要一定的资本实力，对中小投资者而言，很难实现。投资基金聚集大量资金，可以投资于不同的证券，也可以投资于其他资产，进行多元经营，实现资产组合多样化，从而可以分散和降低风险。

（5）流动性强，回报率高

投资基金具有较强的流动性，操作灵活，投资者可以根据自己的判断和需要来决定保留还是放弃投资基金。开放式基金可通过柜台随时购买或赎回，封闭式基金可通过交易所买卖转让。并且，投资基金由于采取组合投资等策略，因此风险较低，收益较高。

由此可见，无论从安全性、盈利性还是从流动性来考察，投资基金都是一种不错的投资工具。

6.4.2　投资基金的类型

投资基金品种繁多，可以根据不同的标准划分为不同的种类。

1.根据投资基金的组织形成，可分为契约型基金和公司型基金

契约型基金设立的法律依据是《信托法》，它是一种基于一定的信托契约而进行代理投资的信托型投资基金，一般由基金管理公司（委托人）、基金保管机构（受托人）和投资者（受益人）三方订立契约，由基金管理公司经营信托资产；银行和信托公司作为受托人保管信托资产；投资人享有投资收益。契约型基金筹集资金的方式一般是发行受益凭证即基金券。日本、韩国等设立的基金类型属于这种信托型，我国的证券投资基金也属于信托型基金。

公司型基金是依《公司法》设立的，以盈利为目的，主要是投资于有价证券的投资机构，有的本身就是投资公司。公司型基金通过发行基金份额筹集资金，投资者购买基金份额而成为类似于股份有限公司的股东，不过其权利相对有限。公司型基金涉及四个当事人：投资公司，是公司型基金的主体；管理公司，为投资公司经营资产；保管公司，为投资公司保管资产，一般由银行或信托公司担任；承销公司，负责推销和回购公司股票。这种类型的基金在英、美等国较为流行。

公司型基金和契约型基金的不同之处在于：①两者的主体资格不同。公司型基金的主体为投资公司，具有法人资格；而契约型基金不具有法人资格。②两者发行的筹

资工具不同。公司型基金发行的是股票，是代表公司资产所有权的凭证；契约型基金发行的是基金受益凭证，是有权享有收益的凭证。③基金运作依据不同。公司型基金依据公司章程规定运用信托财产；而契约型基金依据信托契约来运用信托财产。④投资者的地位不同。公司型基金的投资者购买公司股票而成为公司的股东，有权享有股东的一切权益；而契约型基金的投资者购买受益凭证而成为基金受益人，有收益分配权，却无权参与基金事务的经营管理。

2.根据基金规模的变动情况，可分为封闭式基金和开放式基金

封闭式基金是事先确定发行总额，在封闭期内基金单位总数不变，基金上市后投资者可以通过流通市场转让、买卖基金单位的一种基金。

开放式基金是基金发行总额不固定，基金单位总数随时增减，投资者可以按基金的报价在国家规定的营业场所申购或者赎回基金单位的一种基金。

开放式基金与封闭式基金的区别可以用表6-4来说明。

表6-4 开放式基金与封闭式基金比较

比较项目		开放式基金	封闭式基金
基金发行数量		不固定	有限制
基金买卖途径		可随时直接向基金管理公司购买，但手续费较高	类似股票交易，可在证券市场作转手买卖
基金运用的影响	可否赎回	可以	不可以
	准备金	需提取一定比例现金资产作为准备金应对赎回时的需要	无须提取准备金
	资金运用成本	较高	较低
	投资效益	投资资金受到一定的限制，不能充分运用，使投资效益受影响	可充分运用资金，利于扩大投资效益
	投资方式	不能全部进行长期投资	可全部进行长期投资
适应市场条件		适用发达的金融市场	多为不发达的金融市场所采用

3.根据基金收益目标，可分为收入型基金、成长型基金和平衡基金

收入型基金追求投资的定期固定收益，主要投资于有固定收益的证券，如债券、优先股股票等。收入型基金不刻意追求在证券价格波动中可能形成的价差收益，因此投资风险较低，收益率也较低。

成长型基金追求证券的增值潜力，其投资对象主要是市场中有较大升值潜力的小公司股票或仍处于创业期的行业的股票。

平衡基金是一种同时强调资本增值和收益的基金。这类基金除定期派发合理水平的收益给投资者外，还会将部分收益保留在基金内进行再投资，以期获得资本增值的机会。平衡基金的投资组合成分比较多，既持有可提供稳定收益的定息票据，也持有

提供升值机会的股票。

4.根据基金投资对象，可分为股票基金、债券基金、货币市场基金、指数基金

股票基金是所有基金品种中最为广泛流行的一种基金，是指主要投资于股票的基金。它并不是要求基金全部投资于股票，也可以少量投资于债券或其他证券。我国股票基金一般投资于股票的比例不得低于65%、不得高于95%。股票基金收益波动性大，风险高。

债券基金是为稳健型投资者设计的主要投资于政府债券、公司债券等各类债券品种的投资基金。如果全部投资于债券，可以称其为纯债券基金，如我国的华夏债券基金；如果大部分基金资产投资于债券，少部分投资于股票，可以称其为债券型基金，如我国的南方宝元债券型基金，其规定债券投资的比例占基金资产的45%～95%，股票投资的比例占基金资产的0～35%，股市不好时，则可以不投资股票。

货币市场基金是投资于各类货币市场工具的基金，其投资对象为商业票据、银行承兑汇票、大额可转让定期存单及其他短期类票据。货币市场基金的投资风险低，流动性好，允许投资者随时提取所投资金，有定期收入，因此，它属于收入型基金。我国于2003年12月准许发行货币市场基金。

指数基金是跟踪模拟某种市场指数进行投资的基金，其目标是使基金的收益与这个市场指数的收益一致。评价指数基金优劣的标准是基金收益增长率是否高于跟踪指数的增长幅度，因而也常把这种基金称为跟踪基金或被动基金。根据跟踪指数的不同，指数基金可以分为跟踪内涵较大的市场指数基金和跟踪某种专门制定的指数基金。前者是被动的投资管理；后者由于对股票指数有选择性，不属于完全的被动管理之列，如道·琼斯公共事业指数。

6.4.3　投资基金的发行、认购、赎回与转让

1.投资基金的发行

投资基金的发行即基金募集，包括基金招募说明书的提交、基金发行方式的确立和基金的上市等工作。

基金设立时需向主管机关呈递基金招募说明书，也叫基金公开发行说明书，它既是申请审批所必需的重要文件，也是向社会公开发行基金时应当提供的该基金的相关资料和发行细则。

基金的发行方式有私募和公募两种。私募采用直接销售法，即不经过任何专门的销售组织而直接向投资人销售，由基金发起人承担全部募集基金的工作。基金的出价与报价都按净资产价值确定。其操作方法比较简单，如图6-3所示。

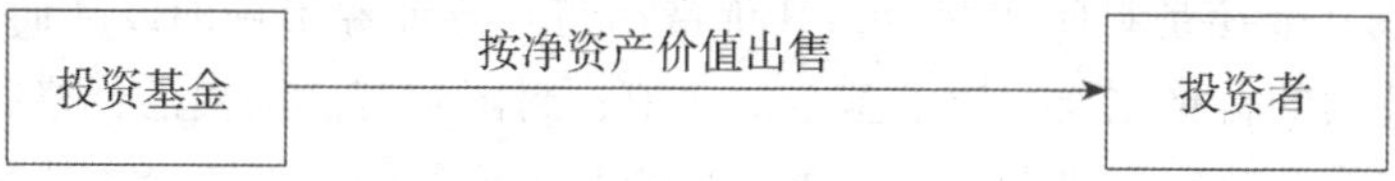

图6-3　直接销售法

私募基金的投资者主要是一些大的投资机构和富人（如美国索罗斯领导的量子基金的投资者不足100人），或是金融寡头，或是工业巨头，每个投资者的投资额至少

是100万美元。私募基金一般是封闭式基金，且有特定的投资方向，如进行特定的产业投资、风险投资等。

公募采用承销法，由基金发起人委托证券机构承担发售任务，向公众推销。证券承销商一般由投资银行或证券公司来担任，它们先按净资产价值购入投资基金券，然后加上一定的销售费用，以公开销售价格将基金券出售给投资者。其发行过程如图6-4所示。

图6-4　承销法

在满足一定的条件后，公开发行的投资基金就可以上市，在证券交易所中竞价买卖。基金上市的条件一般包括上市基金种类要求、基金募集总额要求、基金期限、基金机构成员资格等。

2.投资基金的认购

投资者认购基金即其投资行为的开始，一般有最低数额的限制，即至少要购买若干份额。投资基金的认购手续比较简单，但在具体操作程序上，不同类型的基金有不同的认购方式。

开放式基金的认购手续与方式是：①投资者凭身份证在指定的承销机构填写申请认购表并留下印鉴；②按所认购的份额缴纳价款和手续费，取得缴款单，等候领取基金的通知；③凭领取基金的通知和缴款单到指定地点领取基金，完成认购过程。开放式基金在发行期内认购，按发行面额计价；发行结束后认购，按前一营业日或当日的单位净资产价值计价。

封闭式基金的认购手续、方式同开放式基金一样，认购价格按面额计算。但封闭式基金只能在基金发行期内认购，发行期后投资者若想拥有这类基金，需要在二级市场上竞价购买，价格按当日挂牌的交易价计算，购买手续与购买股票一样。

3.投资基金的赎回与转让

投资者可以通过购买基金的方式加入基金，也可以通过将持有的基金卖给基金管理公司或转让给其他投资者而退出基金。开放式基金的投资者可向基金管理公司申请，要求其购回基金。封闭式基金的投资者不能向基金管理公司申请卖出基金，但如果基金上市，投资者可将基金像交易股票一样，在证券市场上买卖、转让。

4.投资基金的收益和风险

（1）投资基金的收益

其来自两方面：一是买卖投资基金单位的价差收益；二是投资基金的分红派息。无论是开放式基金还是封闭式基金，其价格都是随着证券市场的波动而不断变动的。开放式基金买卖的价格主要取决于基金的净值；封闭式基金买卖的价格既取决于该基金投资业绩的好坏，也取决于市场供求。投资基金分红派息的资金主要来自其投资证券的股息、利息收益和资本利得。我国证券投资基金收益分配一般采用现金形式，每年至少1次，基金收益分配的比例一般不得低于基金净收益的90%。

（2）投资基金的风险

尽管投资基金具有多元化投资和专家理财的优势，但其收益分配是不固定的，价格是波动的，因而投资于投资基金也是有风险的。投资基金的风险主要来自两个方面：一是市场风险。投资基金的多元化投资只能分散个别证券造成的非系统性风险，而不能规避由整个市场低迷造成的系统性风险。当证券市场整体下跌时，只能做投资而不能做卖空的投资基金资产净值也会随之下降，这将直接降低开放式基金的价格，而封闭式基金的供求关系也会发生变化，导致基金价格下跌。二是基金管理人的经营管理水平风险和道德风险。投资基金本质上是一种委托投资机制，基金管理人对证券市场的研究判断能力、操盘能力等都会影响基金业绩。此外，对投资基金的监管难度是很大的，在很大程度上要依靠基金管理人的自律，因此其道德水平对基金业绩的影响也很大。

主要概念

同业拆借市场　银行承兑汇票市场　商业票据市场　国库券市场　大额可转让定期存单市场　回购协议市场　股票发行市场　证券行市　股票价格指数　现货交易　信用交易　期货交易　期权交易　契约型基金　开放式基金　封闭式基金

知识训练

● 基础知识训练

6.1　单项选择题

（1）按照市场职能，证券市场可以分为（　　）。

A.股票市场、债券市场和投资基金市场

B.发行市场和流通市场

C.交易所市场、场外交易市场、第三市场和第四市场

D.有形市场和无形市场

随堂测6

（2）承销商在为发行人发行股票时需承担全部发行风险的方式是（　　）。

A.推销　　B.全额包销　　C.代销　　D.余额包销

（3）下列属于开放式基金的条件是（　　）。

A.基金份额总额不固定

B.基金份额总额在基金合同期限内固定不变

C.基金份额可以在证券交易所转让

D.不能赎回

6.2　多项选择题

（1）股票的发行价格可以是（　　）。

A.平价　　B.折价　　C.溢价

D.股票行市　　E.市价

（2）影响证券价格的因素有（　　）。

A.证券供求　　B.证券收益　　C.银行同期存款利率

D.政治局势　　　　　　　　E.人们的预期心理

（3）根据投资对象的不同，投资基金可分为（　　）。

A.开放式基金　　　　　　　B.股票基金　　　　　　　C.债券基金

D.货币市场基金　　　　　　E.指数基金

6.3　判断题

（1）所有的证券投资者都可以直接进入证券交易所进行交易。　（　　）

（2）债券收益率是衡量债券收益的指标，其中名义收益率是反映投资者实际收益的指标。　（　　）

（3）封闭式基金的投资者可向基金管理公司申请，要求其购回基金。　（　　）

6.4　简答题

（1）同业拆借市场的特点是什么？

（2）票据市场主要有哪几种？

（3）国库券市场的特点和作用有哪些？

（4）大额可转让定期存单市场的特点主要有哪些？

（5）回购协议市场是怎样运作的？

（6）股票交易方式主要有哪些？

（7）债券收益率指标主要包括哪些？

（8）开放式基金与封闭式基金有什么区别？

（9）为什么某公司发行的普通股代表着所有者的资产和该公司的负债？

（10）请对以下说法做出评论："由于企业并没有从二级市场上实际获取资金，因此二级市场对经济的重要性不如一级市场。"

（11）如果你认为一家公司可能在明年破产，相比较而言，你愿意持有这家公司的股票还是债券？为什么？

● 技能知识训练

6.1　一张面额为100元的股票，每年股息收入为8元，当时银行存款利率是4%，则该股票的价格行市是多少？

6.2　某企业持有3个月后到期的1年期汇票，面额为2 000元，银行确定该票据的贴现率为5%，则贴现金额是多少？

6.3　某5年期国债面值为1 000元，票面利率为5%，每年支付一次利息。某投资者在该债券尚有4年到期时购入这种国债，如果该债券当时的市场价格为985元，则该投资者购买的这种国债平均到期收益率是多少？

6.4　赵先生于2025年1月15日以15万元购买了某基金公司一只开放式基金。基金单位为1元人民币，申购费率为1.5%，赎回费率按持有年数逐年递减，如果持有年数在1年以内，赎回费率为赎回金额的1.8%；持有年数在1～2年，赎回费率为赎回金额的1%；持有年数在2～3年，赎回费率为赎回金额的0.5%；持有年数满3年免收赎回费。2025年6月15日，基金单位净值上涨到1.5元人民币，赵先生决定赎回。问：赵先生购买了多少基金单位？其投资收益是多少？

6.5　判断下列金融交易涉及的是债务市场还是股权市场、一级市场还是二级市场、货币市场还是资本市场。

（1）通过某投资银行证券经纪人购买了6个月后到期的1年期国债。

（2）通过某证券公司经纪人购买了K公司的股票。

（3）某投资银行承销了L公司新发行的股票。

（4）从某证券交易商那里购买了M公司的20年期债券。

能力训练

● 案例分析

沪港通

中国证监会于2014年4月10日正式批复开展沪港通机制试点，其正式启动需6个月准备时间。沪港通是指上海证券交易所和香港联合交易所允许两地投资者通过当地证券公司（或经纪商）买卖规定范围内的对方交易所上市的股票，是沪港股票市场交易互联互通机制。

沪港通包括沪股通和港股通两部分。沪股通，是指投资者委托香港经纪商，经由香港联合交易所设立的证券交易服务公司，向上海证券交易所进行申报（买卖盘传递），买卖规定范围内的上海证券交易所上市的股票。港股通，是指投资者委托内地证券公司，经由上海证券交易所设立的证券交易服务公司，向香港联合交易所进行申报（买卖盘传递），买卖规定范围内的香港联合交易所上市的股票。

沪港通总额度为5 500亿元人民币。其中，沪股通总额度为3 000亿元人民币，每日额度为130亿元人民币；港股通总额度为2 500亿元人民币，每日额度为105亿元人民币。

试点初期，沪股通的股票范围是上海证券交易所上证180指数、上证380指数的成分股，以及上海证券交易所上市的A+H股公司股票；港股通的股票范围是香港联合交易所恒生综合大型股指数、恒生综合中型股指数的成分股和同时在香港联合交易所、上海证券交易所上市的A+H股公司股票。双方可根据试点情况对投资标的范围进行调整。

香港证监会要求参与港股通的境内投资者仅限于机构投资者及证券账户和资金账户余额合计不低于50万元人民币的个人投资者。

2014年11月17日，沪港通开通仪式在香港联合交易所举行，标志着沪港通正式开通。

分析：沪港通对我国资本市场的发展会产生什么影响？

● 实务操作

对本地区证券公司的营业部进行调查，了解我国证券交易的基本规则。

第7章

保险

学习目标

通过本章的学习，你应该达到以下目标：

知识目标：认识风险及其种类，明确保险与风险的关系，掌握保险的概念及种类。

能力目标：学会风险的处理方法，领会保险各项基本原则的含义及其在应用中的有关规定，掌握保险合同订立与履行的程序和方法，熟悉保险产品购买和保险业务经营的环节；初步具备同保险机构打交道的能力，能够为自己或家庭或单位进行投保；能站在保险人的角度开展展业活动。

素养目标：探索数字经济背景下我国保险业发展路径。

导读

风险是客观存在的，它的发生不以人的意志为转移，而保险是人类用来对付风险和处理风险发生后所造成的经济损失的一种有效手段，是一种最为典型的风险管理制度。保险业已成为当今各国十分重要的金融产业，保险与各个社会主体的关系越来越密切。改革开放尤其是20世纪90年代以来，我国保险业以惊人的速度在发展，保险已走进千家万户。什么是保险？保险有哪些种类？保险公司如何经营保险？人们如何购买保险？怎样签订保险合同？双方约定的事故发生并造成损失后怎样索赔和理赔？等等，这些有关保险的基本知识和技能，是我们学习本章后应该掌握的。下面是本章内容结构导图。

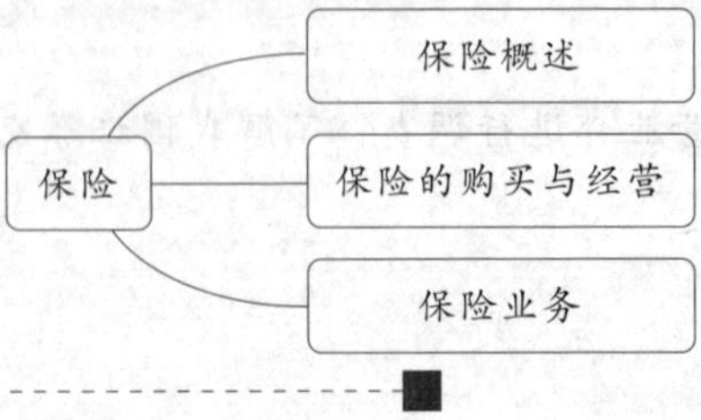

7.1 保险概述

7.1.1 风险与风险管理

1.风险及其构成要素

风险是指未来灾害损失的不确定性。它包含三层含义：①风险强调未来灾害的存在。②风险与人的利益密切相关，即风险的发生会给人的利益带来损失。③损失的不确定性，即风险发生与否、发生时间、发生的地点、所造成的后果与影响不确定。

风险的构成要素包括风险因素、风险事故和风险损失。这些要素共同作用，促成风险的存在、发生和变化。

（1）风险因素，也称风险条件，是指促使或引起风险事故发生的条件，以及风险事故发生时致使损失增加或扩大的条件。

风险因素是风险事故发生的间接、潜在的原因。如汽车的刹车系统故障是汽车发生交通事故的风险因素；躺在床上吸烟提高了火灾发生的可能性等。

（2）风险事故，也称风险事件，是指造成损失或损失增加的直接原因，如火灾、地震、洪水、疾病、车祸等都是风险事故。

风险因素只有通过风险事故的发生，才能导致损失。

（3）风险损失，是指非故意、非计划、非预期的经济价值的减少或消灭。

风险三个构成要素之间具有因果关系，即：风险因素的存在引起或增加了风险事故发生的可能性，而风险事故一旦发生则会导致损失，三者相互联系，如图7-1所示。

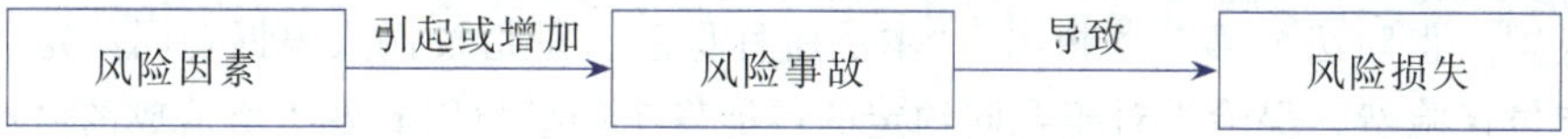

图7-1 风险构成要素间的关系

2.风险管理

风险管理是指个人或组织通过对风险的识别和度量，选择合理的风险处理方法，以尽量少的成本去争取最大的安全保障的科学管理方法。处理风险的常见方法主要有风险回避、损失控制、风险自留和风险转移。

（1）风险回避

风险回避是通过放弃活动来回避损失发生的可能性，如为避免空难风险就不乘飞机。

（2）损失控制

损失控制是指采取预防措施，以努力降低损失发生的可能性和损失程度，也就是防损和减损。损失控制主要用来应对损失概率高、损失程度小的风险。

（3）风险自留

风险自留是指由行为主体自己承担风险损失后果的一种方法。

（4）风险转移

风险转移是指个人或单位通过一定的方式将风险转移出去，避免自己承担损失。

风险转移可分为：①直接转移，是指将可能遭受损失的财产或可能产生风险的活动直接转移给他人。例如，将易着火的房屋卖掉，将刹车系统有故障的汽车处理给汽车修理部。②间接转移，是指将风险发生造成损失的财务后果转移给他人。方式主要有两种：一是通过外部资金来支付可能发生的损失，转移财务后果，如贷款担保、发行股票、委托保管等；二是通过购买保险将可能发生的损失转移给保险公司。

答疑解惑 7-1

风险管理与保险有什么联系和区别？

答：二者的联系是：都以风险为研究对象，都以大数法则等数学原理作为分析的基础和方法，保险是风险管理的有效措施。二者的区别是：二者管理的风险范围有所不同，风险管理是管理所有的风险，包括纯粹风险（即只有损失可能性而无获利机会的风险）和投机风险（即既存在损失可能性也存在获利可能性的风险）；而保险只局限在纯粹风险中的可保风险上。作为可保风险，需要满足以下条件：①风险的发生具有偶然性；②风险必须是大量的、同质的风险；③风险的出现必须是意外的；④风险应有发生重大损失的可能性。

7.1.2 保险的定义、特征和职能

1. 保险的定义

对保险内涵的理解，人们一般从经济、法律及社会功能三个方面来把握，将保险定义为：以合同的形式集合同类风险而聚资并建立基金，对特定风险事故的后果提供补偿或给付，从而保障社会稳定的一种经济活动。

我国《保险法》第二条指出："本法所称保险，是指投保人根据合同约定，向保险人支付保险费，保险人对于合同约定的可能发生的事故因其发生所造成的财产损失承担赔偿保险金责任，或者当被保险人死亡、伤残、疾病或者达到合同约定的年龄、期限等条件时承担给付保险金责任的商业保险行为。"

2. 保险的特征

（1）经济性

保险是一种经济活动，保险经营是一种商业行为。这是因为：保险保障的对象是两大生产要素——财产和人身；保险保障手段是通过货币来实现的；保险保障的目的是有利于经济发展。

（2）互助性

保险在一定条件下分担少数单位和个人所不能承担的风险，从而形成一种经济互助关系，体现为"一人为众，众人为一"的互助特性。

（3）法律性

保险以合同形式建立当事人之间的保险关系，保险当事人都要履行合同规定的权利与义务。

（4）科学性

保险以大数法则等数理计算为依据厘定保险费率，是一种科学处理风险的有效

措施。

答疑解惑7-2

有人说：保险与赌博没什么两样。对此，你怎么看？

答：保险与赌博看上去确有类似之处，即货币的转移都是以不确定的随机事件为基础的，两者都是基于偶然事件的发生，都含有碰运气的成分。但二者有本质的区别：①目的不同。保险的目的是互助共济，谋求经济生活的稳定；而赌博的目的是损人利己，侥幸图利。②与风险的关系不同。保险没有增加风险总量，它只是将客观存在的、可能发生的风险损失，由参加保险的一方转移到另一方；而赌博创造、增加了风险。③结果不同。保险面对的是纯粹风险，只有损失的可能而无额外获利的机会；赌博面对的是投机风险，具有损失和额外获利的双重可能。④与随机事件的关系不同。保险要求投保人对保险对象必须有可保利益，投保人不能对在法律上不具有经济利益的标的物投保；而赌博无此限制，所赌的事件五花八门，往往与参赌者没有经济利益关系。

3.保险的职能

（1）保险的基本职能

它是指保险在一切经济条件下都具有的职能，不会因经济条件等客观环境的变化而改变，是保险原始的、固有的职能。保险的基本职能有两个，即经济补偿职能和保险金给付职能。

经济补偿职能表现在：保险人向投保人收取保险费，建立保险基金，当被保险人遭受损失时，在保险金额范围内，用保险基金进行赔付，这样，被保险人的财产损失因保险人赔付而得到补偿。这是财产保险的基本职能。

保险金给付职能是人身保险的基本职能。给付金额的多少由双方事先通过保险合同约定。

（2）保险的派生职能

它是指保险随着社会生产力的发展、社会经济制度的演进而逐渐具有的职能。保险的派生职能主要有防灾防损职能和资金融通职能。

保险的防灾防损职能是指保险各主体参与了防灾防损活动，提高了整个社会的防灾防损能力。

保险的资金融通职能是指保险资金运用的职能。可以将保险基金的暂时闲置部分加以运用，以使保险基金保值、增值，确保偿付能力。

我国《保险法》第一百零六条规定：保险公司的资金可运用于银行存款，买卖债券、股票、证券投资基金份额等有价证券，投资不动产等形式。

7.1.3 保险的种类

随着现代社会经济的发展，保险业迅速成长壮大，保险的领域不断扩大，险种日益增多。目前，世界各国对保险的分类尚未形成统一的标准，比较常见的划分标准及种类见表 7-1。

表 7-1　保险的常见划分标准及种类

标准	种类
保险性质	商业保险、社会保险
保险标的	人身保险、财产保险
实施方式	强制保险、自愿保险
承保方式	原保险、再保险、共同保险、重复保险
投保人	个人保险、团体保险
承保风险	单一风险保险、综合风险保险、一切险

1.按性质不同，保险可以分为商业保险、社会保险

（1）商业保险。它是指投保人根据合同约定，向保险人支付保险费，保险人对合同约定的可能发生的事故因其发生所造成的财产损失承担赔偿保险金的责任，或者当被保险人死亡、伤残、疾病或者达到合同约定的年龄、期限时承担给付保险金责任的保险行为。

（2）社会保险。它是指国家通过立法形式，对社会成员在年老、疾病、失业、伤残、生育等情况下的基本生活给予一定的物质帮助的一种社会保障制度。

2.按保险标的不同，保险可以分为人身保险、财产保险

（1）人身保险。它是将人的身体和寿命作为保险标的，以生存、年老、疾病、伤残、死亡等人身风险为保险事故的一种保险。

（2）财产保险。它是将财产及其相关利益或责任作为保险标的的一种保险。

3.按实施方式的不同，保险可以分为强制保险、自愿保险

（1）强制保险。它又称法定保险，是国家通过颁布法令强制实施的一种保险。社会保险是典型的强制保险，商业保险中的个别险种如机动车辆第三者责任保险也属于强制保险。

（2）自愿保险。它是投保人和保险人在平等自愿的基础上，通过订立保险合同而建立保险关系的一种保险。自愿保险是商业保险实施的主要形式。

4.按保险人承保方式的不同，保险可以分为原保险、再保险、共同保险、重复保险

（1）原保险。它是投保人通过与保险人直接订立保险合同而建立的原始的保险关系，当保险标的发生该合同约定范围内的损失时，由保险人直接对被保险人承担经济赔偿责任的一种保险。

（2）再保险。它也称分保，是原保险人将自己承担的原保险责任的一部分或全部，以订立再保险合同的方式分给另一个或几个保险人承担的一种保险。

（3）共同保险。它是两个或两个以上保险人联合起来共同承保同一标的、同一风险、同一保险事故，且其保险金额总和不超过保险标的价值，当发生赔偿责任时，依照各保险人承保的金额分摊赔偿金的一种保险。

（4）重复保险。它是投保人在同一期限内就同一保险标的、同一保险利益、同一保险事故分别向两个或两个以上保险人投保，并分别订立保险合同的一种保险。

5.按投保人的不同，保险可以分为个人保险、团体保险

（1）个人保险。它是以个人作为投保人的保险。个人保险的投保人是单个的自然人，被保险人也是单个的自然人或家庭。

（2）团体保险。它是以企业、单位等组织作为投保人的保险。团体保险的投保人一般是该组织的法定代表人，被保险人是该组织的成员。

6.按承保风险的不同，保险可以分为单一风险保险、综合风险保险和一切险

（1）单一风险保险。它是指保险人只对被保险人面临的某一种风险提供保险保障。

（2）综合风险保险。它是指保险人对被保险人所面临的两种或两种以上的风险承保并履行保险合同约定的经济赔偿责任。

（3）一切险。它是指除了保险合同中列举出来的不保风险外，保险人对被保险人面临的其他一切风险都提供保险保障的保险。

7.1.4 保险的基本原则

1.最大诚信原则

（1）最大诚信原则的含义

它是指保险双方当事人在签订和履行保险合同的过程中，务必做到最大限度诚实和守信，不得隐瞒与保险标的有关的重要事实，不得逃避或减少按合同规定对另一方应承担的责任。

（2）最大诚信原则的基本内容

知识拓展7-1

违反告知的法律后果

①告知，又称“披露”或“陈述”，它是指在保险合同订立前、订立时及合同有效期内，双方当事人均应如实申报、陈述。也就是说，在合同订立之前、之时、之后，投保人对已知或应知的危险和与标的有关的实质性重要事实向保险人作口头或书面申报；保险人也应将与投保人利害相关的实质性重要事实据实通知投保人。保险合同双方当事人谁违反告知义务，都将承担法律后果。

②保证，是指投保人或被保险人对保险人所作的特定担保事项，如担保事项的存在或不存在，或担保事项的作为或不作为。保证的内容是合同的组成部分，是影响保险合同效力的重要因素。

③弃权与禁止反言。最大诚信原则中的告知和保证主要是针对投保人的规定，特别是保证更是对投保人单方面的约束。为了体现保险活动的公平性，最大诚信原则规定了约束保险人的内容：弃权与禁止反言。弃权通常是指保险人放弃合同解除权与抗辩权；禁止反言是指保险人既然放弃了该项权利，日后就不得向投保人或被保险人再主张这项权利。

同步案例7-1　投保人未履行全部如实告知事项　保险事故发生赔不赔？

2012年1月6日，投保人洪某在H人寿保险公司为其妻子吴某投保了吉祥至尊两

全保险（分红型），年缴保费3 736元，交费期间为20年，并附加08定期重大疾病保险，保险金额为8万元，20年期，年缴保费1 008元，保险期间均自2012年1月7日零时起至2039年1月6日二十四时止，以及附加住院费用A款医疗保险，保险金额1万元，保险费646元，交费方式为一次交清。2013年12月17日，吴某因身体不适，到厦门大学附属中山医院住院，入院诊断为：①宫颈腺癌Ib2期；②子宫肌瘤；③高血压病；④骶管囊肿；⑤轻度贫血。2013年12月31日，吴某出院，随后向H人寿保险公司提出理赔申请，要求其给付重大疾病保险金8万元及附加住院医疗费1万元。H人寿保险公司认为，吴某当初投保时在“个人业务投保书”上的健康告知中否认有高血压病史，影响了保险公司是否承保的决定，故以投保人投保时没有履行如实告知义务为由拒赔。吴某不服，认为未告知有高血压病史并非故意的，由此向泉州仲裁委员会申请仲裁。经仲裁庭调解，双方达成协议，H人寿保险公司支付吴某重大疾病保险金人民币6.8万元及附加住院医疗费用人民币1万元。仲裁费用2 756元，由H人寿保险公司承担。

案例分析7-1

分析提示

资料来源　李毅文．投保人未履行全部如实告知事项　保险事故发生赔不赔［EB/OL］.［2015-06-09］. http：//chsh.sinoins.com/2015-06/09/content_158324.htm.

知识拓展7-2

人身保险的保险利益

2.保险利益原则

（1）保险利益的含义

保险利益是指投保人对保险标的所具有的法律上所承认的经济利益。投保人对保险标的可能具有多方面的利益，但作为保险利益必须具备以下条件：①必须是合法的利益；②必须是客观存在的、确定的利益，那种人们主观臆想的或无法确定的利益不能称为保险利益；③必须是经济利益，即投保人对保险标的的利益必须是可以通过货币计量的。

（2）保险利益原则的含义与意义

其具体包括以下几层：投保人需以其所具有保险利益的标的投保，否则，保险人可单方面宣布合同无效；投保人或被保险人失去了对保险标的的保险利益，则保险合同随之失效；发生保险责任事故后，被保险人不得因保险而获得保险利益额度以外的利益。

在保险活动中，坚持保险利益原则主要基于以下考虑：一是防止赌博行为的发生；二是防止道德风险的发生；三是保险利益原则规定了保险保障的最高限度，并限制了赔付的最高额度。

3.损失补偿原则

（1）损失补偿原则的含义

损失补偿原则是指当保险事故发生并造成被保险人的经济损失时，保险人给予被保险人的经济损失赔偿数额，恰好弥补被保险人因保险事故所造成的经济损失。

这一原则包括两层含义：一是有损失有赔偿，即被保险人因保险事故而造成的经济损失，依照保险合同，在一定条件下有权获得全部的、充分的补偿；二是损失多少赔偿多少，即保险人对被保险人的赔偿数额，仅以被保险人的保险标的遭受的实际损失为限，而不能使其获得额外的利益。总之，保险人承担的赔偿责任应以实际损失为限、以保险金额为限、以保险利益为限，三个限额同时起作用时，其中金额最小的限额为保险赔偿的最高额。

损失补偿原则对财产保险合同和其他补偿性合同来说是保险理赔的首要原则。坚持这一原则，对维护保险当事人的正当权益、履行好保险的经济补偿职能、防止被保险人通过保险赔偿而得到额外利益及道德风险的发生具有重要意义。当然，损失补偿原则不适用于人寿保险。

答疑解惑7-3

某幢厂房和设备分别投保了火险，保险金额分别为500万元、100万元。在保险期内因发生保险事故使厂房和设备全部焚毁，出险时该厂房已升值，市价为580万元，而设备已跌价，市价为90万元。保险公司应分别赔偿多少？

答：保险公司应分别赔偿500万元和90万元。

（2）损失补偿原则的派生原则

① 重复保险的损失分摊原则。它是指在重复保险的情况下，对于保险标的的损失，应采取适当的方式在各保险人之间分摊赔偿责任，以使被保险人所获得的保险赔偿金额不超过其保险标的的实际损失额。重复保险的损失分摊主要有比例责任分摊、限额责任分摊和顺序责任分摊三种方式。

② 代位原则。代位在保险中是指保险人取代被保险人获得追偿权或对保险标的的所有权。代位原则是指保险人依照法律或保险合同的约定，对被保险人所遭受的损失进行赔偿后，依法取得向对财产损失负有责任的第三者进行追偿的权利，或取得被保险人对保险标的的所有权。代位原则在保险活动中具有重要意义：防止被保险人因同一损失而获得超额赔偿；使肇事者对因其疏忽或过失所造成的损失负有责任，既有利于维护公平，也有利于维护保险人的利益；有利于被保险人及时获得经济补偿。

4.近因原则

近因是指造成保险标的的损失的最直接、最有效因素，是在损失结果发生中起决定作用的原因。近因原则是指在多个原因导致保险标的的损失的情况下，只有导致保险标的的损失的近因在保险责任范围内，保险人才对保险标的的损失负赔偿责任。所以，在保险理赔中，首先要在造成保险事故的众多原因中确定哪一个是近因，然后核实该近因是否属于承保的风险。如果近因属于承保风险，保险人就要赔付；否则，保险人不予赔付。

同步案例7-2　同时遇险，所获赔付不同

案例分析7-2

分析提示

新婚夫妇贺先生与张小姐参加旅行团去九寨沟旅游，途中他们所乘坐的旅游大巴车与一辆大货车相撞，夫妇双双受了重伤被送往医院急救。张小姐因颅内受到重度损伤且失血过多，抢救无效，于1小时后身亡。贺先生在车祸中丧失了左肢，在急救中因急性心肌梗死，于第二天死亡。在此之前，他们购买了人身意外伤害保险，每人的保险金额均为10万

元。保险公司接到报案后立即着手调查，了解到张小姐一向身体健康，而贺先生婚前就有多年的心脏病史。最后，保险公司根据《人身意外伤害保险条款》及《人身意外伤害保险伤残给付标准》，给付张小姐死亡保险金人民币10万元，给付贺先生意外伤残保险金人民币5万元。

7.1.5 保险合同

1.保险合同的定义及其形式

（1）保险合同的定义

保险合同也称保险契约，是商业保险中投保人与保险人约定保险权利义务关系的协议。保险合同应在双方当事人平等自愿、协商一致的基础上订立。

（2）保险合同的形式

保险合同是要式合同，一般要以书面形式订立。目前，保险合同的书面形式主要包括以下几种：①保险单。它也称保单，是保险人和投保人双方订立保险合同的正式书面文件，是由保险人签发给投保人或被保险人收执的凭证。保单是投保人与保险人履行义务的依据。当保险标的遭受保险责任范围内的灾害事故致损时，被保险人凭保单向保险人索赔，保险人则凭保单向被保险人支付赔款或给付保险金。②保险凭证。它是保险人签发给投保人的承保凭证，是保险单的一种简化形式，与保险单具有同等的法律效力，目前主要在货物运输保险、团体人身保险及某些强制保险中使用。③暂保单。它是在正式保险单或其他保险凭证签发前，保险人或保险代理人签发给投保人的临时保险凭证。它与正式保险单具有同等效力，只是有效期较短（一般为30天）。当正式保险单出具后，暂保单即自动失效，其效力归并到保险单中。④批单。它是保险合同双方当事人就保险单内容进行修改和变更的证明文件。批单不是订立保险合同的凭证，而是变更原保险合同的单证。批单一经签发，就成为保险合同的有机组成部分。

2.保险合同的组成要素

保险合同由三个要素组成，即保险合同的主体、保险合同的客体和保险合同的内容。

（1）保险合同的主体

它是保险合同订立、履行过程中的参与者，包括保险合同的当事人和关系人。保险合同的当事人是指保险合同的双方缔约人，包括保险人和投保人。

保险合同的关系人是指享有保险合同权利或承担保险合同义务的人，包括被保险人和受益人。被保险人是指其财产或人身受保险合同保障、享有保险金请求权的人。受益人是指人身保险合同中由被保险人或投保人指定的享有保险金请求权的人。

答疑解惑7-4

投保人、被保险人和受益人有什么联系？

答：投保人、被保险人和受益人合称投保方，三者之间的联系表现为：当投保人为自己的利益投保时，投保人即被保险人，但其在订立合同时只能称为投保人，只有当合同成立后，投保人才成为被保险人；当投保人为他人利益投保时，投保人和被保险人是两个人，投保人缴费，被保险人享有保险金请求权；投保人可以是受益人，但必须由被保险人指定或同意。从理论上说，被保险人也可以为受益人。就财产保险合同而言，对保险标的损失的补偿，受益的就是被保险人；就人身保险合同而言，被保险人虽然可以指定自己为受益人，但受益人只有在被保险人死后才享有保险金请求权，即被保险人指定自己为受益人毫无意义。

同步案例7-3 这笔保险金该由谁申请

2010年9月10日，某机械厂为其员工投保国寿绿洲团体意外伤害保险，保险金额15万元。2010年11月2日，被保险人张某在工作中不慎被起重机挤伤，经抢救无效死亡，之后由单位报案并委托业务员提出理赔申请。经核查，合同真实有效，案件事实清楚，保险公司应予以赔付无疑，问题的关键是要确定谁是该笔保险金的申请人。

案例分析7-3

分析提示

资料来源 杨传连．被保险人死亡 保险金该由谁申请 谁来继承［N］．中国保险报，2011-03-28.

（2）保险合同的客体

它是投保人或被保险人对保险标的所具有的保险利益，是保险合同的重要组成要素。保险标的是作为保险对象的财产及其有关利益或者人的身体和寿命。保险合同的客体虽然与保险标的连在一起，但保险合同的客体不是保险标的本身，而是保险标的所体现的保险利益。这是因为保险合同保障的不是保险标的本身的安全，而是保险标的受损后投保人或被保险人、受益人的经济利益。

（3）保险合同的内容

它是规定保险合同双方当事人的权利和义务及其他有关事项的文字条款，是当事双方履行合同义务、承担法律责任的依据。保险合同条款有基本条款和特约条款两类。

基本条款是法律规定必须在保险合同中列明的内容，缺少这些条款，保险合同就不能成立。《保险法》规定，保险合同的基本条款包括以下事项：保险合同当事人和关系人的情况，如姓名、性别、年龄、身份证号码、住址等；保险标的；保险责任和责任免除；保险期限和保险责任的开始时间；保险价值和保险金额；保险费及其缴付办法；保险金的索赔与理赔；违约责任和争议处理；订立保险合同的时间等。

特约条款是允许保险合同当事人自由协商约定的条款。它主要有两类：附加条款和保证条款。附加条款是指保险人为满足投保人或被保险人的特殊需要，在保险合同基本条款的基础上，增加一些补充内容，以扩大承保责任范围的条款。附加条款是对基本条款的变更补充，其效力优于基本条款。保证条款是指在保险合同中要求投保方在合同有效期内保证履行合同的规定。保证条款一经约定，投保方必须严格遵守；否则，保险人有权解除合同或拒绝承担赔付责任。

3.保险合同的订立与履行

（1）保险合同的订立

它是指投保人和保险人在意思表示一致的情况下订立保险合同的行为。保险合同只有经过要约和承诺两个阶段才能成立。

第一，要约。保险上的要约又称为要保，是指投保人向保险人提出保险要求的意思表示。要约在我国必须采取书面形式——填写投保单。投保单也称要保书，是投保人要求参加保险时所填写的书面要约，一般由保险人事先印就。只有投保人按照投保单所列举的内容逐一填好并交给保险人或其代理人时，才构成要约。投保人填写的内容准确与否，直接关系到其是否履行了如实告知义务。

第二，承诺。保险上的承诺也称承保，是指保险人同意投保人提出的保险要求的意思表示。具体地说，就是保险人认可了投保人在投保单上填写的所有内容，接受了投保人在投保单上提出的所有条件，同意在双方合意的条件下承担保险责任。实际工作中，保险人在投保单上签字盖章后，保险合同即告成立，保险人应及时向投保人或被保险人签发保险单或其他保险凭证。

（2）保险合同的履行

它是双方当事人依法全面完成合同义务，保证对方权利实现的整个行为过程，包括当事人义务的履行以及保险合同的变更、中止和终止等内容。

第一，当事人义务的履行。投保人或被保险人在合同履行过程中，主要有以下义务：按期、足额缴付保险费，维护保险标的安全，履行危险增加通知义务、出险通知义务、积极施救义务、协助追偿义务。投保人或被保险人的权利主要有两个：一是发生保险事故造成损失时，有向保险人索赔的权利；二是有了解保险条款真实情况的权利。

第二，保险人在合同履行过程中的义务主要有：履行说明义务、及时签单义务、保密义务，承担赔偿或给付保险金的责任，承担施救及其他合理费用。保险人的权利主要有收取保费权、防损建议权和代位追偿权等。

4.保险合同的争议处理

保险合同的争议，是指在保险合同履行过程中，合同当事人之间由于对合同的条款理解有分歧而发生纠纷。能否及时准确地解决保险纠纷，对规范保险活动、保护合同当事人的合法权益具有十分重要的意义。保险合同的争议处理一般有以下三种方式：

（1）协商

它是指在争议发生后，双方当事人在平等互利、互谅互让的基础上对争议事项进行协商，达成共识以解决纠纷的方式。争议双方经协商不能达成一致时，可以约定向仲裁机构提出仲裁，也可以依法向人民法院提起诉讼。

（2）仲裁

它是指双方当事人将发生的合同纠纷诉诸有关仲裁机构做出判断或裁决的一种争议处理方式。仲裁必须以当事人事先约定或事后达成的仲裁协议或仲裁条款为前提，实行一裁终局，仲裁裁决具有法律效力，当事人必须执行。

（3）诉讼

它是保险合同的一方当事人按有关法律程序，通过法院对另一方提出权益主张，并要求法院通过审判予以裁决的争议处理方式。我国的现行诉讼制度实行二审终审制，一经终审判决，立即产生法律效力，当事人必须执行。

同步案例7-4　恙螨叮咬人感染致死，人身意外险应否赔偿

2018年1月30日，重庆法院网发布一篇题为《恙螨叮咬致人死亡保险公司不能免赔》的报道：近日，永川区法院审结一起保险合同纠纷案件，以恙螨叮咬导致被保险人死亡属于格式条款中的意外伤害为由，判决保险公司支付保险合同受益人意外伤害死亡保险金60 000元。

文章内容：2012年4月18日，原告陈某的母亲杨某在平安人寿永川支公司（简称“平安公司”）投保了保险金为200 000元的平安智胜人生终身寿险（万能型）、保险金为60 000元的平安附加无忧意外伤害保险、保险金为10 000元的平安附加无忧意外伤害医疗保险、平安附加住院费用医疗保险，受益人均为陈某。平安附加无忧意外伤害保险第2.3条约定“被保险人因遭受意外伤害，并自事故发生之日起180日内身故的，按基本保险金额给付意外身故保险金，本附加险合同终止”；第7.1条约定“意外伤害指遭受外来的、突发的、非本意的、非疾病的使身体受到伤害的客观事件”。2016年9月16日，杨某患恙虫病到云南省红河州第一人民医院住院治疗，于次日死亡。居民死亡医学证明书载明，杨某直接死亡原因为脓毒性休克，引起的疾病为恙虫病可能。平安公司以杨某并不被确诊患有恙虫病，且恙虫病属于传染性疾病，根据保险合同“因疾病所致的伤害不属于保险责任的范围”约定，即使杨某患恙虫病死亡，也不属于遭受意外伤害死亡，故对陈某要求支付60 000元的意外伤害保险金的请求予以拒绝。

案例分析7-4

分析提示

资料来源　李毅文. 恙螨叮咬人感染致死，人身意外险应否赔偿［N］. 中国保险报，2018-06-27.

7.2　保险的购买与经营

7.2.1　保险的购买

投保是整个保险活动中非常重要的环节。对投保人而言，怎样购买保险尤其值得关注。

1.购买保险的原则和有效条件

（1）购买保险的原则

第一，高额损失优先选择。在现实生活中，风险客观存在，而风险又可能会造成损失。作为一个理性人，在损失有可能发生的情况下，应该优先选择损失更为严重的情况进行投保。

第二，分级自留免赔额。免赔额是指在保险合同中所约定的保险事故发生后，保险人并不负责任，而是由投保人（或被保险人）自己承担的那部分损失。有些风险造成损失的程度小，自己能够承受部分的损失，此时就可以自留免赔额。免赔额越高，投保人所需缴付的保费就越少。对有免赔额规定的险种，投保人应根据免赔额的大小和缴付保费的多少来选择是否自留。

第三，先满足人身保险，后考虑财产保险。人是创造财富者，没有人的保全，也就没有财富的积累。因而消费者在考虑买保险时，一定要分清主次，人的保障始终比财富的保障更重要，处理好人身保险和财产保险的关系，则满盘皆赢；否则，全盘皆输。

第四，权衡成本与收益。保险的一般功能是为人们的身体健康、财产可能的受损提供保障，但现在一些保险产品除了此项功能以外，还有投资、分红等作用。针对这类产品，投保人就需要估测一下购买保险的成本和收益，优先选择收益高、成本低、保障程度高且更适合自己的产品。

（2）购买保险的有效条件

投保人在购买保险时需要具备一定的条件，这些条件是投保人投保的前提，也是保险人承保时所需审核的内容。鉴于投保行为的特点，投保人应具备以下几个条件：

① 合法性。这是指投保主体资格应合法，即只有具有完全民事行为能力的自然人和具备独立法人资格的企事业单位、机关团体等才具有投保资格。

② 对投保标的具有确定的保险利益。保险利益原则是保险的基本原则之一，在购买保险产品时，只有对保险标的具有保险利益的人才能取得投保人的资格。

③ 经济上的可行性。投保人购买保险产品时，应考虑自己的收入来源以及保费的承受能力，以此选择适合自己的保险产品。

2.购买保险的途径和方法

（1）直接向保险人投保

其一般程序是：

① 确定保费承受能力，制订投保计划。投保人在向保险人投保之前，必须根据自己的实际情况确定保费的承受能力，制订恰当的投保计划。

② 选择保险公司。在确定购买保险之前，投保人应根据一些具体情况来判断各家保险公司的信誉水平、业务水平、赔付能力、服务质量等，择优而定。

③ 确定险种和保险金额。保险金额是保险公司偿付的最高限额，也是计算保险费的依据之一。对于不同险种，其保险金额的确定方法也不一样，投保财产保险一般按保险标的的实际价值确定保险金额；投保人身保险则要根据自己的需要和缴付保费的能力来确定保险金额。

④ 填写投保单。投保人在填写投保单时应慎重，将有关事项如实填写清楚，否则会在风险事故发生后造成不必要的纠纷。

⑤ 缴付保险费。在投保过程中，缴付保险费是投保人应尽的义务。一般而言，对于保险期限在1年以内的保险，其费用需一次缴清，而长期寿险可以分期缴付（通常以年为单位）。

⑥ 领取保险单。保险人根据投保单出具保险单，投保方应妥善保管，它是被保

险人（或受益人）向保险人索赔的重要依据。

（2）通过保险中介人投保

第一，通过保险代理人投保。保险代理人是根据保险人的委托，向保险人收取代理手续费，并在保险人授权的范围内代为办理保险业务的单位或个人。保险人所授权的代理人既可以是个人，也可以是机构。投保人通过代理人与保险公司订立合同，其法律效力与直接向保险公司投保完全一样。保险代理人在法律上的地位等同于保险公司，其一切行为都代表保险公司并由保险公司负法律上的责任。

知识拓展7-3

汽车保险的分类及购买原则

第二，通过保险经纪人投保。保险经纪人是基于投保人的利益，为投保人与保险人订立保险合同提供中介服务，并依法收取佣金的单位。由于保险经纪人是专门性业务机构，具有保险的专业知识，又熟悉各个保险人的信誉水平和经营状况，更为重要的是，保险经纪人被视为投保人的代表，可以最优惠的条件为投保人取得最充分的保障，且在办理保险业务时，若因保险经纪人的过错而给投保人造成损失的，由保险经纪人承担赔偿责任。因此，当投保金额较大时，某些投保人更乐于通过保险经纪人去投保。

7.2.2 保险的经营

保险公司保险经营的过程大体包括展业、承保、防灾防损、理赔等环节。

1.保险展业

保险展业又称推销保险单，是保险展业人员引导具有保险潜在需要的人参加保险的行为，也是为投保人提供投保服务的行为，是保险经营的起点。

（1）保险展业的原则

第一，唤起保险需求原则。保险具有特殊性，其产品是对消费者一种无形的承诺，加之专业性极强，大多数消费者对保险产品知之甚少，一般很少主动购买保险。但风险的客观性使得人们有购买安全保障的需求，如何将这些需求全部挖掘出来则是保险营销的重要内容。保险工作人员的职责，就是尽量让人们认识到自己在安全保障方面的需求，并根据客户的消费习惯、经济情况和储蓄倾向等因素，唤起人们用保险来进行安全保障的需求。

第二，非价格竞争原则。由于保险产品的价格（即保险费率）是以大数定律和概率论为基础，通过科学方法制定的，一般不能轻易地提高或降低，因此，保险产品的竞争不能像其他商品一样用降低销售价格的方式来提高竞争力，而更多的是通过提高服务质量、改善服务方式、开发新产品来提高市场占有率。

第三，有效激励原则。有人说，"保险不是买的，而是卖的"，这话不无道理。许多保险产品的销售都是通过业务人员的努力工作来完成的。有效地激发保险业务人员的潜能，充分发挥业务人员的主观能动性，对整个展业活动具有积极作用。

（2）保险展业的程序

保险展业一般包括下列几个步骤：

第一，进行市场调查，制订展业计划。对保险市场的调查包括对市场主体、客体和内容的调查。保险市场的主体包括保险人（竞争对手）、保险中介人（助手或对手）、客户（展业对象）；对保险市场客体的调查主要是了解什么样的保险产品更适合某区域的顾客；保险市场的内容是各种因素的组合及相互间的影响，如社会环境、各微观主体间、各主体与保险产品间的关联性等。在调查的基础上，对结果进行分析，对市场（特别是寿险市场）进行细分尤为重要。保险公司应该在此基础上制订出科学的展业计划。展业计划一般包括具体的展业目标及为实现目标而采取的方法和技巧。

第二，保险宣传。它是保险公司扩大知名度、推销其保险产品必须经历的一步。保险宣传的形式主要有人员推销、广告、展业推广、公共关系等。其目的在于使更多的人了解保险产品，增加保险知识，增强保险意识，并促成保险产品的销售。

第三，寻找准主顾并设计投保方案。保险展业人员都面临着同样的挑战：从茫茫人海中寻找出潜在的、有保险需求的准主顾，且要持续不断地去开拓和维持自己的准主顾市场。实际中，寻找准主顾的常用方法有亲缘法、熟人介绍法、陌生拜访法、目标市场法等。在找到准主顾之后，就可以根据展业目标和实际情况为其设计投保方案了。展业人员在提出投保方案的建议时应注意以下几点：既要注重方案的完整性，又要简明扼要；适时询问客户的意见；展现商品的特色，不只是叙述内容，还应适时举例说明，加深印象；充分考虑保险公司自身的利益。

第四，交易促成。展业人员经过一系列工作之后，就可在时机成熟之时，与准主顾签约成交。一般情况下，经过展业人员对保险产品的介绍和投保方案的设计之后，准主顾会有一定的兴趣购买保险产品，此时展业人员一定要把握住客户的这种购买欲望，促成签约投保。

第五，售后服务。实际上，客户签约投保并不是一笔交易的完成，而是保险服务的真正开始。保险的售后服务更应注意，除了亲切友善的态度外，一定要履行承诺，做到前后一致，为客户提供续保、制订新的保险计划、协助索赔等一系列售后服务。

2.保险承保

它是指保险合同的签订过程，即保险人对投保人所提出的申请及相关情况经过审核，同意接受其投保的行为。保险承保是一项专业性、技术性很强的工作，其质量的好坏直接关系到保险人经营的财务稳定性和企业经济效益的好坏。保险承保的一般程序如图7-2所示。

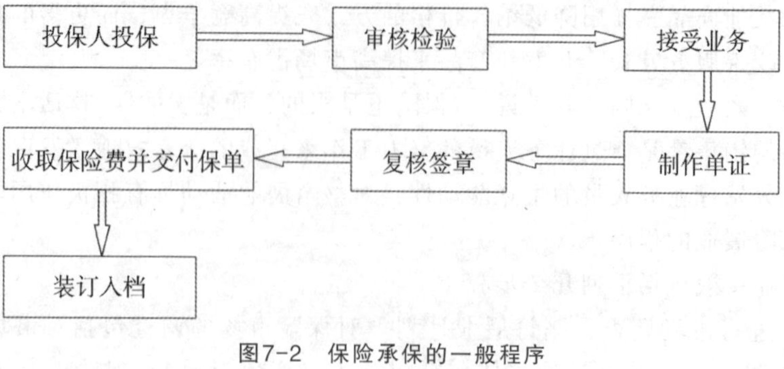

图7-2　保险承保的一般程序

第一，投保人投保。在展业人员寻找到准主顾之后，投保人提出保险申请，即填写投保单，交给保险人或保险中介人。

第二，审核检验。这一步是承保最为关键的一步，一般包括两方面的审核：一是审核投保单。审核内容包括投保人、保险标的的合法性，投保人对保险标的是否具有保险利益，投保单各事项的填写是否清楚、完整，投保附件证明是否齐全等。二是对承保风险本身的检验。保险人应对投保标的风险情况进行检验，以识别、衡量风险程度，确定风险等级，科学地进行承保选择和风险控制。对承保风险的检验包括：保险标的所处的环境，人身保险中的医务检验（即检查被保险人的健康状况）、事务检验（对被保险人的工作和生活环境、职业、经济情况等进行检查）等。

第三，接受业务。保险营销人员或保险中介人在对投保单和风险进行了初步审核检验后，将相关单证交给保险公司的内勤人员。内勤人员接到各种单证后，必须认真进行全面审核，再次就投保人所填内容进行认真分析和复核。

第四，制作单证。在接受业务之后，保险人应根据投保单和与投保人约定的内容填制保险单或保险凭证。

第五，复核签章。复核主要是对单证的审核，看各种单证如投保单、保险单、验险报告等是否齐全，内容是否完整并符合要求，字迹是否清楚，保费的计算是否准确。审核无误后，相关人员及负责人签章。

第六，收取保险费并交付保单。保险公司的内勤人员将复核签章后的单证及相关收据交给保险营销员或保险中介人并收取保险费，保险营销员或保险中介人再将保单送至投保人手中。

第七，装订入档。任何一家企业在一笔业务完成后都应将相关资料存档，保险公司也不例外。

3.保险防灾防损

它是指保险人会同投保人及相关部门，对其所承保的保险标的可能发生的各种风险进行识别、分析，采取措施，减少或消除风险因素，以防止事故的发生和减少灾害损失的行为。

保险防灾防损不但是巩固保险人业务经营成果的必要措施，也是服务社会、减少社会财富损失的重要体现，对投保人、保险人和整个社会都有重要的作用。保险防灾防损工作应坚持“防重于赔”“以防为主” 的原则。其内容主要包括以下几个方面：做好防灾防损的宣传工作；加强与社会防灾防损部门的合作；组织相关检查，及时处理不安全因素和事故隐患；积极参与救灾减损；进行防灾调查，获取灾情资料等。

4.保险理赔

保险理赔即保险的赔偿处理，是指保险合同所约定的事故发生并造成损失后，保险人依据被保险人或受益人在规定的时间内提交的索赔文件和保险合同所做出的履行经济给付或补偿义务的行为。保险理赔可以说是对承保质量的检验，在承保过程中，若对业务的选择不严，就会导致赔案增多、赔款增多，承保手续不齐全会增加理赔工作的难度。理赔工作做得是否及时、合理，直接关系到保险公司的声誉。

在理赔之前，投保方需注意两点：一是出险通知。这是在保险事故发生后，被保险人或受益人将事故发生的时间、地点、原因及其他相关情况告知保险人并提出索赔要求的一种行为。出险通知可以采用口头形式，也可以采用函电、书面的形式。二是索赔时效。有些保险合同事先就已经约定偿付的请求权的期限，超过了该期限的索赔视为无效。因此，不论是为防止损失的进一步扩大还是把握索赔时效，被保险人（或受益人）都应尽快发出出险通知。

保险理赔的程序因保险种类的不同而有所差异，但一般都要经过以下几步：

第一，受理案件。保险人在接到出险通知以后，理赔人员应迅速与业务人员联系，将被保险人的出险通知和本公司的存档进行比较验证，若无误则立案调查。对于情况危急的，为了减少损失，保险人会在验证的同时委派人员去调查。

第二，现场勘查出险原因。现场勘查的内容包括：查明出险地点、出险时间、出险原因，索取出险证明，核实损失数额等。在这些内容中，最重要的是查明出险原因和核实损失数额。

第三，确定理赔责任。在经过现场勘查之后，保险人应分析损失是否属于自己的理赔责任范围。审核的内容包括：事故发生的地点是否在承保范围之内；索赔人提供的单证是否齐全真实；造成事故的原因是否在责任范围之内；合同中的免除条款是否有作用；索赔人是否具有偿付请求权；事故发生时保险合同是否有效等。

第四，赔付保险金。赔偿通常以货币形式来支付，但现实中也有通过修理、置换的方式来给予赔偿的。修理通常适用于保险标的是高档耐用品而又没有发生全损的情况，一些低值的家用电器较多地采用置换方式。

第五，损余处理和代位追偿。在财产保险理赔过程中，受灾之后的财物有时还有一定的价值，保险人在按全损进行赔付之后，有权处理剩余的物资。保险公司可以将剩余物资折价冲抵保险金，也可以将其销售而变现。在损余处理中，有一种情况值得注意，若损失的原因属于第三者的责任，被保险人可以向保险人申请赔付，但同时也要将向第三者追究责任的权利转让给保险人，即保险公司取得代位追偿权。如果被保险人已从第三者责任方那里获得了赔偿，保险公司只承担剩余部分的赔偿责任。

同步案例7-5　交通事故近因分析案

案例分析7-5

分析提示

某日，退休工人王某骑车途经一条偏僻马路，刘某驾驶一辆出租车在她身后超速行驶，遇到紧急情况后避让不当，将正常骑车的王某撞倒。看到王某受伤后，刘某不但不施救，反而倒车从王某身上碾过，致王某死亡。刘某所开的出租车已投保了机动车第三者责任险。保险公司是否承担保险责任？

7.3 保险业务

7.3.1 人身保险

1.人身保险的概念及特点

人身保险是以人的寿命和身体为保险标的的一种保险。其基本内容是：投保人与保险人订立保险合同，确立各自的权利和义务，投保人按照合同约定向保险人缴付一定数额的保险费，当被保险人在合同期限内发生死亡、伤残、疾病等保险事故或达到合同约定的年龄、期限时，保险人向被保险人或其受益人给付一定数量的保险金。人身保险具有以下特点：

（1）人身保险是一种定额保险。人身的价值是无法用货币估量的，因此人身保险也就无法通过保险标的的价值确定保险金额。一般情况下，人身保险的保险金额由双方当事人自由约定，发生保险事故时，保险人按合同约定的保险金额给付。

（2）人身保险是给付性保险。损失补偿原则一般只适用于财产保险，财产保险中保险人支付的保险金通常叫补偿金。而人身的价值无法估量，补偿人身损失也就无从谈起，发生保险事故时，保险人支付的保险金只能是一种经济帮助和抚慰，使被保险人摆脱因人身保险事故造成的经济困境。所以，人身保险中的保险金不称为补偿金，而称为给付金。

（3）人身保险具有长期性和储蓄性。人身保险中人寿保险的有效期通常在5年以上，有的险种保险有效期长达几十年甚至一生。人身保险的保险期间可分为交费期、领取期两个阶段，具体情况视不同的险种而定。有的险种交费期长，而领取期短，有的可能交费几十年而到期后一次全部领取保险金，这与储蓄十分相似。另外，有些险种不仅可以使投保人获得风险保障，而且可以使其享受到保费投资所带来的收益。这种储蓄性保单可以用来抵押贷款，在中途退保时还可以得到退保金。

（4）人身保险具有变动性、必然性和稳定性。变动性是指人身保险中死亡事故发生的概率随着被保险人年龄的增长而逐年增加。必然性是指人身保险事故的发生具有必然性，即人的生、老、病、死都必然要发生，但何时、何地、何种情况下发生又具有偶然性。稳定性是指人身保险中死亡事故发生的概率虽然随被保险人年龄的增长而提高，但整体概率具有相对稳定性。

2.人身保险合同的常见条款

保险合同条款是保险合同的核心。有一些特定内容属于人身保险合同比较常见的、通行的条款，对此，保险人和投保方都应有充分的认识。这些常见条款包括：

（1）不可抗辩条款

它又称不可争条款，该条款规定，在被保险人生存期间，从保单签发之日起满一定期限（通常为2年）后，除了由于投保人欠缴保险费以外，保险人不得以投保人投保时的误告、漏告、隐瞒为由，否定保单的有效性。在人身保险合同中列入这一条款，目的是保护被保险人的利益，防止保险人滥用权利。

（2）年龄误告条款

该条款规定，如果投保人在投保时误告了被保险人的年龄，保险合同依然有效，但应该进行更正和调整。当由于误告被保险人的年龄（报小了）而少缴保费时，保险人可以要求投保人补缴保费或减少保额；当由于误告被保险人的年龄（报大了）而多缴保费时，保险人应退还多缴的保费或增付保险金。

（3）宽限期条款

该条款规定，对于没有按时缴付保费的投保人给予一定的宽限期（我国《保险法》规定为60天），投保人只要在宽限期内缴付了保费，则保单继续有效。在宽限期内发生保险事故的，即使投保人没有缴费，合同仍然有效，保险人应给付保险金，但要从中扣除应缴付的保险费及其利息。

（4）复效条款

该条款规定，保单因投保人欠缴保费而失效后，自失效之日起一定期间内（一般为2年）投保人可以申请复效，经保险人审查同意后，投保人补缴保单失效期间的全部保费及利息，保险合同即可恢复效力。

（5）不丧失现金价值条款

除了个别险种以外，大多数人寿保险在缴付一定时期的保费之后都具有现金价值。该条款规定，保单所有人享有现金价值的权利，不因保险合同效力的变化而丧失。也就是说，这部分现金价值虽然由保险人保管运用，但其所有权归保单所有人，即使保单失效了，保单上的现金价值所有权仍归保单所有人。

（6）保单贷款条款

该条款的基本内容是：投保人缴付保费满一定期限（一般为2年）后，可以在保单的现金价值数额内，凭保单向保险人或第三方申请贷款，习惯上称其为保单质押贷款。

（7）受益人条款

该条款一般包括两个方面的内容：一是明确规定受益人；二是明确规定受益人是否可以更换。人身保险中的受益人包括原始受益人和后继受益人。原始受益人是投保人或被保险人在订立合同时约定，当被保险人死亡时有权领取保险金的人。后继受益人是在原始受益人死亡的情况下有权领取保险金的人。如果投保人或被保险人没有指定受益人，或者指定的受益人先于被保险人死亡后没再指定受益人，则被保险人的法定继承人就成为受益人。另外，受益人有两种形式，即不可变更的受益人和可变更的受益人。如果保单明确规定受益人是可以更换的，变更受益人无须征求受益人同意，但应当以书面形式通知保险人。

（8）自杀条款

该条款一般规定，以死亡为给付保险金条件的保险合同，被保险人在保单生效后的一定时期内（一般为2年）自杀的，保险人不给付保险金，但应退还投保人所缴的保费。如果自杀发生在保单生效2年以后，保险人应按合同约定给付保险金。该条款的规定既可以防止道德风险的发生，也可以最大限度地保障被保险人、受益人的利益。

答疑解惑7-5

2018年年初，钱女士为自己购买了保额为10万元的两全型人寿保险，并指定身故受益人为其丈夫汪先生。2021年年初，钱女士与丈夫因感情不和协议离婚。6个月后钱女士因车祸不幸身故。丧事办完后，钱女士父母在整理遗物时发现了这张保险单，于是立即向保险公司申请理赔。钱女士的前夫知道此事后，也同时提出了领取保险金的申请。由于保单上的受益人是汪先生，保险公司只能把10万元保险金赔付给钱女士的前夫，钱女士的父母表示难以接受这个事实。保险公司这样做对吗？

答：根据法律和保险学原理，保险金应付给钱女士的前夫。这个案例是由受益人指定后未及时变更而造成的，所以，被保险人的前夫有权领取这笔保险金。

3. 人身保险的种类

（1）人寿保险

其简称“寿险”，是以被保险人的生命为保险标的，以生存和死亡为给付保险金条件的人身保险。人寿保险与意外伤害保险、健康保险一起构成了人身保险的三大基本险别，并在全部人身保险业务中占绝大部分而成为主体。人寿保险的种类主要有：

第一，死亡保险。它是以被保险人的死亡为保险事故或给付保险金条件的保险。依据死亡期限的不同，死亡保险可以分为定期死亡保险和终身死亡保险两种。定期死亡保险简称定期寿险，是指在保险合同中有明确的保险期限，当被保险人在保险期限内死亡时，保险人向受益人给付保险金的保险。如果被保险人在保险期限内未发生死亡事故，则保险合同终止，保险人不给付保险金。终身死亡保险又叫终身寿险，是一种不定期的死亡保险，即自保单生效之日起，不论被保险人何时死亡，保险人都给付保险金。

第二，生存保险。它是以被保险人于保险期满时仍然生存为保险金给付条件的保险。生存保险与死亡保险正好相反，被保险人在保单规定的保险期满时，若还生存于世，则保险人给付保险金；如果被保险人在保险有效期内死亡，则保险人不给付任何保险金，保单失效。生存保险可以分为两类：单纯生存保险和年金保险。单纯生存保险是以被保险人在规定期限内生存为给付条件，并一次性给付保险金的保险。年金保险是在被保险人生存期间，保险人按照合同约定的周期（通常是1年）给付保险金的保险。目前，生存保险通常采用年金保险的形式。年金保险又称为养老金保险。

第三，两全保险。它又称生死合险，是把定期死亡保险和生存保险结合起来的保险形式，是指被保险人无论在保险期内死亡还是生存到保险期届满，保险人都给付保险金，即在保险有效期内，若被保险人死亡，保险人给付受益人约定数额的死亡保险金；若被保险人生存至保险期满，被保险人得到约定数额的生存保险金。

以上寿险一般都有相应的附加险，或通过附加条款的形式扩展其对被保险人的保险保障，这对投保方是有吸引力的，投保人可自行选择投保。

第四，团体人寿保险。它是以社会团体为投保人，以该团体成员为被保险人的人寿保险。目前，最普遍、业务量最大的是团体定期寿险。该险种的承保对象广泛，凡机关团体、企事业单位的在职人员，年龄在16~60周岁，身体健康、能正常工作的，都可以成为被保险人，由其所在单位集体投保。

第五，简易人寿保险。它是一种免体检的小额两全人寿保险。这一险种目前在我国开展广泛。凡年龄在16~65周岁、能正常工作或劳动的人都可投保，保险期限确定为5年、10年、15年、20年和30年5种，供投保人选择，但被保险人在合同期满时最高年龄不能超过70周岁。

同步案例7-6　　保险公司可以拒付保险金吗？

2017年3月，某厂45岁的龚某因患胃癌（亲属因担心其情绪波动，未将真实病情告诉本人）住院治疗，手术后出院，并正常参加工作。8月24日，龚某投保了简易人身保险，办妥了有关手续，但填写投保单时没有申报身患癌症的事实。2018年5月，龚某旧病复发，经医治无效死亡。龚某的妻子以指定受益人的身份到保险公司请求给付保险金。保险公司在审查提交的有关证明时，发现龚某的病史上载明其曾患癌症并动过手术，于是拒绝给付保险金。龚妻以丈夫不知道自己患何种疾病并未违反告知义务为由抗辩，双方因此发生纠纷。对于此案的处理，保险公司内部有两种不同意见：一种意见是，龚某投保时虽实际已患有严重疾病，如果本人确实不知道而没有告知，则看不出他存在任何过错。除非保险公司能举证被保险人的过错，否则既然合同已成立，保险人应该承担责任。另一种意见是，龚某投保之前患有严重疾病并接受过手术治疗，但因家属和医生的善意隐瞒，其本人并不清楚自己患有何种疾病，导致投保时未告知。仔细推敲这种特殊情况，保险人是有正当理由拒绝给付的。根据《保险法》的一般理论，告知义务要求告知内容是对事实的陈述，并不苛求投保人的告知完全准确无误，只要在投保人认知范围内尽最大可能履行了这项义务即可。

案例分析7-6

分析提示

第六，新型人寿保险。它是20世纪70年代以来保险人为适应新的保险需求、增强产品竞争力而开发的一系列新型保险产品。与传统人寿保险相比，新型人寿保险除了保险保障服务之外，还可以让客户参与由保险人管理的投资活动，是保险产品与其他金融产品的巧妙结合。这类产品目前主要有以下几种：变额人寿保险（其最大的特点是保额在保证一个最低限额的基础上可以变动）、万能人寿保险（一种缴费灵活、保险金额可调整的寿险）、变额万能人寿保险（在变额寿险的基础上吸收了万能寿险产品弹性交费等优点而设计的创新产品）。

随着我国保险市场竞争的进一步加剧，寿险公司为了化解经营风险、提高偿付能力、增强保险产品保障和投资的双重功能、吸引客户，纷纷推出非传统型的投资理财类险种，如投资连结保险（一种将固定保险保障与变动投资账户相结合的新型寿险产品）、万能保险（其最大的特点在于保费缴付的可选择性、保额的可调整性及保单运作的透明性）等。

（2）意外伤害保险

知识拓展7-4

投资连结保险、传统分红保险和传统非分红保险之间的区别

它是以被保险人的身体为保险标的，当被保险人遭受意外伤害而致残或致死时，保险人按合同约定给付保险金的一种人身保险。这里的意外伤害，是指在被保险人没有预见到或与意愿相违的情况下，突然发生的外来侵害对被保险人的身体明显地、剧烈地造成损伤的客观事实。以下三个要素，对构成意外伤害缺一不可：外来的、非本意的、突发的。

意外伤害保险包括：①普通意外伤害保险。其承保由普通的风险而导致的各种意外伤害事故。我国现开办的个人意外伤害保险、团体意外伤害保险、学生团体平安保险等属于此类保险。②特定意外伤害保险。它是以特定时间、特定地点或特定原因发生的意外伤害为保险风险的意外伤害保险。特定意外伤害保险目前主要有旅行意外伤害保险、职业意外伤害保险等。

同步案例7-7

周先生和朋友一起开了一家有限责任公司，主要在各个生活社区设点出售直饮水。公司现有员工10人，其中4名为机修工人，其他的是销售和财务人员。周先生在保险公司的朋友叫他买点团体意外险，说机修人员及推销人员经常在外面，买意外险后若员工出事保险公司可以赔偿，会减轻小企业的负担。

案例分析7-7

分析提示

周先生考虑到公司新成立，万一遭遇到意外事故，自己很难保证能给员工足够的赔偿，同时，也考虑到团体险确实不错，即使公司员工流动比较频繁，团体险还可以转给新员工，不会随着员工流失而产生损失，于是就为每位员工购买了每年130元的团体意外伤害险。

当年夏天，公司成立不到一年，机修工人小李出外作业时，遭遇了交通意外。通过保险公司，该员工获得了伤残赔偿。然而，由于身体伤残，小李需要休养，不能继续在公司工作，第二年年初，周先生就招聘了一名新员工顶替他。

没想到祸不单行。新员工到公司工作没几天，在外出作业的时候，再次出了交通意外。这次，周先生去保险公司为员工理赔时遇到了问题。保险公司以该员工没有参加团体险为由拒绝了周先生的理赔。周先生纳闷了，团体险不是可以在员工中转移的吗？既然新员工顶替了以前员工的职位，为什么团体险就失效了呢？

资料来源 佚名. 团体保险案例分析［EB/OL］.［2018-10-11］. http://www.hzins.com/study/detal-24416.html.

（3）健康保险

它又称疾病保险，是以被保险人的身体为保险标的，以被保险人的疾病、分娩及其所致残废或死亡为保险责任的人身保险。健康保险所承保的疾病风险有特定的范围：疾病是由非先天的原因引起的；疾病是由被保险人自身内部原因引起的；疾病是由偶然原因引起的。

健康保险按承保内容的不同，主要分为：①医疗保险。它又称医疗费用保险，是为被保险人因疾病所支出的医疗费用提供补偿的保险。医疗保险是健康保险最重要的

组成部分，其品种主要有普通医疗保险、住院医疗保险、手术保险和综合医疗保险等。②疾病保险。它是以被保险人罹患合同约定的疾病为承保风险的一种健康保险，目前主要有重大疾病保险和特种疾病保险。重大疾病保险有两种形式：一种是就某一重大疾病提供的保险，其中癌症疾病居多；另一种是针对多种重大疾病开办的保险，保障的疾病除癌症外，一般还包括心脏病、脑中风、瘫痪、重大器官移植手术等。特种疾病保险是专门为被保险人因患上特种疾病而发生的医疗费用提供补偿的一种健康保险，如牙科费用保险、眼科保健保险等。③生育保险。它是以产妇在分娩过程中发生的死亡或新生儿的死亡为承保风险的一种健康保险。我国目前开办较多的“母婴安康保险”就属此类。④收入损失保险。它是对被保险人因疾病致残后不能正常工作造成的收入损失进行补偿的一种健康保险。

同步案例 7-8　　“甲癌”获赔付 75 万元

随着社会和经济的不断发展，全民保险意识大幅提高。34岁的W女士发现自己的小家庭（夫妻二人及不满周岁的儿子）没有购买任何保险，决定制订家庭重疾保障计划。经过仔细比对，于2020年4月选择购买了“泰康健康有约终身重大疾病保险D款”，享有重大疾病以及轻症疾病共计175种及最高150%保额的保险保障。W女士选择一家三口一起投保，夫妻两人互为投保人，父亲为孩子投保，选择年缴至60岁，全家年缴保费2.9万元，每人基本保险金额50万元，前十年每人享受75万元的保额保障。

案例分析 7-8

分析提示

W女士由于身体不适于2020年8月到医院就诊，经B超、CT检查发现甲状腺结节，后经手术确诊甲状腺癌。W女士于11月30日向泰康养老贵州分公司提出理赔申请，公司立即安排理赔人员到医院探视并协助W女士搜集索赔资料。对W女士所患Ⅰ期甲状腺癌按照1.5倍给付重大疾病保险金75万元。

资料来源　作者根据《贵州日报》2021年7月8日的有关报道改编。

7.3.2　财产保险

1. 财产保险的概念及特点

财产保险是以各种财产物资及其有关利益、责任和信用为保险标的的一种保险。财产保险具有以下特点：

（1）业务性质具有补偿性。投保人付出一定的费用，参加各种类别的财产保险，目的在于转嫁自己在有关财产物资利益上的风险，在发生经济损失时获得保险人的赔偿；保险人经营各种类别的财产保险业务，则意味着承担对客户保险利益的损失赔偿责任。

（2）承保范围具有广泛性。财产保险的业务范围广泛，包括除自然人的生命和身体以外的一切风险保险业务，不仅包括财产物资，而且包括各种民事法律和商业信用风险。

（3）经营内容具有复杂性。财产保险的业务范围广泛，不同险种的特点不一样，所以财产保险公司经营过程中的复杂性比较明显，表现为投保对象复杂、承保标的复杂、承保过程复杂、风险管理复杂、经营技术复杂等。

（4）单个保险关系具有不等价性。一方面，投保人根据保险合同约定缴纳的保险费只占保险标的额的千分之几到百分之几，一旦发生保险事故，保险人要赔付所收保险费的数倍保险赔款；另一方面，保险公司在一定时期内所签订的财产保险合同大部分未发生所保的风险，保险人在这些合同上只有收入而没有支出，所以保险人在经营单笔保险业务时，收取的保险费与支付的保险赔款事实上并非等价的。

2.财产保险的种类

（1）企业和家庭财产保险

第一，企业财产保险。它是以企业存放在指定地点的财产物资为保险标的的一种保险。保险标的包括可保财产和特保财产。可保财产是指投保人根据保险条款的规定可以直接向保险人投保的财产，如房屋及其附属设备、机器设备、生产工具、管理工具、低值易耗品、原材料、半成品、产成品、账外及已摊销的财产。特保财产（特约可保财产）是指经保险双方特别约定后在保单中载明的保险财产，这类财产一般无明确的市场定价，风险特别，保险金额很难确定，如珠宝、玉器、古玩字画、邮票、艺术品、稀有金属、堤堰、水闸、铁路、道路、涵洞、桥梁、码头，以及矿井、矿坑内的设备与物资等。而无法用货币衡量其价值的财产或利益（如矿藏、矿井、森林、水资源，文件、账册、图表、技术资料等）以及非实际物质（如货币、票证、有价证券等）是不保财产，即保险人不予以承保的财产。

第二，家庭财产保险。它是以居民的家庭财产为保险标的的一种保险。我国开办的家庭财产保险主要有普通家庭财产保险和家庭财产两全保险。普通家庭财产保险主要有灾害损失保险和盗窃险。灾害损失保险的保险标的主要是被保险人所有、控制或共有的财产，包括房屋及室内附属设备、室内装潢、室内财产和经保险人同意的其他财产。不保财产主要是金银、首饰、古玩、有价证券等难以鉴定价值的财产，家养动物，生产用财产，违法违规及正处于紧急状态的财产。盗窃险保险标的的范围与灾害损失保险基本相同，但保险责任主要是针对盗窃行为而界定的，实际中通常作为家庭财产保险的附加险。家庭财产两全保险兼有经济补偿和到期还本的双重性质，即保险公司用投保人所交的保险储金的利息收入作为保险费，在保险期满后将原先交付的保险储金全部如数退还，如要续保，可以不退保险储金。

（2）运输保险

运输保险按标的可分为运输工具保险和货物运输保险两类。

第一，运输工具保险。其包括机动车辆保险、船舶保险和飞机机身保险。机动车辆保险主要分为车辆损失险和第三者责任险两部分，并有多种附加险。其保险标的包括汽车、摩托车、拖拉机以及多种特种车辆，如起重车、油罐车、消防车等。船舶保险是以各种类型的船舶作为保险标的，承保船舶在航行和停泊期间发生各种保险事故所造成的全部或部分损失以及可能引起的责任赔偿。飞机机身保险的承保对象包括机壳及其设备、仪器和特别安装的附件等。

知识拓展7-5

机动车交通事故责任强制保险

第二，货物运输保险。它不同于一般的财产保险，主要区别在于：货物运输保险的保险标的具有流动性；保险期限不是固定的，以运输运程为准；保险责任广泛。货物运输保险主要有海上货物运输保险和国内货物运输保险。海上货物运输保险承保通过海轮运输的货物在海上航行中遇到自然灾害和意外事故所造成的损失。国内货物运输保险承保国内运输过程中货物因自然灾害和意外事故而遭受的损失。国内货物运输保险主要包括水上运输货物保险、陆上运输货物保险、航空运输货物保险、邮包保险和联合运输保险等。

（3）工程保险

它是以在建工程作为承保对象，以与在建工程相关的经济利益作为保险标的的一种综合性保险业务。工程保险的主要险种有建筑工程保险、安装工程保险、机器损害保险和锅炉保险等。在我国，工程保险以前两种为主。

第一，建筑工程保险。其主要承保各项土木工程建筑的整个建筑期间由于自然灾害和意外事故造成的物质损失以及被保险人对第三方依法应承担的经济赔偿责任。因此，建筑工程保险以一切险的形式承保，即包括财产保险和责任保险的综合保险。开始其承保的对象主要是中外合资经营企业、中外合作经营企业、外资企业、补偿贸易、外汇贷款和其他利用外资的建筑工程，以及我国对外承包工程、援建工程。随着业务的开展，建筑工程一切险的保险对象已扩展到各类民用、工业用和公用事业的土木建筑工程项目，如住宅、酒店、商店、工厂、道路、码头、仓库、水库、桥梁、管道等。

第二，安装工程保险。其主要承保机器设备在安装过程中由于自然灾害和意外事故造成的物质损失以及被保险人对第三方依法应承担的经济赔偿责任。

（4）责任保险

它是以被保险人依法应负的民事损害赔偿责任或经过特别约定的合同责任作为承保责任的一类保险。被保险人在日常工作中由于过失行为给他人造成损害，或无过错但依照法律应负担赔偿责任，在接到赔偿要求时，由保险人承担保险责任。责任保险主要有以下几种：

第一，公众责任保险。其主要承保被保险人由于意外事故造成社会公众（第三者）的人身伤亡或者财产损失，依法应承担的经济赔偿责任。其主要险种有综合公共责任保险、场所责任保险、承包人责任保险、承运人责任保险等。

同步案例7-9　超市户外广告牌倒塌砸坏车　公众责任保险赔不赔

某超市在某财产保险公司投保公众责任保险，保险责任范围为在保险期限内，被保险人在保险单明细表列明的范围内，因经营业务发生意外事故造成第三者的人身伤亡和财产损失，依法应由被保险人承担的经济赔偿责任，保险公司按所列条款的规定负责赔偿。对被保险人因上述原因而支付的诉讼费用保险公司亦负赔偿责任。保险单载明的超市营业地点为某市市区河滨路56号，营业性质为零售服务业，赔偿限额为每次100 000元，保险期限一年，保险时间为2016年12月16日零时起至2017年12月15日二十四时止。

2017年6月11日傍晚，市民张某驾驶轿车至超市隔壁的河滨酒家用餐，将轿车停放在超市门外左侧的广告牌下。在张某就餐过程中，因天气下雨，并伴有阵风，广告牌倒塌，砸坏张某的轿车。经了解，广告牌为超市所立，广告的内容为超市销售的酒类广告。2017年7月26日，张某向法院提起诉讼，要求超市赔偿其车辆修理费22 786元及租车费1 800元。法院经审理，判令超市赔偿张某车辆修理费22 786元及租车费1 800元。超市在判决书生效后10日内履行了赔偿义务。随后不久，超市向保险公司提出理赔申请。保险公司以张某车辆砸坏，系户外广告牌倒塌所致，而户外广告牌不属保险单明细表列明财产为由，予以拒赔。超市理赔遭拒后，向法院提起诉讼。

案例分析7-9

分析提示

资料来源　程太和. 超市户外广告牌倒塌砸坏车　公众责任保险赔不赔［N］. 中国保险报，2018-11-24.

第二，产品责任保险。其主要承保被保险人对其生产、销售或修理的产品在正常使用过程中可能对消费者产生的损害依法应承担的经济赔偿责任。

第三，雇主责任保险。它是以雇主的雇员在受雇期间开展业务时因意外导致伤残或死亡，或者患有与职业有关的职业性疾病，而依法或根据雇佣合同应由雇主承担的经济赔偿责任为承保风险的责任保险。雇主对雇员的责任包括雇主故意行为、过失行为甚至无过失行为所致雇员的人身伤害赔偿责任，但雇主的故意行为不属于雇主责任险的承保范围。

第四，职业责任保险。它是承保各种专业技术人员由于在从事职业技术工作时的疏忽或过失，造成合同对方或他人的人身伤害或财产损失的经济赔偿责任的责任保险，包括医疗责任保险、律师责任保险、建筑工程设计责任保险、会计师责任保险等。

（5）信用保险

它是义务人应权利人的要求向保险人投保自己信用的保险。信用保险的业务种类主要有：

第一，商业信用保险。它是保险人为商品赊销活动中卖方的应收账款回收提供的保险，是在买方信用未完全获得卖方认可的条件下，对买方信用的支持和对卖方应收账款回收的保障。

第二，贷款信用保险。它是保险人对贷款人（银行或其他金融机构）与借款人之间的借贷合同进行担保并承保贷款人信用风险的保险。在贷款信用保险中，贷款方（债权人）是投保人，当保险单出立后即成为被保险人。当借款人无法归还贷款时，债权人便可以从保险人处获得补偿，然后将债权转让给保险人追偿。

第三，雇员忠诚保险（又称诚实保险）。它是雇主向保险人投保雇员信用的保险，是当被保险人（雇主）因雇员的不诚实行为（如盗窃、贪污、侵占、非法挪用、伪造、欺骗等）遭受损失时，由保险人承担经济赔偿责任的一种信用保险。

第四，信用卡保险。其主要承保银行在信用卡业务中有可能遭受的损失。信用卡保险的保险责任主要包括持卡人使用信用卡时由于非善意透支所造成的损失；信用卡遗失或被盗后被他人冒用所造成的损失；被保险人的员工单独或与其他人串通利用信用卡营私舞弊、贪污或挪用公款造成的损失。被保险人在发现保险责任范围内的损失后，应采取相应的保全措施，并及时通知保险人。

（6）保证保险

它是指保险人为被保险人向权利人提供担保，如果由于被保险人的作为或不作为致使权利人遭受经济损失，保险人负赔偿责任。保证保险的业务种类主要有：保函类保证保险、贷款保证保险、司法保证保险、产品质量保证保险、雇员忠诚保证保险。

主要概念

风险　保险　人身保险　财产保险　保单

知识训练

● 基础知识训练

随堂测7

7.1　单项选择题

（1）从法律角度看，保险是一种（　　）。

A.损失分摊方法

B.保险人与被保险人之间的收入分配关系

C.合同行为

D.保险人与被保险人的商品交换关系

（2）投保人在同一期限内就同一保险标的、同一保险利益、同一保险事故分别向两个以上保险人投保并分别订立保险合同的保险是（　　）。

A.原保险　B.再保险　C.共同保险　D.重复保险

（3）通过国家立法形式强制实施的保险通常是（　　）。

A.强制保险　B.自愿保险　C.社会保险　D.商业保险

（4）最大诚信原则的推行最早起源于（　　）。

A.人身保险　B.财产保险　C.海上保险　D.运输保险

（5）以下保险原则不适用于人寿保险的是（　　）。

A.最大诚信原则　B.损失补偿原则　C.近因原则　D.代位原则

（6）以下属于保险合同客体的项目是（　　）。

A.被保险人　B.保险标的　C.保险利益　D.保险代理人

（7）基于投保人利益为投保人和保险人订立保险合同，提供中介服务的机构是（　　）。

A.保险代理人　B.保险经纪人　C.保险公司　D.保险公估人

（8）保险人和被保险人是保险合同要素中的（　　）。

A.主体　B.客体　C.基本条款　D.保险责任

（9）以人的身体和寿命为保险标的的保险是（　　）。

A.人寿保险　B.健康保险

C.人身保险　D.人身意外伤害保险

(10) 以各种财产物资和有关利益为保险标的的是（　　）保险。

A.财产　B.企业财产　C.责任　D.家庭财产

7.2 多项选择题

(1) 书面保险合同的形式包括（　　）。

A.投保单　B.暂保单　C.保险单

D.批单　E.保险凭证

(2) 在保险经营中要坚持的原则有（　　）。

A.最大诚信原则　B.盈利性原则　C.损失补偿原则

D.安全性原则　E.近因原则

(3) 按保险人承保风险的不同，保险可分为（　　）。

A.个人保险　B.团体保险　C.单一风险保险

D.综合风险保险　E.一切险

(4) 以下属于社会保险的有（　　）。

A.人寿保险　B.基本养老保险　C.健康保险

D.失业保险　E.工伤保险

(5) 保险经营中强调保险利益原则的意义在于（　　）。

A.防止赌博行为　B.防止道德风险的发生　C.便于计价

D.限定赔偿金额　E.便于损失衡量

(6) 保险合同当事人包括（　　）。

A.保险人　B.代理人　C.被保险人

D.受益人　E.投保人

(7) 保险业务经营的环节有（　　）。

A.展业　B.承保　C.理赔

D.防灾防损　E.再保险

(8) 以下保险品种属于人寿保险的有（　　）。

A.年金保险　B.投资连结保险　C.分红保险

D.旅行意外伤害保险　E.死亡保险

(9) 目前，责任保险的主要种类有（　　）。

A.公众责任保险　B.产品责任保险　C.雇主责任保险

D.职业责任保险　E.雇员忠诚保险

(10) 保险人对被保险人的补偿方式有（　　）。

A.支付现金　B.更换　C.修理

D.重置　E.再保险

7.3 简答题

(1) 简述保险的特征。

(2) 简述最大诚信原则的基本内容。

(3) 人身保险合同包括哪些常见条款?

(4) 货物运输保险与一般财产保险主要有哪些区别?

(5) 简述损失补偿原则的含义。

● 技能知识训练

7.1 简述保险承保的一般程序。

7.2 保险理赔的主要步骤有哪些?

7.3 简述企业财产保险中可保财产、特保财产和不保财产的范围。

能力训练

●案例分析

7.1 军训时学生受伤的赔偿责任

某中学投保了校园责任保险，保险期限为1年。每个人赔偿限额为10万元。该校高一新生张某入校后，由学校组织进行封闭式军训。老师和教官对参加军训的学生进行了军训注意事项的教育，并提醒同学们在训练时如有不舒服或不适应的情况可及时举手提出。随后，同学们被带出进行训练，按照教官要求进行站姿训练。当时正值炎夏，气温高达34.5℃，训练开始后不久，张某热得汗流浃背，可教官不在操练队伍的前列，他突然眼前一黑直挺挺地向前栽倒，造成面部外伤，随即被教官和老师送到医院，经诊断为下颌骨多发性骨折。为此，张某的监护人诉至法院，起诉学校在组织军训过程中未采取必要的安全措施，致使张某受伤，张某的监护人要求学校承担赔偿责任。法院判决，某中学承担70%的赔偿责任。该中学随即要求保险公司承担赔偿责任。

资料来源 作者根据相关资料整理。

问题：你认为保险公司是否应该赔偿?为什么?

7.2 女白领事业转型期的保障方案

张小姐今年30岁，未婚，是一家外资化妆品公司的销售主管。由于打算转行，她已经辞职，现在准备读复旦大学的MBA，以争取更多的工作机会。目前，张小姐拥有80平方米自住房，无贷款；有银行存款15万元，没有其他投资，没有任何商业险保障；热爱生活，对生活品质要求很高，有时间就会出国旅行，以往月薪虽然达到10 000元以上，但是结余的钱并不多。面临事业转型期，张小姐希望给自己制定一份全面的保险保障。

问题：请为张小姐制定两种保险方案。

7.3 被保险人猝死，保险公司有权拒赔吗?

2017年4月28日，陆女士的丈夫陈先生的所在单位为其投保了团体意外伤害保险，保额为10万元/人，保险期间1年，保险条款约定：保险期间内，如被保险人遭受意外伤害事故，并自事故发生之日起180日内因该事故身故，保险人按规定给付身故保险金。2017年11月10日，陈先生在卧室看电视时突发晕厥，经抢救无效死亡，病历记载为“猝死”。

此后，陆女士多次向保险公司提出理赔申请，要求其按照合同约定支付保险金，但均遭到了拒绝。2017年12月，陆女士及其他家属诉至法院，要求保险公司理赔。保险公司辩称陈先生的死亡属于非预料所及的结果，不属于意外伤害事故，拒绝理赔。

资料来源 作者根据相关资料整理。

问题：保险公司有权拒赔吗？法院会如何判决？

7.4 保险卡未激活，保险合同有效吗？

2014年夏天，某人寿保险公司的代理人王某向周某推销面值为100元的“安享人生C款”激活式保险卡，称只需花100元保费，在受到意外伤害后就可得到50 000元的意外伤害保险金和6 000元的意外伤害医疗保险金。周某随即购买了一张保险卡，王某在保险卡上粘贴了周某的签名。后由于周某本人文化水平有限，委托王某代其激活保险卡。王某回到公司为周某激活保险卡时，发现保险卡上标注的投保年龄范围为1～65周岁，而公司系统内的投保年龄范围为1～60周岁，所以周某的年龄已超出投保年龄范围，无法激活，应当退还其保费。后因王某疏忽，忘记告知周某并退还其保费。2015年1月，周某因意外去世。其家属找到保险公司要求按照保险合同约定进行赔偿，保险公司核查后发现周某不符合投保条件且保险卡未激活，以此为由拒绝赔偿。周某家属遂找到保险业务员王某了解情况，此时王某虽已离职，但其证实由于自己的疏忽大意忘记告知周某并退还其保费。几经协商无果后，周某家属一纸诉状将保险代理人王某及该人寿保险公司告上法庭，要求按照保险合同给付保险金。

资料来源 王卫国，付佳．保险卡未激活，保险合同有效吗？[N]．中国保险报，2015-08-04.

问题：保险卡未激活，保险公司是否应承担赔偿责任？

● 操作实务

调查了解一个企业或家庭的具体情况，为其出具一份投保方案。

第8章

信托与租赁

学习目标

通过本章的学习，你应该达到以下目标：

知识目标：了解信托和租赁的起源与发展，熟悉现代信托与现代租赁的业务种类，明确信托业和租赁业在现代金融领域中的地位。

能力目标：熟悉目前我国信托业和租赁业的具体形式，能够针对不同类型的需求对象，设计不同的信托或租赁项目。学会采用具体的信托或租赁方式为企业和个人的投资理财服务，初步具备从事信托和租赁的职业能力。

素养目标：明确信托和金融租赁在服务实体经济中的重要作用。

导读

人们在日常生活中，经常会遇到这样的情况：手中拥有一定数额的货币资财、有价证券、动产或者不动产等，而自己无暇顾及或者没有能力经营与管理，希望委托某些专门机构为其处理并据以增值，这时，人们就会想到“信托”这项金融服务。信托具有财产事务管理的职能，能够发挥代人理财的作用。在现代经济活动中，各种设备（包括机器设备、建筑设备，以及汽车、船舶、飞机等运输设备）的租赁活动屡见不鲜，各种房屋、家具、办公用品甚至是无形资产（如工业产权、技术专利等）都可能是租赁业务的对象。租赁已经成为现代经济生活中不可或缺的一部分。随着我国改革开放的不断深入，信托业、银行业、证券业、保险业和租赁业已经发展成为我国现代金融业的五大支柱。那么，你了解信托与租赁的基本做法吗？你会采用哪种信托与租赁形式进行理财和投资呢？本章将为你解答这些问题，帮助你更深入、更广泛地融入现代金融经济中。下面是本章内容结构导图。

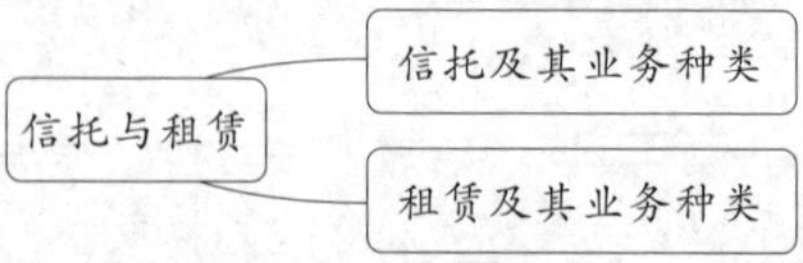

8.1　信托及其业务种类

8.1.1　信托概述

1.信托及其构成要素

信托就是信任和委托，是指资财的所有者（自然人或法人）依照自己的目的和利益，将资财委托给他人或信托机构代为管理和处理的经济行为。这是一种以信任为基础、以资财为核心、以委托为方式的财产管理制度。我国《信托法》指出：信托是委托人基于对受托人的信任，将其财产权委托给受托人，由受托人按委托人的意愿并以自己的名义，为受益人的利益或者特定目的进行管理或者处理的行为。

由于信托是一种代人理财的财产管理制度，在现代社会，这种被管理的财产通常又是资金或与资金相联系的形式，同时具备了融通资金的职能，且许多经营信托业务的机构都是金融机构，所以人们通常所说的信托又称金融信托，是一种金融行为。它有别于贸易商行接受客户的委托代为出售商品、存货的贸易信托。

知识拓展8-1

信托的产生及其发展

答疑解惑8-1

美国信托业的产生有什么特点？

答：从美国的信托史可以看出，美国的信托业一开始就以公司组织的形式经营，因而其信托业务多为法人信托，委托人和受托人皆以法人为主。

信托成立需要具备一定的要素，包括信托主体、信托行为、信托目的、信托客体、信托期限等。

（1）信托主体。信托体现为多边经济关系，一项信托行为的产生一般涉及三个方面的当事人，即委托人、受托人和受益人，这三者构成了信托主体。

第一，委托人。把财产权委托给他人管理和处置的人叫委托人或信托人。委托人提出信托要求是整个信托行为的起点，其试图利用信托方式达到特定的目的，在整个信托关系中处于主动的地位，受托人必须遵照委托人的合同意愿为其管理和处理信托财产。委托人在资格上应当是具备完全民事行为能力的自然人、法人或者依法成立的其他组织；同时，两者和两者以上的财产共有人也可以作为共同委托人。当委托人将财产权转移给受托人后，就不再拥有这部分财产的处置权，而是由受托人根据信托合同以自己的名义处置信托财产。但在信托期间，委托人有要求改变信托管理方式、要求赔偿信托财产损失等权利。

第二，受托人。他是接受委托人的委托，受让信托财产并允诺代为管理或处置的人。其管理或处置的结果直接决定着是否能达到委托人预期的目的，是否能使受益人的利益得到保障，并影响着信托关系的维持。因而，受托人在整个信托行为中扮演着关键角色。通常，对受托人的资格要求比较严，受托人必须是委托人充分信任的具有完全民事行为能力的自然人或法人，其主要形式是法人，即信托机构。

第三，受益人。他是在信托关系中享有信托财产收益的人。在信托关系中，受益人享受到应有的收益或信托财产，是信托行为的终点。如果没有受益人，信托行为就无效。受益人可以是委托人本人，也可以是委托人指定的第三人。从资格上讲，受益人可以是自然人、法人或者依法成立的其他组织。由于受益人不是签订信托合同的当事人，因此，受益人不必具备有行为能力的条件，凡是具有权利能力的人都可以成为受益人。受益人的信托受益权通常可以依法转让和继承，也可以用于清偿受益人到期不能清偿的债务。

（2）信托行为。它是以设定信托为目的而发生的一种法律行为，也就是信托当事人在约定信托时，为使信托具有法律效力而履行的一种手续。设立信托应当采取书面形式，包括信托合同、遗嘱或者法律规定的其他书面文件。信托行为确立了信托当事人之间的信托关系，明确了信托当事人各自的权利和义务，有利于保护信托当事人的正当合法权益。信托关系中三方当事人的权利和义务见表8-1。

表8-1　各信托主体的权利和义务

	权利	义务
委托人	财产处置情况了解权	财产提供
	查阅、复制账目权	承担信托费用
	信托管理方法调整权	支付信托报酬
	信托财产复原或赔偿申请权	承担信托财产损失风险
	解任受托人权	
受托人	信托财产管理运作权	处理信托事务
	取得报酬权	不得为自己谋取利益
	优先受偿权	不得将信托财产转为其固有财产
	辞任权	不得进行非法交易
		分别管理、分别记账
		自己处理信托事务
		保存记录
		定期向委托人和受益人报告运作情况
		对相关资料保密
		支付信托利益
		职责终止时的报告、移交义务
受益人	财产处置情况了解权	
	查阅、复制账目权	
	信托管理方法调整权	
	撤销权和要求赔偿权	
	解任受托人权	

(3) 信托目的。它是委托人通过信托行为所要达到的目的。信托目的由委托人提出并在信托契约中写明，受托人应按照信托目的去管理和运用信托财产。委托人不同，信托目的也多种多样，如保全财产、使财产获取最大增值等。但所有信托都必须做到：一是要具有合法性，即不能违反国家法律、法规或损害公共利益；二是要可能达到或实现，即应在受托人力所能及的范围内；三是要为受益人所接受，因为信托是为受益人的利益而设立的，如果信托的目的不被受益人所接受，设立信托就毫无意义。

(4) 信托客体——信托财产。这是指信托关系的标的物，是委托人交给受托人管理或处置的财产，也就是受托人因承诺信托而取得的财产。信托财产有多种形态，包括有形财产，如房屋、现金等；无形财产，如专利权、土地使用权等。信托财产与委托人未设立信托的其他财产有所区别。当委托人死亡或者依法解散、撤销、破产时，如果委托人是唯一受益人，信托终止，信托财产成为其遗产或清算财产；如果委托人不是唯一受益人，信托存续，信托财产不作为其遗产或清算财产。

答疑解惑8-2

信托财产与属于受托人所有的财产是否一样？

答：有区别。信托财产不能归入受托人的固有财产，当受托人死亡或依法解散、撤销、破产时，信托财产不属于其遗产或清算财产。

(5) 信托期限。它是指信托存续的时间，包含信托的存续与信托的消失两个概念。前者是指财产所有人设定信托时间的长短问题；后者是指信托的终止与解除问题。按英美等国的法律规定，以公益为目的的信托，一般情况下无时限规定，称为永久信托。财产所有人可以永久设立信托，若原受托人不存在，可以由法院指定或选任新的受托人，信托关系长期存续。私益信托则有时限规定。信托的消失一般是指信托目的已达到而终止信托，或信托目的明显无法达到，也可申请终止信托。另外，由于受托人违反信托合同，或受托人死亡、破产、丧失行为能力等，也可解除信托关系。

2.信托的职能与特点

(1) 信托的职能。总体而言，信托就是“受人之托，履人之嘱，代人理财”，具体包括以下几个职能：

第一，财产事务管理职能。这是信托的基本职能，现代信托业务，无论是资金信托，还是实物信托，都是对这一职能的具体运用。财产事务管理一般包括代人理财和代人办事两个方面。代人理财是指以管理和处理财产的方式为财产所有者提供服务。其中，管理是不变更信托财产的原状或性质，仅对其加以运用、改善、维护和保存，如委托贷款、委托投资、商务管理等；处理则是变更或消灭信托财产的原状或性质，如代委托人出售或转让信托财产。代人办事是指受托人以代办一系列经济事务的方式为委托人提供服务，如代收款项、代理发行、代理买卖有价证券、代付股息红利和利息等。

信托的财产事务管理职能具有以下特点：①受托人受托经营信托财产，只是为受益人的利益而进行管理和处理，受托人不能借此为自己谋利，而只能受托进行服务性经营。②受托人虽然得到委托人的授信，接受了财产所有权，但受托人如何管理和处理信托财产，只能按照信托目的来进行，不能按自己的需要随意利用信托财产。③受托人通过管理或处理信托财产而产生的收益，最终要归于受益人，受托人收取手续费作为报酬。④受托人经营信托财产时，如发生亏损，只要符合信托契约的规定，受托人可以不承担此种损失；但如果是由受托人的重大过失而招致的损失，受托人要承担对委托人的赔偿责任。

第二，融通资金职能。这是指在财产事务管理活动中，信托具有筹措和融通资金的职能。在信用经济条件下，作为委托人的各经济主体的相当一部分财产是以货币资金的形态存在的，因此，信托财产事务管理职能的运用，必然会伴随着货币资金的融通，从而使信托机构具有了金融机构的性质，发挥着区别于其他金融机构的特殊的金融职能。

信托的融通资金职能具体表现为以下三方面：①直接表现为货币资金的融通。信托机构按照信托方式，受理委托人的信托资金，从而形成信托存款。当信托机构将信托存款用于投资、贷款或发行、买卖有价证券时，信托就发挥了融通资金的职能。②表现为“物”的融通与货币资金融通相结合。当信托机构受理委托人的信托财产时，便可以按照信托目的，通过融资性租赁形式，解决承租者购买设备资金不足的困难，实现资金融通。③表现为通过受益权的转让而实现货币资金的融通。随着受益权通过受益证券的易主转让，货币资金得到了融通，实现了信托融通资金的职能。

第三，社会投资职能。这是在财产事务管理职能的基础上发展起来的，是受托人运用信托财产参与社会投资活动的职能。受托人根据委托人的意愿，运用信托财产进行实业和证券等投资，使信托的财产事务管理职能具备了发挥作用的基本手段，并且实现了资金、财产的融通交易，使货币转化为资本，既扩大了社会资本和投资规模，也实现了信托自身的业务开拓。开办投资业务的受托人大多是专业信托机构，这是许多国家信托的普遍做法。在我国，从事信托的金融机构多以信托投资公司的名称出现，也正体现了信托的投资功能。

第四，代理和咨询职能。这是受托人利用其与交易主体各方建立的相互信任的关系，为有关当事人提供代理和咨询服务的职能。由于信托可以建立多边经济关系，受托人作为委托人与受益人之间的中介，有助于其成为横向经济联系的桥梁和纽带。受托人可以代理人、担保人、咨询人、见证人、监督人、介绍人等身份为交易各方建立相互信任关系，帮助委托人了解与其交易有关的信息，如经济政策、交易对方的资信、交易对方的经营能力、投资项目的可行性、市场价格、利率、汇率趋势等。

（2）信托的特点。

第一，信托的基础是充分信任。信托的发生是建立在委托人对受托人信任的基础上的。委托人把信托财产转移给受托人管理和处置，并不再享有信托财产的所有权，体现了其对受托人的充分信任。

第二，设立信托的前提是财产权。设立信托必须具备两个条件：一是委托人必须拥有信托财产的所有权；二是委托人必须将拥有的这一财产权授予和转移给受托人。

第三，信托财产具有独立性。信托依法成立后，信托财产即从委托人、受托人乃至受益人的自有财产中分离出来，成为独立运作的财产。它既区别于委托人未设立的信托财产，也区别于受托人的固有财产。信托财产可以不受委托人或受托人财务状况恶化甚至破产的影响，委托人、受托人或受益人的债权人一般也无法对信托财产主张权利。此外，不同委托人的信托财产、同一委托人的信托财产中某项财产与其他财产也要区别对待、分开核算。

第四，信托使所有权和利益权相分离。当信托行为成立后，信托财产的所有权和利益权就实现了分离。受托人享有信托财产的所有权，可以像真正的所有人一样，管理和处置信托财产，受托人与第三人进行的交易，也是建立在受托人是信托财产的权利主体基础之上的。而受益人享有管理和处置信托财产所产生的利益的权利，受托人需将所得利益包括本金交还给受益人，以实现受益人的利益权。

第五，信托损益的计算遵循实绩原则。信托的目的是使受益人享受信托的利益，受托人按照委托人的意愿为受益人的利益管理或处理信托财产，其不能占有信托财产的收益，只能从委托人或受益人那里得到信托合同约定的报酬，即手续费。并且，信托收益按经营的实际效果计算，如果有亏损，则由受益人或委托人负担，受托人在无过失的情况下不承担损失风险；当然，如果有盈利，也归受益人或委托人享有，受托人不能分享。

8.1.2 信托业务种类

信托业务的种类很多，按不同的标准有不同的划分（见表8-2）。

表8-2 信托业务划分

序号	标准	种类	特征
1	信托关系产生的基础	设定信托	信托三方当事人依照信托法规，按自己的意愿自由协商而设立信托契约，有遗嘱信托和契约信托之分。目前多数为设定信托
		法定信托	司法机关依照权力确定当事人之间的信托关系，有强制信托和鉴定信托之分
2	委托人性质	个人信托	以自然人为委托人而设立的信托，有生前信托和身后信托
		法人信托	以企业、社会团体等法人为委托人，又叫公司信托、社会团体信托
		通用信托	委托人既可以是自然人，也可以是法人，有投资信托、公益信托、不动产信托
3	法律依据	民事信托	也叫非营业信托。信托事项多与个人财产有关，所涉及的法律依据是民事法律，不以营利为目的。其受托人多为自然人
		商事信托	也叫营业信托，信托事项所涉及的法律依据在商法规定的范围之内，以营利为目的。其受托人多为法人
4	受益人不同	私益信托	委托人为特定受益人的利益而设立的信托。受益人事先指定
		公益信托	委托人为社会公共利益而设立的信托。受益人不是事先指定的，如诺贝尔奖等
		自益信托	委托人指定自己为受益人

续表

序号	标准	种类	特征
5	他益信托	委托人指定他人为受益人	
6	信托资产	资金信托	信托财产为货币资金
		动产信托	信托财产为各种动产（如机器设备、运输设备等）
		不动产信托	信托财产为房屋、土地及其他地上定着物
		其他财产信托	如财产权（著作权、专利权、商标权等）信托、有价证券信托、债权信托
7	信托目的	担保信托	目的在于保证信托财产的安全，保护受益人的合法权益
		管理信托	在保护信托财产的完整和不改变其现状的前提下管理信托财产
		处理信托	改变信托财产的性质、原状，以实现财产增值
8	受托人目的	营业信托	受托人承办信托业务要收取报酬，如商事信托
		非营业信托	受托人不以收取报酬为目的，如民事信托
9	涉及区域	国内信托	信托关系人同属一个国家，信托所涉及的事项限于一国境内
		国际信托	信托关系人分属不同国家，信托所涉及的事项超出一国范围，引起信托财产在国与国之间的运用，如国际信托投资、代理发行外币证券、国际咨询业务

在上述分类中，按照充当信托财产的标的物不同，信托分为资金信托与财产信托，这两者构成相互对应的两类信托。就后者而言，由于在法律上财产又可分为动产（如银行存款、有价证券、商品和其他物品等）和不动产（如土地、房屋等），因此财产信托又有动产信托和不动产信托之分。进一步分析，动产中的存款、证券等权利凭证都有各自对应的信托，因而动产信托专指大型机器、设备等的信托。本章重点介绍几种主要的信托类型。

1.资金信托业务

资金信托也叫金钱信托，是指委托人基于对信托机构的信任，将自己合法拥有的资金委托给信托机构，由信托机构按委托人的意愿，以自己的名义为受益人的利益或者特定的目的管理、运用和处分的行为。资金信托是各国信托业务中运用比较普遍的一种形式，如在日本，资金信托额占全日本信托业务总额的90%。目前，我国资金信托业务也是整个信托业务中比重最大的部分。

资金信托的资金必须为委托人合法拥有，委托人既可以是单个委托人，也可以是两个或两个以上的委托人。前者称单一资金信托，后者称集合资金信托。根据委托资金的用途和委托人来源的不同，资金信托可以进行不同的划分，如图8-1所示。

- 资金信托
  - 单位资金信托
  - 公益基金信托
  - 劳保基本信托
  - 个人特约信托
    - 赡养信托
    - 监护信托
    - 抚恤信托
    - 捐赠与资助信托

图8-1 资金信托分类

资金信托最显著的特点是信托机构接受委托人的财产和最终对受益人的支付皆为货币资金，具体表现为：

(1) 资金信托以货币资金的转移为中心。委托人转移给受托人的财产是货币资金，受托人向受益人转移的收益或本金也是货币资金。即使在受托人运作过程中信托资金可以表现为除货币资金以外的形式，如投资于有价证券、动产、不动产、工程项目等，但信托结束时，受托人一般也需以货币资金的形式将收益支付给受益人。

(2) 资金信托是三边信用关系。与银行信贷的双边信用关系不同，资金信托表现为委托人、受托人和受益人三边信用关系。即使在特殊情况下，如委托人就是受益人，其三者关系仍然存在，只是关系人只有两方。

(3) 资金信托中受托人所承担的风险责任有限。与银行在贷款和投资过程中需承担完全经济责任不同，由于信托资金的具体运用要遵循委托人的意愿，因此受托人不承担资金营运的全部责任，仅承担有限责任。

资金信托的运作方式如图8-2所示。

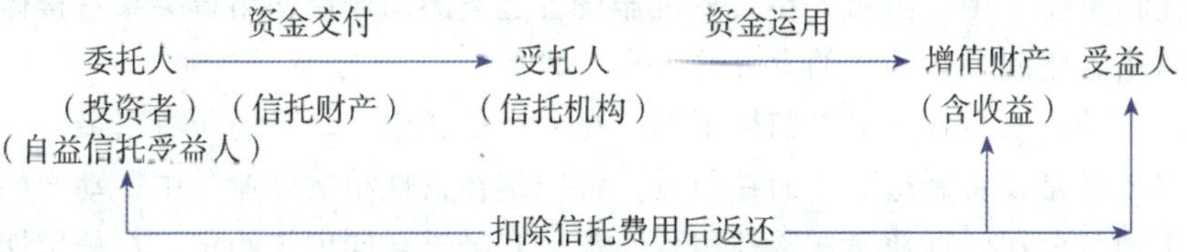

图8-2 资金信托的运作方式

信托机构办理资金信托业务，应与委托人签订信托合同，信托合同中应当载明信托目的、信托期限、风险的揭示等事项。

知识拓展8-2 绿色信托

信托作为除银行之外唯一可以提供贷款的持牌金融机构，通过发挥灵活的制度优势和跨市场资源配置能力，可在绿色信贷、设计碳排放权收益权信托等参与碳交易、绿色基金、绿色PPP、绿色资产证券化、绿色慈善信托等诸多方面，壮大绿色金融力量。绿色信托作为绿色金融体系的重要组成部分，是信托公司履行社会责任、创造社会价值的体现，也是信托业融入国家绿色金融体系的重大责任担当。

2.动产信托

(1) 动产信托的概念与作用。动产信托又称设备信托，是以设备制造商或出售者为委托人，以大型机器、设备等动产为信托财产，受托人根据委托人的一定目的，将动产出租或以分期付款的方式出售给资金紧张的设备使用单位的一种信托方式。作为动产信托标的物的商品，一般都价格昂贵，需要这些商品的企业大都无力一次支付全部价款，设立动产信托能够解决设备用户和设备制造商所面临的问题。

第一，对设备用户来说：①由于可以延期支付购货款，即使手中没有足够的资金，也能取得必要的设备，这就缓解了企业资金不足的困难；②利用此类信托，能取得与通过借款和发行债券筹集资金获得设备同样的效果，而且在设备价款偿还上可采取更加灵活的方式；③延期付款的期限通常为5~10年，是长期的，可以根据有关设备的运转收益、折旧费，有计划地偿还货款。

第二，对设备制造商来说：①可以增加其销售量和营业收入；②通过将信托受益权出售给投资者的权利转让方式，可以早日收回销售货款；③由于将延期付款的收款事务交给信托机构代办，因此可以降低收账成本，减轻财务压力。

第三，对信托机构来说，动产信托是信托业的传统业务，并且是一种有效的盈利方式，一方面，可以赚取设备用户和设备制造商的手续费收入；另一方面，如果动产信托采用发行信托证券的方式，信托机构还可以从设备用户分期支付的货款和其所要支付给信托证券认购人的证券本息中获得利差收入。

（2）动产信托的特点。动产信托与租赁业务在功能上有着相似之处，都能让设备用户获得分期付款的好处，都可以使设备制造商扩大销量并及时收回货款，从而加速资金周转。但它们在性质和操作上又是不同的，从中可以看出动产信托的鲜明特点。

第一，当事人不同。动产信托应至少具备设备用户、设备制造商和信托机构三方当事人，设备制造商必须作为信托的受益人而存在，在某些方式下，还存在第二受益人。而在租赁业务中，出租人在买下机器设备之类的动产后，租赁关系直接体现在出租人与承租人之间，与动产的卖方并无多大联系。

第二，动产所有权的最终归属不同。在动产信托中，动产的所有权最后一般属于设备用户或者是设备制造商；而在租赁（特别是经营性租赁）业务中，动产的最终所有权属于租赁公司。即使是融资性租赁，也只有经过合同事先约定，在租赁期满，动产所有权才属于设备用户，否则同样属于租赁公司。

第三，分期付款的方法不同。租赁业务中按期缴纳的租金金额是固定的；而动产信托关系中的用户可以根据具体情况，采取不同的设备价款偿还方法，比租赁业务的分期付款方法更加灵活。

（3）动产信托的运作。根据信托机构是否为信托当事人提供融资来划分，动产信托可以分为服务性动产信托和融资性动产信托。前者，信托机构只对财产进行管理、维护，不垫付资金，只收取手续费；后者，信托机构为委托人或设备买方提供融资。根据信托财产的不同，动产信托可以分为运输设备信托和机械设备信托。从运作角度来看，按照动产信托中对动产的处理方式不同，其又可划分为管理型动产信托、处理型动产信托、管理处理型动产信托。

第一，管理型动产信托。这是指由动产所有者（委托人）根据信托协议把动产所有权转移给信托机构，由信托机构出租给设备用户使用，并通过用户支付租金的形式收回设备价款，信托期满收回设备。这种动产的显著特点是信托财产最终的所有权仍然属于委托人，信托机构扮演的是动产管理者的角色。

第二，处理型动产信托。这是指在设立信托时，动产所有者把设备所有权转移给信托机构，由信托机构代为出售给设备用户，设备用户向信托机构分期支付货款和利息。其特点是用户作为动产的购买方在信托设立时就获得了信托财产的所有权。

同步案例8-1

某运输公司需要购置几辆集装箱运输车以拓展业务，看中了某汽车制造厂生产的一种新型集装箱货车，但价格较同类产品要高，该运输公司无力一次支付全部价款。双方有意以信托方式满足各自的需求。经过协商，制造商（委托人、第一受益人）将货车所有权转移给某信托机构（受托人），由信托机构保证，如果运输公司在一定时期内不能还款，则信托机构代其偿付货车价款。信托机构在对制造商提供保证前对运输公司的财务状况进行了详细调查，确认其在担保期内有足够的偿还能力，于是将货车直接出售给运输公司，运输公司要在约定时间内向信托机构分期支付货款和利息。这样，三方签订了协议，信托关系成立。

第三，管理处理型动产信托。这是将动产以出租的方式经营，信托关系终了时由使用单位购入的一种信托形式。它既不同于管理型动产信托中委托人最后收回动产所有权，也不同于处理型动产信托中用户在信托设立时就获得了动产所有权，在这种类型的信托中，信托机构在信托期间拥有动产的所有权，设备用户在整个信托期间只有设备的使用权，只有在信托结束后，用户才取得设备的所有权。

在实际业务中，管理处理型动产信托具有普遍意义，而由于采用的融资方式不同，这种信托又有两种不同的做法。

第一种，出让“信托受益权证书”方式。其基本操作程序如图8-3所示。

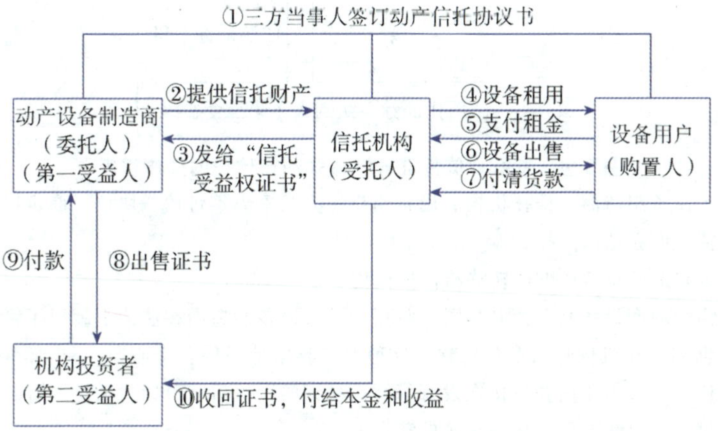

图8-3 出让“信托受益权证书”方式动产信托的操作程序

注：①动产设备制造商、信托机构和设备用户三方签订动产信托协议，确定信托所涉及的基本事项。

②动产设备制造商将信托财产的所有权转让给信托机构。

③信托机构发给动产设备制造商"信托受益权证书"。这是一种由信托机构根据制造商转让的信托财产而开立的有价证券，其金额应与信托财产的价值一致，持有者可以在金融市场上将其转让。设备制造商可将这种"信托受益权证书"出售给金融市场上的机构投资者（如养老基金等），到期可凭此证书要求信托机构偿还本金并支付利息。这样，设备制造商就成了这种动产信托方式中的第一受益人，投资者则是第二受益人。

④信托机构将动产设备出租给设备用户使用。这期间用户只有设备使用权，所有权仍属于信托机构。

⑤设备用户按信托协议的规定定期支付租金。

⑥信托期满，信托机构将信托财产出售给设备用户，用户获得动产设备的所有权。

⑦设备用户于购买信托财产时付清最后一笔货款。

⑧动产设备制造商将其从信托机构处取得的"信托受益权证书"出售给作为第二受益人的机构投资者，收回全部货款。

⑨机构投资者付款获得"信托受益权证书"。

⑩信托机构将用户分期缴纳的租金和购买动产设备的货款扣除手续费后，作为本金及收益支付给"信托受益权证书"的持有者，也就是机构投资者，同时收回证书，动产信托关系由此终止。

第二种，发行"信托证券"方式，其基本操作程序如图 8-4 所示。

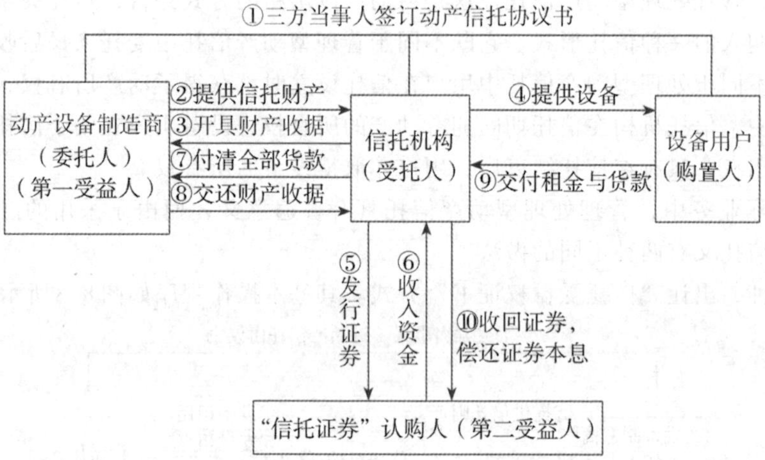

图8-4　发行"信托证券"方式动产信托的操作程序

注：①动产设备制造商、信托机构、设备用户三方当事人签订信托协议，商定以发行"信托证券"的方式融资，设立动产信托。

②动产设备制造商将信托财产转移给信托机构。

③信托机构给动产设备制造商开具财产收据。动产设备制造商在法律上就成了第一受益人，将来有权凭此收据向信托机构收回全部货款。这种财产收据是一种有价证券，和"信托受益权证书"一样也可以转让，不过由于信托机构在发行了"信托证券"以后就可以付清全部货款，因此，在实务领域，财产收据一般并不再转让给其他投资者。

④信托机构向设备用户提供设备，转让设备使用权。

⑤信托机构向社会投资者发行"信托证券"。这是指由信托机构向社会投资者公开发行的一种特殊有价证券，筹措的资金用来支付设备制造商的货款。与出售"信托受益权证书"的动产信托方式相比，由信托机构直接向社会公众发行信托证券，筹集的资金可立刻用于支付货款，从而使动产

设备制造商及早得到销售货款。信托机构发行“信托证券”其实是一种金融机构资产证券化的方式。

⑥社会投资者认购“信托证券”，信托机构收入资金。投资者成为动产信托中的第二受益人。

⑦信托机构用发行“信托证券”所收入的资金付清设备制造商的全部货款。

⑧动产设备制造商收到全部货款，同时将财产收据交还给信托机构。

⑨设备用户按信托协议的规定交付租金和货款，付清货款后即取得动产的所有权。

⑩信托机构用收到的租金和货款支付到期的“信托证券”本息，同时收回“信托证券”，动产信托关系终止。

同步案例8-2

甲钢铁厂（委托人、第一受益人）有一批钢材求售，了解到乙企业需要钢材作原材料，但因资金周转困难而无法一次付清价款。经双方商议，决定向A信托机构（受托人）申请融资，并约定所购钢材的所有权属于A信托机构。A信托机构对乙企业的生产状况、钢材用途、销售合同等情况进行调查核实后，确认其销售无问题，还款有保证，便同意以发行“信托证券”的方式为其融资，由三方书面议定设立信托关系。

3.不动产信托

与动产信托相对应，不动产信托是以不动产（土地、房屋及附着在土地、房屋上的不可分离部分）作为信托财产而设立的信托。它在各类信托中历史是最为悠久的，作为现代信托的起源，英国的“尤斯制”实际上就是一种不动产信托。美国将信托扩展到修筑铁路、开采矿山等方面，为其独立后经济的快速发展奠定了坚实的基础。我国的不动产信托一般是指房地产信托，目前仍处于起步阶段。

不动产信托对社会经济的发展起到了一定的推动作用。在各国的房地产金融中，不动产信托已经成为其中的重要组成部分，其灵活多样的融资渠道较银行融资具有更广泛的实用性，极大地促进了房地产的开发与利用。同时，不动产信托能为不动产所有人提供许多便利，对没有资金开发土地的所有者来说，不仅能有效地利用土地，取得稳定的信托收益，而且始终保有土地所有权。

由于分类标准不同，不动产信托有着复杂的种类划分。下面主要介绍房屋信托和土地信托的运作方式。

（1）房屋信托的操作程序。房屋信托包括房屋出售信托和房屋租赁信托。其中，房屋出售信托是不动产信托中比较常见的一种形式。其操作程序与内容如下：①出售房屋的房产所有人（委托人）签署委托书，委托房地产信托机构（受托人）代为寻找买主。委托书中需要说明拟出售房屋的地点、建筑面积、种类、价格和信托期限等。②受托人在对信托房屋进行必要的调查核实和价值评估后，帮助卖主或直接代其进行销售。确定买主后，受托人出面与买主洽谈，并提供待售房屋的相关材料。③受托人代委托人与买主订立正式的房屋买卖合同。合同中需明确有关事项，如面积、价款、产权登记、违约责任等。④实际履行交易。受托人代委托人将房屋交给买主，同时进行房屋产权转移登记；买主支付房屋价款。

（2）土地信托的操作程序。土地信托包括土地租赁信托和处理型土地信托两种。

其中，土地租赁信托要经过如图8-5所示的步骤。

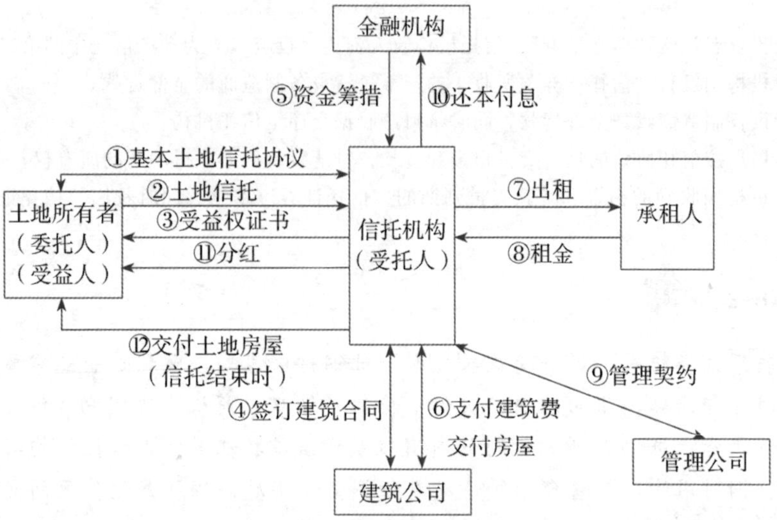

图8-5　土地租赁信托的操作步骤

注：①信托机构与土地所有者（委托人）签订基本土地信托协议。

②受托人与委托人就土地信托的具体内容及受托条件等协商一致后，签订正式的土地信托契约，进行所有权的转移登记和信托登记。

③受托人在获取土地后，向委托人签发土地信托受益权证书，并履行相应的管理和处理义务。

④受托人选定一家建筑公司，双方签订建筑承包合同。

⑤信托机构从银行等金融机构获得融资，用于建造房屋。

⑥信托机构向建筑公司支付建筑费，完工后，建筑公司向信托机构交付房屋，同时还需办理建筑物的所有权转移登记和信托登记。

⑦信托机构为其所接受的房屋寻找合适的承租人，签订房屋租赁合同，将房屋出租给承租人使用。

⑧房屋承租人向信托机构支付租金。

⑨信托机构与有关的管理公司签订关于建筑物维护和管理的契约，对信托财产进行必要的管理。

⑩信托机构用租金支付税金、火灾保险费、管理费等税费之后，偿还金融机构的借款本息。

⑪信托机构在信托规定的决算日进行决算，扣除信托佣金后将剩余的租金作为红利支付给土地信托的受益人（土地所有者）。

⑫信托机构在信托期满时，在得到受益人认可的条件下，将信托财产以现有状态交给受益人。此时，受托人与承租人之间的租赁契约可以变更为受益人与承租人之间的租赁契约。土地、房屋的信托登记取消，其所有权转移给受益人并继续登记。

处理型土地信托采用的是信托机构将建成的房屋分宅出售的处理方式，其程序与土地租赁信托基本一致。不同之处在于：建筑物建成后，受托人以卖主的身份寻找购房者，并与之签订房屋买卖合同，收取分宅出售款项，移交土地和建筑物，所有权归购买人，这时信托即告终止。受托人支付给受益人的红利来自分宅出售的款项，而不是来自租金。其操作程序如图8-6所示。

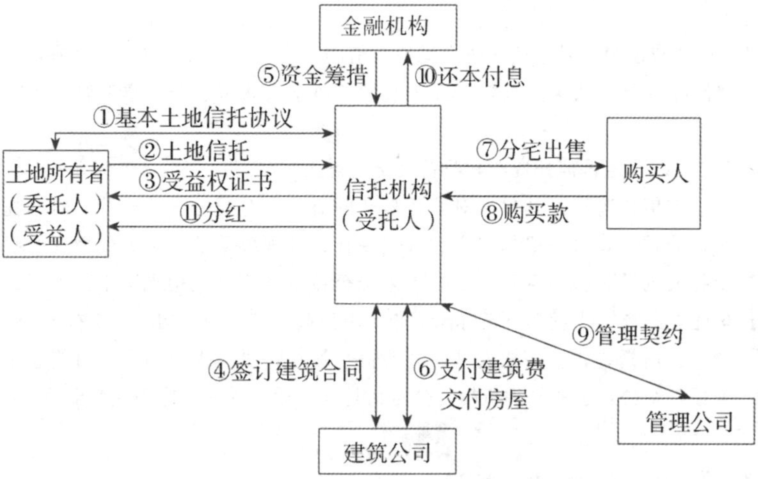

图8-6 处理型土地信托的操作程序

4.公益信托

公益信托是指以团体或个人募集或捐赠所形成的公益基金为信托财产，以促进社会公益事业为目的而设立的信托。社会公益目的主要有：救济贫困；救助灾民；扶助残疾人；发展教育、科技、文化、艺术、体育事业；发展医疗卫生事业；发展环境保护事业，维护生态环境；发展其他社会公益事业。

公益信托的主要当事人包括委托人、受托人、受益人、公益事业管理机构和公益信托监察人。公益信托的委托人可以是已有的社团、基金会，也可以是社会公众；公益信托的受托人多数是有资格受托经营资产管理业务的信托机构；公益信托的受益人是将来不特定的社会公众；公益事业管理机构是指依照规定的职权负责主管有关公益事业的政府部门；公益信托监察人由信托文件规定，信托文件未规定的，由公益事业管理机构指定。公益信托的业务流程如图8-7所示。

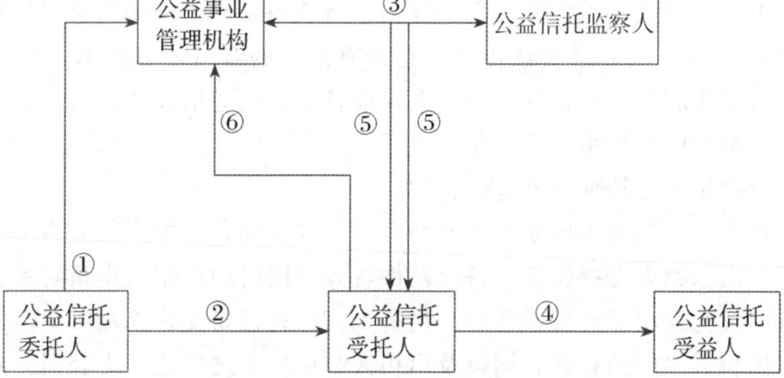

图8-7 公益信托的业务流程图

注：①提出设立公益信托申请。为了一定的公益目的设立信托，委托人、受托人均可以提出申请。委托人只有一人或者数人的，可以直接向公益事业管理机构提出设立公益信托的申请；委托人人数众多或者是不特定的社会公众的，宜由受托人提出申请。

②信托资产转移。公益信托设立申请经公益事业管理机构批准后，信托财产由委托人转移给受

托人，信托成立。

③信托财产管理与运用。基于信托财产保值增值的目的，受托人管理运用信托财产，每年应编制信托事务处理情况及财产状况的报告，经公益信托监察人认可、公益事业管理机构批准后予以公告。

④按照信托文件的规定将信托资产和收益交给受益人。

知识拓展8-3

我国信托资产服务实体经济

⑤信托监管。其包括对信托财产的监管和对受托人的监管。对信托财产的监管是指公益事业管理机构有义务检查受托人处理公益信托事务的情况及财产状况。对受托人的监管包括两点：受托人未经公益事业管理机构批准不得辞任；受托人违反信托业务规定或者无力履行职责的，由公益事业管理机构变更受托人。

⑥信托终止。信托期满，公益信托终止，受托人应当及时将终止事由和终止日期报告给公益事业管理机构。公益信托终止后，受托人应当编制清算报告。

8.2 租赁及其业务种类

8.2.1 现代租赁形式的选择

租赁是以支付一定的租金为代价租用他人物品的行为。它有两个基本关系人：出租人和承租人。“租”是从出租人的角度来说的，指财产所有者将物品借给他人使用，出租人以此获得租金报酬；而“赁”是从承租人的角度来说的，指承租人借用他人物品并支付租金。两者相辅相成，构成一种特有的信用行为。

知识拓展8-4

租赁的起源与发展

1.融资性租赁

融资性租赁是现代租赁业务中最主要且使用最为广泛的租赁形式。它是指当企业需要添置设备时，企业不必向金融机构申请贷款自行购置，可以委托租赁公司代为购置，之后企业再以租赁的方式向租赁公司租赁设备，从而达到以租赁设备的融物形式代替融资购买设备的目的。在这一租赁方式中，出租人支付设备的全部货款，向承租人提供全额的长期信贷，通过融物达到融资的目的，故称融资性租赁。它具有浓厚的金融业务色彩。在美国，从飞机、卡车、火车车厢到工业机械设备、医疗设备、现代通信设备，从计算机办公设备到饭店家具等都是融资性租赁的对象。

（1）融资性租赁的特征。其包括：

第一，涉及三方当事人以及两个或两个以上的合同。三方当事人为出租人、承租人和供货人。由承租人选择所需设备以及供货人，同时向出租人申请融资，委托其代为购置设备；出租人出面购置设备后，供货人直接将设备交付承租人。因此，其中会有承租人与出租人之间的租赁合同以及出租人与供货人之间的买卖合同，此外可能还有出租人与金融机构的贷款合同。

第二，承租人按合同规定取得设备的使用权，必须分期及时足额地向出租人交纳租金，并在租赁期间定期维修、妥善保养承租设备；出租人以分期租金的形式收回投资并获得收益。由于设备是由承租人自行选定的，出租人免除了设备性能、物理性质、老化风险、设备缺陷、延迟交货等担保责任和义务。

第三，融资性租赁是不可撤销的。在融资性租赁合同有效期限内，租赁双方不得中途单方解除合同。这是由租赁设备的专用性和租赁期限的长期性决定的，毁约方要支付高额罚金。只有在设备毁损或被证明已丧失使用价值的情况下才能终止执行合同。租赁期满，承租人有优先廉价购买或续租设备的权利。

第四，租赁是全额清偿协议。在基本租期内，设备只租给一个特定的客户使用。租期一般为3～5年，有时长达10年，出租人在一次租赁期收回全部投资并获取收益，租金总额为设备价款加上前项资金的延付利息及利润再减去设备期满的残值，因而这种租赁也叫完全付清租赁。

（2）融资性租赁的优点。融资性租赁从产生开始就保持着高速发展的态势，已经成为现代租赁的标志和特征。它具有其他租赁方式所不具备的优点：

第一，在资金短缺情况下获得并使用先进设备，可增强市场竞争力。企业要引进或购进国内外先进设备，在资金短缺的情况下，可以采取租赁方式，把预付款、运费、保险费、安装费等都包含在租赁费用中，平均分摊到租赁期中偿还，而不影响企业的财务收支状况。因为租赁不列入企业的负债，不影响企业向银行借款的能力和信誉。承租人通过租赁方式，得到了必需的先进设备，可防止企业设备陈旧老化，节约了资金并增强了市场竞争力。

第二，手续简便，方法灵活。租赁公司可根据用户的实际要求，设计租赁结构和租金的偿还办法，使金融与贸易相结合，减少相关环节和手续，让企业早投产、早受益。如果企业直接购买设备，至少需要两个环节：一是筹措资金，如果向银行借款，从申请到批准，需要经过很长时间；二是贷款审批后，企业要委托外贸公司向国外引进设备，或是向生产厂家采购设备，环节多、手续繁、费用高。

第三，租金固定，可避免通货膨胀的影响。在当代世界经济发展中，各国普遍存在着不同程度的通货膨胀现象，设备的价格一般呈不断上升的趋势。而双方在签订租赁合同时，已将全部租金固定下来，不论以后通货膨胀率上升多少，租金仍以原约定的金额分期支付，避免了通货膨胀给企业带来的不利影响。同时，租金的固定也便于企业计算成本和安排资金。

第四，承租企业获得税收优惠。一些发达国家为了扶持租赁业的发展，在税收上都有优惠规定，这使租赁的优点得到了充分的发挥。

第五，还款方式灵活。企业可根据生产的产品、生产周期和销售情况的不同，确定租赁期限和付租次数。如租赁的设备社会效益大，而收回期较长，则租赁期限可以长一些；若租赁的设备经济效益高，而收回速度快，则租期可以短一些。一般情况下，承租人半年或3个月付租一次，每次付租间隔期均等。有时租赁公司为了帮助企业进行技术改造，允许企业根据收入情况采取不均等的付租方式。总之，租赁期限可由双方灵活商定，以满足承租人的要求。

（3）融资性租赁的缺点。其包括：①如果没有税收优惠，租赁的内含利率通常高于银行贷款利率，造成企业所付租金较多；②只有当出租人愿意以较低租金的方式将其税收减免好处部分转移给承租人时，承租人才有可能降低租赁成本；③出租人常常要求承租人寻找一个独立的财务机构作为担保人，以避免其到期偿付不了租金，承租人因此要付出额外的担保费用。

2.经营性租赁

经营性租赁是指租赁期较短，并且在租赁期内承租人随时有权单方面取消租赁合同，把租赁物退还给出租人的租赁协议。典型的经营性租赁物包括厂房、土地、轮船、飞机、卡车、建筑机械、铁路运输设备等通用性强且易于移动的资产。近年来，经营性租赁越来越多地用于高科技产品，大大降低了因为设备过时老化而给承租人带来的风险，如美国IBM公司经营着发达的计算机租赁业务。经营性租赁具有以下特征：

（1）租赁对象由出租人根据市场需要选购，一般不是为了某个特定的承租人专门选购的，具有较强的通用性，能够被多次使用。租赁公司成批购入租赁对象，租期内提供维修、保养等服务并承担设备过时的风险。

（2）租赁经营相对专业化。出租人一般只经营若干专门设备的出租业务，因此经营性租赁的出租人与设备制造商、供货商关系密切，很多大型设备制造商本身也有专门的租赁部门经营租赁业务。与经营广泛的融资性租赁相比，经营性租赁业务范围有限。

（3）租赁合同具有可撤销性。租赁期内承租人可要求中止合同，退回租赁设备，尤其是在新技术、新设备问世，已租赁的设备出现老化风险时，承租人可以退回旧设备，租赁更先进的设备。因此，经营性租赁租期较短，一般不超过一年，短则几个月，甚至几天、几个小时。

（4）在一次租赁期内，出租人只能收回租赁设备的部分投资，租赁设备需要不断地被出租，完成几个租赁协议以后，出租人才能回收全部的投资并产生收益，因而经营性租赁也叫不完全付清租赁。

（5）租金包括租赁设备的折旧费、租赁手续费等。出租人要承担诸如技术设备过时的风险、承租人在租赁期内要求提前终止租赁合同的风险，以及租赁期满后不能立即再出租的风险。因此，与融资性租赁相比，经营性租赁的租金一般较为昂贵。

3.融资性租赁与经营性租赁的区别

根据上述融资性租赁与经营性租赁的特点，可以总结出两者的不同，见表8-3。

表8-3　融资性租赁与经营性租赁的区别

	融资性租赁	经营性租赁
承租目的	融通设备，长期使用	租赁设备，短期使用
租赁物类型	主要是寿命较长的大型专用设备	多数为更新较快的通用设备
租赁物选择权	一般由承租人选定	基本上由出租人在现货中选择
承租人	有特定的承租人	不特定的多个承租人
租赁期限	一般3～5年，有时长达10年	时间较短，不超过1年，有时只有几个小时
租赁合同	不可撤销性	可撤销性，可随意终止合同
投资回收	出租人租赁期内可以收回全部投资并产生收益	出租人租赁期内只能收回部分投资
维修和保养	由承租人负责	由出租人负责
期满对租赁物的处置	作价购买、续租、退租	退租、续租

8.2.2 租金的计算与支付

租金是出租人因将设备的使用权让渡给承租人而向承租人收取的报酬。租金的高低，直接关系到出租与承租双方的经济利益。

1.租金的构成要素

（1）租赁资产的购买成本。它是指租赁公司根据承租人的要求出资购置设备而发生的费用，一般包括购置租赁资产的货价、运输费和保险费。

（2）租赁资产的预计残值。它也称设备残值，是指租赁设备在租赁期满后预计的市场价格。设备残值依租赁资产的种类、性能和市场需求等条件而各不相同。设备残值高，意味着租金低，有利于承租人；设备残值低，意味着租金高，有利于出租人。

（3）利息。它是指出租人为承租人购买租赁设备而向银行贷款所支付的利息。利息的高低是根据出租人用于购买租赁物的资金来源确定的。

（4）租赁手续费。它是指出租人为承租人办理租赁资产所收取的营业费用（如办公费、工资、税金等）和利润。租赁手续费没有固定的标准，由双方协商确定。通常情况下，对于金额较大的租赁项目，出租人要求的手续费可以低一些；对于金额较小的租赁项目，则手续费要高一些。

2.租金的计算方法

国际上，租金的计算方法很多，下面简要介绍其中常用的两种：

（1）年金法。以现值理论为基础，将一项租赁资产在未来各租赁期间内的租金额按一定比率予以折现，使其现值总和等于租赁资产的概算成本，这种计算租金的方法叫作年金法。其中，以等额年金法计算比较普遍。

①等额年金法后付公式。后付是指租赁期开始后每期期末等额支付租金。后付公式为：

$$R=P\frac{(1+i)^n\cdot i}{(1+i)^n-1} \qquad \text{（公式8-1）}$$

式中：P——租赁资产总成本；R——每期租金；i——折现率；n——租赁期数。

例如：在一笔租赁业务中，租赁物的货价为10万元，租赁期为3年，每半年支付一次租金，后付，年利率为7%，则每期应付租金为：

$$R=P\frac{(1+i)^n\cdot i}{(1+i)^n-1}=\frac{100\,000\times(1+4\%)^6\times 4\%}{(1+4\%)^6-1}=19\,076\text{（元）}$$

3年6次共支付租金：19 076×6=114 456（元）

②等额年金法先付公式。先付是指租赁期一开始每期期初等额支付租金。先付公式为：

$$R=P\frac{i(1+i)^{n-1}}{(1+i)^n-1} \qquad \text{（公式8-2）}$$

（2）附加率法。它是指在租赁资产的设备货价或概算成本上再加上一个特定的比率来计算租金。其公式为：

$$R=\frac{P(1+ni)}{n}+P\cdot r \qquad \text{（公式8-3）}$$

式中：P——租赁资产总成本；R——平均每期租金；i——每期利率；n——租赁期数（还款次数）；r——附加率。

主要概念

资金信托　财产信托　公益信托　融资租赁　经营租赁

知识训练

随堂测8

● 基础知识训练

8.1　单项选择题

（1）出让“信托受益权证书”的方式属于（　　）。

A.管理型动产信托　　B.处理型动产信托

C.管理处理型动产信托　　D.服务型动产信托

（2）融资性租赁中出租人承担的责任有（　　）。

A.为承租人购置设备　　B.对设备质量负责

C.承担设备老化的风险　　D.负责保养和维修设备

8.2　多项选择题

（1）信托受托人的义务主要有（　　）。

A.处理信托事务

B.运用信托财产为自己增加利润

C.向委托人报告信托财产运用情况

D.向受益人支付信托利益

E.将信托财产作为固有财产使用

（2）融资租赁的主要功能有（　　）。

A.促进投资　　B.融资　　C.对承租人有变现功能

D.对厂商类出租人有促销功能　　E.资产管理

（3）在融资租赁中，租赁期满，承租人对租赁设备可以有（　　）等选择。

A.留购　　B.续租　　C.退租　　D.报废

8.3　判断题

（1）信托受益人可以是委托人本人，也可以是其指定的第三人，受托人也可以是同一信托的唯一受益人。（　　）

（2）融资性租赁一般是短期租赁，经营性租赁一般是长期租赁。（　　）

（3）融资租赁涉及两个关系人：出租人和承租人。（　　）

8.4　简答题

（1）信托有哪些职能？

（2）比较融资性租赁与经营性租赁。

● 技能知识训练

某一金融租赁项目的概算成本为10万元，租赁双方商定分3年6期缴付租金，即从起租日开始，以后每隔半年等额交付一次租金，年利率为6%，附加率为5.5%，求平均每期租金和租金总额。

能力训练

● 案例分析

信托产品和银行理财产品比较

一、理财产品类型及其决定因素

站在投资者的角度，银行理财产品可以粗略分为：保本固定收益类、保本浮动收益类、非保本固定收益类和非保本浮动收益类。而从操作的角度看，银行理财产品类似于资金池信托计划：集合资金，然后投向特定的领域。

银行理财产品“保本不保本”“固定收益还是浮动收益”，一般情况下取决于其投资领域以及在各领域的投资比例。如果全部投资于低风险的货币基金、大额存单、短期票据等货币市场工具，就能够给出类似于保本固收的承诺，但是收益也相对较低，可能比同期限的存款相对高一点。

二、信托产品与银行理财产品的差异

（1）投资门槛。信托产品和银行理财产品都有对合格投资者的门槛，达不到合格投资者要求是不能进行投资的。一般银行理财产品是5万元起步，而信托产品需要100万元甚至更多。投资门槛相对较低是银行理财产品相比信托产品最大的一个优点，因为能够满足广泛人群的投资理财需求。

（2）预期收益率。信托产品和银行理财产品最直观的差异反映在预期收益率上。目前，很少有银行理财产品的预期收益率超过信托产品，一般而言，同期限的信托产品的收益率都会比银行理财产品高3～5个点。

（3）风险水平。投资理财活动基本上围绕两个基本的要素展开：风险与回报。不论是衡量银行理财产品、信托产品，还是衡量其他的投资理财产品，比如说股票等，最终都是为了获得与所承担风险水平相一致的预期回报率，甚至在控制风险的基础上尽量获得超出风险水平的回报率。投资风险越大，投资者的预期收益要求就会越高，反之亦然。银行理财产品和信托产品的最根本差异还是风险的差异。

银行理财产品类似于资金池信托，其风险也取决于其投资领域。当其绝大部分投向券商资产管理计划、公募基金子公司资产管理计划和信托计划时，其所面临的风险其实和信托资管计划并没有太多区别。

理论上来说，信托是不保本保收益的。不过信托也存在风险高低之分，一些政信类项目，即使在市场最不景气的时候，人们也认为其并不存在较高的风险。

三、风险溢价

所谓风险溢价，就是投资者承担额外的风险所需要的回报。比如说一年期定期存款利率是3%，这个3%对投资者来说就是无风险的。如果客户购买一年期银行理财产品，预期收益率是5%，那么风险溢价就是2%（5%-3%）。也就是说，客户承担额外的风险需要得到的补偿是2%。如果信托产品预期收益率是8%，那么信托产品的风险溢价就是5%（8%-3%）（相关资料见表8-4）。信托产品的风险溢价比银行理财产品高3个百分点。但问题是，信托产品的风险真的比银行理财产品高吗？

表 8-4　　银行理财产品与信托产品的风险溢价

一年期	有无风险	收益率	风险溢价
银行定存	无	3%	0
银行理财产品	有	5%	2%（5%-3%）
信托产品	有	8%	5%（8%-3%）

四、案例解析

某人民币理财产品（365天）要素如下：

类型：非保本浮动。

预期最高年化收益率：5.4%。

银行有提前终止权，客户无赎回权。

投资范围：95%投资于某债券“投资集合资金信托计划”，5%投资于现金类资产。

分析：(1) 假设现金类资产和信托计划分别以3%、8%的预期回报率计算，则银行在该理财产品上的回报率为7.75%（95%×8%+5%×3%）。扣除客户最高预期收益率5.4%，则银行实际收益率为2.35%。客户风险溢价为2.4%（5.4%-3%）。

(2) 如果满足对预期收益率的假设，银行没有承担风险而获得2.35%的预期收益，客户承担风险获得2.4%的风险溢价。

(3) 这里面存在四个问题：①是否有必要让银行去做这样的风险分散？②这样的风险分散是否有意义？③这样一个理财产品和信托计划有什么区别？④95%的资金投资于信托，5%的资金相当于存款，而投资者需要支付给银行2.35%的风险溢价，这是否合理？

五、总结

银行理财产品类似于信托资金池，其类别取决于资金的投向，而信托产品和银行理财产品的根本差异体现在风险水平上。银行理财产品的风险并不一定比信托类产品低，特别是当理财产品的大部分资金都投向信托、资管计划时。和购买信托类产品一样，购买理财产品的客户需要谨慎地审查理财产品的类别，查看其资金投向。

买信托产品还是买银行理财产品需要根据投资者相应的风险偏好，不同的人适合不同的产品。

分析：你会怎样选择信托产品和银行理财产品？

● 实务操作

针对几个典型企业做一项调查，了解企业运用租赁方式添置设备的情况，分析目前我国租赁市场的现状。

模块4　涉外金融

第9章

国际金融概述

学习目标

通过本章的学习，你应该达到以下目标：

知识目标：明确外汇的定义及其构成；了解外汇管制的基本内容和货币的兑换性管理；掌握汇率的标价方法和汇率的种类；了解汇率制度的类型；正确理解国际收支的含义，掌握国际收支的内容；了解一国国际储备的作用和构成内容；认识外汇市场；掌握主要的外汇交易方式。

能力目标：学会识读外汇牌价；了解影响汇率变动的因素和汇率变动对经济的影响；学会分析国际收支平衡表；学会运用常见的外汇交易方式。通过解读人民币汇率变动情况和中国国际收支平衡表，具备分析我国涉外金融关系发展趋势的能力。

素养目标：理解和领悟"坚持高水平对外开放，加快构建以国内大循环为主体、国内国际双循环相互促进的新发展格局"的理念，稳步推进国际金融体系改革，在完善全球金融治理机制中不断探索实践。

导读

2024 年，我国经常账户顺差 4 239 亿美元，非储备性质金融账户逆差 4 962 亿美元，主要是境内对外投资增多。非储备性质金融账户逆差与经常账户顺差形成自主平衡格局，我国外汇市场自主调节能力增强。2024 年末我国外汇储备余额稳定在 3.2 万亿美元以上。

那么，什么是国际收支？什么是经常账户和非储备性质金融账户？国际储备有什么作用？一国的外汇储备是否越多越好？

自 2005 年 7 月 21 日起，我国开始实行以市场供求为基础、参考一篮子货币进行调节、有管理的浮动汇率制度；人民币对美元即日升值 2% 至 1 美元兑换 8.11 元元人民币，突破7∶1的整数关口。那么，什么叫汇率？什么叫汇率制度？人民币汇率制度是怎样的？如何理解汇率的变动问题？

要回答上述诸多问题，必须将金融学的范畴拓展到国际领域，了解国际金融的基本知识。在开放经济条件下，企业、政府及个人都会发生同世界上其他国家的企业、政府及个人之间的贸易与劳务、投资与借贷、结算与汇兑等各种往来，会遇到以何种货币计值才能锁定收益、降低成本或者怎样提高国际清偿能力等问题。如果说金融是现代经济的核心，那么国际金融就是当代世界经济发展的命脉。本章将介绍国际金融的主要知识。下面是本章内容结构导图。

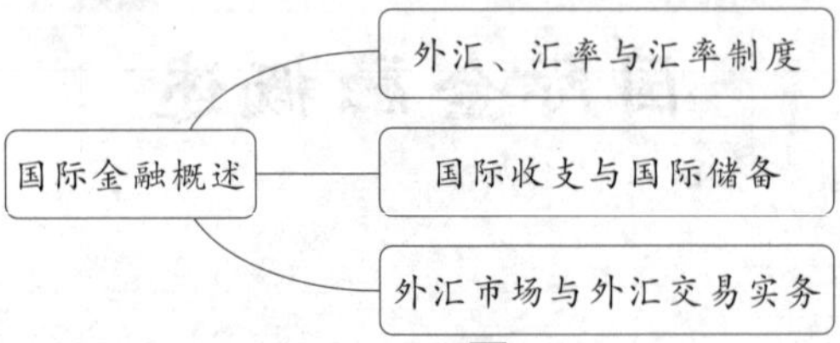

9.1 外汇、汇率与汇率制度

9.1.1 外汇

1.外汇的定义

外汇的概念可以从动态和静态的角度来理解。动态的外汇源于“国际汇兑”，即将一国货币兑换成另一国货币以清偿国际债权债务关系的一种专门性的经营活动。

国际经济活动的日益频繁使得人们更习惯于将外汇理解为静态的含义，即外汇是一种以外币表示的用于国际结算的支付手段，包括各种外币支付凭证，如银行存款凭证、汇票、支票、本票和电汇凭证等。

随着国际交往的扩大和信用工具的发展，外汇的内涵也日益丰富，所以静态的外汇还有广义和狭义之分。上述静态的外汇最多只能算作狭义的外汇。目前，世界各国更多地采用广义的静态外汇定义，将以外币标示的有价证券（如外国政府债券、外国公司债券和股票）也包括在外汇的范畴内。因此，广义的静态外汇泛指一切以外国货币表示的、能用于国际结算以及在国际收支逆差时可以动用的一系列金融资产。

知识拓展9-1

外汇的范畴

国际货币基金组织定义的外汇就属于广义的范畴，即“外汇是货币行政当局（中央银行、货币管理机构、外汇平准基金组织及财政部）以银行存款、国库券、长短期政府债券等形式所持有的在国际收支逆差时可以使用的债权”。它强调外汇是一国货币当局所持有的具有专门用途的债权，实际上仅指一个国家所拥有的外汇储备，而不包括一国普通居民所持有的外国债权。各国涉及外汇管理的法令条例中也多采用这一概念。如《中华人民共和国外汇管理条例》（2008年8月5日公布）中指出：外汇是指下列以外币表示的可以用作国际清偿的支付手段和资产：①外币现钞，包括纸币、铸币；②外币支付凭证或者支付工具，包括票据、银行存款凭证、银行卡等；③外币有价证券，包括债券、股票等；④特别提款权；⑤其他外汇资产。

答疑解惑9-1

通常人们所说的外汇是否包括以外币表示的有价证券和黄金？

答：不包括。人们在日常对外交往中所使用的外汇实际上是狭义的外汇，即指能够直接用于国际结算的各种外币支付凭证。外币有价证券是外币信用凭证，不能直接用于清偿和支付，只有将它们在金融市场上出售，使其变为在国外的银行存款时才能用于国际结算。而黄金在现行货币制度下已退出货币领域，日常交易不能使用黄金，它只作为一个国家的储备资产之一而由官方持有。

答疑解惑9-2

美国进口商用美元购买我国的商品，美元对双方来说都是外汇。这句话是否正确？

答：不正确。美元对我国出口商来说是外汇，对美国进口商来说不是外汇。因为就一个国家而言，除了本国法定货币外，其他国家的货币均被称为外国货币；其本国货币对本国境内的人来说，不能算作外国货币或外钞、外汇。虽然美元是国际货币，可以自由兑换，但对美国境内的美国人来说，即使用于对外收付，也不是外汇。

2.外汇的特征

一种货币能够充当外汇是有一定的前提条件的，这些条件表明外汇具有一定的特征：

（1）国际性或普遍接受性，即外汇必须是以外国货币表示的国际上能普遍接受和使用的金融资产。本币即使可以换成外币或者以外币表示的资产，也不能称为外汇。

（2）可自由兑换性，即外汇必须是可以为任何目的、在任何情况下、不受任何限制地兑换成其他支付手段的外币资产。不能自由兑换的就不是外汇。

（3）可偿还性，即外汇必须是在国外能得到偿付的货币债权，其持有人拥有对外币发行国的商品和劳务的求偿权。

但从更宽泛的含义上说，由于国际货币收付极其复杂，外汇存在的形态并不限于外币资产。根据国际协议，限定用于国际支付的本国货币或以本国货币标示的债券也被视为外汇。我国曾存在过“外汇人民币”，专门用于办理涉外收支。此外，欧洲货币市场上的“欧洲美元”“欧洲美元债券”对美国来说是外汇。依此类推，其他“欧洲货币”和“欧洲债券”对货币发行国来说也是外汇。

3.外汇的种类

（1）按照兑换时所受限制的程度，外汇可分为自由外汇、记账外汇。自由外汇是指不需要货币发行国当局批准就可以自由兑换成其他货币，或是可以向第三国办理支付的外国货币及其支付手段。自由外汇可以成为国际结算货币，但并不是所有可自由兑换货币都是国际结算货币，世界上虽有不少国家宣布其货币可自由兑换，但鉴于其经济活动总量及其在世界上的地位，真正能在国际上广泛使用和接受的仅有美元、欧元、英镑、日元、瑞士法郎等少数货币，因而可自由兑换货币在币种上远远超过国际结算货币。一国可以实行本币的自由兑换，但如果该货币没有被世界上其他国家所接受用于国际贸易和投资的计价与支付，则其不能成为国际结算货币。

记账外汇亦称双边外汇，即不经货币发行国批准，不能自由兑换成其他货币也不能对第三国进行支付的外汇。例如，我国曾在对某些发展中国家的进出口贸易中，为了节省双方的自由外汇，签订双边支付协定，采用记账外汇进行清算。记账外汇有如下特点：①只在双方国家指定银行开立专门账户记载，并由双方协商决定其汇率、记账方法和使用范围；②协定项下的收支定期轧差，差额由双方协商，可结转到下一年度或折算成双方同意的第三国货币；③不能转给第三国使用，也不能自由兑换。记账外汇带有封闭性，与世界经济全球化趋势不相吻合。

（2）按照来源和用途，外汇可分为贸易外汇与非贸易外汇。贸易外汇是指由商品的进出口引起收付的外汇。商品输出可赚取外汇，商品输入则需支付外汇。贸易外汇是一个国家最主要的外汇来源，贸易外汇支出则是外汇的主要用途。非贸易外汇是指由非贸易往来而引起收付的外汇，如劳务外汇、旅游外汇和侨汇等。

（3）按照买卖交割期限，外汇可分为即期外汇和远期外汇。外汇交割指一方付出一种货币，另一方付出另一种货币的授受两清的行为。即期外汇又称现汇，是指外汇买卖成交后即日收付或在两个营业日内办理交割的外汇；远期外汇又称期汇，是指买卖双方先按商定的汇价签订合同，并预约未来某一天办理实际交割的外汇。远期外汇的交割期限一般为1年以内，在多数情况下是1～6个月，3个月期的最多。

（4）按照持有者的身份，外汇可分为官方外汇与私人外汇。前者是指政府或国际组织持有的外汇；后者是指企事业单位或个人持有的外汇。

4.外汇的作用

外汇的作用包括以下几点：①是国际购买手段，可以使国与国间的货币流通成为可能；②是国际支付手段，可以避免在国际结算中使用黄金，节约非生产费用；③是国际储备手段，可以弥补国际收支逆差；④是国际信用手段，可以调剂国际资金余缺，促进货币信用的国际化。

5.外汇管制与货币的可兑换

外汇管制的主要内容包括：对贸易外汇的管制，对非贸易外汇的管制，对资本输出入的管制，汇率管制，黄金、现钞输出输入管制及货币兑换管理。其中，外汇管制最基本、最主要的内容是对货币兑换的管理。

外汇管制的宽严程度可以通过货币的可兑换性来反映。一般来说，发达的市场经济国家外汇管制宽松，实行货币完全可兑换，即其货币为自由兑换货币；大多数发展中国家都实施外汇管制，其货币或是完全不可兑换的，或是不完全可兑换的。

货币按其可兑换性与国际化程度，可分为不同的层次或种类。对此，存在着两种不同的见解：其一，认为货币分为五个层次：不可兑换货币、可兑换货币、自由兑换货币、国际货币、世界货币；其二，认为货币分为三个层次：不可兑换货币、可兑换货币、自由兑换货币，即将自由兑换货币等同于国际货币，将国际货币等同于世界货币。但无论哪种观点，货币的各个层次之间都是一种递进的关系，很难同时过渡或跨越，货币的兑换性变化一般都要经历从限制兑换，到有条件可兑换，再到完全可兑换等几个过程。

（1）货币不可兑换。凡是保留对“国际性经常往来的付款和资金转移”的限制的货币均被称为不可兑换货币。这是根据《国际货币基金组织协定》第十四条款的规定做出的界定，这类货币的发行国一般都保留严格的外汇管制，被称为“第十四条款国”。

货币不可兑换有两大基本原因：①这类货币发行国经济十分落后，存在着资金缺口和外汇缺口。外汇需求远远大于外汇供给，政府不得不加强外汇管制来提高外汇资金使用效益，如采取外汇统收统支政策，将外汇收入全部结售给政府，而外汇支出由政府配给。②货币可兑换意味着经济开放，如果该国经济实力差，国内企业的国际竞争力弱，则经济开放后该国经济就会受到全方位的冲击而难以崛起。

但是，实践证明，严格的外汇管制会阻碍一国经济乃至世界经济的发展，因此，随着各国经济的逐步开放，货币不可兑换的国家越来越少，这已成为一个世界性的趋势。

（2）货币可兑换。凡是实现了国际收支经常账户下可兑换的货币均被称为可兑换货币。这是根据《国际货币基金组织协定》第八条第2、3、4款的要求做出的界定，这类国家被称为“第八条款国”。当一国大幅度放松外汇管制，基本上满足了其货币在经常项目范围内的可兑换后，就可以通知IMF，得到IMF的认可后就可以宣布已完成向“第八条款国”的过渡。

《国际货币基金组织协定》第八条款的主要内容为：①避免对经常性支付或转移的限制。各成员未经国际货币基金组织的同意，不得对国际经常往来的付款和资金转移实施汇兑限制（第2款）。②避免施行歧视性货币措施或多重汇率措施（第3款）。③保证兑付外国持有的本国货币。任何一个成员均有义务购回其他成员国所持有的本国货币结存，只需兑换的国家能证明这种结存是由最近的经常性交易所获得的，或者这种兑换是为了支付经常性交易所需要的（第4款）。

一种货币从不可兑换过渡到可兑换，通常是在货币发行国从封闭走向开放、从非常落后走向快速发展的过程中实现的。实行货币可兑换，意味着放弃经常项目收支的外汇管制，在世界范围内建立多边支付体系，其目的是促进国际贸易和各国经济的发展。

（3）货币自由兑换。它是指在外汇市场上能自由地用本国货币兑换（购买）某种外国货币，或用某种外国货币兑换（购买）本国货币。一般来说，如果一国在经常项目和资本项目下都实现了货币可兑换，其货币就是自由兑换货币。所以，货币自由兑换意味着资本自由流动。经济合作与发展组织（OECD）规定其成员有义务实现资本项目的货币可兑换，因而其成员基本上放弃了对资本流动的管制。一些经济发展较快或者外汇收入充裕的国家也相继实现了资本自由流动。

要实现货币自由兑换需要满足一定的条件，包括：①宏观经济稳定；②汇率制度与汇率水平合适；③外汇储备充足；④市场机制完善；⑤金融市场与金融制度发达与完善等。

（4）货币国际化。它是指特定国内货币实现国际化的表现。《国际货币基金组织协定》将国际货币（international currency）定义为：在国际往来的支付中被广泛使用以及在主要外汇市场上被广泛交易的货币。这一定义中的“广泛使用”和“广泛交易”其实是很难界定的，实践中有两个参考标准：一是各国外汇储备中该种货币的占比为1%以上；二是主要外汇市场上该种货币交易占比达到4%以上。目前，符合这两个条件的主要是美元、欧元、日元、英镑四种货币。

（5）世界货币。严格地说，金本位制时期黄金是世界货币，但实际生活中，人们普遍认为具有世界货币职能的某一国家的货币也是世界货币。由此，第一次世界大战前，英镑是世界货币；第二次世界大战后至今，美元是世界货币。世界货币与国际货币的区别是：在一个特定的历史时期，国际货币可以有多种，而世界货币只能是一种（仅在世界货币交替之际可能有两种）；前者是部分地、在一定程度上执行着国际货币的职能，而后者是全面地、在很高的程度上执行着国际货币的职能。某国货币成为世界货币的必要条件是，该国经济实力、金融市场规模与效率为世界第一。

我国过去长期实行严格的外汇管理，1994年外汇管理体制实行改革，1996年12月1日，我国正式宣布接受“第八条款”，实现人民币经常项目下完全可兑换，但在资本项目下仍限制人民币的自由兑换。因此，目前人民币是可兑换货币。

随着中国对外开放程度不断提高，中国经济全面融入世界经济体系，人民币逐渐走出国门，人民币国际地位也日益提升。近年来人民币国际化不断登上新台阶，人民币支付货币功能不断增强，投融资货币功能持续深化，储备货币功能逐渐显现，计价货币功能进一步实现突破，人民币继续保持在全球货币体系中的稳定地位。截至2019年年底，人民币在国际货币基金组织成员国持有储备资产的币种构成中排名第5，市场份额为1.95%，较2016年人民币刚加入SDR篮子时提升了0.88个百分点，据不完全统计，目前全球已有70多个央行或货币当局将人民币纳入外汇储备；人民币在全球外汇交易中的市场份额为4.3%，较2016年提高了0.3个百分点；截至2021年1月，人民币在主要国际支付货币中排第5位，市场份额为1.76%。

9.1.2 汇率

1.汇率的概念、表示方式与外汇牌价

（1）汇率的概念。汇率也称汇价、外汇牌价或外汇行市，是指不同货币之间的兑换比率，或者说是用一种货币表示的另一种货币的相对价格。

外汇作为一种资产，可以和其他商品一样进行买卖。但是商品买卖是在用货币购买商品，而外汇买卖却是以货币购买货币。在进行外汇买卖时，必须有一个兑换比率作为标准，这就是汇率。它解决了一单位的甲货币能兑换多少单位的乙货币的问题。可以说外汇是对兑换行为的质的表述，表示对方的价格，汇率就是这种特殊商品的特殊价格。如美元与日元的汇率可以表述为：1美元=100日元（欧洲用语）；1日元=0.01美元（美国用语）。

（2）汇率的表示方式与外汇牌价。汇率的表示方式有三种：一种是用文字描述，如1美元兑换人民币7.4898元；一种是用两种货币的代码符号表述，如USD/CNY=7.4898，其中的斜线表示兑换的意思；还有一种是用两种货币的货币符号表述，如7.4898￥/$，其中的斜线含义是“每一”。汇率的三种表示方式形式虽然不同，但含义是一样的，都是1美元等于7.4898元人民币。每一种货币都有货币代码符号与货币符号。货币代码符号由国际标准化组织（ISO）在ISO 4217标准中统一规定。在ISO货币代码的三个字符中，前两个字符代表该货币所属的国家或地区，第三个字符代表货币名称，如美元为USD，人民币为CNY。表9-1是一些国家或地区的货币名称和货币代码符号。

表9-1　一些国家或地区的货币名称和货币代码符号

国家或地区	货币名称	货币代码符号
中国	人民币	CNY
美国	美元	USD
英国	英镑	GBP
日本	日元	JPY
欧元区	欧元	EUR
瑞士	瑞士法郎	CHF
加拿大	加拿大元	CAD
澳大利亚	澳大利亚元	AUD
新加坡	新加坡元	SGD
丹麦	丹麦克朗	DKK
挪威	挪威克朗	NOK
瑞典	瑞典克朗	SEK
中国香港	港元	HKD
俄罗斯	俄罗斯卢布	RUB
韩国	韩元	KRW
新西兰	新西兰元	NZD

按惯例，银行报出的货币汇率有5位有效数字。从右向左数，第一位称为“几点”，第二位称为“几十个点”，第三位称为“几百个点”，以此类推。如某日USD/CNY的汇率为7.4898，第二天USD/CNY的汇率为7.4888，这说明USD/CNY的汇率下降了10个点。

对那些经常与国外打交道的企业、单位和个人来说，了解外汇价格是十分重要的。在银行、空港、车站、码头、宾馆、商场等地，到处可以看到外汇牌价表，在金融报道和网站上也可以查询到当日的外汇牌价。表9-2是2025年6月8日中国银行外汇牌价表，从表中可以看到银行买入某种外币现汇和现钞100个单位或100 000个单位要付出多少元人民币，银行卖出某种外币100个单位或100 000个单位要收取多少元人民币。由于汇率是变动的，所以外汇牌价表均明确标明日期和时间点。

表9-2　中国银行外汇牌价　单位：元人民币/100外币

货币名称	现汇买入价	现钞买入价	现汇卖出价	现钞卖出价	中行折算价
阿联酋迪拉姆	194.55	194.55	197.29	197.29	195.37
澳大利亚元	465.62	465.62	469.32	469.32	466.94
巴西雷亚尔		123.11		137.22	128.56
加拿大元	523.59	523.59	527.7	527.7	524.86
瑞士法郎	871.87	871.87	878.61	878.61	875.63
丹麦克朗	109.48	109.48	110.36	110.36	110.13
欧元	817.04	817.04	823.03	823.03	821.74
英镑	969.99	969.99	977.2	977.2	974.3
港币	91.52	91.52	91.88	91.88	91.57
印尼卢比	0.0438	0.0438	0.0446	0.0446	0.0441
印度卢比		7.9522		8.8665	8.3632
日元	4.9487	4.9487	4.987	4.987	5.0019
韩国元	0.5253	0.5253	0.5343	0.5343	0.5292
澳门元	88.85	88.85	89.26	89.26	88.9
林吉特	169.62		171.16		169.84
挪威克朗	70.88	70.88	71.44	71.44	71.27
新西兰元	431.35	431.35	434.6	434.6	433.43
菲律宾比索	12.76	12.76	13.02	13.02	12.89
塞尔维亚第纳尔	6.928		7.068		7.0165
卢布	8.77	8.77	9.22	9.22	9.31
沙特里	190.52	190.52	193.2	193.2	191.32
瑞典克朗	74.3	74.3	74.9	74.9	74.98
新加坡元	556.1	556.1	560.28	560.28	558.08
泰国铢	21.87	21.87	22.05	22.05	22.01
土耳其里拉	17.07	17.07	19.63	19.63	18.27
新台币		23.06		25.27	24
美元	718.23	718.23	721.26	721.26	718.45
南非兰特	40.28	40.28	40.75	40.75	40.52

2.汇率的标价方法

任何两种货币之间的汇率均可以其中一种货币作为单位进行表示。以哪一国货币作为标准表示另一国货币的价格，涉及汇率的标价方法问题。目前，在国际上有以下三种标价方法：

（1）直接标价法。它又称“应付标价法”（giving quotation），是指以一定单位（1或100等）的外国货币为标准，折算为若干单位本国货币的表示方法，或者说是用本国货币表示的外国货币的价格。

人民币对外币汇率主要采用这种标价法。目前，除美元、英镑、澳大利亚元、新西兰元、南非兰特和欧元以外，其他货币的汇率均采用直接标价法。如交通银行挂牌的100美元=716.36元人民币，东京外汇市场上的英镑/日元为210.45等。

（2）间接标价法。它又称“应收标价法”（receiving quotation），是指以一定单位的本国货币为标准，折算为若干单位的外国货币的表示方法，或者说是用外国货币表示的本国货币的价格。

世界上只有少数国家采用间接标价法。从历史上看，英镑一直采用这种标价法。例如，2025年6月某日，伦敦外汇市场公布的汇率为1英镑=1.3575/1.3595元。除英国以外，一些英联邦国家的货币也采用间接标价法，如澳大利亚元、新西兰元和南非兰特等。美国的纽约外汇市场原先采用直接标价法，后来由于美元逐步取代了英镑而成为国际经济交易的主要计价结算手段，因此，从1978年9月1日开始，纽约外汇市场也改用间接标价法，但美元对英镑仍沿用直接标价法。不过，美国报刊的金融资讯版通常同时刊印两种价格，即外币的美元价格（US$ equivalent）和美元的外币价格（currency per US$），以方便各种外汇交易的结算，这实际上是同时采用了直接与间接两种标价方法。此外，1999年1月1日诞生的欧元也采用间接标价法，即以每1欧元值若干外币的方式报价。中国外汇交易中心公布的银行间外汇市场人民币汇率中间价人民币对马来西亚林吉特、俄罗斯卢布、南非兰特、韩元、阿联酋迪拉姆、沙特里、匈牙利福林、波兰兹罗提、丹麦克朗、瑞典克朗、挪威克朗、土耳其里拉、墨西哥比索、泰铢的汇率也采用间接标价法。

间接标价法的特点是：本币的数量固定不变，折合成的外币数额随着本币和外币币值的变动而变动。如果一定单位的本币折成外币的数量比原来多，则说明本币汇率上升，外汇汇率下跌；相反，如果一定单位的本币折成外币的数量比原来少，则说明本币汇率下跌，外汇汇率上升。在这种标价法下，外汇汇率的涨落与外币数额的多少成反比，不能直接看出外汇的价格。

直接标价法和间接标价法之间存在着一种倒数关系。例如，根据表9-2中国银行用直接标价法挂牌的汇率100美元=718.45元人民币，可推算得出间接标价的1元人民币=100÷718.45=0.1392美元。

（3）美元标价法。它是指以一定单位的美元为标准，折合成若干数额的其他国家货币，即用其他国家的货币表示的美元的价格。例如，从加拿大蒙特利尔向日本银行询问日元汇率，东京外汇银行不是直接报加拿大元对日元的汇率，而是报美元对日元的汇率。

目前，世界各主要外汇市场银行之间的报价通常采用这种方法。非美元货币之间的汇率通过各自对美元的汇率套算。这种标价法的特点是：美元的单位始终不变，美元与其他货币的比值是通过其他货币数量的变化体现出来的。

在国际金融市场上，还有少数货币采用非美元标价法，如英镑、澳元、新西兰元、欧元等。它们采用每1英镑、每1澳元、每1新西兰元、每1欧元等于若干数额美元的标价法。

在上述各种标价法下，数量固定不变的货币为基础货币或基准货币，也称被报价货币，其价格用其他货币的数量来表示；数量发生变化的货币叫标价货币或非基准货币，也称报价货币，其数量用以说明基础货币价格的高低。在直接标价法下，基础货币是外国货币，标价货币是本国货币；间接标价法下则与之相反，基础货币是本国货币，标价货币是外国货币；在美元标价法下，美元是基础货币，其他各国货币是标价货币。总之，无论采取何种标价法，都是以标价货币来表示基础货币的价格。

3.汇率的种类

从不同角度出发，汇率可进行不同的分类。

（1）从银行买卖外汇的角度可分为买入汇率、卖出汇率、中间汇率与现钞价。

①买入汇率（buying rate）也叫买入价（bid price），指银行向同业或客户买入外汇时所使用的汇率，即银行出价。因它多用于出口商与银行间的交易，故也称为“出口汇率”。采用直接标价法时，外币折合本币数量较少的那个汇率就是买入价；采用间接标价法时，本币折合外币较多的那个汇率就是买入价。

②卖出汇率（selling rate）也叫卖出价（offer/ask price），指银行向同业或客户卖出外汇时所使用的汇率，即银行要价。因它多用于进口商与银行间的交易，故也称为“进口汇率”。采用直接标价法时，外币折合本币数较多的那个汇率就是卖出价；采用间接标价法时，本币折合外币数较少的那个汇率就是卖出价。

买入汇率和卖出汇率之间有一个差价，称买卖差价，这个差价是外汇银行经办外汇业务的收入来源，通常为1‰~5‰。一般来说，外汇市场越发达，买卖差价越小。

③中间汇率（medial rate）也叫中间价，是买入价与卖出价的平均数。中间价一般用于报刊和电讯行情对汇率走势的分析。在我国，各外汇银行的买入汇率和卖出汇率通常是以中国外汇交易中心公布的中间汇率为基础、在中国人民银行允许的幅度范围内上下浮动形成的。

④现钞价（bank notes rate）是银行向客户直接买卖外币现钞时所使用的价格。现钞价不等于外汇汇率，上述所说的汇率是银行采用电汇方式买卖外汇（外币支付凭证）时的价格。银行在购入外币支付凭证后，通过航邮划账，可很快地存入国外银行，开始生息、调拨动用；外国现钞不能在本国流通，存放在本国银行没有意义，银行买入外币钞票后需要积累到一定数额，将其运送到发行国并存入银行才能充当流通或支付手段。在此之前，银行要承受一定的利息损失，而运送现钞必须花费一定的运费、保险费等，承担一定的风险，因此，银行在收兑外币现钞时的汇价一般要低于现汇买入价。不过，一般情况下，银行卖出外币现钞时，则使用一般的外汇支付凭证的卖出价，现钞卖出价不再单列。这是因为银行卖出外币现钞不承担相应的费用。

目前我国多家银行实施“钞汇同价”政策，即银行在进行外汇业务时，不仅现钞卖出价与现汇卖出价相同，而且现钞买入价与现汇买入价也相同。钞买价与汇买价相同可以降低客户的交易成本，提高外汇市场的透明度和效率。

(2)从制定汇率的不同方法的角度可分为基本汇率与套算汇率。

①基本汇率(base rate)也叫基准汇率，是指本国货币与国际上某一关键货币之间的比率。

②套算汇率(cross rate)也叫交叉汇率，是指两种货币通过基本汇率换算(折算)出来的汇率。

所谓关键货币(key currency)，是指该国在国际收支中使用最多、外汇储备中占比最大、在国际上被普遍接受、可以自由兑换的货币。大多数国家都把美元作为关键货币，从而采用美元标价法来制定基本汇率；但也有少数国家如非洲的某些国家由于历史的原因，把英镑等作为关键货币，从而采用非美元标价法制定基本汇率。于是，在国际金融市场上进行不同货币的兑换和各种外汇交易时，就存在着用基本汇率来计算套算汇率的问题。

(3)从银行汇兑方式的角度可分为电汇汇率、信汇汇率与票汇汇率。

①电汇汇率(telegraphic transfer rate, T/T rate)，是银行以电信方式买卖外汇时所使用的汇率。例如，银行在售出外汇后，以电报、电传等方式委托其国外分支行或代理行将款项付给收款人时所使用的汇率就是电汇汇率。由于电汇付款时间快，一般可以当天到达，银行在电汇时不能利用客户资金，并且国际电报、电传费用也比较高，因此电汇汇率较一般汇率高，且是计算其他汇率的基础，各国公布的外汇牌价，如无特别说明，均指电汇汇率。

②信汇汇率(mail transfer rate, M/T rate)，是银行以信函方式通知收付款时采用的汇率。邮寄信函需要较长时间，银行可以利用客户的资金，且信汇的成本比电汇低，因此信汇汇率低于电汇汇率。在外汇交易中，信汇量较少，主要在我国港澳地区及东南亚一带使用。

③票汇汇率(demand draft rate, D/D rate)，是银行买卖外汇汇票时使用的汇率。银行卖出外汇时，开立一张由其国外分支机构或代理行付款的汇票交给汇款人，由汇款人带到国外亲自去取款或邮寄给国外收款人，这时使用的汇率就是票汇汇率。银行可以利用客户资金大约一个航空邮程的时间，收款人从汇入行提取汇款之前，汇出行都可以利用汇款人的资金获取利息收益，因此票汇汇率低于电汇汇率，相当于一个航空邮程的利息。因汇票有即期和远期之分，所以票汇汇率可分为即期票汇汇率和远期票汇汇率。即期票汇汇率一般等于信汇汇率。就远期汇票而言，票汇支付期限越长，票汇汇率越低。

(4)从外汇买卖交割期限的角度可分为即期汇率与远期汇率。

①即期汇率(spot rate)又称现汇汇率，是指买卖外汇的双方成交后在当日或两个营业日内进行交割时的汇率。

②远期汇率(forward rate)又称期汇汇率，是指外汇买卖成交后，在约定的到期日进行交割所使用的汇率。买卖远期外汇的期限一般为1、3、6、9、12个月等。

远期汇率与即期汇率之间的差额叫远期差价(forward margin)，也叫掉期率(swap rate)，用升水、贴水和平价表示。升水(at premium)表示远期汇率高于即期汇率，或者说远期外汇比即期外汇贵；贴水(at discount)表示远期汇率低于即期汇率，或者说期汇比现汇便宜；平价（at par）表示远期汇率等于即期汇率。在不同的汇率标价方法下，远期汇率的计算方法不同。可归纳为：

在直接标价法下：

远期汇率=即期汇率+升水

远期汇率=即期汇率-贴水

在间接标价法下：

远期汇率=即期汇率-升水

远期汇率=即期汇率+贴水

通过升贴水计算远期汇率的方法，详见第3章3.2。

（5）从外汇买卖的营业时间的角度可分为开盘汇率与收盘汇率。

①开盘汇率（opening rate）又称开盘价，是指外汇银行在每个营业日开始时买卖外汇所使用的汇率。

②收盘汇率（closing rate）又称收盘价，是指外汇市场上外汇银行在每个营业日结束时买卖外汇所使用的汇率，通常是外汇市场交易结束前30秒钟或60秒钟的汇率。

一个外汇市场的营业从开始到结束虽然只有几个小时，但在汇率急剧波动的情况下，开盘价和收盘价也会相差甚大。另外，世界上各个外汇市场的营业时间虽然因时差关系而不一致，但由于各外汇市场之间存在着发达的电信网络和密切的行情联系，一个外汇市场的收盘汇率往往影响着另一个外汇市场的开盘汇率。

（6）从外汇买卖的对象的角度可分为同业汇率与商人汇率。

①同业汇率（inter-bank rate）是指银行与银行之间买卖外汇的汇率。同业汇率的银行买入价和卖出价的差别较小。

②商人汇率（merchant rate）是指银行向客户买卖外汇的汇率。商人汇率是根据同业汇率卖出价增、买入价减一定的差额确定的，所以商人汇率的银行买入价与卖出价的价差较大。

（7）从汇率制度的角度可分为固定汇率和浮动汇率。

①固定汇率（fixed rate）是指一国货币对另一国货币的汇率基本固定，且将其波动幅度限制在一个特定的范围内的汇率。在金本位制下和第二次世界大战后的布雷顿森林体系下，世界各国都采用这种汇率。

②浮动汇率（floating rate）是指一国货币的对外汇率不予固定，也不规定上下限的波动幅度，而是根据外汇市场的供求状况任其自由涨落的汇率。1973年布雷顿森林体系崩溃后，主要工业国家都采用这种汇率。

（8）从外汇管制的宽严程度角度可分为官方汇率和市场汇率。

①官方汇率（official exchange rate）是货币当局规定的，是要求一切外汇交易都采用的汇率。

②市场汇率（market exchange rate）是在外汇市场上自由买卖外汇的实际汇率。但各国货币当局经常运用各种手段干预外汇市场，使市场汇率保持基本稳定或向预定目标变动。

在外汇管制较松的国家，官方汇率往往只起中心汇率的作用，实际外汇买卖都是按市场汇率进行的。在实行严格外汇管制的国家，不允许存在外汇自由买卖市场，官方汇率就是实际汇率，规定一切外汇交易都按这一汇率执行。我国在1994年以前实行的就是官方汇率，人民币汇率由国家外汇管理局统一制定公布，并按此汇率进行外汇买卖，没有市场汇率。

答疑解惑9-3

黑市汇率只存在于实行外汇管制的国家吗？

答：黑市汇率是在任何情况下都存在的。严厉的外汇管制必然逼出黑市，自然存在黑市价；完全市场经济中也有黑市，如为洗钱而进行的外汇交易是不能公开的，因此也有黑市汇率。

（9）从汇率使用范围的角度可分为单一汇率与复汇率。

①单一汇率（single rate）是指一个国家只有一种汇率，通用于该国所有的经济交往。

②复汇率（multiple rate）是指一种货币（或一个国家）有两种或两种以上的汇率，不同的汇率用于不同的国际经贸活动中。复汇率是外汇管制的一种产物，目前只有一些发展中国家仍实施复汇率，但根据国际货币基金组织的要求，只能依据需要使用简单的复汇率，严格限制实行复杂的复汇率。

（10）从外汇资金的性质或来源角度可分为贸易汇率与金融汇率。

①贸易汇率（trade rate）又称商业汇率，是适用于进出口贸易货价及其从属费用结算的汇率。其服务于一国“奖出限入”的贸易政策，以改善该国的国际收支为目的。

②金融汇率（financial rate）是适用于资金流动、旅游事业等非贸易外汇收支的汇率。其以限制资金流出、鼓励资金流入为目的。

（11）从衡量货币价值的角度可分为名义汇率、实际汇率与有效汇率。

①名义汇率（nominal exchange rate）是用一种货币所能兑换的其他货币的数量来表示该货币的汇率，是货币兑换和外汇交易时使用的汇率。由于其不一定体现不同国家的价格水平变动，不一定体现货币购买力的变化情况，不一定真正反映货币的实际价值，所以称为名义汇率。

②实际汇率（real exchange rate）也称真实汇率，是把名义汇率和那些与名义汇率类似、对外汇买卖有影响作用的因素结合在一起的理论汇率。因此，在分析影响国际经济活动的价格因素时，实际汇率的作用常常比名义汇率更重要。实际汇率有两种不同的含义。

A.计算公式为：

实际汇率=名义汇率±财政补贴或税收减免　　（公式9-1）

实际汇率的这种含义是把名义汇率和财政补贴或税收减免等因素结合在一起，以考察其对进出口的实际影响。例如，我国为了鼓励某些产品的出口，会实行出口退税政策。假设人民币的名义汇率为1美元=6.32元人民币，某产品出口商每获得1美元的出口收入，政府给予其0.10元的人民币退税，那么，按照上述公式，该出口商在出口了1 000万美元的商品后，除了在外汇市场可兑换成6 320万元人民币外，还可获得100万元人民币的退税。显然，对该出口商而言，实际汇率相当于1美元=6.42元人民币。同样的原理也可应用于进口关税方面。如果每1美元的进口必须支付0.15元人民币的关税，则对进口商而言，实际汇率相当于1美元=6.47元人民币。

B.计算公式为：

$$e_r=e\times\frac{p^*}{p} \qquad \text{（公式 9-2）}$$

式中：e_r为实际汇率，e为名义汇率，p^*为外国基期物价指数，p为本国基期物价指数。

这是以不变价格计算出来的某国货币汇率，是将名义汇率中的物价因素扣除后得出的。实际汇率的这种含义是把价格因素和名义汇率结合在一起，以考察其对国际经济交易的影响。实际汇率主要受三个因素的影响：名义汇率、本国的价格水平、外国的价格水平。影响国际经济交易的因素是实际汇率而不是名义汇率。

③有效汇率（effective exchange rate）是指一国货币对一篮子货币经过加权平均计算后得出的汇率。因此，它不是反映两种货币之间的汇率（即双边汇率）的指标，而是综合反映一种货币对多种货币的多边汇率的平均值。利用有效汇率指数，即不同时期的有效汇率比值，还可以考察一国货币在不同时期的变动幅度。通常，以对外贸易比重为权数，观察某种货币的总体波动幅度及其在国际经贸和金融领域中的总体地位。其计算公式如下：

$$\text{A币的有效汇率}=\sum^{n}\text{A国货币对i国货币的汇率}\times\frac{\text{A国同i国的贸易}}{\text{A国的全部对外贸易值}} \qquad \text{（公式 9-3）}$$

名义汇率可分为名义双边汇率和名义有效汇率。名义双边汇率是指用另一国货币的数量所表示的某种货币的汇率。各种报刊所登载的汇率都是名义双边汇率。名义有效汇率是指用若干种其他国家货币数量的加权平均值来表示某种货币的汇率，即各种名义双边汇率的加权平均。

有效汇率可分为名义有效汇率和实际有效汇率。一国的名义有效汇率等于其货币与所有贸易伙伴国货币双边名义汇率的加权平均数，如果剔除通货膨胀对各国货币购买力的影响，就可以得到实际有效汇率。实际有效汇率不仅考虑了所有双边名义汇率的相对变动情况，而且剔除了通货膨胀对货币本身价值变动的影响，能够综合地反映本国货币的对外价值和相对购买力。

知识拓展9-2

人民币汇率指数算法说明

美元指数是综合反映美元兑一篮子货币的汇率变化程度的指标。它是参照1973年3月6种货币兑美元汇率变化几何平均加权值来计算的，并以100.00点为基准来衡量其价值。如果美元指数为105.50点，意味着自1973年3月以来其价值上升了5.50%。到目前为止，美元指数曾高达165点，也曾低至80点以下。美元指数的权重最初是以10个主要国家与美国之间的贸易结算量为依据的。1999年1月1日欧元启动后，其样本从10个国家减少为6个国家，欧元成为权重最大的货币，达57.6%，因此，欧元的波动对美元指数的强弱影响最大。其他货币的权重依次为：日元13.6%、英镑11.9%、加拿大元9.1%、瑞典克朗4.2%、瑞士法郎3.6%。可见，美元指数其实就是美元的名义有效汇率。

9.1.3 影响汇率变动的因素及汇率变动对经济的影响

1.汇率的决定基础

（1）金币本位制下汇率的决定基础。在金币本位制下，两国金铸币含金量之比叫铸币平价。铸币平价是决定汇率的基础。例如，在金本位时期，每1英镑铸币的重量为123.27447格令，成色为22K金，则每英镑含有的纯金为113.0016格令（123.27447×22÷24）。而当时每1美元金铸币重量为25.8格令，成色为9成（9÷10），则美元的含金量为23.22格令。因此，英镑与美元的铸币平价为1英镑=113.0016÷23.22=4.8665美元。

在金币本位制下，汇率的下跌或上涨是以铸币平价为中心、在一定幅度内上下波动的，波动幅度的界限是黄金输送点，也叫黄金点。黄金输送点是指金币本位制下，由于外汇汇率涨落引起黄金输出、输入国境的界限。它等于铸币平价加（减）运送黄金的费用。在直接标价法下：

黄金输出点=铸币平价＋黄金运杂费（公式9-4）

黄金输入点=铸币平价-黄金运杂费（公式9-5）

例如，在第一次世界大战前，1英镑黄金由英国运往美国的运杂费为0.03美元，对美国来说：

黄金输出点为：1英镑=4.8665+0.03=4.8965（美元）

黄金输入点为：1英镑=4.8665-0.03=4.8365（美元）

即美国黄金输出点为4.8965，黄金输入点为4.8365，英镑与美元汇率的波动界限在4.8365～4.8965之间。

在金块本位和金汇兑本位下，由于实际经济生活中已没有金币流通，黄金的输出入也受到了限制，因而在这两种货币制度下，两种货币之间的汇率由纸币所代表的含金量之比来决定，称为法定平价。法定平价也是金平价的一种表现形式。实际汇率因供求关系而围绕法定平价上下波动，但是波动的幅度不再受黄金输入点和黄金输出点的限制，而是由政府来规定和维护一个允许的波动幅度。

（2）纸币流通时期的汇率决定基础。在纸币规定有法定含金量时期，即第二次世界大战以后的布雷顿森林货币制度下，各国政府规定了本国货币所代表的（而不是具有的）含金量。两种货币的法定含金量之比叫黄金平价，黄金平价是汇率的决定基础。汇率以黄金平价为中心在人为规定的幅度内波动，各国政府有义务将汇率稳定在这一波动幅度之内。

在纸币不规定含金量时期，即现行的货币制度下，纸币所具有的购买一定数量商品的能力体现了纸币在流通中所代表的实际价值。纸币所代表的价值量之比或两种货币购买力之比叫购买力平价，购买力平价是汇率的决定基础。汇率的涨跌没有波动幅度的限制，而是随外汇市场供求的变化自由浮动。

2.影响汇率变动的因素

（1）国际收支差额。一国的国际收支状况直接决定着该国的外汇供求状况，从而引起汇率的变动。当国际收支出现顺差时，外汇收入大于外汇支出，国际储备增加，使外汇的供给大于需求，会引起外汇汇率下降和本币汇率上升；当国际收支出现逆差时，外汇支出大于外汇收入，外汇储备减少，使外汇的需求大于外汇供给，会引起外汇汇率上升和本币汇率下降。

一般而言，暂时的、小规模的国际收支差额可以被国际资本流动、相对利率和通货膨胀率的变动、政府在外汇市场上的干预等因素抵消，从而只对汇率产生较小的影响；只有巨额的、长期的国际收支差额才会影响汇率，并且由于国际收支差额对汇率的影响需通过外汇市场上供求状况的变化才能逐步体现出来，这需要一个过程，因此国际收支是影响汇率变动的中长期因素。

（2）通货膨胀的差异。在其他经济条件不变的情况下，若一国发生通货膨胀，该国单位货币所代表的价值量减少，对内贬值，则其对外价值也下降，外汇汇率上升，本币汇率下跌。

另外，由于通货膨胀使国内物价上涨、出口商品成本增加，对出口不利，同时使进口商品的盈利空间增大或处于有利的价格态势，刺激进口，这样会使贸易收支恶化、外汇需求增加，导致本币汇率下浮、外币汇率上浮。

考察通货膨胀程度对汇率的影响，不能仅从一国来观察，还应观察其他国家通货膨胀率的变化并进行比较。一般来说，相对通货膨胀率较高的国家，其货币对内价值下降的速度更快，于是其货币汇率也会随之下降；如果两国通货膨胀率大体相等，则汇率的变化数值不会太大。此外，通货膨胀对汇率的影响有一个过程，这一过程需要半年或更长时间，但这种影响一旦起作用，其延续时间就会比较长。因此可以说，通货膨胀对汇率具有长期的影响，往往成为影响汇率变动趋势的因素。

（3）实际利率的差异。利率是资金的交易价格，是使用资金的代价或放弃使用资金的收益。利率的高低代表了一国金融资产的对外吸引力，会直接引起国际上套利资本的流动，并导致汇率波动。一般认为，在考察利率变动的影响时，不仅要比较内外利率，而且要比较内外通货膨胀率，即要比较内外实际利率。当不同国家实际利率存在差异时，投资者为了追求较高的收益，必然把低利率货币兑换成高利率货币，这样就会影响到不同货币的需求与供给，从而影响汇率的变动。

利率高的国家资金收益较高，会吸引外资流入，使市场上外汇供给增加，同时本币资金的成本上升，这使得市场对外汇的需求增加，从而导致外汇汇率下跌、本国货币汇率上升；反之，利率低的国家货币汇率下跌。另外，一国提高利率，是为了紧缩国内银根，控制投资膨胀和经济过热，于是单位货币价值量增加，该国货币汇率在短期内上升；反之，一国降低利率，是为了放松银根，刺激投资增加和经济增长，于是单位货币价值量减少，该国货币汇率在短期内下降。所以，在其他因素不变的情况下，利率在一定条件下对汇率的短期影响很大，高利率货币汇率上浮，低利率货币汇率下浮。

利率对汇率的另一个重要作用是导致远期汇率的变化，外汇市场远期汇率升水、贴水的主要原因在于货币之间的利率差异。高利率货币会引起市场上对该货币现汇的需求，以期获得一定期限的高利息收入。但为了防止将来投资到期时该种货币汇率下跌带来损失，人们在购进这种货币现汇时往往会采取掉期交易，即卖出这种货币的远期，从而使该货币远期贴水；同样的道理，低利率的货币则有远期升水。

（4）经济增长率的国际差异。一国经济发展状况可以用其经济增长率来表示，国内外经济增长率的差异对汇率会产生多方面的影响。一国的经济增长率上升，说明该国经济景气，出口旺盛，因此该国币值稳定，外国对该国货币有信心，在国际交易中愿意使用该种货币，该种货币的汇率一般会上升；反之，该种货币的汇率会下降。但是发展中国家的情况有所不同，如果经济发展较快，国民收入有较大的增长，进口需求增加，但本国货币不是自由兑换货币，对外汇的需求量增大，在供求的影响下，外汇汇率会上升，而本币汇率会下降。总的来说，高经济增长率短期内由于贸易收支问题可能会对本币汇率产生不利影响，但长期来看却是支持本币成为国际货币市场硬通货的有利因素。

（5）中央银行的外汇市场干预。这是指一国中央银行或多国中央银行联合在外汇市场上参与外汇买卖业务，以影响一国货币汇率或几种主要自由兑换货币汇率变动的措施。

不论是在固定汇率制度下，还是在浮动汇率制度下，一国货币当局都会被动地或主动地干预外汇市场，稳定汇率，以避免汇率波动对经济造成不利影响，实现自己的政策目标。浮动汇率制下的外汇干预体现着汇率是一种管理浮动汇率。

中央银行（货币当局）外汇市场干预主要包括两种方式：冲销干预（sterilized intervention）和非冲销干预（non-sterilized intervention）。冲销干预是指中央银行在进行外汇买卖的同时，又通过公开市场业务对国内市场进行反向操作，达到保持本币供应量不变的目的；非冲销干预是中央银行在外汇市场买卖外汇，从而改变国内市场上的货币供应量，达到调整汇率目的的一种手段。

（6）一国的宏观经济政策。一国为增加就业、稳定物价、促进经济增长和改善国际收支，往往采取宏观经济政策对国内经济加以调控。这些政策对经济增长率、物价上涨率、利息率和国际收支状况等都会产生一定的影响，这样必然会影响到汇率的变动。

一般来说，扩张性的财政、货币政策造成的巨额财政收支逆差和通货膨胀，会使本国货币对外贬值；紧缩性的财政、货币政策会减少财政支出，稳定通货，而使本国货币对外升值。但相对来说，这种影响是短期的，财政、货币政策对汇率的长期影响要视这些政策对经济实力和长期国际收支状况的影响如何，如果扩张政策最终能增强本国经济实力，促使国际收支顺差，那么本币对外价值的长期走势必然会提高，即本币升值；如果紧缩政策导致本国经济停滞不前，国际收支逆差扩大，那么本币对外价值必然逐渐削弱，即本币贬值。

（7）市场预期心理。在国际外汇市场上，市场参与者对汇率走势的预期将决定其交易行为，进而决定汇率。它是影响汇率变动的各因素中最难把握的，包括对国际收支状况的预期、对相对通货膨胀率的预期、对相对利率或相对资产收益率的预期，以及对汇率本身的预期等。如果人们预期某国的通货膨胀率比较高，实际利率水平较低，经常项目收支将产生逆差，或者该国经济将遇到不利因素，那么人们就会预期该国货币将会贬值，进而将被在外汇市场上抛售，从而使该国货币真正贬值；反之，该国货币则会升值。例如，交易者认为欧元汇率将上升、美元汇率将下降，便立即买进欧元抛出美元，使欧元需求大于供给、美元供给大于需求，引起欧元汇率上升、美元汇率下降；反之亦然。

市场预期中重要的因素之一是外汇投机者的预期，它在短期内会引起资金的大规模流动，改变货币的供求状况，引起汇率大起大落。当外汇市场处于上涨行情时，一些微不足道的利多消息就会刺激看好心理，引起该种货币汇率上升；当外汇市场处于下降行情时，一些大的利好消息也无力挽回该种货币汇率疲软的趋势，而一些微小的利空消息却会使汇率急剧下降。

（8）政局动荡和突发事件。这对汇率变动也有重要影响。政治形势的变化会引起外汇市场的波动，如果一个国家政局稳定，各项政策相对稳定且可持续，其经济平稳增长，国内物价平稳，各国就对该国有信心，这有利于维持该国货币汇率的稳定；反之，如果一国政局不稳，外汇交易者为免遭损失，会大量抛售该国货币，导致其货币汇率下降。

一些突发事件的出现，如战争、恐怖袭击及重大自然灾害等，也会引起主要货币汇率的急剧波动。例如，2001年“9·11”事件当天，美元对欧元和英镑的汇率下跌近2%，对瑞士法郎则下跌了3%。

3.汇率变动对经济的影响

（1）汇率变动对一国国际收支的影响。

第一，对贸易收支的影响。汇率变化最为直接也是最为重要的影响就是对贸易收支的影响。这种影响有微观和宏观两个层面：从微观上讲，汇率变动会改变进出口企业的成本、利润核算；从宏观上讲，汇率变动因对商品进出口总值产生影响而使贸易收支差额以至于国际收支差额发生变化。如果一国货币的汇率下跌，即本币对外贬值、外币升值，则有利于该国增加出口，抑制进口，因而会减少贸易逆差，增加贸易顺差；反之，如果一国货币汇率上浮，即本币升值、外币贬值，则有利于进口，不利于出口，因而会减少贸易顺差或扩大贸易逆差。

以一国货币汇率下跌即本币贬值为例，其对该国出口的影响是增加出口。这是因为：国外对该国商品的需求增加，出口扩大。等值本币的出口商品在国际市场上会折合比以前更少的外币，以外币表示的出口商品价格就会下降，竞争力增强，而当出口商品具有较大的价格需求弹性时，会诱使国外居民增加对该国出口商品的需求，使该国出口大幅度增加，出口企业的积极性提高。如果出口商品在国际市场上的外币价格保持不变，则本币贬值会使等值的外币兑换比以前更多的本币，出口同样数量的商品，换回本国货币的数量更多，出口企业的利润增加，从而刺激其出口的积极性，增加出口数量。

本币贬值对该国进口的影响是使进口受到抑制。这是因为：本币贬值后，以外币计价的进口商品在国内销售时折合的本币价格比贬值前提高，使该国商品与进口商品的性能价格比发生变化，购买进口商品变得不经济，从而该国居民对进口商品的需求减少；而进口企业的成本增加，利润减少，进口商品数量相应减少。如果维持原有的国内销售价，则需要压低进口商品的外币价格，这又会招致外国商人的反对。因此，本币贬值会自动地抑制外国商品的进口。

相反，如果一国的货币汇率上浮，即本币升值，则会鼓励进口而使出口受阻。

如果本币贬值有效地促进了出口、限制了进口，则会改善一国的贸易收支，但是本币贬值起到促进出口、限制进口的作用需要满足一定的条件。

第二，对非贸易收支的影响。一国货币汇率下跌或上浮，对该国国际收支经常项目中的旅游和其他劳务收支的状况也会产生一些影响。如果一国货币汇率下跌即本币贬值，则外国货币的购买力相对提高，该国的劳务、商品价格相对降低，这对外国游客或客户来说无疑增加了吸引力，会扩大无形贸易收入。反之，如果一国货币汇率上浮即本币升值，则外国货币的购买力相对下降，该国的旅游等劳务的相对价格上升，会减少非贸易收入来源；同时，由于本国货币购买力的相对提高，使外国劳务、商品价格相对降低，还会刺激非贸易支出的增加。

第三，对国际资本流动的影响。如果一国货币汇率有下跌趋势而尚未下跌时，资本就会从国内流向国外；如果一国货币汇率有上浮趋势而尚未上浮时，会形成资本内流。

汇率变动对一国资本流动的影响，取决于人们对汇率未来变动趋势作何预期。当一国货币对外贬值时，如果人们普遍产生该国货币汇率将进一步贬值的预期，资本所有者由于担心汇率下跌造成损失，就会将资本调向国外，以避免遭受更大的损失；但如果市场普遍认为贬值已使该国货币处于均衡水平，或认为贬值过度，该国货币汇率将出现反弹，则人们会将资金从他国转移至该国以获利。相反，该国货币汇率具有上浮趋势时，资本所有者为了取得货币汇率上浮带来的收益，就会将资本调入该国，而一旦该国货币汇率上浮终止，资本流入就会停止。

第四，对外汇储备的影响。汇率变动对外汇储备的影响表现在两个方面：一是汇率变动会引起外汇储备实际价值的变动。如果储备货币汇率上升，会增加外汇储备的折算价值；如果储备货币汇率下跌，则会减少外汇储备的折算价值。二是汇率变动会引起一国国际收支的变动，从而引起外汇储备变动。如果一国货币汇率下跌，则有利于出口而抑制进口，导致贸易顺差，会增加该国外汇储备；由于该国存在贸易顺差，其货币有升值的趋势，就会吸引外资流入，又将导致资本项目的顺差，也会增加该国外汇储备。相反，若一国货币汇率上浮，则会形成贸易项目和资本项目的双逆差，会减少该国外汇储备。

在现行的储备货币多元化的条件下，汇率变化对外汇储备的影响也是多样化的。有时外汇市场汇率波动较大，但因储备货币中升、贬值货币的力量均等，外汇储备就不会受到影响；有时虽然多种货币汇率保持稳定，但占比重较大的储备货币汇率下跌，外汇储备总价值也会大幅度下降。

（2）汇率变动对一国国内经济的影响。

第一，对一国国内物价的影响。在货币发行量一定的情况下，本币汇率上升会引起国内物价水平下降。因为本币汇率上升、外汇汇率下降，就会使以本币表示的进口商品在国内的售价相对便宜，刺激进口增加，并带动用进口原料生产的本国产品价格下降。另外，由于本币汇率上升，以外币表示的出口商品在国外市场价格升高，降低了出口商品的竞争力，促使一部分出口商品转内销，增加了国内市场的供给量，也会引起国内物价水平的下降。

在货币发行量一定的情况下，本币汇率下跌会引起国内物价水平上升。因为本币汇率下跌，一方面，有利于本国商品出口，出口商品数量增加会使国内市场供应发生缺口，促使商品价格上涨。另一方面，进口商品用本币表示的价格因本币汇率下跌而上升，促使进口的生产资料价格提高，导致以此为原料生产的国产商品价格上涨；同时，进口的消费资料的价格也因本币汇率的下跌而上涨，进口商品数量减少，国内市场商品供应相对减少，从而引起国内物价总水平上涨。

此外，本币贬值如果使得国际收支出现顺差，则会造成外汇储备增加，这又意味着中央银行本币投放的增加。由于这些本币都是基础货币，在货币乘数的作用下会成倍地放大，所以会导致货币供应量急剧增加。因此，汇率与本国物价之间的关系是十分密切的，而且互为因果。现实中，一国发生通货膨胀会导致本币对外贬值，本币贬值又会产生物价上涨的压力。如果政府当局不能有效地加以控制，则会陷入本币贬值—出口增加、进口减少—价格上升、通货膨胀—出口减少、进口增加—本币进一步贬值的恶性循环中。

由于本币贬值一般会促进出口、刺激需求、增加货币供给，因此对宏观经济具有一定的扩张效果；反之，本币升值则会对宏观经济产生紧缩作用。

第二，对国内利率水平的影响。在货币发行量一定的条件下，本国货币汇率上升，会使国内利率总水平上升。因为本币汇率上升会对商品出口和资本流入产生不利的影响，而对商品进口和资本流出产生有利的影响，引起本国外汇收入减少、外汇支出增加，从而使国内资金总供给减少，引起国内利率总水平上升；相反，本国货币汇率下降，则有利于增加本国外汇收入，使国内资金供应增加，从而使国内利率总水平下降。因此，凡是货币汇率被高估而有逆差的国家，其国内利率水平必偏高；凡是货币汇率被低估而有顺差的国家，其国内利率水平必偏低。

第三，对国内就业和国民收入的影响。在其他条件不变时，本币汇率下跌，有利于出口而不利于进口，从而有利于本国第一产业、第二产业和第三产业的发展，促进国内就业岗位和国民收入增加；反之，如果本币汇率上升，则不利于出口而有利于进口，会限制本国经济的发展，必然减少国内就业量和国民收入。在经济相对过剩、国内就业压力日益加大的情况下，许多国家会采用各种措施降低本国货币汇率，以达到增加国民收入和充分就业的目的。

9.1.4 汇率制度

汇率制度又称汇率安排，是指各国或国际社会对汇率的确定、变动及维持所作的一系列安排或规定。按照汇率的稳定程度，一般把汇率制度分为两大类型：固定汇率制度和浮动汇率制度。

1.固定汇率制度

它是指汇率受铸币平价和黄金平价的制约，只能围绕两个平价在很小的范围内上下波动的汇率制度。从历史的发展进程来看，自19世纪中末期金本位制在西方各国确定以来，一直到1973年，世界各国的汇率制度基本上属于固定汇率制度。它经历了两个阶段：一是从1816年到第二次世界大战前国际金本位制度下的固定汇率制；二是1944—1973年布雷顿森林货币体系下的固定汇率制。

2.浮动汇率制度

它是指汇率没有上下波动的界限，各国政府不再有义务使汇率维持在一定的水平上，汇率变动取决于外汇市场的供求状况的汇率制度。现行的汇率制度就是浮动汇率制度，它是从1973年布雷顿森林货币体系崩溃以后开始实行的。

知识拓展9-3

港元联系汇率制

从1999年1月起，国际货币基金组织引入了由8种汇率制度构成的新的汇率制度分类体系：①无独立的法定货币的汇率安排；②货币局制度；③传统的固定盯住制度；④水平带内盯住制度；⑤爬行盯住制度；⑥爬行带状浮动制度；⑦管理浮动；⑧单独浮动。

3.现行的人民币汇率制度

人民币是我国的法定货币，人民币汇率是指人民币对外币的比价，又称人民币汇价。《中华人民共和国外汇管理条例》第五章第二十七条规定：“人民币汇率实行以市场供求为基础的、有管理的浮动汇率制度。”

9.2 国际收支与国际储备

9.2.1 国际收支的概念

目前，世界各国广泛采用广义的国际收支（balance of payments，BOP）概念，即国际收支是指一个国家在一定时期内其居民与国外非居民之间全部经济交易的系统记录。它反映了一国对外经济往来的全部货币价值总和，包括货物、服务和收入、对世界其他地方的金融债权和债务的交易以及无偿转移项目。

国际货币基金组织在《国际收支手册》（1993年，第五版）中对国际收支做出了如下解释：国际收支是指一个经济体在一定时期内（通常为1年）全部对外经济往来的系统的货币记录。它包括：①一个经济体与世界其他经济体之间商品、劳务和收益的交易；②该经济体持有的货币黄金、特别提款权的所有权变动与其他变动，以及这个经济体对世界其他经济体的债权、债务的变化；③无偿转移以及从会计意义上讲，需要对上述不能相互抵消的交易和变化加以平衡的对应记录。

要正确理解广义的国际收支概念及国际货币基金组织对国际收支的定义，必须把握其基本特征：

（1）国际收支以经济交易而不是以外汇支付为基础。国际收支中的经济交易涉及所有的从一个经济实体向另一个经济实体转移的经济价值，既包括用外汇收付的经济交易，也包括以实物、技术形式进行的经济交易。这些交易不涉及货币收支或根本无须货币支付，如易货贸易、补偿贸易、以实物形式提供的无偿援助等，但需将其折算成货币记录在国际收支中。因而，国际收支记录的是全部的国际经济交易，包括：①物物交换，商品、服务与商品、服务之间的交换，如易货贸易、补偿贸易等。②物币交换，金融资产与商品、服务之间的交换，如商品进出口、劳务输出入等。③金融资产之间的交换，如货币资金借贷、货币或商品的直接投资、有价证券投资以及无形资产（如专利权、版权）的转让等。④无偿的商品、服务转移，如无偿的物资捐赠、服务和技术援助等。⑤无偿的金融资产转移，如债权国对债务国给予债务注销、富有国家对低收入国家的投资捐赠等。⑥根据推论存在的交易，如以直接投资的投资收益对当地进行再投资，并没有发生实际资源（资金或商品）在两国间的流动，但根据推论，它属于居民与非居民之间的交易，因而也需要在国际收支中予以记录。

（2）国际收支是一个流量的概念。国际收支记录的是在一段时期（通常指一年）内，一国与他国发生的各项经济往来情况。这与国际借贷不同，国际借贷是指一个国家或地区在一定日期内对外资产和对外负债的汇总记录，它反映的是某一时点上一国居民对外债权、债务的综合情况。因此，国际借贷关系用国际投资头寸（IIP）账户反映；国际收支关系用国际收支平衡表反映。国际投资头寸表是显示某一时点上的价值的报表，包括一经济体居民对非居民的债权或作为储备资产持有的金块等金融资产，以及一经济体居民对非居民的负债。而完整的国际投资头寸表反映了不同时点的状况，即有一个期初值（在期间开始时的值）和一个期末值（在期间结束时的值）。国际收支平衡表是特定时期内居民与非居民之间的经济交易汇总表。

（3）国际收支统计的主体是“经济体”而不是“国家”。国际货币基金组织强调，国际收支统计的是一个经济体与世界上其他经济体之间的各种经济交易。一个经济体由作为特定经济领土居民的所有机构组成。我国大陆与我国香港、澳门、台湾之间的各种经济往来应纳入国际收支范畴。

（4）国际收支记录的是居民与非居民间的交易。判断一项经济交易是否应包括在国际收支范围内，所依据的不是交易双方的国籍，而是交易双方是否分属居民与非居民的范畴。所谓居民（resident），是指在一个国家的经济领土内居住达一年或一年以上的具有一个经济利益中心的机构单位；否则为非居民（non-resident）。

国际货币基金组织在《国际收支和国际投资头寸手册》中指出：一个机构单位，如果在一经济领土内有某种场所、住所、生产地或者其他建筑物，并且在这些地方或者从这些地方，无限期地或者有限期但却长期地，从事或者打算继续从事大规模经济活动和交易，那么该单位是该经济领土内的居民。机构单位的地点无须固定，而只需在同一经济领土内。在实际操作时，将机构单位在一个实际或预计地点的时间定义为一年或一年以上。尽管将一年作为具体的期间有些武断，但可避免不确定性，并促进国际上的统一。

因此，理解居民的概念应准确把握一个国家的“经济领土”“经济利益中心”“机构单位”这三个关键词。

（1）经济领土。最常用的经济领土概念是指由一个政府有效实施经济管理的地区。一个国家的经济领土包括：①一国政府所管辖的陆地区域；②该国领空；③领海和邻近水域下的大陆架，包括对捕鱼权、燃料或矿物权行使管辖的所在区域；④在海上领土中，属于该领土的岛屿；⑤该国在世界其他地方的领土飞地。飞地是明确划分的经所在国政府同意由本国政府拥有或租用，用于外交、军事、科学或其他目的的地区，如大使馆、领事馆、军事基地、科学站、移民办事处、援助机构、具有外交身份的中央银行代表处等。货币联盟与经济联盟被视为经济领土。

（2）经济利益中心。它是指一个经济单位在一个国家的经济领土内是否已经有一年或一年以上的时间大规模地从事经济活动或交易，或计划如此行事。

（3）机构单位，即居民单位，包括家庭和组成家庭的个人、政府、企业和非营利机构等。

居民与居民之间的经济交易属于国内交易，不属于国际收支范畴。只有居民与非居民之间的经济交易才属于国际收支范畴。居民与公民在概念上有交叉，但二者并不等同。公民是一个法律上的概念，仅指个人，是基于国籍标准来划分的；而居民是一个经济上的概念，是以居住地为标准划分的，包括个人、政府、法人和社会团体等经济体。

按照上述原则，移民属于其工作所在国的居民。一个企业的国外子公司是其所在国的居民，是其母公司所在国的非居民。官方外交使节、驻外军事人员是派出国的居民、所在国的非居民。国际性机构，如联合国、国际货币基金组织、世界银行等是任何国家的非居民。出国进行全日制学习的人员一般属于其出国学习前常住领土的居民，即使其学习课程的时间超过了一年；但如果他们打算在完成学业后继续留在其学习的领土内，那么则转为其学习所在领土内的居民。如果认为学生迁移到另一个不同领土的动机是暂时的，即他们的主要经济利益中心仍然在本国领土，那么其居民身份所在的领土将不发生改变。学生在其东道国经济体内的学费和其他支出纳入旅行类别。对于到国外求医的人员，同留学生一样，其主要利益中心仍然在其求医前具有居民身份的领土内。

答疑解惑9-4

我国关于居民的定义是什么？

答：我国居民指：①除外国驻华使领馆外籍工作人员及其家属以外的所有在我国境内居留一年以上的自然人；②我国短期出国人员（在外居留时间不超过一年）、在外留学、就医人员和我国驻外使领馆工作人员及其家属；③所有在我国境内登记注册的企事业单位；④我国各级政府机关（含我国所有的驻外使领馆）、部队以及除国际组织驻华办事处、外国驻华使领馆以外的所有法人或团体。我国国际收支的所有交易均发生在我国大陆居民（不包括港、澳、台地区）与非我国大陆居民之间。

9.2.2　国际收支平衡表及其内容

国际收支平衡表（balance of payments statement，BPS），也称国际收支账户，是系

统地记录一国一定时期内（年度、半年或季度）各种国际经济交易项目及其金额的一种统计报表。它集中反映了一国国际收支的总貌和具体构成。通常，国际收支平衡表的货币单位是国际收支平衡表编制国的货币。在作为国际收支基础的复式记账会计制度下，每笔交易的记录由两个分录组成，贷方分录合计金额与借方分录合计金额相等。

国际收支平衡表在编制时需要按照会计学的复式簿记原理（每个项目都有相等金额的借方记录和贷方记录），以某一特定的货币为计量单位，采用简明的表格形式，将一个国家在某一特定时期内与世界上其他国家间发生的经济交易反映出来。它所包含的内容十分繁杂，其账户或项目一般应根据国际经济交易的内容与范围，按照经济分析的需要来设置。但由于各国对外交易的内容与范围不尽相同，经济分析的需要也不完全一样，因而编制的国际收支平衡表也有所不同。

为规范成员国国际收支平衡表的编制，国际货币基金组织在《国际收支手册》中提出了建议各国在编制国际收支平衡表时使用的概念和规则；国际货币基金组织定期发表有关各成员国国际收支情况的《国际收支统计年报》。2008 年 12 月，国际货币基金组织更名并出版了的《国际收支和国际投资头寸手册》（第六版）（简称《手册》第六版，BPM6），对国际收支账户的标准构成作出了新的规定，不同于原有的账户设置；同时，强调国际投资头寸账户统计的重要性。其中，国际收支内的不同账户根据提供和获得经济资源的性质加以区分，即包括经常账户（货物和服务账户、初次收入账户、二次收入账户）、资本账户、金融账户、净误差与遗漏四大类。2025 年 3 月，国际货币基金组织发布《合并的国际收支和国际投资头寸手册》（第七版）（简称《手册》第七版，BPM7）。《手册》第七版在维持第六版总体框架的基础上，围绕对外部门可持续性、全球化、金融创新与数字化、可持续金融与气候变化四大主题，调整、补充和细化统计要求，更好满足了经济社会发展对统计的新要求。《手册》第七版调整主要涉及：一是账户名称，如将“初次收入账户”改为“已赚收入账户”，将“二次收入账户”改为“转移收入账户”。二是部分术语，如将“净误差与遗漏”改为“统计误差”，将“借方”“贷方”分别改为“借方/支出”和“贷方/收入”。

我国的国际收支平衡表是反映特定时期内我国大陆（不含中国香港、澳门和台湾地区）与世界其他国家或地区的经济交易的统计报表。表 9-3 是我国 2024 年国际收支平衡表。

表 9-3　2024年中国国际收支平衡表　单位：亿美元

项目	行次	2024年
1. 经常账户	1	4 239
贷方	2	41 401
借方	3	−37 162
1.A 货物和服务	4	5 390
贷方	5	37 930
借方	6	−32 540
1.A.a 货物	7	7 680

续表

项目	行次	2024年
贷方	8	34 090
借方	9	−26 410
1.A.b 服务	10	−2 290
贷方	11	3 840
借方	12	−6 130
1.A.b.1 加工服务	13	115
贷方	14	126
借方	15	−12
1.A.b.2 维护和维修服务	16	37
贷方	17	111
借方	18	−75
1.A.b.3 运输	19	−558
贷方	20	1 127
借方	21	−1 685
1.A.b.4 旅行	22	−2 109
贷方	23	397
借方	24	−2 506
1.A.b.5 建设	25	82
贷方	26	166
借方	27	−84
1.A.b.6 保险和养老金服务	28	−120
贷方	29	25
借方	30	−144
1.A.b.7 金融服务	31	4
贷方	32	41
借方	33	−36
1.A.b.8 知识产权使用费	34	−357
贷方	35	101
借方	36	−458
1.A.b.9 电信、计算机和信息服务	37	249
贷方	38	650
借方	39	−401
1.A.b.10 其他商业服务	40	414

续表

项目	行次	2024年
贷方	41	1 060
借方	42	-645
1.A.b.11 个人、文化和娱乐服务	43	-33
贷方	44	19
借方	45	-52
1.A.b.12 别处未提及的政府服务	46	-15
贷方	47	15
借方	48	-30
1.B 初次收入	49	-1 300
贷方	50	3 093
借方	51	-4 393
1.B.1 雇员报酬	52	102
贷方	53	250
借方	54	-148
1.B.2 投资收益	55	-1 433
贷方	56	2 798
借方	57	-4 231
1.B.3 其他初次收入	58	31
贷方	59	45
借方	60	-14
1.C 二次收入	61	150
贷方	62	379
借方	63	-229
1.C.1 个人转移	64	12
贷方	65	64
借方	66	-52
1.C.2 其他二次收入	67	138
贷方	68	315
借方	69	-177
2. 资本和金融账户	70	-4 340
2.1 资本账户	71	-1
贷方	72	2
借方	73	-3

续表

项目	行次	2024年
2.2 金融账户	74	−4 339
资产	75	−4 215
负债	76	−124
2.2.1　非储备性质的金融账户	77	−4 962
资产	78	−4 838
负债	79	−124
2.2.1.1 直接投资	80	−1 537
2.2.1.1.1 直接投资资产	81	−1 722
2.2.1.1.1.1 股权	82	−1 300
2.2.1.1.1.2 关联企业债务	83	−422
2.2.1.1.1.a 金融部门	84	−315
2.2.1.1.1.1.a 股权	85	−225
2.2.1.1.1.2.a 关联企业债务	86	−91
2.2.1.1.1.b 非金融部门	87	−1 407
2.2.1.1.1.1.b 股权	88	−1 075
2.2.1.1.1.2.b 关联企业债务	89	−332
2.2.1.1.2 直接投资负债	90	186
2.2.1.1.2.1 股权	91	728
2.2.1.1.2.2 关联企业债务	92	−543
2.2.1.1.2.a 金融部门	93	48
2.2.1.1.2.1.a 股权	94	80
2.2.1.1.2.2.a 关联企业债务	95	−32
2.2.1.1.2.b 非金融部门	96	138
2.2.1.1.2.1.b 股权	97	648
2.2.1.1.2.2.b 关联企业债务	98	−510
2.2.1.2 证券投资	99	−1 876
2.2.1.2.1 资产	100	−2 142
2.2.1.2.1.1 股权	101	−1 247
2.2.1.2.1.2 债券	102	−896
2.2.1.2.2 负债	103	266
2.2.1.2.2.1 股权	104	−202
2.2.1.2.2.2 债券	105	468
2.2.1.3 金融衍生工具	106	−51

续表

项目	行次	2024年
2.2.1.3.1 资产	107	−28
2.2.1.3.2 负债	108	−23
2.2.1.4 其他投资	109	−1 498
2.2.1.4.1 资产	110	−945
2.2.1.4.1.1 其他股权	111	0
2.2.1.4.1.2 货币和存款	112	56
2.2.1.4.1.3 贷款	113	−356
2.2.1.4.1.4 保险和养老金	114	−23
2.2.1.4.1.5 贸易信贷	115	−497
2.2.1.4.1.6 其他	116	−126
2.2.1.4.2 负债	117	−552
2.2.1.4.2.1 其他股权	118	0
2.2.1.4.2.2 货币和存款	119	−470
2.2.1.4.2.3 贷款	120	−372
2.2.1.4.2.4 保险和养老金	121	16
2.2.1.4.2.5 贸易信贷	122	125
2.2.1.4.2.6 其他	123	149
2.2.1.4.2.7 特别提款权	124	0
2.2.2 储备资产	125	623
2.2.2.1 货币黄金	126	0
2.2.2.2 特别提款权	127	9
2.2.2.3 在国际货币基金组织的储备头寸	128	0
2.2.2.4 外汇储备	129	614
2.2.2.5 其他储备资产	130	0
3.净误差与遗漏	131	101

注：1.本表根据《国际收支和国际投资头寸手册》（第六版）编制，统计的是中国居民与非居民之间发生的一切经济交易。中国居民遵循经济体原则，不包括中国香港、澳门特别行政区，以及中国台湾地区的机构和个人等。

2.“贷方”按正值列示，“借方”按负值列示，差额等于“贷方”加上“借方”。本表除标注“贷方”和“借方”的项目外，其他项目均指差额。

3.本表计数采用四舍五入原则。

数据来源：国家外汇管理局。

下面以我国国际收支平衡为例解析国际收支平衡表中各个不同层次项目的具体含义。

1.经常账户（current account，也译为“经常项目”或“往来账户”）

经常账户是指对实际资源在国际上的流动行为进行记录的账户。经常账户显示居民与非居民之间的货物、服务、初次收入和二次收入的流量。这是本国与外国进行经济交易而经常发生的会计项目，是国际收支平衡表中最基本、最重要的项目。

1.A货物和服务：包括货物和服务两部分。

1.A.a货物（goods）：指经济所有权在居民与非居民之间发生转移的货物交易。货物是经常项目乃至整个国际收支平衡表中最重要的项目，记录一国商品的进口和出口。其中，借方记录进口总额，贷方记录出口总额，商品进出口的差额称为贸易差额，即有形贸易收支（balance of visible trade）。在“货物”项目下，包括一般商品贸易、转口商品贸易、非货币黄金。

货物账户数据主要来源于海关进出口统计，但与海关统计存在以下主要区别：一是国际收支中的货物只记录所有权发生了转移的货物（如一般贸易、进料加工贸易等贸易方式的货物），所有权未发生转移的货物（如来料加工或出料加工贸易）不纳入货物统计，而纳入服务贸易统计。二是计价方面，国际收支统计要求进出口货值均按离岸价格（Free on Board，FOB）记录。海关出口货值为离岸价格，但进口货值为到岸价格（Cost Insurance and Freight，CIF），即成本加保险费、运费。因此，国际收支统计从海关进口货值中调出国际运保费支出，并将二者纳入服务贸易统计。三是补充部分进出口退运等数据。四是补充海关未统计的转手买卖下的货物净出口数据。

1.A.b服务（services）：服务是经常项目中的第二大项目。相对于商品的有形贸易来说，服务贸易是无形贸易（invisible trade），主要记录服务的输出和输入。包括加工服务，维护和维修服务，运输，旅行，建设，保险和养老金服务，金融服务，知识产权使用费，电信、计算机和信息服务，其他商业服务，个人、文化和娱乐服务以及别处未提及的政府服务。贷方记录提供的服务，借方记录接受的服务。

1.A.b.1加工服务：又称“对他人拥有的实物投入的制造服务”，指货物的所有权没有在所有者和加工方之间发生转移，加工方仅提供加工、装配、包装等服务，并从货物所有者处收取加工服务费用。贷方记录本国居民为非居民拥有的实物提供的加工服务。借方记录本国居民接受非居民的加工服务。

1.A.b.2维护和维修服务：指居民或非居民向对方所拥有的货物和设备（如船舶、飞机及其他运输工具）提供的维修和保养工作。贷方记录本国居民向非居民提供的维护和维修服务。借方记录本国居民接受的非居民维护和维修服务。

1.A.b.3运输：指将人和物体从一地点运送至另一地点的过程以及相关辅助和附属服务，以及邮政和邮递服务。贷方记录居民向非居民提供的国际运输、邮政快递等服务。借方记录居民接受的非居民国际运输、邮政快递等服务。

1.A.b.4旅行：指旅行者在其作为非居民的经济体旅行期间消费的物品和购买的服务。贷方记录本国居民向在该国境内停留不足一年的非居民以及停留期限不限的非居民留学人员和就医人员提供的货物和服务。借方记录本国居民境外旅行、留学或就医期间购买的非居民货物和服务。

1.A.b.5建设：指建筑形式的固定资产的建立、翻修、维修或扩建，工程性质的土地改良、道路、桥梁和水坝等工程建筑，相关的安装、组装、油漆、管道施工、拆迁和工程管理等，以及场地准备、测量和爆破等专项服务。贷方记录本国居民在经济领土之外提供的建设服务。借方记录本国居民在该国经济领土内接受的非居民建设服务。

1.A.b.6保险和养老金服务：指各种保险服务，以及同保险交易有关的代理商的佣金。贷方记录本国居民向非居民提供的人寿保险和年金、非人寿保险、再保险、标准化担保服务以及相关辅助服务。借方记录本国居民接受非居民的人寿保险和年金、非人寿保险、再保险、标准化担保服务以及相关辅助服务。

1.A.b.7金融服务：指金融中介和辅助服务，但不包括保险和养老金服务项目所涉及的服务。贷方记录本国居民向非居民提供的金融中介和辅助服务。借方记录本国居民接受非居民的金融中介和辅助服务。

1.A.b.8知识产权使用费：指居民和非居民之间经许可使用无形的、非生产/非金融资产和专有权以及经特许安排使用已问世的原作或原型的行为。贷方记录本国居民向非居民提供的知识产权相关服务。借方记录本国居民使用的非居民知识产权服务。

1.A.b.9电信、计算机和信息服务：指居民和非居民之间的通信服务以及与计算机数据和新闻有关的服务交易，但不包括以电话、计算机和互联网为媒介交付的商业服务。贷方记录本国居民向非居民提供的电信服务、计算机服务和信息服务。借方记录本国居民接受非居民提供的电信服务、计算机服务和信息服务。

1.A.b.10其他商业服务：指居民和非居民之间其他类型的服务，包括研发服务，专业和管理咨询服务，技术、贸易相关等服务。贷方记录本国居民向非居民提供的其他商业服务。借方记录本国居民接受的非居民其他商业服务。

1.A.b.11个人、文化和娱乐服务：指居民和非居民之间与个人、文化和娱乐有关的服务交易，包括视听和相关服务（电影、收音机、电视节目和音乐录制品），其他个人、文化娱乐服务（健康、教育等）。贷方记录本国居民向非居民提供的相关服务。借方记录本国居民接受的非居民相关服务。

1.A.b.12别处未提及的政府服务：指在其他货物和服务类别中未包括的政府和国际组织提供和购买的各项货物和服务。贷方记录本国居民向非居民提供的别处未涵盖的货物和服务。借方记录本国居民向非居民购买的别处未涵盖的货物和服务。

1.B初次收入（income）：指由于提供劳务、金融资产和出租自然资源而获得的回报，是生产要素在国际上流动而引起的要素报酬收支，包括雇员报酬、投资收益和其他初次收入三部分。

1.B.1雇员报酬：指根据企业与雇员的雇佣关系，因雇员在生产过程中的劳务投入而获得的酬金回报。贷方记录本国居民个人从非居民雇主处获得的薪资、津贴、福利及社保缴款等。借方记录本国居民雇主向非居民雇员支付的薪资、津贴、福利及社保缴款等。

需要注意的是，由于侨民已经是其所在国的居民，因此他向其原属国的汇款不能列入收入一项，而是计入经常性转移。

1.B.2投资收益：指因金融资产投资而获得的利润、股息（红利）、再投资收益和利息，但金融资产投资的资本利得或损失不是投资收益，而是金融账户统计范畴。贷方记录本国居民因拥有对非居民的金融资产权益或债权而获得的利润、股息、再投资收益或利息。借方记录本国因对非居民投资者有金融负债而向非居民支付的利润、股息、再投资收益或利息。

需要注意的是，这里只记录跨国投资的收入，而不记录跨国投资值。跨国投资值的变化应记录在资本与金融账户的金融项目中的各个对应项。

1.B.3其他初次收入：指将自然资源让渡给另一主体使用而获得的租金收入，以及跨境产品和生产的征税和补贴。贷方记录本国居民从非居民获得的相关收入。借方记录本国居民向非居民进行的相关支付。

1.C二次收入：指居民与非居民之间的经常转移（current transfers），包括现金和实物。经常转移是商品、劳务或金融资产在居民与非居民之间转移后，并未得到任何直接的经济价值的补偿与回报的转移，因而也被称为无偿转移（unrequited transfers）或单方面转移（unilateral transfers）。贷方记录本国居民从非居民处获得的经常转移，借方记录本国向非居民提供的经常转移。

各种不同类型的经常转移记入本账户，表明其在经济体间收入分配过程中的作用，显示收入的再分配。初次收入影响国民收入，二次收入与初次收入共同影响国民可支配总收入。资本转移不影响可支配收入，因此，资本转移列示于资本账户中。

上述账户的差额称为经常账户差额，显示的是出口和应收收入之和与进口和应付收入之和之间的差额（出口和进口指货物和服务，收入指初次收入和二次收入）。

2.资本与金融账户（capital and financial account）

资本和金融账户是指对资产所有权在国际上流动行为进行记录的账户，它包括资本账户和金融账户两大部分。

2.1资本账户（capital account）：指居民与非居民之间的资本转移，以及居民与非居民之间非生产、非金融资产的取得和处置。贷方记录本国居民获得非居民提供的资本转移，以及处置非生产、非金融资产获得的收入。借方记录本国居民向非居民提供的资本转移，以及取得非生产、非金融资产支出的金额。资本账户包括资本转移和非生产、非金融资产的收购或出售。

①资本转移（capital transfer），是指固定资产所有权的无偿转移、同固定资产收买或放弃相联系的或以其为条件的资金转移、债权人不索取任何回报而取消的债务等，因而主要记录投资捐赠和债务注销。投资捐赠是指一方提供用于资本目的的资源，但该方没有得到任何直接经济价值回报，它可以是实物形式，也可以是现金形式。债务注销是指债权国放弃债权，而不要求债务国给予回报。

资本账户下的资本转移和经常账户下的经常转移完全不同。经常转移指的是所有非资本转移项目，包括商品、劳务、金融资产的单方面转移，且该项目经常发生，规模较小，并直接影响捐助者与受援者的可支配收入和消费，所以记录在经常账户下；而资本转移不经常发生，但规模较大，也不直接影响捐助者与受援者的可支配收入和消费，记录在资本和金融账户下，主要记录的是投资捐赠（如非居民遗产税的征收、交通设备的捐赠等）和债务注销。

②非生产、非金融资产的收购或出售，记录不是由生产创造出来的有形资产（土地和地下资产）和无形资产（专利、版权、商标、经销权等）的收购或出售。

无形资产在资本账户中引起的收支与在经常账户中的服务项目下引起的收支有所不同。经常账户中的服务项目下记录的无形资产，是无形资产的运用所引起的收支；而在资本项目下记录的无形资产，是无形资产所有权的买卖所引起的收支。

即测即评：向使馆出售土地属于什么项目？

2.2 金融账户（financial account）：指发生在居民与非居民之间、涉及金融资产与负债的各类交易。

经常账户与资本账户按全值列示交易，金融账户则按净额分别列示金融资产和负债交易（即资产的获得减去资产的减少，而不是资产减负债）。根据会计记账原则，当期对外金融资产（居民对非居民的投资和提供的信贷）净增加记录为负值，净减少记录为正值；当期对外负债（非居民对居民的投资和提供的信贷）净增加记录为正值，净减少记录为负值。金融账户细分为非储备性质的金融账户和国际储备资产。

2.2.1 非储备性质的金融账户：包括直接投资、证券投资、金融衍生工具和其他投资。

2.2.1.1 直接投资（direct investment）：以投资者寻求在本国以外运行企业获取有效发言权为目的的投资。直接投资者对在外国投资的企业拥有10%或10%以上的普通股或投票权，从而对该企业的管理拥有永久性权益，即拥有控股权或经营管理权。其包括直接投资资产和直接投资负债两部分。相关投资工具可划分为股权和关联企业债务。股权包括股权和投资基金份额，以及再投资收益。关联企业债务包括关联企业间可流通和不可流通的债权和债务。

2.2.1.1.1 直接投资资产：指本国作为直接投资者对在外直接投资企业的净资产，作为直接投资企业对直接投资者的净资产，以及对境外联属企业的净资产。

2.2.1.1.2 直接投资负债：指本国作为直接投资企业对外国直接投资者的净负债，作为直接投资企业对直接投资者的净负债，以及对境外联属企业的净负债。

2.2.1.2 证券投资（portfolio investment）：包括证券投资资产和证券投资负债，相关投资工具可划分为股权和债券。股权包括股权和投资基金份额，记录在证券投资项下的股权和投资基金份额均应可流通（可交易）。股权通常以股份、股票、参股、存托凭证或类似单据作为凭证。投资基金份额指投资者持有的共同基金等集合投资产品的份额。债券指可流通的债务工具，是证明其持有人（债权人）有权在未来某个（些）时点向其发行人（债务人）收回本金或收取利息的凭证，包括可转让存单、商业票据、公司债券、有资产担保的证券、货币市场工具以及通常在金融市场上交易的类似工具。

2.2.1.2.1 证券投资资产：记录本国居民投资非居民发行或管理的股权、投资基金份额的当期净交易额。

2.2.1.2.2 证券投资负债：记录非居民投资于本国居民发行或管理的股权、投资基金份额的当期净交易额。

2.2.1.3 金融衍生工具：全称为金融衍生工具和雇员认股权，用于记录本国居民与非居民金融工具和雇员认股权交易情况。金融衍生工具是一种金融工具，该金融工具与另一特定的金融工具、指标或商品相联系，可以独立在金融市场上针对特定金融风险（例如，利率风险、外汇风险、股权和商品价格风险、信用风险等）进行交易；雇员认股权指向公司雇员提供的一种购买公司股权的期权，通常作为公司对其雇员的一种报酬。

2.2.1.3.1 金融衍生工具资产：又称金融衍生工具和雇员认股权资产，用于记录本国居民作为金融衍生工具和雇员认股权资产方，与非居民的交易。

2.2.1.3.2 金融衍生工具负债：又称金融衍生工具和雇员认股权负债，用于记录本国居民作为金融衍生工具和雇员认股权负债方，与非居民的交易。

证券投资、金融衍生工具可以称作是间接投资。直接投资与二者不同。直接投资是为形成对外国企业的生产经营有直接影响力的投资，能够控制企业的经营管理；而间接投资是对外国金融资产的投资，是一种纯粹的金融行为，不能控制企业的经营管理。影响直接投资与间接投资的因素也有很大差异。直接投资着眼于长期利益，因此区位优势（如低工资、劳动力密集、市场潜力大）等长期因素是其重要影响因素；而间接投资着眼于短期利益，因此，利率等短期因素是其重要影响因素。

2.2.1.4 其他投资（other investment）：指除直接投资、证券投资、金融衍生工具和储备资产外，居民与非居民之间的其他金融交易，包括其他股权、货币和存款、贷款、保险和养老金、贸易信贷和其他。

2.2.1.4.1.1/2.2.1.4.2.1 其他股权：指不以证券投资形式（上市和非上市股份）存在的、未包括在直接投资项下的股权，通常包括：在准公司或非公司制企业中的、表决权小于10%的股权（如分支机构、信托、有限责任和其他合伙企业，以及房地产和其他自然资源中的所有权名义单位）、在国际组织中的股份等。资产项记录本国居民投资于非居民的其他股权。负债项记录非居民投资于本国居民的其他股权。

2.2.1.4.1.2/2.2.1.4.2.2 货币和存款：货币包括由中央银行或政府发行或授权的，有固定面值的纸币或硬币。存款是指对中央银行、中央银行以外的存款性公司以及某些情况下其他机构单位的、由存单表示的所有债权。资产项记录本国居民持有外币及开在非居民处的存款资产变动。负债项记录非居民持有的本币及开在本国居民处的存款变动。

2.2.1.4.1.3/2.2.1.4.2.3 贷款：指通过债权人直接借给债务人资金而形成的金融资产，其合约不可转让。贷款包括普通贷款、贸易融资、透支、金融租赁、证券回购和黄金掉期等。资产项记录本国居民对非居民的贷款债权变动。负债项记录本国居民对非居民的贷款债务变动。

2.2.1.4.1.4/2.2.1.4.2.4 保险和养老金：全称为保险、养老金和标准化担保计划，主要包括非人寿保险技术准备金、人寿保险和年金权益、养老金权益以及启动标准化担保的准备金。资产项记录本国居民作为保单持有人或受益人所享有的资产或权益。负债项记录本国作为保险公司、养老金或标准化担保发行者所承担的负债。

2.2.1.4.1.5/2.2.1.4.2.5 贸易信贷：又称贸易信贷和预付款，是因款项支付与货物所有权转移或服务提供非同步进行而与直接对手方形成的金融债权债务。如相关债权债务不是发生在货物或服务的直接交易双方，即不是基于商业信用，而是通过第三方或银行信用形式发生，则不纳入本项统计，而纳入贷款或其他项目统计。资产项记录本国居民与非居民之间因贸易等发生的应收款或预付款。负债项记录本国居民与非居民之间因贸易等发生的应付款或预收款。

2.2.1.4.1.6/2.2.1.4.2.6 其他（资产/负债）：除直接投资、证券投资、金融衍生工具、储备资产、其他股权、货币和存款、贷款、保险准备金、贸易信贷、特别提款权负债外的对非居民的其他金融债权或债务。资产项记录债权，负债项记录债务。

2.2.1.4.2.7 特别提款权负债：指作为基金组织成员国分配的特别提款权，是成员国的负债。

2.2.2 储备资产（reserve assets）：指本国中央银行可随时动用和有效控制的对外资产，包括外汇、货币黄金、特别提款权、在基金组织的储备头寸。

2.2.2.1 货币黄金：指本国中央银行作为国际储备持有的黄金。

2.2.2.2 特别提款权：是国际货币基金组织根据会员国认缴的份额分配的，可用于偿还国际货币基金组织债务、弥补会员国政府之间国际收支赤字的一种账面资产。

2.2.2.3 在国际货币基金组织的储备头寸：指在国际货币基金组织普通账户中会员国可自由提取使用的资产。

2.2.2.4 外汇储备：指本国中央银行持有的可用作国际清偿的流动性资产和债权。

2.2.2.5 其他储备资产：指不包括在以上储备资产中的、本国中央银行持有的可用作国际清偿的流动性资产和债权。

储备资产项目有时单独列项，起到最终使国际收支平衡表平衡的作用。一国国际收支中经常账户的差额和资本与金融账户（不包括储备资产）的差额所形成的总差额经常会出现不平衡，需要用储备资产来调节。如果总差额为顺差，则官方储备增加，其中主要是外汇储备增加；或者将顺差余额贷放给外国，从而使官方对外短期债权增加；或者以此顺差余额偿还官方的对外债务，从而使官方短期负债减少。资产增加、负债减少计入借方。如果总差额为逆差，则官方储备减少，其中主要是外汇储备减少；或者索回原来中央银行贷放给外国官方的贷款加以弥补，从而使官方短期债权减少；或者向外国中央银行借入外汇资金加以弥补，从而使官方短期债务增加。资产减少、负债增加计入贷方。

需要注意的是，国际收支平衡表中的各项都是流量概念，揭示的是在某个既定时间内各个指标的变化。因此，无法在某一时期的国际收支平衡表中找到截至该时期该国外汇储备的存量，只能找到当年的储备资产的变化量。

3.净误差与遗漏（net errors and omissions）

这是一种人为设置的抵消账户，用来抵消编制报表时出现的净的借方或贷方余额。原则上，国际收支平衡表采用复式记账法，借方与贷方总额应当是相等的，差额为零。但实际上，一国的国际收支平衡表不可避免地会出现净的借方余额或净的贷方余额，形成统计残差项，很难达到平衡。这个余额是统计资料错漏和时点不同等原因而造成的：①技术原因，表现为统计资料不完整、统计数字重复计算和漏算、资料本身缺乏真实性和准确性。比如，统计资料有的来自海关，有的来自银行，有的来自官方主管机构，难免造成错算和漏算，有的数据是估算出来的。②投机或安全原因。比如，当事人故意瞒报或虚报统计数据，商品走私、以隐蔽形式进行的资本外逃等。

为此，需要人为地在平衡表中设置一个单独的“净误差与遗漏”项目，以使差额为零。净误差与遗漏账户的数字是总差额（经常账户和不包括储备资产的资本与金融账户所形成的差额）与官方储备实际收付数字之差。若总差额是顺差，则会引起官方储备增加（以负号记）。当两者余额为正时，在误差与遗漏项目下的借方列入此余额；当两者余额为负时，在误差与遗漏项目下的贷方列入此余额。若总差额是逆差，则会引起官方储备减少（以正号记）。同样，当两者余额为正时，在误差与遗漏项目下的借方列入此余额；当两者余额为负时，在误差与遗漏项目下的贷方列入此余额。总之，当官方统计结果是贷方数字大于借方数字时，即外汇收入大于支出时，就在净净误差与遗漏项下的借方列出与余额相等的数字；反之，当官方统计结果存在借方余额，则在误差与遗漏项下的贷方列出与余额相等的数字。

一国国际收支中的净误差与遗漏必须是有限度的。国际公认的合理范围是净误差与遗漏占同期货物进出口额的比重一般不宜超过±5%。

9.2.3　国际收支平衡表的编制

1. 国际收支平衡表的编制原理

国际收支平衡表是按照“有借必有贷、借贷必相等”的复式记账原理来编制的，而分别在借方和贷方记录单个交易构成了会计体系的基础。国际收支中每笔交易的记录均由两个金额相等但方向相反的分录组成，反映了每笔交易的流入和流出，即对于每笔交易，各方都记录一个与之相应的贷方分录和借方分录。这是因为，绝大多数交易都是商品、劳务或金融资产的双向转移，即以提供或取得一种经济价值的资产换取另一种经济价值的资产的交易。不过，也有一些国际经济往来不是用于交换，而是基于特殊原因发生的单方面转移，如甲国向乙国捐赠救灾物资，这一行为形成了甲国的商品出口，应记录在其国际收支平衡表“货物”项下“出口”的贷方。但这种官方捐赠是一种无偿转移交易，不像真正的出口那样能带来对等的收入，为此需要设置一个抵消性账户（如经常转移）来达到平衡，因此甲国还要记录在“经常转移”项下“官方转移”的借方。对乙国而言，与甲国相反，视同进口，获得了经济价值资产，但没有放弃或丧失相应的经济价值资产，因此记录在其国际收支平衡表“货物”项下“进口”的借方和“经常转移”项下“官方转移”的贷方。这样，每一笔国际经济交易都会产生金额相同的一项借方记录和一项贷方记录。因此，从理论上说，国际收支平衡表的借方总额和贷方总额是相等的，国际收支平衡表也由此而得名。

2. 国际收支平衡表的记账规则

按照复式簿记的惯例，凡是收入项目以及资产（本国对外金融资产）的减少或负债（外国在本国的金融资产）的增加都记录在贷方，称为正号项目，记为“+”；凡是支出项目以及资产的增加或负债的减少都记录在借方，称为负号项目，记为“-”。换言之，一笔交易的结果如果是收到外国货币，就在贷方记录；相反，如果是向外国支出货币就在借方记录。贷方是一个“加”的概念，它表示外汇的流入；

借方是一个“减”的概念，它表示外汇的流出。上述规则可以用下面的等式来反映：

贷方项目（CR.）= 外国居民向本国居民支付的交易 = 引起本国外汇供给的项目（货物和服务出口，应收收入，资产减少或负债增加）

借方项目（DR.）= 本国居民向外国居民支付的交易 = 引起本国外汇需求的项目（货物和服务进口，应付收入，资产增加或负债减少）

3.国际收支平衡表的计价原则

国际收支平衡表采用统一的计价原则，即以市场价格为依据。

4.国际收支平衡表的记录时间

按照国际货币基金组织的规定，在登记国际收支平衡表时，应以商品、劳务和金融资产的所有权变更日期为准。

9.2.4 国际收支平衡表的分析

如前所述，国际收支平衡表是根据复式簿记原理来编制的，一笔国际经济交易总是会产生金额相同、方向相反的借方记录和贷方记录。因此，一国的国际收支平衡表在账面上总是平衡的，即使由于统计误差造成借贷方失衡，也会通过“净误差与遗漏”项目加以平衡，但这种平衡只是会计意义上的平衡。在实际当中，国际收支经常存在不平衡，即国际收支总会出现不同程度的顺差或逆差，我们称为国际收支失衡。各国政府和国际经济组织都将国际收支平衡作为金融运行良好的指标，而把国际收支失衡作为政策调整的重要对象。这就需要对国际收支平衡表中的各项目进行定量分析，依据国际收支不平衡的口径进行政策决断，其基本做法就是对国际收支平衡表进行差额分析。

1.贸易收支差额

这是传统上用得比较多的一个统计口径。实际上，贸易账户仅仅是国际收支的一个组成部分，绝不能代表国际收支的整体。但对多数国家来说，贸易收支在全部国际收支中所占的比重相当大，贸易收支差额在很大程度上决定了国际收支的总差额。同时，贸易收支的数字尤其是商品贸易收支的数字易于通过海关的途径收集，能较快地反映出一国对外经济交往情况。此外，贸易收支在国际收支中还有它的特殊重要性，商品的进出口情况综合反映了一国的产业结构、产品质量和劳动生产率状况，反映了该国产业在国际上的竞争力。因此，对贸易收支的差额进行分析是十分重要的，甚至可将贸易收支作为国际收支的近似代表。通过分析，可以看出一国商品进出口的结构和地区分布是否合理，进而了解该国产业结构、生产技术水平是否与世界经济发展相适应，其贸易条件在世界贸易中所占的地位和比重如何，从而找出贸易出超或入超的原因。如果贸易差额出现逆差，必须有某种资金来源与之相抵，或是靠经常项目中服务和经常转移项目的顺差来抵补，或是靠金融项目中的外资流入，也可能是用国家的储备资产来解决。贸易差额如果是顺差，也必然会引起国际收支其他项目作相应的变化。

2.经常项目收支差额

经常项目收支包括贸易收支、无形贸易（即服务和收益）收支和经常转移收支。虽然经常项目收支也不能代表全部国际收支，但它综合反映了一个国家对外经济交易的一般态势，各国和国际货币基金组织都特别重视经常项目差额情况。如果经常项目有逆差，表示从国外净动用了一些商品、服务供国内使用，相应地减少了本国在外国的资产或是增加了对外的负债；如果经常项目有顺差，表示向国外净供应了一些商品和服务，相应地会增加本国的对外资产或减少对外的负债。

3.资本和金融账户（剔除官方储备）差额

其具有两方面的分析作用：首先，通过资本和金融账户余额，可以看出一个国家金融市场的开放和发达程度，为一国货币政策和汇率政策的调整提供有益的借鉴。一般而言，金融市场开放的国家资本和金融账户的流量总额较大。其次，资本和金融账户与经常账户之间具有融资关系，所以资本和金融账户的余额可以折射出一国经常账户的状况和融资能力。根据复式记账原则，在国际收支中，一笔贸易流量通常对应一笔金融流量，在不考虑误差与遗漏因素时，经常账户中的余额必然对应着资本和金融账户在相反方向上的数量相等的余额。也就是说，经常账户余额与资本和金融账户余额之和等于零。当经常账户出现赤字时，必然对应着资本和金融账户的相应盈余。这意味着一国利用金融资产的净流入为经常账户赤字融资。但是，值得注意的是，该项目中直接投资和证券投资对经常项目逆差的弥补效果是不同的，直接投资不构成一国的对外债务，而其他方面的投资则是要偿还的。因此，若一国国际收支平衡是通过金融账户中证券投资和其他投资的顺差来弥补经常项目的逆差而获得的，则此平衡是不健康的；反之，若平衡是由经常项目盈余或直接投资引起的，则此平衡是良性的。

4.综合账户差额或总差额

综合账户差额是指经常账户与资本和金融账户中的资本账户、直接投资、证券投资、其他投资账户等构成的余额，也就是将国际收支账户中的官方储备账户剔除后的总体余额（包括“净误差与遗漏”项）。由于综合账户差额必然导致官方储备的反方向变动，所以可以用它来衡量国际收支对一国储备造成的压力。综合账户差额为正，则储备资产记负号，表示该国储备资产增加，国际收支顺差；反之，综合账户差额为负，则储备资产记正号，表示该国储备资产减少，国际收支逆差。通常，人们讲的国际收支盈余或赤字就是指综合收支差额盈余或赤字。

答疑解惑9-5

一个国家综合收支差额持续为正，表明这个国家综合国力很强，这对该国来说是有百利而无一害的。分析这句话的正误。

答：该国因此而大量持有外汇储备，而储备资产增长过快对该国经济也不都是益处。因为：①储备资产持续增加，中央银行必须增加基础货币投放，货币供应量增加会带来通货膨胀压力；②储备资产收益率低于长期投资的收益率；③在浮动汇率条件下，储备外汇会承受贬值损失；④会遭受顺差国的报复，面临本币升值压力。

9.2.5 国际收支失衡及其调节

1.国际收支不平衡的原因及类型

一国的国际收支不平衡可能由多种原因引起，按照这些原因，国际收支不平衡可以分为以下五种：

（1）结构性不平衡。它是指国内经济、产业结构不能适应世界市场的变化而发生的国际收支失衡。结构性不平衡通常反映在贸易账户或经常账户上。它有两层含义：第一层含义是指因经济和产业结构变动的滞后和困难所引起的国际收支失衡。比如，一国的国际贸易在一定的生产条件和消费需求下处于均衡状态，当国际市场发生变化、新产品不断淘汰老产品、新款式高质量产品不断淘汰旧款式低质量产品、新的替代品不断出现的时候，如果该国的生产结构不能及时根据形势加以调整，那么其原有的贸易平衡就会遭到破坏，贸易逆差就会出现。像这种含义的结构性不平衡在发达国家和发展中国家都有发生。第二层含义是指一国的产业结构比较单一，或其产品出口需求的价格弹性低，或虽然产品出口需求的价格弹性高，但进口需求的价格弹性低所引起的国际收支失衡。这层含义的结构性不平衡在发展中国家表现得尤为突出。结构性不平衡具有长期性，扭转起来相当困难。

（2）货币性不平衡。它是指在一定的汇率水平下，一国货币成本与一般物价水平同他国相比发生变化而引起的国际收支失衡。一国如发生通货膨胀，物价会普遍上涨，从而导致国际收支逆差；反之，如果通货紧缩，则国际收支顺差。货币性不平衡可以是短期的，也可以是中期的或长期的。

（3）周期性不平衡。它是指一国经济周期波动所引起的国际收支失衡。当一国经济处于衰退期时，社会总需求下降，进口需求也相应下降，国际收支会产生盈余；反之，如果一国经济处于扩张和繁荣期，国内投资与消费需求旺盛，对进口的需求也相应增加（尤其是发展中国家，其经济增长常常依赖于进口附加值较大、价格较高的先进技术和机器设备），国际收支便会出现逆差。周期性不平衡还有另一种含义，即受世界经济周期影响而造成的国际收支失衡，主要是指西方发达国家的经济周期变动对世界其他国家国际收支所产生的影响。当发达国家的经济萧条或不景气时，其往往采取缩减进口的措施，从而减少世界其他国家或发展中国家的出口，而导致后者国际收支出现逆差。

（4）收入性不平衡。它是因一国国民收入发生变化而引发的国际收支不平衡。国民收入变动的原因既可能是经济周期的变化，也可能是经济增长率的高低不同。前者引发的收入性失衡，属周期变动性质；后者引发的收入性失衡，则属持久性失衡。当国际收入快速增长，导致进口的增长超过出口的增长或其他方面的国际支付增加时，国际收支容易发生逆差；相反，国民收入减少，居民消费和投资的需求都会下降，进口也会减少，国际收支容易发生顺差。

（5）临时性不平衡。它是短期的、由非确定或偶然因素引起的。这种性质的国际收支失衡程度一般较轻、持续时间不长、带有可逆性，可以认为是一种正常现象。在浮动汇率制度下，这种性质的国际收支失衡有时根本不需要政策调节，市场汇率的波动有时就能将其纠正；在固定汇率制度下，一般也不需要采用政策措施，只需动用官方储备便能加以克服。

2.国际收支失衡对经济的影响

在现实经济生活中，一国的国际收支不平衡不仅是不可避免的，而且在某种意义上，一定限度内的国际收支顺差或者逆差对该国甚至是有益无害的。例如，一定的顺差会使一国的国际储备得到适度增长，增强对外支付和应付国际游资冲击的能力；一定的逆差可使一国适度地利用外国资源，加快国内经济发展。但是，一国的国际收支如果出现了持续、大量的不平衡而又得不到改善，即发生了国际收支严重失衡或国际收支危机，那么，无论是顺差国还是逆差国，其经济发展都会受到不利影响。

持续的、大量的国际收支逆差通常会带来以下不利影响：

（1）导致外汇储备大量流失。一国发生国际收支持续性逆差时，一般都会采取三种方式来弥补：一是动用外汇储备；二是对外举债；三是调整经济结构。如果主要以动用外汇储备来弥补，必然会消耗该国的储备资产，削弱其对外支付能力。

（2）使经济增长受阻。这表现在三个方面：①一国由于存在着长期的巨额逆差，外汇储备减少，国际清偿能力降低，必然会影响发展经济所必需的生产资料的进口，使经济增长受到抑制，导致失业增加和国民收入增长率的相对与绝对下降。②逆差会使该国货币汇率承受下跌的压力，货币当局如果要维护本币的地位，就要对外汇市场进行干预，抛售外汇而买进本币，使国内货币紧缩，促使利率上升，使投资受到抑制，进而影响经济增长。③由于本币贬值或汇率下浮，引起进口商品价格和国内物价上涨，加重通货膨胀。严重的通货膨胀还会引起资本大量外逃，使国内资金短缺，进而影响国内投资和金融市场稳定，阻碍经济增长。

（3）不利于对外经济交往，损害国际信誉。在浮动汇率制下，存在持续逆差的国家会增加对外汇的需求，促使外汇汇率不断上升、本币不断贬值且国际地位日益下降，对本国的对外经济交往产生消极的影响。与此同时，长期的国际收支逆差，使一国的偿债率降低，如果陷入债务困境不能自拔，又会影响到本国的经济和金融实力，损害该国的国际信誉。

持续的、大量的国际收支顺差通常会产生以下影响：

（1）本币持续坚挺，出口受到影响。长期的巨额顺差会使外汇供过于求，迫使本国货币汇率上升。本币过于坚挺，会引发大规模的套汇、套利和外汇投机活动，破坏国内和国际金融市场的稳定；同时，会使出口处于不利的竞争地位，影响出口贸易的发展，从而加重国内的失业问题。

（2）导致通货膨胀。持续顺差使得外汇储备急剧上升，外汇占款（外汇储备与M_1之比）大幅度提高；同时，会增加外汇的供给和对本币的需求，货币当局不得不在外汇市场上购入大量外汇进行干预。两种情况都会迫使国内货币投放量扩大，物价上涨，从而引发通货膨胀。

（3）持有储备的机会成本上升。国际收支盈余会导致外汇储备增加，巨额外汇储备的囤积使得持有储备的机会成本增加，外汇资金的使用缺乏效率。由于持有储备的机会成本常以实物投资的收益率来衡量，而外汇储备的持有形式通常是外国的政府债券，风险小、变现能力强但收益率低，该收益远远小于实物投资的收益，所以一定程度上，过多的外汇储备持有是一种资源的浪费。

(4) 不利于发展国际经济关系。一国的国际收支出现大量的顺差，意味着有关国家国际收支发生逆差，常常表现为出口和进口的失衡，因而容易引起贸易摩擦，影响国际经济关系。20世纪80年代美国和日本的贸易摩擦，21世纪初我国和美国、欧盟国家的贸易争端，都是典型的例子。

尽管国际收支顺差和逆差都会产生种种不利影响，但相对而言，逆差所产生的影响更为显著，各国都注重对逆差采取调节措施。但也不能一概而论，无论是持续时间还是产生原因，顺差都应引起重视。比如，如果国际收支顺差主要是由资本流入带来的，而不是经常项目的顺差，则说明该国的国际竞争力较差，一旦外资大量流出就会造成逆差，经济实力显现出脆弱性。通常，国际收支偏离平衡程度越大，持续时间越长，带来的不利影响也越大。

3.国际收支失衡的调节

（1）财政政策。它是指一个国家通过扩大或缩小政府财政开支、提高或降低税率的办法来平衡国际收支。当一国国际收支出现逆差时，政府可以实行紧缩的财政政策，削减财政开支或提高税率，抑制投资和消费，降低社会总需求，迫使物价下跌，从而促进出口、抑制进口，逐步消除国际收支逆差；反之，一国国际收支出现顺差时，政府可采用扩张性的财政政策，从而减少国际收支盈余。但是一国最终会实行什么样的财政政策，主要取决于国内经济的需要。

（2）货币政策。它是指一国货币当局通过调整再贴现率、法定存款准备金率等手段影响银根的松紧和利率的高低，引起国内货币供应量和总需求以及物价水平的变化，以实现对国际收支的调节。当一国出现国际收支逆差时，该国中央银行就调高再贴现率或法定存款准备金率，从而使市场利率提高，银行缩减信贷规模，吸引国外资本流入，减少总需求，进而改善国际收支。当一国出现国际收支顺差时，央行可调低再贴现率和法定存款准备金率，起到相反的效果，减少国际收支盈余。在实施货币政策调节国际收支时，要注意货币政策同时对国内经济发生作用。

（3）汇率政策。它是一个国家通过调整汇率改变外汇的供求关系，影响进出口商品的价格和资本流出入的实际收益，进而达到调节国际收支失衡的一种政策。一国国际收支出现逆差，可以采用本币贬值的做法，或者干预外汇市场，买进外汇以提高外汇汇率，降低本币汇率，刺激出口，抑制进口，改善国际收支逆差；反之，当一国国际收支出现顺差时，可以采用本币升值的做法，或者在外汇市场上卖出外汇以降低外汇汇率，提高本币汇率，改善国际收支顺差状况。

汇率政策能否奏效，主要取决于以下几种情况：一是进出口商品的需求弹性。马歇尔-勒纳条件，即出口商品的国外需求弹性与进口商品的国内需求弹性之和大于1，是本币贬值改善贸易收支的前提。二是受“时滞”因素的影响，即存在一个“J曲线效应”。三是预期心理往往会抵消汇率调整的效应。四是本国现有生产能力是否已得到充分利用。五是可能会引发货币战，因而只有在各国没有贸易限制和不采取报复措施的条件下，货币贬值才能扩大出口。

（4）直接管制。它是政府通过发布行政命令对国际经济交易进行直接的行政干预，以求实现国际收支平衡的政策措施。直接管制主要包括外汇管制和贸易管制。外汇管制是指国家颁布外汇管理法令、法规和条例，对一切涉及外汇的对外经济活动和汇率进行严格管制，目的是鼓励或限制商品和资本的流出流入，以调节国际收支；贸易管制是指一国政府以行政干预方式，对商品输出输入实行管制，旨在增加外汇收入，限制外汇支出。

直接管制政策较灵活、见效快，不会牵动整个经济，但它也有很多局限性。例如，它并不能真正解决国际收支失衡问题，只是将显性国际收支赤字变为隐性国际收支赤字，一旦取消管制，除非经济结构得到改善，否则国际收支赤字仍会重新出现。另外，它还容易引起他国的报复，导致贸易伙伴国之间的“贸易战”，不能取得预期效果。

（5）资金融通政策。它是指利用自有储备或借入储备来调节国际收支，包括外汇缓冲政策和信用手段。

① 外汇缓冲政策，是指一国政府将持有的黄金、外汇储备作为缓冲体，由中央银行拨出一定数量的外汇储备，建立外汇平准基金，当国际收支发生短期不平衡时，通过中央银行在外汇市场上买卖外汇来调节外汇供求关系，以影响汇率，把汇率稳定在一定的水平上，使之起到推动出口、增加外汇收入和改善国际收支的作用，从而使国际收支不平衡所产生的影响仅限于外汇储备的增减。

② 信用手段，是指一国政府利用国际信贷来调节国际收支。逆差国可以向国际金融市场借款，也可以利用国际金融机构贷款和政府贷款；顺差国可以利用国际信贷将其国际收支盈余投向国际金融市场，或贷款给国际金融机构和其他国家政府。

资金融通政策是一种简便易行、收效迅速的调节方法，当一国发生临时性国际收支逆差时，可运用外汇储备或通过对外举债的方式，来抵消市场的超额外汇需求，稳定汇率，进而平衡国际收支。但是这种方法也有其局限性，由于一国外汇储备的数量是有限的，因而外汇缓冲政策不适合于调节长期、巨额的国际收支逆差，如果完全依靠动用外汇储备，将可能造成外汇储备枯竭；而借款最终是要偿还的，利用信用手段来填补外汇储备的不足，会加重外债负担，不能从根本上解决国际收支失衡问题。

（6）国际经济合作政策。各国政府调节国际收支都以本国利益为出发点，可能会对他国经济产生不利影响。因为一国的国际收支顺差往往是另一国的国际收支逆差。这样很容易导致其他国家采取相应的报复措施，引发贸易战、汇率战等，最终会使国际经济秩序遭到破坏，并且也会使各国利益受到损害。因此，要在世界范围内解决国际收支不平衡问题，必须加强国际经济和金融合作，如成立国际金融机构、协调各国金融政策、开展贸易谈判等。国际货币基金组织、世界银行、世界贸易组织就是国际经济合作较为成功的典范。例如，国际货币基金组织在调节各国国际收支短期不平衡、协调各国金融关系、维持国际金融秩序等方面发挥了重要作用；世界银行帮助各国调节国际收支长期不平衡、提供国际信贷支持等；世界贸易组织协调各国贸易收支不平衡、组织国际贸易谈判等。它们对世界各国国际收支失衡的调节都起着不同程度的帮助作用。

知识拓展9-4

我国国际收支平衡表的编制

总之，调节国际收支失衡的政策是多样化的，每一种政策都有其特色与调节功效，因此，一国可根据具体情况予以取舍。其基本原则是：第一，应根据国际收支失衡的具体原因选择调节政策；第二，应多通过政策搭配方式来调节国际收支失衡；第三，选择调节手段时，应尽量不与国内经济发生冲突，达到国内平衡与对外平衡的协调；第四，尽量减少来自他国的压力，以免影响各国间正常的经济秩序。

知识拓展9-5　2024年我国国际收支状况分析

（1）经常账户顺差增加，继续处于合理均衡区间。2024年我国经常账户顺差4 239亿美元，较2023年增长61%，与国内生产总值（GDP）之比为2.2%，继续处于合理均衡区间，经济内外部平衡态势保持稳固。一是货物贸易保持较高规模顺差，是推动经常账户顺差增加的主因。按国际收支统计口径，2024年货物贸易顺差7 680亿美元，增长29%。全球跨境贸易由降转升，制造业活动企稳，外需向好推动我国出口增长7%。我国经济平稳发展，内需稳步增加，但受国际大宗商品价格下跌等影响，进口价格指数波动下降，进口增长2%。二是服务贸易逆差平稳增加。2024年逆差2 290亿美元，较2023年增长10%。居民跨境旅游、留学支出继续增加，恢复至2019年常态水平，同时外籍人员入境签证和来华支付便利化政策稳步推进，境内旅游产品和服务优化，旅行收入较快增长。电信、计算机和信息服务，商业服务等新兴生产性服务贸易进出口顺差上升至664亿美元，再创历史新高。三是初次收入逆差收窄。2024年逆差1 300亿美元，下降3%，主要是我国对外投资收益的较快增长。四是二次收入顺差有所扩大。2024年顺差150亿美元，增长30%。

（2）非储备性质的金融账户呈现逆差，主要是境内对外投资增多。2024年我国非储备性质金融账户逆差4 962亿美元。从双向投资看，境内主体对外各类投资净增加4 838亿美元，增长81%，随着投资渠道拓宽，企业等主体对外投资增多，有助于充分利用国际国内两个市场以及全球资源禀赋优化投资布局、提高投资收益。我国吸收的各类来华投资净流出124亿美元，在境内外融资成本差异较大的背景下，部分企业主动缩小境外借贷规模，外商投资企业偿还关联债务和来华其他投资合计净流出1 095亿美元。来华股权性质直接投资、来华证券投资合计净流入994亿美元，与2023年基本相当，外资来华投资兴业和持有人民币资产意愿总体稳定。2025年以来，经济基本面回升向好以及科技创新发展等推升境内股指，外资投资境内股票转为净流入，投资境内人民币债券明显增加。

（3）非储备性质金融账户逆差与经常账户顺差形成自主平衡格局，我国外汇市场自主调节能力增强。国际收支平衡表显示，2024年我国对外资金来源4 115亿美元，主要来源于经常账户顺差，来华各类投资呈现净流出。对外资金运用合计4 215亿美元，主要是企业、银行等部门有序开展对外投资，对外资金来源与运用总体平衡。对外投资增长支撑我国对外资产不断积累。近年来我国外汇市场自主调节能力增强，对外贸易顺差以及吸收外部投资带来的资金，以对外投资等方式在境外使用，在国际收支上体现为经常账户顺差与非储备性质金融账户逆差的平衡，同时储备资产保持稳定，2024年末我国外汇储备余额稳定在3.2万亿美元以上。这种平衡模式有效提升了境内主体资源配置效率和对外资产负债匹配度，优化了对外资产负债结构，有助于增强我国抵御外部冲击的能力。

资料来源 根据国家外汇管理局《2024年中国国际收支报告》整理。

9.2.6 国际储备

1.国际储备的概念与特征

国际储备是指一国货币当局所持有的、能随时用于弥补国际收支逆差、维持本币汇率稳定以及用于应付紧急支付、作为对外偿债的信用保证并为世界各国所普遍接受的各种形式的资产。

国际储备的概念有广义和狭义之分。广义的国际储备实际上是一国的国际清偿能力，包括自有储备和借入储备；狭义的国际储备仅指自有储备。通常所说的国际储备是指狭义的国际储备。国际储备仅仅是一国具有的现实的对外清偿能力；而国际清偿能力则是该国具有的现实的对外清偿能力和可能的对外清偿能力的总和。

国际储备具有以下特征：①官方持有性，即作为国际储备的资产必须是一国中央当局直接掌握的，并且是可以自由地无条件支配使用的官方资产；②普遍接受性，即国际储备资产必须是在外汇市场上或在政府间清算国际收支差额时，能被世界各国在事实上所普遍承认和接受的资产；③充分流动性，即国际储备资产必须能随时动用或变为现金，能在各种形式之间自由兑换。

2.国际储备的构成

（1）黄金储备。它是指一国货币当局持有的货币性黄金。在国际金本位制度下，黄金是最主要的储备资产，充当世界货币和平衡国际收支的最后手段。在布雷顿森林体系时期，黄金与美元共同作为国际货币体系的基础，黄金仍是重要的国际储备资产。布雷顿森林体系崩溃后，IMF于1976年实行黄金非货币化政策，黄金储备的地位显著下降。目前，黄金储备在IMF成员国际储备总额中不足5%，已降到二线储备的地位。但是，由于黄金的贵金属特性及良好的保值功能，没有一个国家愿意完全放弃和废除黄金储备，黄金储备在各国的国际储备中仍占有一席之地。

（2）外汇储备。它是指一国货币当局持有的可兑换外国货币及外币金融资产。其主要形式为国外银行存款与外国政府债券。外汇储备是当今各国国际储备的主体。在第一次世界大战前，英镑是最主要的储备货币。20世纪30年代，美元崛起，与英镑共享主要储备货币的地位。第二次世界大战后，美元是唯一在一定条件下可兑换成黄金的货币，处于“等同”黄金的地位，成为各国外汇储备中最主要的储备货币。从20世纪60年代开始，美元频频发生危机，其储备货币地位逐渐下降，德国马克、日元的储备货币地位不断上升，形成储备货币多元化的局面。20世纪90年代以后，世界外汇储备结构发生了明显变化，欧元已成为第二大储备货币。目前，我国和世界其他国家在对外贸易与国际结算中经常使用的外汇储备主要有美元、欧元、日元、英镑等。

（3）在国际货币基金组织的储备头寸。它是指成员在IMF的储备部分提款权余额，再加上向IMF提供的可兑换货币贷款余额。储备头寸是一国（地区）在IMF的自动提款权，其数额的大小主要取决于该成员在IMF认缴的份额，成员可使用的最高限额为份额的125%。

IMF的成员可以无条件地提取其储备头寸用于弥补国际收支逆差。一国（地区）若要使用其在IMF的储备头寸，只需向IMF提出要求，IMF便会通过提供另一国的货币予以满足。

（4）特别提款权（special drawing right，SDR）。它是国际货币基金组织为补充国际储备不足于1969年8月创设并于1970年1月开始向参加国发行的一种国际储备资产，亦称“纸黄金”（paper gold）。特别提款权是IMF分配给成员的一种使用资金的权利。成员在发生国际收支逆差时，可用它向IMF指定的其他成员换取外汇，以偿付国际收支逆差或偿还IMF的贷款，还可与黄金、自由兑换货币一样充当国际储备。但由于它只是一种记账单位，不是真正的货币，使用时必须先换成其他货币，不能直接用于贸易或非贸易的支付。特别提款权是国际货币基金组织原有的普通提款权以外的一种补充。

目前，特别提款权是以包含美元、欧元、人民币、日元和英镑5种货币组成的货币篮子定值的，2016年10月1日IMF发布的权重分别为41.73%、30.93%、10.92%、8.33%和8.09%，对应的货币数量分别为0.58252、0.38671、1.0174、11.900、0.085946。2022年5月11日，国际货币基金组织执董会完成了5年一次的特别提款权（SDR）定值审查。这是2016年人民币成为SDR篮子货币以来的首次审查。执董会一致决定，维持现有SDR篮子货币构成不变，即仍由美元、欧元、人民币、日元和英镑构成，并将人民币权重由10.92%上调至12.28%（升幅1.36个百分点），将美元权重由41.73%上调至43.38%，同时将欧元、日元和英镑权重分别由30.93%、8.33%和8.09%下调至29.31%、7.59%和7.44%，人民币权重仍保持第3位。新的SDR货币篮子在当年8月1日正式生效，并于2027年开展下一次SDR定值审查。

3.国际储备的作用

（1）清算国际收支差额，维持对外支付能力。

（2）干预外汇市场，保持本国货币汇率稳定。

（3）提供举债和偿债的信用保证，增强国际清偿能力。

4.我国的国际储备

我国的国际储备也是由黄金储备、外汇储备、在国际货币基金组织的储备头寸和特别提款权组成的。其中，外汇储备是我国国际储备的绝对主体。截至2025年5月末，我国外汇储备规模为32 853亿美元。我国经济持续回升向好，经济发展质量稳步提升，为外汇储备规模保持基本稳定提供支撑。

9.3 外汇市场与外汇交易实务

外汇交易（foreign exchange transaction），也称外汇买卖或货币兑换，是指在外汇市场上以外汇银行为中心，交易双方按约定的价格和金额对外汇进行买卖，或者用给定货币去兑换另一种货币的活动。

外汇交易需借助于外汇市场才能实现。外汇市场是外币供求双方买卖不同货币的交易场所、交易组织系统和交易网络系统，是外汇供求关系的总和。外汇市场是国际金融市场的核心组成部分，国际贸易、国际融资以及其他国际经济活动都涉及不同货币之间的兑换，因而都离不开外汇市场。外汇市场也是金融创新的重要场所，许多金融衍生产品的交易都发生在外汇市场，不仅为套期保值者提供了避险工具，也为投机者提供了投机的舞台。毫无疑问，外汇市场是国际金融体系中极为重要的一环，其发达程度也是衡量一个国家金融体系成熟与否的主要标志之一。

根据不同的标准来划分，外汇市场有不同的类型：①按组织形态划分，分为无形外汇市场和有形外汇市场；②按外汇交易主体划分，分为外汇零售市场和外汇批发市场；③按交割时间划分，分为即期外汇市场和远期外汇市场；④按管制的程度划分，分为自由外汇市场、官方外汇市场和外汇黑市。

外汇市场上参与外汇交易的主体包括：外汇银行、外汇经纪商、进出口商和其他外汇供求者、中央银行。

外汇银行与外汇经纪商的关系可以用图9-1来描述。假设客户A由于业务关系，需要从位于纽约的波士顿银行买入500万英镑外汇，即波士顿银行向客户出售500万英镑外汇。为了轧平这一交易产生的英镑头寸，波士顿银行可以直接与当地的花旗银行或美国银行进行交易，或者与位于伦敦的渣打银行或汇丰银行进行交易。但是在最短的时间内直接寻找卖出同样数量英镑的交易对象比较麻烦，需要付出较高的搜寻成本和交易成本，而且汇率不一定是最优的。所以，波士顿银行可以向纽约或者伦敦的经纪商咨询报价并下订单，经纪商通过自己庞大的交易网络，为其寻找最优的交易对手。经纪商可以联系纽约的花旗银行、美国银行，或者伦敦的汇丰银行、渣打银行，直到撮合完成交易，这样就大大提高了交易效率。

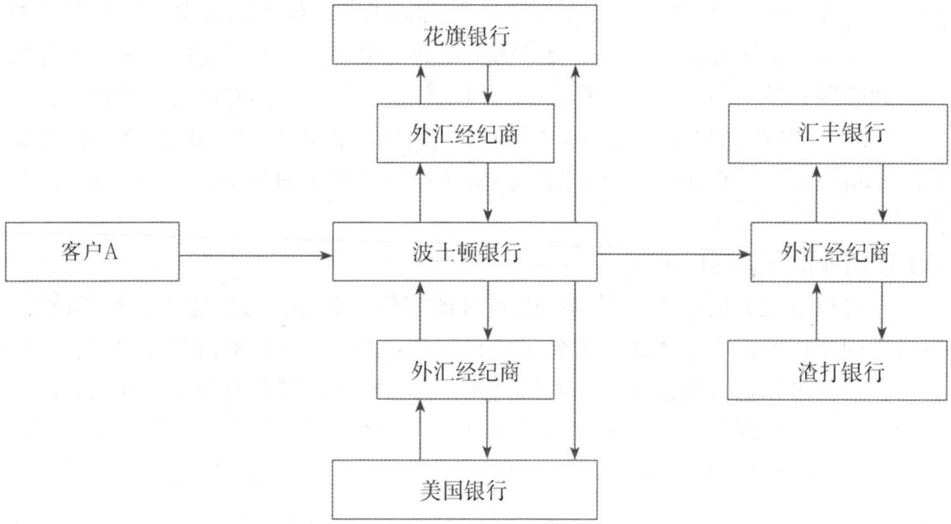

图9-1 外汇银行与外汇经纪商的关系

不通过经纪商而进行的外汇交易称为直接交易，反之称为间接交易。

世界外汇市场是一个庞大的体系，由各国金融中心的外汇市场构成。目前，世界上有30多个外汇市场，其中，最主要的有伦敦、纽约、法兰克福、巴黎、苏黎世、东京、新加坡、香港等，它们各具特色并分别位于不同的国家和地区，并以其所在的城市为中心，辐射周边的其他国家和地区。由于所处的时区不同，各外汇市场在营业时间上此开彼关，相继挂牌营业，相互之间通过先进的通信设备和计算机网络连成一体，市场的参与者可以在世界各地进行交易，外汇资金流动顺畅，市场间的汇率差异极小，形成了全球一体化运作、全天候运行的统一的国际外汇市场。

外汇交易的类型有许多种，通常将国际外汇市场上的外汇交易分为两类：传统的外汇交易和外汇衍生品交易。传统的交易形式包括即期外汇交易、远期外汇交易、掉期交易等；衍生品交易是20世纪70年代之后迅速发展起来的，主要包括货币期货交易、货币期权交易、互换交易等。

9.3.1 即期外汇交易

1.即期外汇交易的含义和交割时间的确定

即期外汇交易（spot exchange transaction），又称现汇交易，是指外汇买卖双方以即期汇率成交后，在两个营业日内完成交割的外汇买卖。营业日是指两个清算国银行全都开门营业的时间，即指节假日除外的工作日。一般而言，在国际外汇市场上进行外汇交易时，除非特别指定日期，一般都视为即期交易。即期交易的汇率为即期汇率或现汇汇率，它构成整个外汇市场汇率的基础。

在外汇交易中，成交是指确定外汇买卖协议。该协议规定了外汇交易的买方和卖方，买卖的币种、数量和价格以及交割标准。成交仅指确定买卖关系，并不发生实际收付货币的行为。交割（delivery）是指买卖双方"钱货两清"或货币两讫的行为，即买卖双方实际收付货币，分别按照对方的要求将卖出的货币汇入对方指定的银行账户中。交割发生的当天称交割日或起息日。成交和交割是外汇买卖中两个重要的环节，成交在前，交割在后，成交是交割的基础和前提，交割是成交的结果。只有完成了成交和交割，外汇买卖行为才算完成。即期外汇交易的交割时间有三种情况：第一种是第二个工作日交割（value spot/VAL SP）的即期外汇交易；第二种是翌日交割（value to tomorrow/VAL TOM）的即期外汇交易；第三种是即日交割（value to day/VAL TOD）的即期外汇交易。

2.即期外汇交易的作用

（1）可以满足临时性的支付需要。通过即期外汇业务，可以建立各种货币头寸，满足对不同货币的需要。例如，某公司持有美元，但对外支付的商务合同的货币是欧元，该公司便可以通过现汇买卖，卖出美元，买进欧元，满足对外支付欧元的需要。

（2）可以调整现有外汇头寸的不同货币比例，防范汇率风险。例如，某公司遵循"不要把所有的鸡蛋都放在同一个篮子里"的原则，通过即期外汇买卖，将其全部外汇资产调整为美元占40%、港元占30%、欧元和日元各占15%的比例，用以分散外汇风险。

（3）进行外汇投机。即期外汇交易可以随时买卖外汇，便于个人和公司进行短期外汇投机。例如，某日即期市场上每欧元兑1.3000美元，投机者预期3个月后欧元将升值10%，为1.4300美元，认为可以进行投机操作，于是以1欧元=1.3000美元的即期价格购买欧元，并存到银行赚取利息，3个月后再以1欧元=1.4300美元的即期价格卖出欧元。假设3个月后欧元即期汇率果然上升为1欧元=1.4300美元，则该投机者预期准确，在不考虑生息收入的情况下，每欧元将赚得0.13美元的利润。由此可见，现汇投机交易的原理是：低买高卖，在此过程中有时间差，并且两笔交易一为现实汇率，一为预期汇率，预测准确则获利，反之则受损。

3.即期外汇交易的步骤和报价

一笔完整的即期外汇交易包括五个步骤：询价、报价、成交、证实及结算。在报价环节有一些约定俗成的惯例，具体包括：

（1）多数报价的中心货币是美元，即采用“单位美元”标价法（1美元等于若干其他货币）。例如，“SP CAD”为1美元兑换若干加拿大元的即期汇价。只有英镑、澳大利亚元、新西兰元、欧元采用每一该种货币等于若干美元的标价方法。例如，EUR/USD（1欧元兑换多少美元）=1.4553/75。

（2）一般采用“双价”报价的原则，即报价行必须同时报出买入价和卖出价，不能只报买价不报卖价，也不能只报卖价不报买价。例如，GBP/USD=1.9618/1.9640。习惯上，汇率报价只写出前一个汇率和后一个汇率最后有变化的几位数。如上面的牌价可以写成：GBP/USD=1.9618/40。对于报刊公布的外汇交易中间价，只供读者参考，不能作为外汇交易的依据。

（3）外汇市场上汇率通常有5位有效数字（含小数位数）。当通过电信设备（电话、电传等）报价时，银行之间的报价只报后两位数字。如美元兑日元的汇价是USD1=JPY115.70/80，报价行的交易员一般只报70/80。一旦成交后，再确认全部的汇率是115.70或115.80。

（4）银行报价采用点数标价法。

例如，2018年某月某日国际外汇市场上某银行报价情况如下：

USD/JPY	108.12/18
EUR/USD	1.1719/25

从报价行的角度看，斜线左边是买入价，右边是卖出价。如上述报价中，美元兑日元的汇率，表示报价者愿意以108.12的汇价买进美元、卖出日元；同时，愿意以108.18的汇价卖出美元、买入日元。又如，EUR/USD的报价表示报价者愿意以1.1719的汇价买入欧元、卖出美元，也就是说愿意支付1.1719美元买进1欧元；同时，以1.1725的汇价卖出欧元、买入美元，即愿意卖出1欧元收取1.1725美元。

（5）外汇交易数量固定，一般以100万为单位，报价中的“1”表示一个标准单位，即100万美元，交易金额很大，如“Five Dollar”表示500万美元。

（6）报价速度与价差的宽窄。报价速度是指报价行的外汇交易员从接到询价后直到报出汇价所需时间的长短。一般而言，报价行对经常交易的货币（美元、日元、英镑等）报价时间应在10秒内，有些国际大银行对外汇交易员的要求更严格，报价时间压缩在5秒内。

价差对报价行来说是外汇交易业务利润的来源，而对询价方来说则是他们作为交易主动方所付出的代价。价差越窄，意味着报价行获利越小，询价方买卖成本越低。因此，价差的宽窄是他们成交时最关心的因素之一。在即期外汇市场上，常见交易货币价差一般为5～10个点。一些国际大银行在向其主要客户报价时价差常压到1～3个点，有时甚至报“选择价”（choice price），即买价和卖价相同的报价，但此价格一经报出，询价者必须以此价格成交。

4.即期外汇交易的方式

现汇交易不同于现钞交易。现钞交易可以在同一时间、同一地点进行不同货币现钞的兑换。而现汇交易有可能在同一时间，却绝不可能在同一地点进行交易，它只能是在此地付出此货币，在彼地收进彼货币。因此，外汇银行进行现汇交易的结算方式有三种：电汇汇款方式、信汇汇款方式和票汇汇款方式。而外汇银行与客户之间的即期外汇交易方式一般有四种：汇出汇款、汇入汇款、出口收汇和进口付汇。

表9-4反映了一笔即期外汇交易的对话，以此来说明这种交易方式的一般做法。

表9-4　即期外汇交易范例

交易过程	意义说明
ABC：CHF 1	与“USD 1 MIO AG CHF”的含义一样，即ABC（询价者）询价：100万美元兑瑞士法郎的价格是多少。这里，美元是被报价货币，所以买卖的商品是美元
XYZ：CHF 1.3213/18	XYZ（报价行）报价：价格为USD 1=CHF 1.3213/18
ABC：13 Done My CHF To ABC ZURICH A/C	我在买入价1.3213的价位卖出USD。瑞士法郎汇到我在ABC ZURICH银行的账户
XYZ：Agree CFM at 1.3213 We Buy USD 1 MIO AG CHF val May 20，USD To XYZ NY	同意成交 证实：在价格1.3213下我们买入100万美元 起息日5月20日，美元汇到纽约XYZ银行
ABC：TKS For Price BIBI	A：谢谢你的报价，再见

9.3.2　远期外汇交易

1.远期外汇交易的含义

远期外汇交易（forward exchange transaction），又称期汇交易，是指买卖双方成交后即签订远期外汇合同（合约），将外汇交易方向（买进或卖出）、交易币种、数量、远期汇率和到期日在合同中确定下来，并在两个营业日之后（非即期起息日）办理交割的外汇交易活动。由于国际上即期外汇交易的运作是在成交日之后的两个工作日内结算或交割的，所以任何在成交日之后的两个工作日以后进行交割的外汇买卖，都被视为远期交易。远期合约的期限一般为1～12个月，常见的期限有1个月、2个月、3个月、6个月和12个月，1年以上的称超远期外汇买卖。远期外汇交易按交割日是否固定分为定期远期外汇交易和择期交易两种类型。定期远期外汇交易是交割日期固定的远期外汇交易，是最常见的远期外汇交易类型。择期交易是一种可以选择交割日的远期外汇买卖，即买卖双方在签订远期合约时，事先确定交易货币的种类、数量和汇率，但具体交割的日期不固定，只规定交割的期限范围，客户可在这一期限内的任何日期买进或卖出一定数量的外汇，包括完全择期和部分择期两种。

2.远期外汇交易的作用

（1）利用远期外汇交易进行保值以防范汇率风险。对进出口商和外汇投融资者而言，远期外汇交易为其提供了基本的保值手段。对进口商来说，会遇到支付外币货款时因外汇汇率上升而使其购汇成本增加的风险，因而可以采取先行买进期汇的做法。在签订进口合同时就买进相当于货款价值、交割期为付款日的外汇，付款时，该进口商只需按与银行商定的远期汇率用本币购买外币。相反，对出口商来说，会遇到收回外币货款时外汇汇率下降带来的收益减少的风险，因而可以先行出售期汇。在签订出口合同当日就同银行做一笔与收回货款金额和日期相吻合的远期外汇交易，以锁定汇率，这样在收款日不管汇率如何变动，都不会影响到出口商的出口利润。

（2）利用远期外汇交易保持银行外汇头寸平衡。对银行而言，远期外汇交易为其调整外汇持有额和外汇资金结构提供了方便。外汇银行在买卖某种远期外汇时，或者是买入多于卖出而处于“多头”或“超买”地位，或者是卖出多于买入而处于“空头”或“超卖”地位。外汇银行总是处于现汇或期汇的超买或超卖的地位。无论是哪种情况，都会使银行承受汇率变动的风险。以多头为例，当形成某种远期外汇的多头而银行又未及时抛出时，那么，如果抛出时其汇率下降，银行就会有损失。为了避免这种风险，银行就可以利用远期外汇交易，对不同期限、暴露额不同的货币，或抛出（超买时）或补进（超卖时），以保持远期外汇头寸的平衡。例如，某银行在与客户的远期交易中共卖出远期欧元1 000万，同时买进了500万同期的远期欧元而形成超卖，那么，该银行可再买进到期日相同的远期欧元500万，以轧平头寸。

（3）利用远期外汇市场进行投机。对投机者而言，在汇率波动频繁的情况下，远期外汇市场的存在为其外汇投机创造了一定的条件。当投机者预测未来某种货币汇率将下跌时，可以在汇价相对较高时预约卖出这种货币，一旦日后汇率果真下跌，再在现汇市场上低价补进，从而赚取高卖低买的利润。由于这是以预约形式进行交易，卖出当时自己手中实际并没有的外汇，所以称为“卖空”或做空头。相反，当投机者预测未来某种外汇汇率将上升时，则预约买进这种外汇，待日后汇率上涨时再卖出，赚取低买高卖的差价收益，这种投机称为“买空”或做多头。

3.远期汇率的报价方式

在国际外汇市场上，报价行每天都要报出或公布即期汇率和远期汇率。远期汇率也采用双向报价，并且有两种不同的报价和公布方式。

（1）直接报价，即完整汇率报价方式，是指在外汇牌价上直接报出远期外汇的买入价和卖出价。这种报价方式最大的优点是一目了然，通常适用于银行与客户之间的远期外汇买卖。日本和瑞士外汇市场银行同业间的远期交易采用这种报价方式。

（2）间接报价，又称掉期率报价方式，包括差价报价和点数报价，是指外汇银行只报出即期汇率和远期差价或升贴水点数而不直接公布远期汇率，远期汇率是在即期汇率的基础上，通过远期差价或升贴水点数来表示的。这种报价方式适用于银行同业之间的远期外汇买卖，英国、德国、法国和美国等国家习惯上采用这种方法。

升贴水的幅度一般用基点（basis point，BP）数来表示，外汇市场上每一“点”为万分之一，即0.0001，但USD/JPY和EUR/JPY为0.01。在通常情况下，银行报出的升贴水数只有两位或三位数。如果报两位数，则表示这两位数是升贴水的小数点后第三和第四位数；如果报三位数，则表示这三位数是升贴水的小数点后第二、第三和第四位数。

此外，在择期远期外汇交易中，客户拥有选择具体交割日的主动权，既便利又避免了汇率风险，银行则处于被动地位，要承担更多的成本和汇率变动带来的损失。因此，择期交易的报价原则是：银行将选择从择期开始到择期结束期间最不利于客户的汇率作为择期交易的汇率。

9.3.3 套汇交易

套汇交易（arbitrage transaction）是指利用同一时间、不同外汇市场上相同货币间的汇率差异，在低价买进某种货币的同时再以高价卖出该种货币，以赚取利润的外汇交易。套汇按涉及外汇市场的多少，可分为直接套汇和间接套汇两种。

直接套汇又称为双边套汇或两角套汇、两地套汇，是指套汇者利用某种货币在两个不同地点的外汇市场上同一时间的汇率差异，同时在这两个外汇市场上买卖该种货币，以赚取汇率差额的外汇交易活动。这是一种较简单的套汇方式。它清楚地表明了哪种货币在哪个市场上贵和便宜，很容易判断有无套汇机会和确定交易方向。

间接套汇又称多边套汇或三角套汇、交叉套汇，是指套汇者利用三个及三个以上不同外汇市场在同一时间存在的汇率差异，同时在上述市场上进行贱买贵卖以赚取汇差利润的外汇交易活动。这是一种较复杂的套汇方式。

以直接套汇为例，假设某日伦敦和纽约外汇市场的汇率如下：

伦敦市场：GBP/USD　　1.5230/40

纽约市场：GBP/USD　　1.5260/70

问：能否进行套汇？如果以100万英镑入市，套汇毛利是多少？如果电传等套汇费用为500英镑，套汇获利多少？

答：由于两地英镑与美元的汇价不一致，产生了套汇机会。显然在伦敦市场英镑便宜、美元贵，在纽约市场英镑贵、美元便宜，因此，根据贱买贵卖原则，套汇者可在纽约外汇市场用100万英镑买进152.6万美元，同时电汇至伦敦的分支行卖出152.6万美元买进100.1312（152.6÷1.5240）万英镑，赚得毛利1 312英镑，扣除套汇费用500英镑，套汇者可获净利812英镑。

9.3.4 掉期交易

掉期交易（swap transaction）也叫时间套汇，是指在外汇市场上买进或卖出一种货币的同时，卖出或买进金额相等但交割日期不同的该种货币的外汇交易行为。

掉期交易的特点是：买和卖同时进行，货币相同，数额相等，但期限不同。掉期交易不会改变交易者的外汇持有额，改变的只是交易者所持有的外汇的期限结构，故名“掉期”。它实际上也是一种套期保值，但又不同于一般的套期保值：第一，掉期交易强调买入和卖出的同时性，两笔交易必须同时进行，而一般套期保值两笔交易有先有后；第二，掉期交易绝大部分是针对同一对手进行的。

进行掉期交易的目的主要是轧平外汇头寸，以避免外汇风险。银行同业之间常用掉期交易，以使某种货币头寸在某一特定日期为零；同时，也可以通过掉期交易，贱买贵卖，赚取买卖差价收益。

掉期交易根据交割日不同，可分为三种类型：

1.即期对远期的掉期交易

它是指买进或卖出某种即期外汇的同时，卖出或买进同种货币的远期外汇。这是外汇市场上最常见的掉期交易形式，应用范围较广，如国际投资者的投资保值、进出口商的远期交易展期、外汇银行筹措外汇资金及调整外汇头寸等都可以利用这种掉期交易。

例如，美国某公司因业务需要，以美元购买10万欧元存放于法国巴黎银行，期限1个月。为防止1个月后欧元汇率下跌，存放于法国巴黎银行的欧元不能换回如数的美元而蒙受损失，该公司在买进欧元现汇的同时，卖出10万欧元的1个月期汇。假设纽约外汇市场欧元即期汇率为EUR/USD=1.5073/75，1个月远期汇率为30/28。那么，该公司的损益情况如何？

由外汇牌价可知，1个月的远期汇率是：EUR/USD=1.5043/47。该美国公司买进10万欧元现汇需支付150 750美元（10万×1.5075），卖出10万欧元期汇可收回150 430美元（10万×1.5043）。这样该公司只需支付即期汇率与远期汇率之间十分有限的买卖差额320美元（150 750−150 430），就可固定成本，不管1个月后欧元如何下跌，都不会再蒙受更多损失。

2.即期对即期的掉期交易

它亦称“一日掉期”或“隔夜掉期”，是指同时做两笔金额相同、交割日相差一天、交易方向相反的即期外汇交易。这类掉期交易一般用于银行同业间的隔夜资金拆借。

3.远期对远期的掉期交易

它是指对不同交割期限的期汇做币种和金额相同而方向相反的两笔交易。比如，买入较短期限的远期外汇，卖出较长期限的远期外汇；或者买入较长期限的远期外汇，卖出较短期限的远期外汇。例如，一家香港银行1个月后有200万加元的支出，而3个月后将有200万加元的收入。该银行可做一笔1个月对3个月的掉期交易，即买入1个月的远期加元200万，同时卖出3个月的远期加元200万，以避免汇率变动的风险。这种形式的掉期交易除保值外，还可以使银行能够利用有利的汇率变动机会从中获利，所以其逐渐受到重视。

9.3.5 套利交易

套利交易（interest arbitrage）也称利息套汇，是指两个国家短期利率不同时，投资者将资金从低利率国家调往高利率国家，以赚取利差收益的外汇交易。根据投资者是否对套利交易涉及的外汇风险进行弥补，套利分为未抵补套利和抵补套利两种。

未抵补套利也叫无抛补套利，是指资金持有者利用两个金融市场上存在的短期利率差，将资金从利率低的国家或地区调往利率高的国家或地区进行投资，以获取利差收益，而不同时进行反方向交易轧平头寸的交易活动。未抵补套利由于在买进利高货币现汇的同时不做卖出其期汇的对冲交易，因而在赚取利差收益的同时，承受了汇率变动的风险，要么会获得利高货币汇率上升的收益，要么会遭受利高货币汇率下跌的损失，具有投机性质。因而这种套利形式适用于汇率比较稳定的情况，或者需建立在对利高货币未来汇率看涨预期的基础上。

抵补套利也叫抛补套利，是指投资者为防范投资期间的汇率变动风险，在进行套利交易的同时进行掉期抛补，即在买进利高货币的现汇的同时，在远期外汇市场上卖出利高货币的期汇，以获得毫无风险的利差收益。按照一般原理，利率高的货币其远期汇率是贴水。这就可能使投资者在赚取利差收益的同时，蒙受远期汇率下跌的损失。而进行抵补套利不涉及任何汇率风险，因此，套利交易一般多为抵补套利。

9.3.6 外汇期货交易

1.外汇期货交易的概念和特点

外汇期货交易（foreign currency future transaction）也称外币期货交易，是指在固定的有形交易场所，根据交易币种、成交单位、交割时间标准化的原则，按约定价格买进或卖出远期外汇的一种外汇交易。

外汇期货交易是一种“见钱不见物”的交易，其交易对象是外汇期货合约，交易实施有规范的市场组织结构，因而这种交易方式有其独特之处，具体体现在外汇期货合约的规格以及外汇期货市场的制度规则上。

（1）外汇期货合约是一种标准化的合约。所谓标准化，主要体现在以下几个方面：①交易币种。各外汇交易所都对外汇期货交易的货币种类有特别的规定，在该市场只能进行规定币种的期货交易。例如，芝加哥国际货币市场（IMM）主要做美元对英镑、加拿大元、欧元、日元、瑞士法郎、澳大利亚元等货币的期货。②交易单位。各外汇市场对不同外汇期货交易的合同金额有特别的规定，各种货币的交易量必须是合约面额的整数倍。例如，IMM规定每份合约的交易单位分别是：25 000英镑、100 000加拿大元、125 000欧元、12 500 000日元、125 000瑞士法郎、100 000澳元。③交割月份和交割日期。如IMM规定为3月份、6月份、9月份和12月份的第三个星期的星期三。如果在合约到期前（一般为交割日的前两天），交易者未做对冲交易（即进行反向交易），那么就必须在交割日履行合约，进行现货交割。例如，某人买入一份到期月为3月份的英镑期货合约，到期前没有对冲，则他必须在3月的第三个星期的星期三，用英镑现汇交割。④最小价格变动和日价格波动的最高限度。最小价格变动是指外汇期货买卖时，合约每次变动的最低数额，如IMM规定英镑的最小波动单位为5个基本点，即0.0005美元。日价格波动的最高限度是指一个营业日内期货合约价格波动的最高幅度，一旦期货合约的价格波动达到或超过这一限度，交易即自动停止。如IMM规定英镑的最高限价为500点，即0.0500美元。

（2）在外汇期货市场上，主要以美元为标价货币，即以每一单位外币（日元为每100日元）兑换多少美元来报价，美元一律作为标价货币。而在即期外汇交易和远期外汇交易中，美元只对英镑、澳大利亚元、新西兰元及欧元作为标价货币，对其他货币则都作为基础货币。

（3）外汇期货交易是在一个固定的场所，通过喊价的方式进行的。

（4）外汇期货交易实行保证金制度。在期货市场上，买卖双方在开立账户进行交易时，都必须交纳一定数量的保证金。其中，初始保证金一般为合同价值的5%～10%，维持保证金一般是初始保证金的70%～80%。

（5）外汇期货交易实行每日清算制度。每日清算制度又称逐日盯市制度，是指当每个营业日结束时，清算所要对每笔交易进行清算，一般以每种期货合约在交易日收盘前最后30秒或60秒交易的平均价作为当日的结算价，与交易所会员进行每笔交易的价格比较，计算出会员在当日交易中的损益，并将损益记入交易者的保证金账户。盈利的一方可以提出高于初始保证金水平的金额，亏损的一方若保证金账户上的金额低于维持保证金，则必须在规定期限内向清算所交纳保证金至初始保证金的水平，否则交易所将停止其交易并强行平仓，损失由保证金余额支付。由于实行每日清算，客户的账面余额每天都会发生变化，每个交易者都十分清楚自己在市场中所处的地位。如果想退出市场，则可做相反方向的交易来对冲。

2.外汇期货交易的功能

（1）套期保值。它是指为回避或减少外汇风险，在外汇期货市场建立与外汇现货市场相反的头寸部位，并在期货合约到期日前对冲以结清头寸的交易方式。套期保值分为买入套期保值和卖出套期保值两种。买入套期保值，又称多头套期保值，即先在期货市场上买入而后卖出与支付货币币种和数量相同的期货合同。进口商或需要付汇的人因担心本国货币汇率下浮、外汇汇率上浮而增加付汇成本，往往采用买入套期保值。卖出套期保值又称空头套期保值，即先在期货市场上卖出后再买入与收入货币币种和数量相同的期货合同。出口商和从事国际业务的银行预计未来某一时间会得到一笔外汇，为了避免外汇汇率下浮造成的损失，一般采用卖出套期保值。

（2）外汇投机。投机是外汇期货市场的另一个重要经济功能。外汇期货市场上的投机者，是指那些往往无具体的外汇需求，而是基于自己对未来外汇汇率走势的预测，甘愿利用自己的资金，借汇率涨落波动之机，不断地买进和卖出外汇期货合约，希望从汇价的经常变化中获得利润的机构和个人。由于外汇期货交易实行保证金制度，而保证金不高于合约价值的10%，这就为投机者提供了以小额资金获取巨额利润的机会，因而外汇期货交易明显体现出以小博大的投机特点。国际金融市场正是由于投机者的参与，才使保值者的愿望得以实现，外汇期货市场才有了更大的流动性。

外汇期货市场的投机分为多头投机和空头投机两种。多头投机也叫买空，是指投机者预测某种货币汇率上升，先买该种货币的期货合约，然后再卖出该种货币的期货合约，将先前设立的多头地位了结，从中获利的行为。进行多头投机的前提是预测某种货币汇率上升，先行买入，如果汇率果然按其预测方向变动，交割之前卖出，就会盈利；反之，不管是做对冲结束还是进行实际交割，都会亏损。

空头投机也叫卖空，是指投机者预测某种货币汇率下跌，先卖后买该种货币的期货合约，了结先前的空头地位，从中获利的行为。进行空头投机的前提是预测某种货币汇率下跌，投机者先卖出期货，如果汇率果然按其预料的那样下跌了，在交割日到来之前买入，就会盈利；否则，不管是做对冲结束还是进行实际交割，都会亏损。

（3）价格发现功能。价格发现也是外汇期货市场的经济功能之一。所谓价格发现，是指外汇期货合约的价格只有通过在外汇期货市场买卖双方相互作用的过程中才能被发现并形成竞争性价格。因此，价格发现又叫价格形成。外汇期货市场之所以具有价格发现功能，是因为外汇期货市场的透明度高和流动性强，这里集中了众多的买方和卖方，这些买方和卖方通过公开喊价、讨价还价的方式形成的外汇期货价格，是反映当时外汇期货合约供求平衡的价格。它综合地反映了外汇期货市场上许多买方和卖方对当时和以后某一时间，对各种上市外汇期货合约价格的观点。这种通过竞争形成的外汇期货合约的价格被期货交易所记录下来后，迅速地传播到世界各地，不仅给外汇现货市场提供了重要的参考依据，而且促进了世界外汇期货价格的形成。

9.3.7 外汇期权交易

1.外汇期权交易的含义和特点

外汇期权交易，也叫货币期权交易，是指期权的买方在支付给期权的卖方一笔期权费后，即获得一种可以在合同到期日或期满前按合约规定的币种、数量和汇率购买或出售某种货币（或不买不卖）的权利，而期权的卖方则有义务在买方要求履约时，卖出或买进该种货币，或在买方放弃权利时不卖出或不买进。这种交易方式的特点是：

（1）期权交易双方的权利和义务是不对称的。外汇期权交易的标的物是一种将来可以买卖某种货币的权利，而不是货币本身，期权的买方有权利但不承担义务，期权的卖方只有义务没有权利，所以买卖双方的权利和义务不对称。因此，无论购买者是否履行合约，期权费都不能收回。期权费是期权的买方购买期权、获得选择权利的固定成本，同时也是期权的卖方出售期权、承担接受对方选择义务的固定收益。

（2）外汇期权交易使外汇交易的灵活性增强。因为在期权合约有效期内，如果即期汇率对期权合同持有人有利，则可按约定汇率及金额行使自己拥有的买或卖的权利，即与期权合同签署人进行实际外汇交割。如果即期汇率对其不利，则可放弃执行合约的权利，即不行使买或卖的权利，让合约过期而自动作废。这一优越性是远期外汇交易与外汇期货交易无法比拟的。

（3）外汇期权交易的收益和损失对买卖双方是不同的。购买期权可能收益无限但损失有限，而出售期权则可能损失无限但收益有限。

（4）期权的价格受多种因素的影响而不固定。

2.外汇期权交易的功能

按照购买者买卖货币的方向不同，外汇期权交易分为买入期权和卖出期权。买入期权又称看涨期权，简称买权，是指期权合约的购买者有权在合约期满或期满之前，以履约价格买进（也有权不买）约定数量的外汇，以避免该种货币汇率大幅度上涨带来的损失。卖出期权又称看跌期权，简称卖权，是指期权合约的购买者有权在合约期满或期满之前，以履约价格卖出（也有权不卖）约定数量的外汇，以避免该种货币汇率大幅度下跌带来的损失。外汇期权交易的功能主要有两个：

（1）避险保值。运用外汇期权交易保值的原理与运用外汇期货交易保值的原理是相同的，都是通过避免或减少汇率波动风险而达到保值的目的，但运用外汇期权对买方而言更能增强交易的灵活性，因为他可以选择有利于自己的汇率进行外汇买卖，一方面可以降低汇率变动带来的损失，另一方面可以谋取汇率变动带来的收益。例如，一美国进口商3个月后需要支付一笔澳元货款，在不能肯定澳元汇率是上升还是下降的情况下，该进口商可选择购买澳元买入期权。如果3个月后澳元汇率上升、美元汇率下降，就可以按照3个月前签订的合约，即按约定汇价和约定数量行使买的权利；如果3个月后澳元贬值、美元升值，则可让期权过期作废，即行使不买的权利，而到现汇市场上按即期汇率买进澳元，从中取得澳元汇率下跌的好处。再如，一美国出口商3个月后会收到一笔澳元货款，他能肯定澳元汇率将大幅波动，但不能肯定澳元汇率的变动趋势。若不在远期外汇市场卖出，他担心收回货款时澳元汇率下跌而蒙受损失，使其出口利润受损。若在远期外汇市场卖出，他又担心到交割时澳元汇率上升，他会丧失澳元升值带来的好处，所以最好的选择是进行外汇期权交易，即购买澳元卖出期权。这样既能保障汇率下跌不受损失，又能获得汇率上升带来的利润。

（2）投机。利用外汇期权交易投机，也具有很大的灵活性，可以控制投机失误的损失。当投机者预期汇率趋涨时，做“多头”投机交易，即购入外汇买权（看涨期权）。如果汇率果然上升，就行使买的权利；如果汇率下跌，就行使不买的权利，付出的代价仅仅是数额很小的期权费。反之，当投机者预期汇率趋跌时，做“空头”投机交易，即购入外汇卖权（看跌期权），同样，预测准确可获得投机利润；预测失误也可避免巨大的损失，其成本仅为期权费。例如，某投机者预测3个月后加元对美元的汇价将上升，于是按协定价格购买1份加元看涨期权。3个月后，如果加元汇价正如该投机者所预期的那样上升了，他立即执行协定汇价购入加元，然后再按上升了的加元汇价卖出加元，收入的美元大于协定价格加期权费，就可获利。如果3个月后，加元的汇价没有变化或者反而下降了，该投机者则可放弃执行期权，其损失仅为他期初所支付的期权费。

答疑解惑9-6

外汇期货交易与外汇期权交易的异同点是什么？

提示：从两种交易方式的特点和功能方面进行分析。

主要概念

外汇　汇率　国际收支　国际收支差额　国际储备　外汇交易

知识训练

随堂测9

● 基础知识训练

9.1　单项选择题

(1) 在直接标价法下，一定单位的外币折算的本国货币增多，说明本币汇率（　　）。

A.上升　B.下降　C.不变　D.不确定

(2) 按照国际收支平衡表的编制原理，凡引起资产增加的项目应记入（　　）。

A.借方　B.贷方　C.借贷双方　D.附录

(3) 通常，判断一国国际收支是否平衡，主要看其（　　）是否平衡。

A.经常项目　B.资本和金融项目　C.自主性交易　D.调节性交易

9.2　多项选择题

(1) 若其他条件不变，一国货币贬值的影响包括（　　）。

A.有利于增加进口　B.有利于增加出口

C.有利于抑制进口　D.有利于抑制出口

E.有利于降低国内物价水平

(2) 下列项目应记入贷方的有（　　）。

A.反映进口实际资源的经常项目　B.反映出口实际资源的经常项目

C.反映资产增加或负债减少的金融项目　D.反映资产减少或负债增加的金融项目

(3) 下列说法错误的有（　　）。

A.国际收支平衡表中的无偿转移不属于经常项目

B.国际收支平衡表一般都采用复式簿记法记录经济交易

C.从国际收支平衡表中可以看出，国际储备的增减等于国际收支的顺差或逆差

D.国际收支不平衡是绝对的，平衡是相对的

9.3　判断题

(1) 直接标价法下，银行买入汇率大于卖出汇率；间接标价法下，银行卖出汇率大于买入汇率。（　　）

(2) 关于投资的收支都应该记入国际收支平衡表的资本和金融项目中。（　　）

(3) 一些国家实行贸易汇率和金融汇率，实际上是外汇管制的一种方法。（　　）

9.4　简答题

(1) 汇率变动对一国经济会产生什么样的影响？

(2) 国际收支不平衡的调节措施有哪些？

● 技能知识训练

9.1　根据表9-2所示的中国银行人民币即期外汇牌价，回答下列问题：

(1) 一位香港旅游者到中国工商银行将5 000港元现钞兑换成等值的人民币，他

能兑换多少人民币？

（2）一位客户欲从中国工商银行买入1 000英镑现汇，该客户需付出多少人民币？

（3）一家出口企业到中国工商银行以1 000 000美元即期结汇，可获得多少等值人民币？

9.2 某年10月中旬外汇市场行情为：即期汇率USD1=JPY116.40/116.50。3个月远期汇率USD1=JPY116.23/116.35。可以看出美元表现为贴水。一美国进口商从日本进口了价值10亿日元的货物，双方约定在3个月后支付货款。为了避免日元可能升值所带来的外汇风险，进口商采取了远期外汇交易进行套期保值。在该例中：

（1）进口商不采取避免汇率变动风险的保值措施，现在就支付10亿日元，需要多少美元？

（2）假定3个月后的汇率为USD1=JPY115.00/115.10，则到第二年1月中旬才支付10亿日元需要多少美元？比现在支付日元预计要多支出多少美元？

（3）美国进口商利用远期外汇市场进行套期保值应如何操作？

能力训练

● 案例分析

登录国家外汇管理局网站，查阅我国当年国际收支平衡表，对其进行差额分析，并评价我国国际收支状况，理解和掌握国际收支的基本内容。

● 实务操作

采用实地调查的方式，搜集相关资料，分析人民币升值对我国出口企业造成的影响，并分析人民币升值的利弊。

模块5 金融调控

第10章

货币供求均衡与失衡

学习目标

通过本章的学习，你应该达到以下目标：

知识目标：了解货币需求的含义和主要分类，掌握货币需求的决定因素；了解货币供给和货币供给量的含义及衡量货币供给量的不同口径，掌握货币供给的形成机制；了解货币均衡的含义；掌握通货膨胀与通货紧缩的定义及表现、分类、成因、对经济的影响及治理措施。

能力目标：理解不同的货币需求理论；理解货币供给理论模型；理解货币均衡与社会总供求平衡之间的关系；学会分析货币供求状况，充分认识通货膨胀与通货紧缩对经济的危害；能够结合我国宏观金融现状，找出货币供求不均衡的原因，并针对通货膨胀或通货紧缩提出相应的政策措施。

素养目标：明确货币供求均衡和金融的稳定对国家经济安全至关重要。

导读

在现实生活中，人人都希望得到更多的货币，可以说，人们对“钱”的欲望是无止境的。那么，货币需求是否就是这种主观的愿望呢？货币是怎样进入流通领域的？人们手中拥有的纸币和铸币是否就是整个社会的货币供给总量呢？货币需求量与货币供给量之间的关系经常会发生变化而出现不均衡。有时我们会发现，物价在不断地上涨，我们手里的钱越来越不值钱了，这又是为什么？许多问题的答案都有待我们在本章寻找。下面是本章内容结构导图。

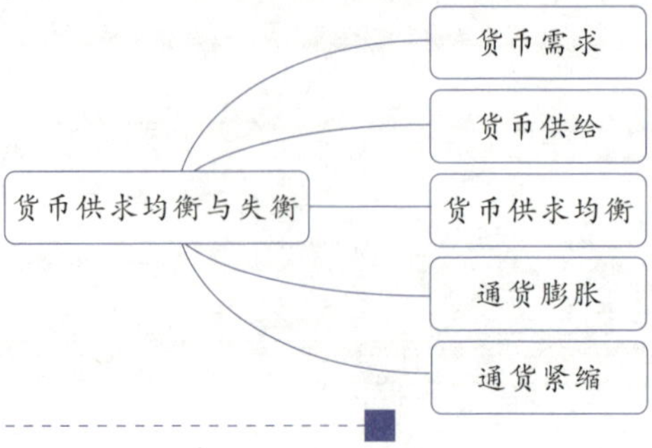

10.1 货币需求

10.1.1 货币需求的含义

经济学角度的“需求”一词，不仅指人们希望拥有某种资源的欲望，而且是一种有支付能力的需求。也就是说，人类的欲望是无限的，而需求是有限的。因此，需求必须同时具备以下两个基本要素：一是人们希望得到或拥有；二是人们有能力得到或持有。

同样，货币需求也同时包含两个基本因素：一是必须有持有货币的愿望；二是必须有持有货币的能力。即货币需求是指在一定时期内社会各经济主体（包括个人、企业、政府）为满足正常的生产、经营和各种经济活动需要而应该保留或占有一定货币的动机或行为。它表明在既定的国民收入水平和分配范围内人们对占有货币的欲望或能力。为满足各种经济活动需要而必须保存的货币量，就是货币需求量。

1.微观货币需求与宏观货币需求

微观货币需求是指个人、家庭、企业等微观经济主体在既定的收入水平、利率水平或其他经济条件下，因生活或生产经营活动的需要而保有的货币量。宏观货币需求是指一个国家在一定时期内因经济发展和商品流通的需要而保有的货币量。两者之间的区别在于：前者的出发点是某一经济主体的经济行为，后者的出发点则是整体经济运行。但两者之间存在密切的联系：前者是后者的构成和基础，后者是对前者的总括；但前者的总和并不等于后者。微观货币需求总和往往大于宏观货币需求。货币理论中主要关注的是宏观货币需求。

2.名义货币需求与实际货币需求

名义货币需求是指不考虑通货膨胀因素，按现行价格计算的各经济主体对货币的需求量，一般计为M_d。实际货币需求是指扣除了通货膨胀因素后各经济主体实际对货币的真实需求量，一般计为M_d/P。货币分析更注意考察实际货币需求。

10.1.2 货币需求理论

货币需求理论是整个货币理论中的重心。所谓货币理论，是指对货币与其他经济变量之间的动态关系进行分析研究的一种理论。所谓货币需求理论，是指主要研究货币需求动机、货币需求量的决定以及货币需求量变动的经济影响的理论。货币需求理论有两种类型：一种是从宏观角度出发，把货币需求定义为“为完成一定的交易量需要有多少货币来支撑，或者说流通中的商品需要多少货币来作为其交换的媒介”。马克思的货币必要量公式和费雪方程式就是这种类型。另一种是从微观角度出发，把货币看作个人持有的一种资产，是在收入一定的前提下人们愿意以货币形式保存的财富量。从剑桥学派提出现金余额学说后，许多经济学家对货币需求的研究都是从微观角度出发的。

1.马克思的货币必要量公式

马克思的货币需求理论或称货币流通规律，集中表现在货币必要量公式中：

$$\text{执行流通手段职能的货币必要量}=\frac{\text{商品价格总额(即流通中的商品数量}\times\text{商品价格)}}{\text{单位货币的流通速度}}$$

或者：$M=\frac{PQ}{V}$ （公式10-1）

式中：M——执行流通手段职能的货币必要量；P——商品价格；Q——流通中的商品数量；V——单位货币的流通速度。

上述公式表明，流通中必需的货币量是实现流通中待售商品价格总额所需的货币量。在商品流通中，货币是交换的媒介，因此，待售商品的价格总额决定了所需要的货币数量。但由于单位货币可以多次充当商品交易的媒介，因而还应考虑货币周转速度。因此，货币必要量取决于价格水平、进入流通领域的商品数量和货币流通速度三个因素。它与商品价格和进入流通领域的商品数量成正比，与货币流通速度成反比。

马克思的货币必要量公式具有重要的理论意义，它反映了商品流通决定货币流通这个基本原理。

马克思的货币流通规律强调商品的价值决定其价格，即商品是带着价格进入流通领域的，而商品价格取决于生产过程，货币数量不影响价格水平。这个结论适用于金属货币流通时期。在金属货币流通时期，不是通过价格的大幅度波动而是通过货币的贮藏手段和流通手段的自发转换，来解决货币量的过多或过少问题的，最终实现货币供应量和货币需求量的相适应。当流通中的货币量大于需要量时，就会有相应数量的货币退出流通领域；当流通中的货币量小于需要量时，又有相应数量的货币进入流通领域。因此，商品价格不会由于货币量的短缺或过剩而出现大幅度的波动。

当金属货币被纸币和不兑现的信用货币所取代时，这种货币供应量与货币需求量在没有价格波动下的自发调节机制已不存在。当货币供应量与货币需求量存在差异时，必然会引起商品价格的变动，通过商品价格的上升自动吸纳多供应的货币，通过商品价格的下降自动收缩货币需求量以适应较少的货币供应。

针对纸币和不兑现的信用货币流通下货币量对价格的影响，马克思在货币必要量规律的基础上提出了纸币流通规律，即在纸币流通的条件下，单位纸币所代表的金属货币量等于流通中所需的金属货币量除以流通中的纸币总额。用公式表示为：

知识拓展10-1

货币购买力与物价水平的关系

$$\text{单位纸币所代表的金属货币量}=\frac{\text{流通中需要的金属货币量}}{\text{流通中的纸币总额}}$$ （公式10-2）

单位纸币所代表的金属货币量，即单位纸币代表的价值量，也就是货币的交换价值。在货币需求量一定的条件下，流通中货币供应量过多或过少都会引起货币价值发生变化，进而引起物价发生变化。如果货币供应量增加，则有币值下降和物价上升的变化；如果货币供应量减少，则币值上升，物价下降。

答疑解惑10-1

如果物价指数上升25%，则货币购买力如何变化？

答：货币购买力下降20%。

2.古典货币数量论——现金交易说与现金余额说

货币数量论是说明货币数量的变化决定物价水平变化的理论。古典货币数量论是20世纪初古典经济学家建立和发展起来的一种货币需求理论，以美国经济学家费雪和英国经济学家马歇尔及庇古分别提出的现金交易说和现金余额说为代表。

（1）现金交易说——交易方程式。1911年，美国耶鲁大学教授欧文·费雪出版了《货币购买力》一书，提出了交易方程式，被称为费雪方程式。

$$MV=PT\ (\text{或}\ P=\frac{MV}{T})\qquad\text{（公式10-3）}$$

式中：M——流通中的货币数量；V——货币流通速度（货币周转次数）；P——一般物价水平；T——商品和劳务的交易量（总产出）；PT——交易总值（总支出或名义总收入）；MV——货币总值。

这个方程式是一个恒等式，其含义是：货币数量乘以给定年份中货币被使用的次数等于名义收入。为了使这一方程式具有理论上的价值和意义，费雪分析了方程式中M、V、P、T的决定因素及M、V、P、T各自的变化情况。费雪认为，一般物价水平P完全是被动的，完全由其他因素决定，P的值取决于M、V、T这三个变量的相互作用。在这三个变量中，货币量M是一个由模型之外的因素（如银行准备金情况、准备金比例、货币政策和借贷情况等）所决定的外生变量。同时，费雪做出了两个假定：一是V由社会惯例、个人习惯、技术发展状况及人口密度等因素决定，在短期内是稳定的，故可视为不变的常数。因此，货币量M只与实际收入PT有关，即当实际收入上升时，货币需求量上升。二是在充分就业条件下，商品和劳务的交易量T在短期内也是大体稳定的，故也可视为不变的常数。所以，货币量M的变化完全体现在价格P的变动上，即货币数量的变化引起商品价格的变化。

由此可以得出结论：只有P和M的关系最重要，P的值取决于M数量的变化。货币数量M的变动导致物价P的同比例变动。M的变动是因，P的变动是果。这样，恒等式MV=PT便具有了理论上的价值和意义（费雪的这一分析，将交易方程式转化为货币数量论）。

费雪方程式本意并不是一种货币需求理论，费雪所注意的只是M对P的影响，但从这一方程式中，经济学家们却可以推导出货币需求方程式，即：

$$M=\frac{PT}{V}=\frac{1}{V}PT\qquad\text{（公式10-4）}$$

公式（10-4）表明：①人们之所以需要货币，是因为货币是一种交易媒介，能为商品和劳务的交易提供便利；②在一定的价格水平下，全社会的总交易量与所需要的货币之间具有一定的比例关系；③货币需求的决定因素主要是名义收入和货币流通速度；④货币需求纯粹是收入的函数，与利率没有直接关系。

费雪方程式强调货币的交易手段职能，故也被称为“现金交易说”。从形式上看，费雪方程式与马克思的货币必要量公式没有太大的区别，但二者的含义截然不同。马克思强调商品生产过程对商品价格的决定作用，强调商品流通决定货币流通；费雪则特别强调货币数量变化对商品价格的影响。

（2）现金余额说——剑桥方程式。费雪方程式没有考虑微观主体动机对货币需求的影响。许多经济学家认为这是一个缺陷。以马歇尔和庇古为首的英国剑桥学派创立了现金余额说，更多地重视微观主体的行为。

他们认为，促使人们持有货币的原因不仅因为货币是交易媒介，还因为货币具有贮藏财富的功能。因此，货币需求不仅与交易规模有关，而且与人们的财富水平有关。他们把货币看成是一种资产，社会公众对货币的需求，实质上是一种资产选择行为。人们的财富要在三种用途上进行分配：一是用于消费得到享受；二是用于投资取得收益；三是手持现金以获得便利。第一种和第二种用途的财富是非现金财富，无须以货币形式来代表。第三种用途，即持有货币，会形成货币余额。人们需要货币只是为了保有现金，所以货币需求就是收入中用现金形式保有的部分。人们持有货币量的多少，往往要受个人财富水平以及持有货币的便利与成本等因素的制约。具体来讲，人们的持币量就是对持币所获便利与用货币进行消费的效用或投资所得的收益进行权衡的结果。

剑桥学派确信：个人等经济主体愿意持有的平均货币数量或现金余额与收入水平之间保持着一个比例关系，对整个社会来讲也是如此，即人们对货币的需求 M_d 在国民收入Y中也存在着一个稳定的比例K。因此，货币需求量可以用公式表示为：

$$M_d=KY \quad \text{（公式 10-5）}$$

又由于国民收入是实际产量或实际收入（以y表示）与物价水平的乘积，即Y=Py，所以上述公式又可以写为：

$$M_d=KPy \quad \text{（公式 10-6）}$$

这样，剑桥学派所建立的实际上是一种货币需求方程式。再由于包括传统货币数量论在内的古典经济学都认为在充分就业假设条件下，经济可以自动趋于均衡，因此货币供求也趋于均衡，故 $M_d=M_s=M$（M的下标可省略），则：

$$M=KPy \quad \text{（公式 10-7）}$$

这就是剑桥方程式，该方程式表示人们愿意持有的货币存量M与国民收入保持一个固定的或稳定的比例。式中Py相当于交易方程式中的PT；K表示国民收入中以货币形式持有的财富（即现金）占总财富的比例，它是货币流通速度V的倒数。

进一步分析，一国公众对名义货币的需求量取决于KPy以及影响它们的各种因素。就y而言，它主要是由资源规模、生产技术和生产要素等因素决定的，而这些因素在短期内是不易改变的，所以y是稳定的；就K而言，它主要是由持币便利与投资收益和消费效用共同决定的；就M与P的关系而言，从另一方面得出了与费雪相同的结论，即物价水平与货币存量同方向按照一定比例变化。

现金交易说与现金余额说的区别主要是：①两者对货币需求分析的侧重点不同。交易说强调的是货币的交易手段功能，而余额说强调的是货币贮藏财富的功能。②两者所用的货币数量的含义不同。交易说所谓的货币数量指的是正在交易中的货币量；而余额说中的货币量指的则是处于停歇状态中准备用于购物的货币量，考察的是在总收入中有多大比例是用货币形式保有的资产存量，所以才有现金交易说与现金余额说之别。③两者分析的货币需求的原因不同。交易说认为，货币需求主要是交易需求，因而只与交易规模有关，而与利率无关；余额说则认为货币需求不仅是交易需求，还是一种资产需求，因而它不仅与交易规模有关，而且与财富水平有关、与其他资产的收益率有关。

在实践中，剑桥方程式更具有说服力，因为它将人们持有货币的动机引入货币需求的分析中，更符合实际情况：人们为什么愿意持有货币？愿意持有多少数量的货币？在什么情况下，哪些因素会引起货币需求的变化？后来的西方货币需求理论都是受此启发发展起来的。

3.凯恩斯的货币需求理论

20世纪30年代的经济大危机宣告了古典经济理论的破产，长期的大规模的失业成为西方经济的中心问题。正是在这种背景下，在1936年出版的《就业、利息和货币通论》一书中，凯恩斯首次提出了货币需求的三个动机，建立了货币需求函数，系统地阐述了他的货币需求理论。

（1）凯恩斯的货币需求动机。凯恩斯的货币需求理论又称为流动性偏好理论，该理论最显著的特征是在借鉴剑桥学派的结论的基础上，注重对货币需求动机的分析。凯恩斯认为，货币具有完全的流动性，而人们在心理上具有对流动性的偏好，即人们总是偏好将一定量的货币保持在手中，以应付日常、临时和投机的需求。因此，人们的货币需求就取决于人们心理上的“流动性偏好”。

凯恩斯进一步分析，人们心理上的“流动性偏好”或人们的货币需求是由三个动机所决定的：①交易动机。它是指由于收入与支出时间的不一致，人们必须保留一定的货币在手中，以应付日常交易的需要。交易动机包括所得动机和营业动机。前者主要针对个人而言，而后者则针对企业而言。他断定，出于交易动机的货币需求，主要取决于收入，是收入的增函数。②预防动机。它是指人们为应付意外的、紧急的或临时的需要而持有货币。他相信人们出于预防动机的货币需求，主要取决于他们预计在未来进行交易的规模。由于这些交易同收入是成正比的，因此，货币预防动机的需求也主要取决于人们的收入水平，是收入的增函数。③投机动机。它是指由于未来利率的不确定性，人们根据对市场利率变动的预期持有货币，以便在有利的时机购买证券进行投机的动机。凯恩斯同意剑桥学派关于货币是一种资产的观点，认为货币资产需求的量，主要是受利率的影响，对利率变动极为敏感，而且是利率的减函数。

凯恩斯把现实生活中用于储存财富的资产分为两类：货币和债券。货币是不能产生利息收入的资产，人们持有货币的收益为零。而债券是能产生利息收入的资产，人们持有债券后，由于债券价格与利率的变动成反比，因此存在着两种可能：①如果利率趋于下降，债券价格就会上升，则持有债券有收益，此时人们会少持有货币，货币需求量减少。②如果利率趋于上升，债券价格就会下跌。假如债券价格下跌幅度很大，使人们在债券价格方面的损失超出了他们获得的债券利息收入，则持有债券的收益为负，此时持有非生利资产就优于持有生利资产，人们就会增加对货币的需求；反之，人们仍愿意持有债券，从而会减少对货币的需求。这其中的关键在于微观主体对现存利率水平的估价。凯恩斯认为，不论在任何时候人们都相信，利率会向某个正常值趋近。他假设在每个投资者的心目中都有一个利率的正常值，如果实际利率高于这一正常值，人们将趋向于预期利率会下降，债券价格会上升，因此人们更愿意持有债券而不是货币，对货币的需求将会减少；如果现行利率低于这一正常值，人们将趋向于预期利率会上升，债券价格会下跌，人们更愿意持有货币而不是债券，对货币的需求将会增加。

由此可见，投机性货币需求同利率存在着负相关关系。它实际上取决于现行利率水平和正常利率水平的差距。当然，由于不同的投机者心目中会有不同的正常利率水平，不同的投机者对利率变化趋势的预期往往是不同的。

（2）凯恩斯的货币需求函数。凯恩斯在分析货币需求动机的基础上，认为货币总需求包括交易性货币需求和投机性货币需求。交易性货币需求是由交易动机和预防动机产生的货币需求，是收入的递增函数，与利率没有直接关系；投机性货币需求是由投机动机产生的货币需求，是利率的递减函数。货币需求函数用公式表示为：

$$M=M_1+M_2=L_1(Y)+L_2(r) \quad \text{（公式 10-8）}$$

式中：M——货币总需求；M_1——交易性货币需求；M_2——投机性货币需求；Y——收入；r——市场利率；L_1——M_1与Y的函数关系；L_2——M_2与r的函数关系。

如在图10-1中，L_1与利率无关，故为一条垂直线，L_2为利率的减函数，故从左至右向下方倾斜。

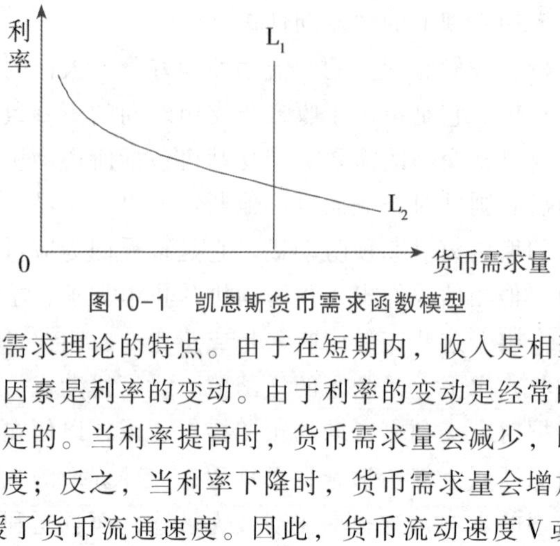

图10-1　凯恩斯货币需求函数模型

（3）凯恩斯货币需求理论的特点。由于在短期内，收入是相当稳定的，因此，决定货币需求量的主要因素是利率的变动。由于利率的变动是经常的，所以经济社会对货币的需求量是不稳定的。当利率提高时，货币需求量会减少，即人们抛出货币，结果加快了货币流通速度；反之，当利率下降时，货币需求量会增加，人们就会持有更多的货币，结果减缓了货币流通速度。因此，货币流动速度V或其倒数K都极不稳定，它们并非传统货币数量论所设想的常数。这样，凯恩斯就将传统货币数量论中的V或K从假定为常数变换成取决于利率的变数，从而直接将利率列入货币需求的决定因素中，这是凯恩斯货币需求理论的一个重要特点。

（4）凯恩斯货币需求理论的政策含义。凯恩斯的货币需求理论强调了利率在货币需求中的重大作用，进而提出了一个重大的政策理论，即在社会有效需求不足的情况下，中央银行可以通过扩大货币供应量来降低利率，通过利率的降低刺激企业家扩大投资，增加就业和产出，刺激货币需求增加，进而使社会总需求增加，使就业量与国民收入成倍增长。这是凯恩斯提出的解决失业问题的政策措施。

同时，凯恩斯还提出了著名的“流动性陷阱”假说：在极端情形下，当货币供应量大量增加，利率降到不能再低时，所有经济主体都预期利率将上升，从而所有的人都希望持有货币而不愿持有债券。投机动机的货币需求将趋于无穷大，即无论增加多少货币，都会被人们储存起来，被无穷大的投机动机货币需求全部吸收，使货币政策完全失效，进入流动性陷阱。此时，解决失业问题的办法是财政政策，即通过政府扩大财政支出，直接进行投资以刺激有效需求增加，因此国家对经济的宏观调控是必要的。

（5）凯恩斯货币需求理论的发展。后凯恩斯学派对凯恩斯货币需求理论的发展表现在两个方面：一是由交易动机和预防动机引起的货币需求不但是收入的函数，也是利率的函数；二是人们多样化资产的选择行为对投机性货币需求的影响。

第一，对交易性货币需求和预防性货币需求的发展研究。鲍莫尔和托宾从收入和利率两个方面，对交易性货币需求进行了细致的研究，证明了交易性货币需求不但是收入的函数也是利率的函数，利率和预防性货币需求也是负相关关系。

第二，对投机性货币需求的研究。托宾和马科维茨等人提出了资产组合理论。他们认为，人们可以选择货币和债券的不同组合来持有财富，在选择不同比例的组合时，不仅要考虑各种资产组合带来的预期报酬率，还要考虑风险。人们进行资产组合的基本原则是在风险相同时选择预期报酬率高的组合，在预期报酬率相同时选择风险低的组合。预期报酬率可以用数学期望来计算，风险用标准差来计算。

4.现代货币数量论

第二次世界大战后，西方国家普遍采取了凯恩斯的政策主张，即通过财政政策实行国家对经济的干预。这一政策的实施虽然减少了失业，促进了经济增长，但与之相伴的通货膨胀却难以遏制，更不能解释和解决后来出现的“滞胀”问题。在这种背景下，诞生了与凯恩斯学派对立、以弗里德曼为首的现代货币主义学派，其创立了现代货币数量论。

1956年，弗里德曼发表了《货币数量论：一个重新表述》一书，奠定了现代货币数量论的基础。现代货币数量论承袭了传统货币数量论的观点，即非常看重货币数量与物价水平之间的因果联系，但同时指出货币数量论不是关于货币数量与物价关系的理论，而是关于货币需求的理论，即关于货币需求是由何种因素决定的理论。因此弗里德曼对货币数量论的重新表述是从货币需求入手的。他还接受了剑桥学派和凯恩斯以微观主体行为作为分析起点和把货币看作受到利率影响的一种资产的观点。

（1）弗里德曼的货币需求决定因素。弗里德曼将货币看作资产的一种形式。人们在考虑如何保有自己的财富时，可以选择是用货币形式，还是用其他形式。这样，就能运用消费者需求选择理论来分析人们对货币的需求。消费者需求选择理论认为，消费者在选择消费品时会考虑三类因素：收入水平（构成预算约束）、商品价格水平、消费者的偏好。同理，货币持有者在选择资产时，也会考虑三类因素：财富水平、资产收益率、财富持有者的偏好。具体来说，影响人们货币需求的因素有：

第一类：财富总量及构成。

① 恒久收入。个人所能持有的货币以其总财富的量为限（预算约束）。在实际中，由于总财富很难确切获得且具有易变性，弗里德曼采用较稳定的“恒久收入”作

为总财富的代表。所谓恒久收入，是指在过去、现在和将来的一系列年份中人们所能获得的平均收入。恒久收入越高，货币需求越大。

② 人力财富与非人力财富的比例。总财富由人力财富与非人力财富构成。人力财富是指人们赚钱的能力；非人力财富即物质财富，用货币、债券、股票等资产代表。其各自在总财富中所占的比例对货币需求的影响是不同的。由于人力财富不能像非人力财富那样可随时在市场上买卖以转换成收入或其他资产，人们需要经常持有一定数量的货币维持。因此，一般来说，人力财富在总财富中所占的比例越大，则货币需求就相对越多；反之，非人力财富占的比例越大，则货币需求越小。

第二类：货币及其他资产的预期收益率。货币的预期收益率可用银行存款利率表示，它与货币需求成正比。这里的货币属于生利资产，如定期存款及金融创新工具（如NOW账户、ATS账户等）。其他资产的预期收益率是人们持有货币的机会成本。其他资产的收益率越高，货币需求就越少；反之，其他资产的收益率越低，货币需求就越多。弗里德曼把债券的预期收益率、股票的预期收益率及实物资产的预期收益率（预期物价变动率）作为持币的机会成本变量，它们与货币需求成反比。

第三类：财富持有者的偏好。这是影响货币需求的其他因素的综合变数，包括主观偏好、制度变化、技术变化、心理预期等因素，因而可能从不同的角度对货币需求产生影响。

（2）弗里德曼的货币需求函数。根据以上分析，弗里德曼建立了实际货币需求函数，公式如下：

$$M_d/P=f\left(y,\ w;\ r_m,\ r_b,\ r_e,\ \frac{1}{p}\cdot\frac{dp}{dt};\ u\right)$$ （公式10-9）

式中：M_d/P——实际货币需求量；y——实际恒久性收入；w——非人力财富占总财富的比例；r_m——货币的预期名义收益率；r_b——债券（有固定收益证券）的预期名义收益率；r_e——股票（不固定收益证券）的预期名义收益率；$\frac{1}{p}\cdot\frac{dp}{dt}$——预期物价变动率（实物资产的预期名义收益率）；u——影响货币需求的其他因素。

（3）弗里德曼的货币需求理论的特点。其包括：①货币需求不仅是利率的函数，而且是所有资产收益率的函数；②把物价水平及物价变动率看成是影响货币需求的重要因素，并通过预期物价变动率的引入确定了预期因素在货币需求理论中的重要地位；③货币需求不仅受收入、利率的影响，而且还受它们以外的各种主客观因素的影响，这主要体现在其函数式中独立的变量u上；④引入恒久收入的概念，强调其对货币需求的重要作用。由于恒久收入是稳定的，而货币需求对利率的变动不敏感，且货币流动速度也相对稳定，因而货币需求也是稳定的。

（4）弗里德曼的货币需求理论的政策含义。由于货币需求和货币流通速度具有相对稳定性，因而货币供给量的改变，对名义收入有着直接影响，而收入的变化意味着产量与价格的变化。其作用表现在：货币数量的增加除非被货币流通速度完全抵消，否则将会使名义收入增长。但由于货币流动速度是一个稳定的函数，所以名义收入的任何变化，几乎都是货币数量变动的结果。因此，唯有货币最重要。要使经济保持稳定增长，就必须保证货币供应量稳定增长，货币政策的目标应该是控制货币供应量而不是控制利率。

10.1.3　货币需求的决定和影响因素

在分析各种货币需求理论的基础上，结合现实经济生活的实践，可以得出决定和影响货币需求的因素，主要包括以下几个方面：

（1）收入水平。正常情况下，收入水平与货币需求成正比关系。这是因为：人们以货币形式持有的财富是他们总财富的一部分，而收入水平决定着总财富的规模；同时，收入水平决定着支出水平。收入水平越高，总财富就越多，支出水平也越高，因而对货币的需求也就越高；反之亦然。

（2）物价水平。它与货币需求成正比关系。这是因为：在商品和劳务量既定的情况下，商品价格越高，社会商品流转额就越大，用于交易和周转的货币量也就越多；反之亦然。

（3）市场利率。在正常情况下，市场利率与货币需求成反比。原因在于：市场利率上升，人们持有非货币金融资产的收益就会上升，持有货币的机会成本增加；同时，有价证券的价格将下跌，吸引投资者购买证券，两种情况都会使货币需求减少；反之亦然。

（4）货币流通速度。它与货币需求成反比。货币流通速度是指在一定时期内单位货币的流通或周转使用的次数，反映了单位货币在流通中发挥功用的程度。货币流通速度越快，单位货币所实现或完成的交易量就越多，在总的交易量一定的情况下，对货币需求量就越少；反之亦然。

（5）信用发达程度。一般情况下，信用发达程度与货币需求呈反方向变动的关系。信用程度越发达，金融市场越完善，可供选择的金融工具就越多，人们对货币的需求就越小；反之，对货币的需求就越大。

（6）消费倾向。它是指消费在收入中所占的比例。一般情况下，消费倾向与货币需求呈同方向变动关系，即消费倾向越大，货币需求就越大；消费倾向越小，货币需求就越小。

（7）心理预期和偏好。由于人们的预期和偏好是非常复杂的，因而对货币需求的影响也是相当复杂的。一般存在着以下关系：一是如果企业预期未来利润将上升，将会增加投资扩大生产，对货币的需求量将增加，故成正比关系；二是如果人们预期物价将上涨，即未来通货膨胀率较高，担心货币贬值而不愿持有货币，转而购买其他资产，对货币的需求将减少，故成反比关系；三是人们对货币的偏好与货币需求成正比。

10.2　货币供给

10.2.1　货币供给与货币供给量的含义

（1）货币供给。它是一个动态概念，是指货币供给主体向货币需求主体供给货币的经济行为，反映的是货币供给的流量。在现代经济社会中，能够向社会公众提供信用货币（包括现金货币和存款货币）的主体主要有中央银行和商业银行。现金货币由中央银行供给，存款货币由商业银行供给。

（2）货币供给量。它是一个静态概念，是指一个国家在一定时点上由居民个人、企事业单位及政府所持有的现金和银行存款的总和。货币供给量反映的是货币供给的存量，有狭义和广义两种不同口径。

第一，狭义的货币供给量（M_1）。它等于流通在整个银行体系之外的为社会公众所持有的通货（C）与商业银行的活期存款（D）之和，即：

$$M_1=C+D \quad \text{（公式 10-10）}$$

第二，广义的货币供给量。现代货币数量学说的主要代表人物弗里德曼认为，广义的货币供给量（M_2）等于狭义的货币供给量和相应时期的定期存款、储蓄存款的余额（T）之和，即：

$$M_2=M_1+T=C+D+T \quad \text{（公式 10-11）}$$

10.2.2 货币供给的形成机制

在市场经济条件下，货币通过中央银行发行出来，再通过商业银行体系的信用创造机制成倍地扩大其供给量。因此，货币供给的形成机制由两个层次构成：一是中央银行提供基础货币；二是商业银行创造存款货币。

1. 中央银行提供基础货币

基础货币又称高能货币、强力货币或货币基数，是流通中的现金和商业银行的存款准备金的总和。从其来源来看，基础货币具有负债性、可控性和扩张性。基础货币是货币当局的负债，由货币当局投放并由货币当局直接控制其总量。但基础货币并非全部的货币供给量，而只是整个货币供给量的一部分，它具有使货币总量倍数扩张或者收缩的能力。从其运用来看，基础货币由两部分构成：一是商业银行的存款准备金；二是流通于银行体系之外、为社会公众所持有的现金，即通常所谓的通货。基础货币常用以下公式表示：

$$B=C+R \quad \text{（公式 10-12）}$$

式中：B——基础货币；C——流通中的现金；R——商业银行的准备金（包括库存现金和商业银行存放于中央银行的存款）。

中央银行投放基础货币的渠道主要有三条：一是直接发行通货；二是变动黄金、外汇储备；三是实行货币政策。具体而言，决定和影响基础货币的因素主要有：

（1）发行通货形成现金供给。垄断货币发行是中央银行的重要职能，通货都是通过中央银行的货币发行业务进入流通领域的，中央银行发行的现金是基础货币的构成部分。

（2）变动金银外汇储备增减基础货币。国际收支的变动会引起中央银行金银和外汇储备的变动。如果本国国际收支逆差，中央银行净出售外汇资产，减少黄金和外汇储备，则基础货币减少；如果中央银行在本国国际收支顺差时净购进外汇资产，增加黄金和外汇储备，即金银外汇占款增加，则基础货币投放增加。此外，当中央银行从国内生产厂商购进金银时，基础货币增加。

（3）公开市场业务改变基础货币。中央银行在公开市场上买进有价证券，意味着向流通领域或银行体系注入了新的货币，出售证券的金融机构在中央银行的存款准备金就会增加，则基础货币增加；相反，中央银行在公开市场上出售有价证券，意味着流通中通货的减少或银行体系储备的减少，则基础货币减少。

（4）再贴现和再贷款影响基础货币。再贴现和再贷款是中央银行向商业银行提供资金的两个主要渠道，而无论采用哪种形式都会增加基础货币。当商业银行以其持有的票据向中央银行办理再贴现，或者直接从中央银行那里取得贷款支持时，中央银行会将该笔贷款贷记在商业银行在中央银行开立的账户上，该笔业务对中央银行资产负债表的影响是：其资产项目中增加了一笔贷款，同时负债项目中增加了同等数额的一笔存款。也就是说，再贴现或再贷款使银行体系的储备增加了，其增加量等于贴现贷款的数量，从而基础货币也增加了同样的数量。也正因为如此，中央银行才可以通过提高或降低再贴现率、再贷款率，规定再贴现票据种类等手段，来调节商业银行的信贷能力，以协助实现货币政策目标。

（5）中央银行吸收的财政存款变动对基础货币的影响。在一定条件下，如果财政收支出现盈余，必然引起财政存款增加，则会使基础货币减少；反之，如果财政收支出现赤字，必然引起财政存款减少，则会使基础货币增加。其原因是财政存款主要来自财政收入，财政收入主要来自税款和发行债券的收入，而纳税主体和国债投资者都会因此减少在金融机构的存款；同时，中央银行的政府债券持有量减少。二者的结果必然导致基础货币减少。相反，财政存款的减少，主要原因是财政开支，如经费支出、国家重点项目建设资金的支出、社会保障和福利方面的开支等。这些支出会相应增加各经济主体在金融机构的存款和社会公众持有的现金；同时，中央银行的政府债券持有量增加。二者的结果必然导致基础货币增加。

从上述分析可知，一方面，由于基础货币是中央银行的负债，它的唯一增量来源是央行，央行的货币政策措施对基础货币也有着直接影响，因此，中央银行对基础货币似乎有着绝对的控制能力；另一方面，由于财政收支状况和外汇储备状况都直接影响基础货币的增减，而财政收支和外汇收支又是由多方面因素共同决定的，因此，准确地讲，基础货币主要是由中央银行操纵的变量，但中央银行并不能完全、绝对地控制基础货币。

2.商业银行创造存款货币

知识拓展10-2

《中国货币政策执行报告》简介

商业银行作为唯一可以经营活期存款（支票存款）的金融中介机构，通过活期存款业务、贷款业务等创造存款货币，是整个货币运行的最主要载体。商业银行对货币供给的作用就表现在其具有存款货币的创造功能。

（1）几个相关概念。要理解商业银行的存款货币创造过程，需要理解原始存款、派生存款、存款准备金、超额存款准备金等几个重要概念。

①原始存款。它是银行以现金形式吸收的，能增加其准备金的存款，即客户将现金存入银行形成的存款。原始存款的根本来源是中央银行创造和提供的基础货

币。中央银行把通货投入流通领域，公众将它转为商业银行存款，可以增加新的原始存款。中央银行通过扩大信贷的操作，如再贴现、再贷款和在公开市场上买进有价证券，往往直接使商业银行存款准备金增加，这也相当于增加了商业银行的原始存款。

②派生存款。它是商业银行用转账的方式发放贷款、贴现和投资时所创造出来的存款。在商业银行的经营活动中，只需保留小部分存款准备金作为付现准备，可以将大部分原始存款用于放款。客户在取得银行贷款后，一般并不立即提取现金，而是转入其在银行的活期存款账户。从整个银行体系观察，银行一方面增加了放款，另一方面又增加了存款，从而形成了派生存款。原始存款是商业银行创造派生存款的基础，而派生存款是银行进行信用扩张的结果。

③商业银行的存款准备金。商业银行在经营活动中保留的存款余额，称为存款准备金。它由商业银行的库存现金和在中央银行的存款两部分构成。

④法定存款准备金和法定存款准备金率。法定存款准备金是指各国货币管理当局以法律形式规定的商业银行必须保留的最低数额的准备金。它是法定存款准备金率与存款总额的乘积。法定存款准备金率是各国货币管理当局规定的存款缴存比例。法定存款准备金的数量可以限制商业银行的信用创造能力。法定存款准备金（Rd）是银行按照法定存款准备金率（r_d）对活期存款总额（D）应保留的准备金，用公式表示为：

$$Rd=D\cdot r_d \qquad \text{（公式 10-13）}$$

法定存款准备金率的高低，直接影响银行创造存款货币的能力。法定存款准备金率越高，银行吸收的存款中可用于放款的资金越少，创造存款货币的数额就越小；反之，法定存款准备金率越低，创造存款货币的数额越大。可见，法定存款准备金率决定银行创造存款的能力，与信贷规模的变化有密切关系。因此，许多国家的中央银行都把调高或降低法定存款准备金率作为紧缩或扩张信用的一个重要手段。

⑤超额存款准备金。它是指商业银行存款准备金中超过法定存款准备金的部分。超额存款准备金（E）是银行实有存款准备金（R）与法定存款准备金（Rd）之差。其正值表示R的有余部分，负值表示不足部分，用公式表示为：

$$E=R-Rd=R-D\cdot r_d \qquad \text{（公式 10-14）}$$

⑥现金漏损率。它是社会公众持有的通货在存款中所占的比例。由于通货都是从银行系统流出的资源，所以现金漏损率也可以认为是银行以外的客户以现金形式从银行体系提出的存款占整个存款的比例。

（2）存款货币创造的条件。商业银行之所以能够进行存款货币创造，是有两个重要的前提条件的。

① 部分准备金制度。它是指商业银行在吸收进一笔现金或支票后，只需要以现金和在中央银行存款的形式，按存款的一定比例保留准备金，其余部分用于贷款和投资等资产业务。各国银行一般均采用部分准备金制度。因为如果是全额准备金制度，银行必须保持100%的现金准备，即每增加1元存款，就必须增加1元的准备金，则

银行根本不可能利用所吸收的存款去发放贷款，也不可能派生存款。并且，银行在全额准备金制度下不能得到任何收益，储户也就不可能得到存款利息。因此，部分准备金制度不但是存款派生的前提条件，更是银行体系存在的前提。对一定数量的存款来说，准备金比例越高，银行可用于贷款的资金就越少，存款派生的能力就越低；反之，准备金比例越低，银行的存款派生能力就越强。如果银行实行零准备金制度，则商业银行在理论上可以无限制地扩大货币供应量。但商业银行也不能无限制地运用存款，否则存款货币创造过多，会导致通货膨胀。

② 非现金结算制度。它是指人们通过支票的形式进行货币收付，银行之间的往来进行转账结算，无须使用现金。如果社会经济活动中的所有交易都必须使用现金结算方式，那么取得贷款的客户就会将资金提现以应对支付，直到贷款归还前这笔资金都在银行体系之外运转，商业银行就不会因为贷款而增加存款，也不会有存款货币创造。

（3）存款货币的创造过程。为了说明商业银行存款货币的多倍创造过程，先作如下假定：①每家银行只保留法定存款准备金，其余部分全部贷出，超额存款准备金等于零；②现金漏损率为零，客户收支的一切款项均通过银行转账结算，没有提现行为；③法定存款准备金率为20%。

现假设A企业将销售所得10 000美元存入第一家银行，该行增加原始存款10 000美元，按20%提留2 000美元（10 000×20%）法定存款准备金后，将超额存款准备金8 000美元（10 000×（1−20%））全部贷给B企业。经过接受存款和发放贷款这两次交易后，第一家银行的资产负债表见表10−1。

表10−1　　第一家银行的资产负债表　　单位：美元

资产	负债
法定存款准备金2 000	客户A存款10 000
贷款8 000	
总额10 000	总额10 000

B企业用来支付C企业货款，C企业将款项存入第二家银行，使其准备金和存款均同额增加8 000美元，该行提留1 600美元（8 000×20%）法定存款准备金后，又将超额准备金6 400美元贷给D企业。第二家银行的资产负债表见表10−2。

表10−2　　第二家银行的资产负债表　　单位：美元

资产	负债
法定存款准备金1 600	客户C存款8 000
贷款6 400	
总额8 000	总额8 000

D企业又向E企业支付货款，E企业将款项存入第三家银行，该行又继续贷款。其资产负债表见表10−3。

表 10-3　　第三家银行的资产负债表　　单位：美元

资产	负债
法定存款准备金 1 280	客户 E 存款 6 400
贷款 5 120	
总额 6 400	总额 6 400

依此类推，只要满足存款派生的前提条件，这个过程将会如此循环下去，见表 10-4。

表 10-4　　商业银行派生存款的创造过程　　单位：美元

银行	存款增加数（ΔD）	按 20% 应留法定存款准备金数	放款增加数（ΔL）
第一家银行	10 000.00	2 000.00	8 000.00
第二家银行	8 000.00	1 600.00	6 400.00
第三家银行	6 400.00	1 280.00	5 120.00
第四家银行	5 120.00	1 024.00	4 096.00
第五家银行	4 096.00	819.20	3 276.80
第六家银行	3 276.80	655.36	2 621.44
第七家银行	2 621.44	524.29	2 097.15
第八家银行	2 097.15	419.43	1 677.72
第九家银行	1 677.72	335.54	1 342.18
第十家银行	1 342.18	268.44	1 073.74
十家银行合计	44 631.29	8 926.26	35 705.03
以后各家银行合计	5 368.71	1 073.74	4 294.97
总计	50 000.00	10 000.00	40 000.00

由表 10-4 可知，在部分准备金制度下，10 000 美元的原始存款，可使银行共发放贷款 40 000 美元，并可使活期存款总额增至 50 000 美元。进一步分析表 10-4 可知，各家银行创造出的派生存款呈递减趋势，见表 10-5。

活期存款总额超过原始存款的数额，便是该笔原始存款所派生的存款总额。银行这种扩张信用的能力取决于两大因素，即原始存款数额的大小和法定存款准备金率的高低。用公式表示为：

$$\Delta D=\Delta P\cdot\frac{1}{r_d}$$　（公式 10-15）

式中：ΔD——经过派生的活期存款总额的变动；ΔP——原始存款的变动；另外：ΔD-ΔP——即派生存款总额、放款增加数。

表10-5　　　　商业银行体系创造存款的过程

银行	存款增加数（ΔD）	按r_d应留法定准备金数（ΔR）	放款增加数（ΔL）
第一家银行	ΔP	$\Delta P \cdot r_d$	$\Delta P(1-r_d)$
第二家银行	$\Delta P(1-r_d)$	$\Delta P \cdot r_d(1-r_d)$	$\Delta P(1-r_d)^2$
第三家银行	$\Delta P(1-r_d)^2$	$\Delta P \cdot r_d(1-r_d)^2$	$\Delta P(1-r_d)^3$
第四家银行	$\Delta P(1-r_d)^3$	$\Delta P \cdot r_d(1-r_d)^3$	$\Delta P(1-r_d)^4$
第五家银行	$\Delta P(1-r_d)^4$	$\Delta P \cdot r_d(1-r_d)^4$	$\Delta P(1-r_d)^5$
⋮	⋮	⋮	⋮
第n家银行	$\Delta P(1-r_d)^{n-1}$	$\Delta P \cdot r_d(1-r_d)^{n-1}$	$\Delta P(1-r_d)^n$
⋮	⋮	⋮	⋮
总计	$\Delta P \cdot \frac{1}{r_d}$	ΔP	$\Delta P(\frac{1}{r_d}-1)$

显然，活期存款总额的变动ΔD与原始存款的变动ΔP之间存在着一种倍数关系，我们把它称为派生倍数，通常用K表示。派生倍数是指银行的贷款机制所决定的存款货币的最大扩张倍数。它是法定存款准备金率的倒数，即$K=\frac{1}{r_d}$。法定存款准备金率越高，存款扩张的倍数值越小；反之，法定存款准备金率越低，存款扩张的倍数值越大。

此外，法定存款准备金总额的增加（ΔR）等于最初的原始存款增加额（ΔP）。这也意味着由原始存款增加引发的存款扩张过程实际上就是这笔原始存款全部转化为法定存款准备金的过程。

（4）派生倍数的修正及影响商业银行存款创造的因素。通过前面的分析我们知道，影响商业银行存款货币创造能力的基本因素有原始存款的大小和法定存款准备金率的高低，派生倍数取决于法定存款准备金率，是法定存款准备金率的倒数。但这个结论是在三个假定的基础上得出的，这三个假定条件在现实经济活动中并不存在，派生倍数还会受到其他各种因素的影响而大为缩减。因此，必须对派生倍数作进一步的修正。

第一个修正为现金漏损。前面为了叙述方便，我们对银行创造存款货币的过程曾做过简单的假定，即客户将收入的一切款项均存入银行系统而不手持现金。事实上，多数客户总会有提现的行为。如果在存款派生过程中某一客户提取现金，则现金就会流出银行系统，出现现金漏损（ΔC），漏损出来的现金将不会参加存款的创造，使银行系统的存款准备金减少，派生倍数也必然缩小，银行创造货币的能力下降。如果现金漏损的大小用现金漏损率（记为c′）来衡量，则c′等于提取的现金量ΔC与活期存款变动ΔD之比：$c'=\Delta C/\Delta D$。这样存款额变动（ΔD）对原始存款变动（ΔP）的比率可以修正为：

$$K=\Delta D/\Delta P=\frac{1}{r_d+c'}$$ （公式 10-16）

第二个修正为超额存款准备金。前面我们假定银行将超额存款准备金全部贷出，但实际上，银行不仅要考虑盈利性，还要考虑安全性和流动性，它的实有存款准备金总会多于法定存款准备金，有一定数额的超额存款准备金（E）尚未贷出。超额存款准备金会降低银行存款货币的创造能力，超额存款准备金越多，派生倍数越小，银行存款创造的能力越小。如果超额存款准备金的大小用e来衡量，则e等于超额存款准备金与活期存款总额之比：$e=\Delta E/\Delta D$。这样存款额的变动由于e的存在，必然使银行创造存款的能力削弱，从而使派生倍数变动为：

$$K=\Delta D/\Delta P=\frac{1}{r_d+c'+e}$$ （公式 10-17）

第三个修正为活期存款转为定期存款。在企业持有的活期存款中，总会有一部分转化为（非个人）定期存款，因为法律规定银行对非个人定期存款也需要持有一定比例的准备金（个人定期存款没有法定准备金要求），并且，有的国家对活期存款和定期存款规定了不同的法定存款准备金率。一般而言，定期存款法定存款准备金率低，活期存款法定存款准备金率高。因此，银行要按定期存款（Dt）的法定存款准备金率（r_t）提留准备金，从而影响存款的派生倍数（K）。定期存款准备金（$r_t \cdot Dt$）同活期存款总额（D）之间也保有一定的比例关系。设t为定期存款占活期存款的比例，则：

$$t=Dt/D$$ （公式 10-18）

$$r_t \cdot Dt/D=r_t \cdot t$$ （公式 10-19）

这样，由于$r_t \cdot t$的存在，银行创造存款的能力也相应变化，派生倍数K需要进一步修正为：

$$K=\frac{1}{r_d+c'+e+r_t \cdot t}$$ （公式 10-20）

由上式可知，商业银行吸收一笔原始存款能够创造多少存款货币，要受到法定存款准备金率、现金漏损率、超额存款准备金率、定期存款的转化率的影响。分母数值越大，则派生倍数的数值越小。

如果从影响商业银行信用创造的部门来分析，影响商业银行存款货币创造的因素主要有：①中央银行的行为。中央银行通过变动法定存款准备金率对商业银行的信用创造产生影响。在其他因素不变的情况下，如果中央银行调低法定存款准备金率，则商业银行创造的存款货币增多；反之则减少。②商业银行的行为。商业银行在法定存款准备金的基础上保留多少超额储备，直接决定其存款货币创造的规模。③社会公众的行为。社会公众所持通货占商业银行所持活期存款的比率、企业活期存款转化为定期存款的比例，都会对商业银行的信用创造产生影响。

10.2.3 货币供给的理论模型

1.货币供给的一般理论模型

美国经济学家乔顿于1969年在其发表的论文《决定货币存量的各个要素》中提出了货币供给机制的一般决定模型，亦称乔顿模型。

$$M_1=B\cdot m \quad \text{（公式10-21）}$$

式中：M_1表示狭义货币供给量，即货币层次中的第一个层次；B表示基础货币；m表示货币乘数。

货币供给模型的基本含义是基础货币按照一定的货币乘数扩张，形成一定时期的货币供给量。可以看出，货币供给量受基础货币和货币乘数的制约。其中，基础货币可以由中央银行决定，通过现金发行和货币政策来实现对基础货币的控制，这一点已经阐明。下面主要分析货币乘数的决定问题。

2.货币乘数

货币乘数也称货币扩张倍数，是用以说明货币供给总量与基础货币的倍数关系的一种系数。在基础货币一定的条件下，货币乘数决定了货币供给的总量。

货币乘数与派生倍数既有联系，又有区别。派生倍数说明在商业银行存款的派生过程中活期存款总额同基础货币之间的倍数关系；而货币乘数是指货币供给总量同基础货币之间的比例关系。货币乘数的计算公式反映了货币乘数与派生倍数之间的联系与不同。

$$m=\frac{c'+1}{c'+e+r_d+r_t\cdot t} \quad \text{（公式10-22）}$$

公式10-22中字母的含义与商业银行存款货币派生倍数的字母含义相同，这里不再重述。于是，货币供给理论模型又为：

$$M_1=B\cdot\frac{c'+1}{c'+e+r_d+r_t\cdot t} \quad \text{（公式10-23）}$$

从货币乘数的计算公式中我们可以看出，决定货币乘数的因素主要有：活期存款的法定存款准备金率（r_d）、定期存款的法定存款准备金率（r_t）、定期存款比率（t）、超额存款准备金率（e）及通货比率（c′）。这些决定因素本身又分别受多种因素的影响，它们对货币乘数从而对货币供给量的影响则更为复杂。

（1）中央银行的法定存款准备金率。在其他条件不变的情况下，货币乘数是法定存款准备金率的递减函数，即法定存款准备金率提高，货币乘数下降，货币供给趋减；相反，法定存款准备金率降低，货币乘数上升，货币供给趋增。

（2）商业银行的超额存款准备金率。在其他条件不变的情况下，货币乘数是超额存款准备金率的递减函数，即超额存款准备金率提高，货币乘数下降，货币供给趋减；反之，则货币乘数上升，货币供给趋增。商业银行超额存款准备金率的变动取决于商业银行自身、中央银行和社会公众的行为。当商业银行贷款投资收益高而且风险相对小时，商业银行保留超额存款准备金的数额下降，超额存款准备金率降低；反之，则上升。当中央银行实施紧缩性货币政策，商业银行借入准备金的成本升高和融资难度大时，超额存款准备金率会上升；反之，会下降。当社会公众提现率升高时，流出银行体系的货币量增加，商业银行为应付客户提现需要，要保持较多的超额存款准备金，超额存款准备金率就会提高。此外，商业银行超额存款准备金的余额多少也受贷款客户的影响，商业银行贷款的形成取决于借贷双方的共同意愿。例如，商业银行愿意提供贷款而且也有能力贷款，但客户不愿意借（如在经济萧条时期），会使商业银行超额存款准备金率比较高，也不能扩大货币供给。

（3）社会公众通过提现和定期存款转化，影响货币乘数。在其他条件不变的情况下，货币乘数是提现率和定期存款转化率的递减函数，即提现率和定期存款转化率提高，货币乘数下降，货币供给趋减；相反，货币乘数上升，货币供给趋增。由于提现率的上升意味着流出银行体系的资金减少，即商业银行可支配资金减少，迫使商业银行减少贷款和投资，货币供给量减少。在货币乘数的作用下，货币供给量会成倍减少。定期存款的增加和减少取决于定期存款利率和非金融机构收入的高低。其影响着商业银行负债结构，对商业银行的资产结构也有一定的影响，还影响着商业银行的贷款和投资。社会公众持有现金的数量受经济运行状况的影响。如在经济繁荣期，利率上升，人们愿意放弃不生息的现金，将其转换为存款及各种有价证券而减少持币量；在经济萧条期，对金融资产的不安全感使人们纷纷从银行提取现金以求安全。

综上所述，中央银行行为、商业银行行为和社会公众行为三个方面共同影响货币乘数，进而影响货币供给量。其中，法定存款准备金率是中央银行直接控制的变量；对于商业银行行为和社会公众行为，中央银行很难直接控制，只能通过改变贴现率或收缩和扩张基础货币来影响利率水平，进而间接影响商业银行行为和社会公众行为。因此，货币供给不完全取决于中央银行，社会公众对货币供给也有一定的影响，即在货币供应这个链条中，存在多个环节，首先是中央银行对基础货币的影响程度，其次是商业银行存款准备金的改变对货币供应量的影响程度，其中任何一个环节都会影响到货币供应量的最终形成。而社会公众的货币需求对货币供给的制约作用说明：尽管银行部门可以提供或者调整货币量，但社会并不简单地接受这个量。货币供应量的最终形成是社会各部门共同作用的结果。

10.2.4 财政收支对货币供给的影响

当财政收支出现赤字，采用特定的方式弥补赤字时，会影响货币供给量的变化。例如，从历史上看，政府经常会由于战争、自然灾害或庞大的皇室支出导致财政赤字，经常增加铸币来弥补赤字，直接增加了货币的投放量。

在不兑现信用货币流通的情况下，财政赤字的弥补主要有两条途径：一是向社会公众借款，二是向银行借款。下面分析这两种途径对货币供给量的影响。

1.向社会公众借款

社会公众用闲置资金购买政府发行的债券，使社会公众手中的闲置资金转移到政府部门。在这个过程中，现金和存款货币从社会公众手中转移到政府的存款账户上，则基础货币减少；而当财政支出这笔债券款项时，基础货币增加。但是如果个人或企业因购买政府债券而引起借款增加，而且银行为满足他们的贷款需求增加从中央银行的借款，就会立即引起货币供应量的增加。

2.向银行部门借款

它又分为以下两种情况：

（1）向商业银行借款。政府以发行债券的形式向商业银行借款。如果商业银行用超额存款准备金购买政府债券，并没有因此增加它向中央银行的借款，基础货币减少，货币供给量没有增加；如果由于商业银行购买政府债券，引起商业银行超额存款准备金不足，然后向中央银行进行再贷款、再贴现或者卖出中央银行票据，同时财政支出债券款项，这样就会增加基础货币，增加货币供给量。

（2）向中央银行借款。当财政向中央银行借款时，对基础货币的影响非常直接。如财政向中央银行出售债券，中央银行购买国债的结果是：中央银行持有政府债券的数量增加，同时财政存款增加，随着财政支出的过程，现金货币增加、商业银行的存款准备金增加，即基础货币增加，并在货币乘数的作用下使货币供应总量按乘数成倍扩张；如果财政以借款的方式从中央银行取得资金，则中央银行对财政的贷款增加，同时财政存款增加，随着财政支出的过程，基础货币增加，同样在货币乘数的作用下，货币供应量成倍地增加。

知识拓展10-3

货币供给的内生性

10.3　货币供求均衡

10.3.1　货币供求均衡的含义

货币供求均衡简称货币均衡，是指一个国家在一定时期内货币供给量与货币需求量大致相当的状态。如果M_s代表货币供给，M_d代表货币需求，则货币均衡可以表示为：

$$M_s=M_d \qquad (公式10\text{-}24)$$

正确理解货币均衡的概念需把握以下几点：

（1）货币均衡是一种状态，是货币供给量与客观经济对货币的需求量的基本适应，而不是二者在数量上的绝对相等。

（2）货币均衡是一个动态的过程，它要求在长期内货币供求大体上一致。

（3）货币均衡存在着货币容纳量弹性。货币容纳量弹性是指一定时期内的货币供给量可以在一定限度内偏离货币需求量，而不致产生纸币贬值和物价上涨。由于货币供给量的确定性与货币需求量的模糊性之间，以及货币需求量的稳定性与货币供给量的多变性之间存在着矛盾，因此货币供给量偏离货币需求量是必然的。也就是说，它允许短期内货币供求之间出现一定程度上的失衡，只要货币供求量相差不超过一定的幅度，货币供求就仍是均衡的。

（4）货币均衡也不能简单地理解为M_d与M_s自身相适应，还必须联系社会总供给与社会总需求来分析。货币均衡还要求货币供给与需求在结构上的均衡。

10.3.2　货币供求均衡与社会总供求均衡

1.社会总供求均衡

所谓社会总供给（用AS表示），指在一定时期内，一国所有的生产部门实际供应给社会的全部产品与服务的总和。所谓社会总需求（用AD表示），指在一定时期内，一国社会的各方面实际占用或使用的全部产品之和。它通常包括消费需求（C）、投资需求（I）、政府需求（G）和净出口需求（X）。

社会总供求均衡是指在一定时期内社会总需求与社会总供给大体相当，即经济均衡。社会总供求均衡是国民经济正常运行的基本条件，包括三层含义：一是商品劳务总供给与商品劳务总需求之间的均衡；二是货币供给与货币需求之间的均衡；三是商品劳务的供求与货币的供求之间的综合均衡。只有实现货币的供求均衡，才能实现商品劳务的供求均衡；只有实现货币与商品劳务的供求均衡，才能最终实现社会总供求均衡。

2.货币均衡与社会总供求均衡

在现代市场经济中，货币均衡与社会总供求均衡之间有着极为密切的联系。

（1）货币供给决定了社会总需求。因为在商品经济条件下，社会总需求的四个方面均表现为有货币支付能力的需求，任何需求都必须通过货币来实现。因此在一定时期内，货币供给总量实际上决定了当期的购买力水平，从而决定了社会总需求水平。在政策运用上，通过调节货币供给量就能影响社会总需求，从而对经济产生影响。

（2）社会总需求引导着社会总供给。因为社会总供给是投资需求和消费需求拉动产业增长的结果，有效需求引导并促进生产的发展和商品供应的增加。

（3）社会总供给决定了货币总需求。因为任何商品都要用货币来表现、衡量其价值，并通过与货币交换来实现其价值。因此，市场上有多少商品供给，客观上就要求有多少货币与之相对应。

（4）货币需求决定货币供给。中央银行必须根据客观货币需求来供应货币，使货币供给与货币需求之间实现均衡。

货币均衡与经济均衡之间的关系，可用图10-2反映。

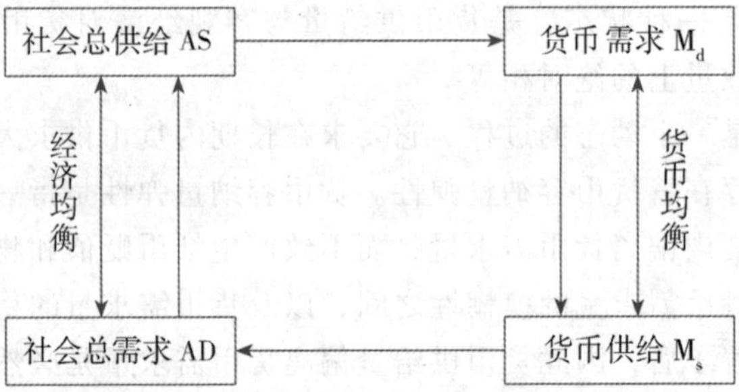

图10-2　货币均衡与经济均衡示意图

综上所述，货币均衡同社会总供求均衡具有内在的统一性和一致性：①货币均衡是实现社会总供求均衡的前提条件；②社会总供求均衡是货币均衡的现象表现；③货币供给是实现货币均衡和社会总供求均衡的关键。因此，中央银行可以通过控制货币供给，使货币供给与客观上的货币需求保持一种相互适应的关系，以保证经济发展有一个良好的货币金融环境，从而促进经济的协调发展和宏观经济均衡的实现。

10.3.3　货币均衡的评定标准

货币均衡的反面是货币供求的非均衡，即货币失衡。其表现有两种：一是货币过多，即$M_s > M_d$，存在通货膨胀；二是货币不足，即$M_s < M_d$，存在通货紧缩。

货币均衡和非均衡的判断标准是：物价和利率。这可以从商品市场和金融市场两方面来分析。

从商品市场上看，如果货币均衡，则表现为货币流通与商品流通相适应，不存在由于购买力不足（货币过少）而引起的商品积压现象，也不存在由于购买力过剩（货币过多）而引起的商品供不应求现象，即商品供求大致平衡，而衡量商品供求平衡的经济指标是商品价格是否稳定。因此，物价是否稳定就成为商品市场上判断货币是否均衡的主要指标。当货币供给大于货币需求时，物价水平上涨，出现通货膨胀；当货币供给小于货币需求时，物价水平下降，出现通货紧缩。

从金融市场上看，货币均衡和非均衡表现为利率的变化。利率是货币资金的价格。当货币供给大于货币需求时，引起其价格下降，即实际利率下降；当货币供给小于货币需求时，其价格上涨，即实际利率上升。当利率稳定、名义利率和实际利率相等时，货币供应与货币需求均衡。

10.3.4　货币均衡的实现机制

货币均衡是实现社会总供求均衡的关键因素。只有货币供求基本达到均衡，才能保证经济持续稳定发展。货币均衡的实现实际上是从货币失衡到均衡的调整。

在完全的市场经济状态下，由于价格和利率的波动会使货币供求由非均衡自动过渡到均衡，因而存在着货币均衡的自动调节机制。但这种自动调节需要的时间较长，付出的代价较大。所以，当货币出现失衡时，政府一般都不会袖手旁观，而是积极干预。

对货币供求的调控主要由中央银行完成。当货币供给量与货币需求量不适应时，以货币需求为标准，中央银行会运用货币政策工具改变货币供给量，使之与货币需求量相适应。具体来说，当货币供给量大于货币需求量时，采取紧缩型货币政策，减少货币供给量以适应货币需求量；当货币供给量小于货币需求量时，采取扩张型货币政策，增加货币供给量以适应货币需求量。

至于货币需求，则更多地取决于企业、个人的行为，中央银行对货币需求的影响力较小。通过前面的分析可以看出，货币需求在一定程度上、一定条件下，又决定着货币供给，而影响货币需求的因素是多样的，所以中央银行对货币供求均衡调节的有效性也必然受到多种因素的影响。

10.4　通货膨胀

10.4.1　通货膨胀的概念

通货膨胀是指在纸币流通条件下，流通中的现实货币量超过了对货币的需要量，从而引起纸币贬值、物价总体水平持续上涨的现象。要正确理解这一定义，应把握以下几点：

（1）通货膨胀产生的条件是纸币流通，即纸币本位制。在金属货币流通的条件下，由于金属货币具有价值贮藏的职能和自由铸造、自由熔化的特征，可以通过自由进入或退出流通领域来调节流通中的货币量。而在纸币流通的条件下，不存在这种自动调节机制，如果纸币发行过多，则会引起纸币贬值。

（2）通货膨胀出现的标志是存在物价总体水平持续上涨的现象。其一，通货膨胀引起物价上涨，但不能将二者完全画等号，因为除了通货膨胀以外，还有其他因素也可能引发物价上涨，如市场供求关系发生变化引起的价格上涨等。因此，并非物价上涨就是通货膨胀。其二，通货膨胀下的物价上涨是物价总体水平即一般物价水平的上涨，是指所有商品和劳务的加权平均价格的上涨，而不是个别商品或劳务价格的上涨。因此，局部商品价格上涨不能称为通货膨胀。其三，通货膨胀不是指一次性或短期的价格总水平的上涨，而是指一般物价水平持续的、长期的上涨趋势。因此，季节性、偶然性或临时性的物价上涨不能被认为是通货膨胀。

（3）通货膨胀的发生与货币供应量的超经济增长相联系，物价上涨是由货币供给量过多造成的。

10.4.2 通货膨胀的衡量指标

目前，世界上大多数国家都将物价指数作为衡量通货膨胀的指标。通常采用的物价指数有以下三种：

1.消费者物价指数（consumer price index，CPI）

它又称生活费用价格指数，是根据具有代表性的家庭消费品与劳务的价格变动状况而编制的物价指数。CPI的优点是资料容易收集，也便于及时公布，可以及时反映影响居民日常生活费用的物价趋势；其缺点是不能反映用于生产的资本品、进出口商品和劳务的价格变动趋势。

知识拓展10-4

2025年5月份，全国居民消费价格同比下降0.1%。其中，城市持平，农村下降0.4%；食品价格下降0.4%，非食品价格持平；消费品价格下降0.5%，服务价格上涨0.5%。1—5月平均，全国居民消费价格比上年同期下降0.1%。5月份，全国居民消费价格环比下降0.2%。其中，城市下降0.2%，农村下降0.2%；食品价格下降0.2%，非食品价格下降0.2%；消费品价格下降0.3%，服务价格持平。

我国居民消费价格指数是度量居民生活消费品和服务价格水平随着时间变动的相对数，综合反映居民购买的生活消费品和服务价格水平的变动情况。

其统计范围包括：居民消费价格统计调查涵盖全国城乡居民生活消费的食品烟酒、衣着、居住、生活用品及服务、交通通信、教育文化娱乐、医疗保健、其他用品及服务等8大类、268个基本分类的商品与服务价格。

其调查方法是：采用抽样调查方法抽选确定调查网点，按照“定人、定点、定时”的原则，直接派人到调查网点或从互联网采集原始价格。数据来源于全国31个省（区、市）约500个市县、10万余家价格调查点，包括商场（店）、超市、农贸（生鲜）市场、服务网点和互联网电商等。

图10-3是5月份各类商品及服务价格环比变动情况。

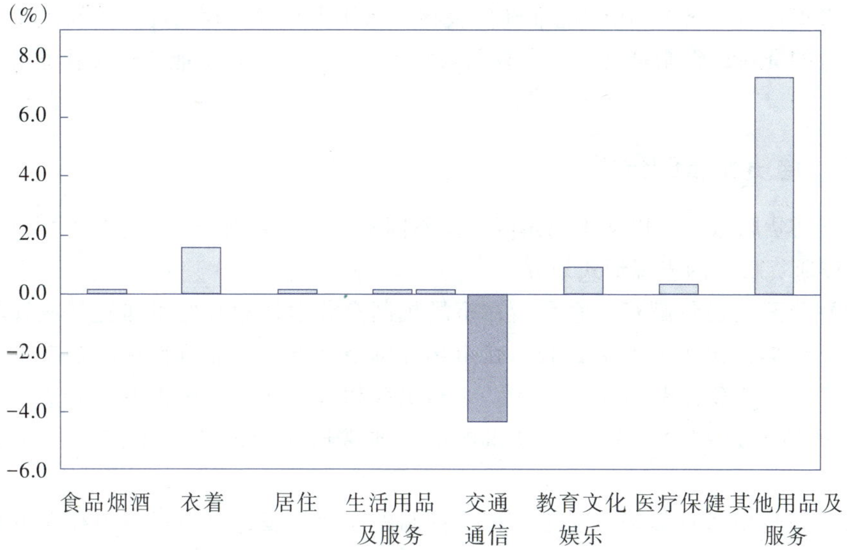

图10-3 5月份居民消费价格分类别同比涨跌幅

资料来源 作者根据国家统计局网站相关资料整理.

2.批发物价指数（producer price index，PPI）

批发物价指数又称生产者价格指数，是根据制成品和原材料的批发价格编制而成的物价指数。其优点是对商业循环比较敏感，反映了生产资料的价格变化，即各种最终产品在不同生产阶段的成本价格变动情况；其缺点是没能将各种劳务包括在内，范围比CPI窄。

知识拓展10-5

2025年5月份，全国工业生产者出厂价格同比下降3.3%，环比下降0.4%；工业生产者购进价格同比下降3.6%，环比下降0.6%。1—5月平均，工业生产者出厂价格和购进价格比上年同期均下降2.6%。

我国工业生产者价格指数包括工业生产者出厂价格指数（producer price index，PPI）和工业生产者购进价格指数。前者反映工业企业产品第一次出售时出厂价格的变化趋势和变动幅度；后者反映工业企业中间投入产品的购进价格的变化趋势和变动幅度。

其统计范围包括：工业生产者出厂价格统计调查涵盖40个工业行业大类、1 300多个基本分类的工业产品价格；工业生产者购进价格统计调查涵盖9大类、800多个基本分类的工业产品价格。

其调查方法是：工业生产者价格调查采取重点调查与典型调查相结合的调查方法，涉及全国4万多家工业企业。

资料来源 作者根据国家统计局网站相关资料整理.

3.国民生产总值平减指数（GNP deflator）

它是按当年价格计算的国民生产总值与按不变价格计算的国民生产总值的比率。该指数的优点是：包括范围广，既包括消费资料也包括生产资料，既包括有形商品也包括无形商品（劳务），因而能准确反映物价总体水平的变动情况。其缺点是：需要收集大量的资料，编制难度大，多数国家每年只统计一次，不能迅速反映通货膨胀的程度。

10.4.3 通货膨胀的分类

对于通货膨胀，可以从不同角度、按不同标准，将其划分为不同的类型。

1.按通货膨胀的表现形式划分

（1）公开型通货膨胀。它是指在市场机制充分运行和政府不加管制或管制较少的条件下所体现出来的通货膨胀。在市场经济条件下，商品价格可以根据供求状况自由波动，货币供给超过货币需求，必然引起物价上涨。这种类型的通货膨胀程度可以灵敏地通过物价指数来反映和衡量。通常所说的通货膨胀都是公开型通货膨胀。

（2）隐蔽型通货膨胀。它是一种受抑制的通货膨胀，是指经济中存在着通货膨胀的压力（货币供给超过货币需求），但由于政府实施了严格的价格管制与配给制，一般物价水平并没有自由上涨。这类通货膨胀往往是通过非价格形式表现出来的，如商品短缺、凭票供应、排队购买、黑市活跃等。其结果是商品的黑市价格与官方价格有较大差异，货币流通速度减慢，居民的实际消费水平也明显下降。而一旦解除价格管制并取消配给制，就会发生较严重的物价上涨。例如，我国在改革开放前，政府对物价实行严格管制，虽然国家商品供应价格变动很小，据统计，在1959—1962年间，政府零售物价指数只上涨了24.4%，但商品供应十分紧张，凭票供应，黑市活跃，黑市价格远远超过国家商品供应价格，说明通货膨胀还是存在的。

2.按通货膨胀的轻重程度划分

（1）爬行式通货膨胀。它又称温和型通货膨胀或不知不觉的通货膨胀，特点是通货膨胀维持在可容忍的幅度内，一般指年物价上涨率在10%以下的通货膨胀。这时通货膨胀虽不严重，但应引起政府的重视。

（2）奔腾式通货膨胀。它是指年物价上涨率在两位数以上，而且还在加剧。此时人们普遍感受到物价上涨的压力，不愿意保存货币，尽可能储存实物或寻找其他保值方式。

（3）超级式通货膨胀。它又称恶性通货膨胀，是指月物价上涨率在50%以上。在此种情况下，物价完全失去了控制，无限度地上涨，货币体系崩溃，经济陷入瘫痪状态。

3.按通货膨胀的成因划分

（1）需求拉上型通货膨胀。这是凯恩斯主义的通货膨胀理论，该理论认为：当经济发展中社会总需求扩张超过总供给增长时所出现的过度需求，是拉动价格总水平持续上升的原因，即产生通货膨胀的主要原因。通俗的说法就是“太多的货币追逐太少的商品”，使得对商品和劳务的需求超出了在现行价格下可得到的供给，从而导致一般物价水平的上涨。需求拉上型通货膨胀的形成过程如图10-4所示。

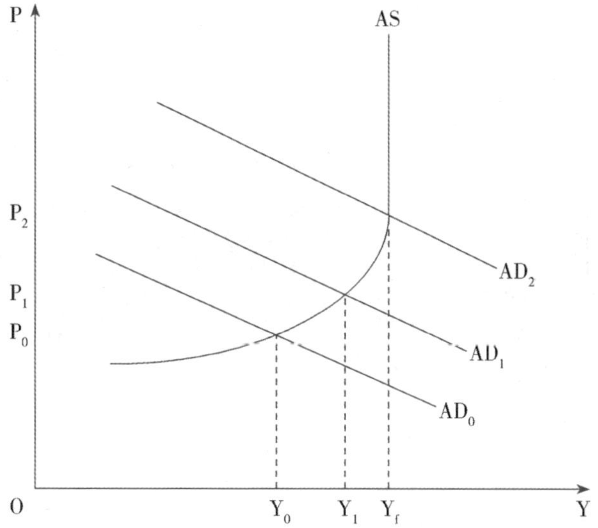

图10-4 需求拉上型通货膨胀

图10-4表现了需求拉上型通货膨胀的形成过程。在图中，横轴Y代表总产出或国民收入，纵轴P代表物价水平，AS是总供给曲线，AD_0、AD_1、AD_2分别代表不断提高的总需求曲线，Y_f表示劳动力充分就业和资源被充分利用情况下的生产总量。总供给曲线分为倾斜和垂直两段。总供给曲线向上倾斜，是在有闲置资源的条件下，当总需求从AD_0增加到AD_1再增加到AD_2时，物价从P_0上涨到P_1再上涨到P_2，生产总量随着物价的上涨而扩大，从Y_0到Y_1再到Y_f，即物价上涨刺激了国民收入或产出的增加。总供给曲线变为垂直方向时，表示劳动力已充分就业、资源已达到充分利用状态，总需求的扩张只能带来物价上升，而不会使国民收入或总产出增加，则产生通货膨胀。

（2）成本推动型通货膨胀。20世纪50年代后期，在一些西方国家出现了前所未有的经济现象，即在经济远未达到充分就业时，物价就持续上涨，甚至在失业增加的同时，物价也在上涨。对此，需求拉上学说却无法解释。于是，经济学家的注意力开始转向总供给方面，提出了通货膨胀成因的成本推动学说。该理论认为，通货膨胀的根源不在于总需求的过度增加，而在于总供给方面，在商品和劳务需求不变的情况下，由于产品成本的提高而推动物价总水平上涨。通常，商品的价格由生产成本加上一定的利润构成，生产成本的提高必然导致价格水平的上涨。

促使产品成本上升的原因包括三个方面：①工资成本的提高。工会为了保证工人实际收入的增长，要求增加工资，使货币工资的增长超过劳动生产率的增长。工资的提高导致了生产成本的上升，从而导致物价水平上涨；物价上涨后，工人再次要求提高工资，再次引起物价上涨，造成工资—物价螺旋式上升。②利润的推动。垄断企业为获取垄断利润而提高垄断产品的价格，引起以此为原料的企业产品成本上升，导致物价总水平上涨。③原材料成本的推动。由于外汇汇率变动引起进出口产品和原材料成本上升，以及由于石油危机、资源枯竭、环境保护政策等造成原材料、能源生产成本的提高，也会导致成本推动型通货膨胀。

成本推动型通货膨胀的形成过程如图10-5所示。

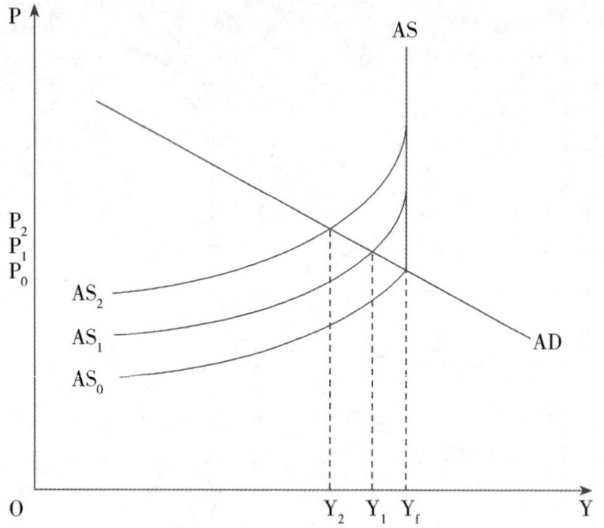

图10-5 成本推动型通货膨胀

图10-5表现了成本推动型通货膨胀的形成过程。横轴Y代表国民收入或总产出，纵轴P代表物价水平，AD代表总需求曲线，AS_0、AS_1和AS_2分别代表不同成本水平的总供给曲线，Y_f表示劳动力充分就业时的国民收入。由于工资或原材料等生产要素价格的提高，生产成本上升，使总供给曲线从AS_0移至AS_1，再从AS_1移至AS_2。在总需求不变的情况下，总供给曲线上移的结果是：一方面，国民收入由Y_f减少到Y_1，再由Y_1减少到Y_2；另一方面，物价水平由P_0上升到P_1，再由P_1上升到P_2。

（3）供求混合型通货膨胀。它是在考虑通货膨胀的成因时，将供求两个方面的因素综合起来考虑的学说。持这种观点的经济学家认为，纯粹的需求拉上和成本推动的通货膨胀在现实经济中是不常见的，长期的通货膨胀大都是在需求因素和供给因素的共同作用下产生的。例如，通货膨胀可能从过度的需求开始，但由于需求过度引起的物价上涨会促使工会要求提高工资，因而转化为成本推动的因素。另一方面，通货膨胀也可能从成本方面开始，如企业迫于工会的压力而提高工资等，但若不存在需求和货币收入的增加，这种通货膨胀过程是不可能持续下去的，因为工资上涨会使失业增加或产量减少，结果将会使成本推动的通货膨胀过程终止。由此可见，成本推动只有加上需求拉上才有可能产生一个持续性的通货膨胀。

（4）结构型通货膨胀，即部门结构说。其基本观点是：通货膨胀不是由货币总需求增加或成本上升引起的，而是由国民经济部门结构不适应变化了的需求结构引起的。因此，结构型通货膨胀是指总需求与总供给大体处于平衡状态时，由于经济结构方面的变化而导致一般物价水平的上涨。结构型通货膨胀主要有以下几种情况：

第一，“瓶颈制约”型通货膨胀。有些国家由于缺乏有效的资源配置机制，有的行业如农业、交通、能源等发展严重滞后，形成经济发展的“瓶颈”。当这些部门的产品因供不应求而价格上涨时，便带动其他部门的连锁反应，形成一轮又一轮的价格上涨。

第二，需求结构移动型通货膨胀。社会对不同部门的产品和服务的需求不是固定不变的，它会不断地转移，而劳动力及其他生产要素从一个部门转移到另一个部门需要很长的时间。因此原先处于均衡状态的经济结构可能会因为需求的移动而出现新的失衡，即那些社会需求增加的行业出现价格上涨；而社会需求减少的行业，本应该价格下降，但由于产品价格和劳动力工资很难向下调整的刚性特点，未必出现价格降低。因此，社会需求的移动导致了物价的上涨。

第三，部门差异型通货膨胀。同一个国家不同的经济部门（如产业部门与服务部门、工业部门与农业部门）之间的劳动生产率总是有差别的，而各部门之间工资的增长却存在着相互看齐的倾向。当发展较快的行业提高工资时，其他部门也会相应要求增加工资，从而产生工资成本推动的通货膨胀。

第四，斯堪的纳维亚型通货膨胀。这种通货膨胀是部门差异型通货膨胀的一种，但由于其典型性和特殊性，可将其作为一种独立的通货膨胀类型。这种通货膨胀主要发生在“小国”。可以将小国的经济部门划分为两类：一类是开放经济部门（其产品与世界市场有直接联系）；另一类是非开放经济部门（其产品与世界市场没有直接联系）。因此，当发生世界性通货膨胀时，小国开放部门的成本和价格将会上涨，在货币工资增长率的刚性作用下，非开放部门的工资和价格也会上涨，结果该国的整体物价水平上涨，引起通货膨胀。

（5）预期型通货膨胀。当消费者与生产者形成了对未来通货膨胀的预期心理，即人们相信未来物价会进一步上涨时，就会在各种经济活动中将预期的通货膨胀因素考虑进去，如消费者不愿意持有货币而尽可能购买实物资产，生产者为维持利润水平则会提高商品价格，工人要求增加工资，从而导致物价水平的上涨。

（6）输入型通货膨胀。它是指在开放经济中，由于一国经济与国际市场密切相关，当国际市场上出现通货膨胀、价格上涨的现象时，这种价格上涨就会通过该国与国际市场的传导途径传播到国内，从而引起该国国内物价普遍持续上涨。

10.4.4 通货膨胀对经济的影响

关于通货膨胀对经济的影响，西方经济学家在20世纪60年代曾有过激烈的争论，主要有三种观点：第一种观点是促进论，认为通货膨胀可以促进经济增长；第二种观点是促退论，认为通货膨胀损害经济增长；第三种观点是中性论，认为通货膨胀对经济既有正效应，也有负效应。而世界各国经济发展的实践证明，通货膨胀所带来的经济效应弊多利少。通货膨胀只是在开始阶段的极短时间里，对经济有促进作用，从长期来看，对经济的危害程度远大于其对经济的促进作用。其主要体现在如下几方面：

1.对生产领域的危害

通货膨胀对生产领域的危害表现在三个方面：一是由于物价普遍上涨，生产者难以区分物价上涨的真正原因，常常做出错误的投资决策，使大量资源流入价格较高的生产部门，造成资源的不合理配置，导致产业结构失调。二是在通货膨胀期间，商品价格不稳定、生产成本不容易核算、利润难以预期，使得企业生产经营的难度增大，而投资于商业流转部门则资金周转相对较快，风险小，获利容易，由此导致生产者将生产资金从生产部门抽调到商业部门。因此，通货膨胀使大量资金从生产领域流向流通领域，造成生产资金短缺而导致生产萎缩。三是通货膨胀导致企业技术革新成本上升，企业不愿意或不能进行技术改造，其结果必然是影响技术进步，降低劳动生产率，影响产品的升级换代。

2.对流通领域的危害

在通货膨胀时期，由于物价上涨分布不均衡，商品流向价格上涨较快的地区，扰乱了正常的商品流通秩序。物价持续上涨，货币失去了贮藏手段职能，存在提前消费、增加消费的倾向。投机者趁机哄抬物价、囤积居奇，使本来供需不平衡的市场更加不平衡，加剧了市场供需矛盾，导致流通领域更加混乱。

3.对消费领域的危害

在通货膨胀的情况下，物价上涨、货币贬值，用与原来同等数量的货币不能买到与原来相等的生活资料，人们的实际收入水平和消费水平下降。

4.对分配领域的危害

在通货膨胀时期，虽然居民的名义货币收入可能有所提高，但由于各阶层收入来源不同，有的人实际收入会提高，有的人实际收入会下降，通货膨胀的影响也各不相同。通货膨胀最大的受害者往往是固定收入者和低收入者，如依靠固定的工资、退休金和福利救济金生活的人；而浮动收入者可能是受益者。这种不公正的国民收入的再分配，易引起社会不稳定。

答疑解惑10-2

王先生是一位普通的公司职员，他的薪金收入为7 000元/月。如果某月份CPI同比上涨2.9%，请问：王先生所在的公司没有给其涨工资，王先生的利益是否受到了损害？

答：通货膨胀对固定收入者有损害，其名义收入的购买力下降，即实际收入下降。

10.4.5 通货膨胀的治理

货币供给量超过货币需求量、社会总需求超过社会总供给，就会引发通货膨胀。因此，如果采取措施控制和减少货币供应量，以紧缩社会总需求；或者采取改善供给的措施，增加货币需求量以吸纳多增加的货币供给量，就可以使货币供给与货币需求达到平衡、社会总供给与社会总需求相平衡，从而消除通货膨胀。

1.控制货币供应量，调节和控制社会总需求

（1）紧缩型货币政策。货币政策是最基本的宏观经济政策之一，它也是治理通货膨胀的一个重要手段。

运用货币政策抑制通货膨胀主要通过以下途径来实现：①中央银行通过公开市场业务出售政府债券。中央银行向商业银行或市场出售手中持有的有价证券，就会减少商业银行的超额存款准备金或企业、居民手中的现金以及在商业银行的存款，达到减少经济体系中货币存量的目的。②中央银行提高法定存款准备金率。中央银行通过提高法定存款准备金率，使商业银行的超额存款准备金减少，以降低商业银行的货币扩张倍数，压缩商业银行放贷，减少货币供给量。③中央银行提高再贴现率。其加大了商业银行的融资成本，会促使商业银行提高贴现率和贷款利率，使企业利息负担加重，利润减少，从而抑制企业贷款需求，实现减少投资、减少货币供应量的目标；中央银行提高再贴现率，也会使存款利率提高，鼓励居民增加储蓄，这会降低居民购买力、减少当期对消费品的社会需求，有利于社会总供需的平衡，消除通货膨胀。

（2）紧缩型财政政策。财政政策也是一种基本的宏观经济政策，它通过调节财政收入和支出水平以实现既定的宏观经济目标。运用财政政策治理通货膨胀的途径有三种：第一，增加税收，使企业和个人的利润、收入减少，从而使其投资和消费支出减少；第二，削减财政支出，以平衡预算，消除财政赤字，从而消除通货膨胀隐患；第三，减少政府转移支付和社会福利开支，从而起到抑制个人收入增加的作用，以降低消费水平。

（3）紧缩型收入政策。它是应对成本推动型通货膨胀的有效方法。其主要内容是采取强制性或非强制性手段，实行工资–物价管制，从而控制物价上涨。西方经济学家针对成本推动型通货膨胀，认为价格的上涨是工人要求提高工资和垄断组织抬高垄断价格推上去的，而不是市场的过度需求拉上去的，实行紧缩型货币政策和紧缩型财政政策，可以压缩社会总需求，但并不能保证成本的降低、通货膨胀的消失，反而会诱发经济衰退和失业率的提高。为此，应采取以物价和工资管制为内容的收入政策，也就是政府拟定物价和工资标准，劳资双方共同遵守，其目的是一方面降低通货膨胀率，另一方面不至于造成大规模的失业。

2.增加商品的有效供给

治理通货膨胀必须从两个方面适时入手：一方面是控制总需求；另一方面是增加总供给。二者不可偏废。若一味控制总需求而不着力于增加总供给，将影响经济增长，只能在低水平上实现均衡。因而在压缩社会总需求的同时，还必须运用刺激生产增长的方法来增加商品的有效供给。这一方面可以解决社会总需求与总供给的不平衡问题，使物价稳定；另一方面不会提高失业率，甚至还会降低失业率。一般来说，增加有效供给的主要手段是降低所得税，提高固定资产折旧率，鼓励企业采用新技术、更新设备和调整产业结构等。

3.其他反通货膨胀的措施

（1）反托拉斯和垄断行为。如果通货膨胀是由那些垄断企业操纵价格上涨而引起的，一种可能的纠正办法就是把某些较大企业分解成较小的企业，以便增强竞争。

（2）保持经济低速增长。保持高的经济增长速度，往往会伴随较高的通货膨胀率；保持低的经济增长速度，通货膨胀率也会比较低。为了降低通货膨胀率，实行紧缩政策，会使经济出现衰退。因此，许多国家选择了低通货膨胀率同时低经济增长速度的目标，把抑制通货膨胀作为首选目标。这是因为各国的实践证明，如果通货膨胀率长期居高不下，经济也难以长期保持较快增长。

（3）实行币制改革。如果物价上涨率已达到不可遏制的状态，而上述任何一种反通货膨胀措施都不能使情况好转，政府还在被迫不断地发行纸币，该国货币制度已处于或接近于崩溃的边缘，即出现恶性通货膨胀，采取的对策应该是实行货币制度改革。一些经济学家认为，物价上涨率每月在50%以上，并持续一段时间，就意味着发生了恶性通货膨胀。实行币制改革的主要内容是发行新货币，废除旧货币，对新货币制定一些保值措施。但这是一种治标不治本的方法，并不能从根本上消除通货膨胀，必须同时辅以其他措施。

10.5 通货紧缩

10.5.1 通货紧缩的定义及判断标准

1.通货紧缩的定义

通货紧缩是由于纸币供应过少，导致纸币价格标准上升，物价水平普遍、持续下跌的现象。在西方经济学教科书中，一般把通货紧缩定义为一段时期内价格总水平的持续下降。自1997年东南亚爆发金融危机后，我国从1997—2001年间经济逐渐出现通货紧缩状态，国内经济学者对通货紧缩的研究也逐渐深入，将通货紧缩定义为：由于货币供应量相对于经济增长和劳动生产率提高而减少，引起有效需求严重不足，一般物价水平持续下跌、货币供应量持续下降和经济衰退的现象。通货紧缩的根源是社会的总需求小于总供给。当总需求持续小于总供给时，就会出现通货紧缩现象。

2.通货紧缩的判断标准

（1）商品和劳务价格持续下跌。这是通货紧缩最基本的特征，也是用以判断通货紧缩的标准。通货紧缩是一个持续的、长期的物价下跌过程，而不是物价偶然的、短暂的下跌；是一般物价水平的下降，而不是局部性和结构性的物价下跌。经济学家普遍认为，物价持续半年以上的下降才能算是通货紧缩。

（2）货币供应量持续减少。这也被各国普遍作为通货紧缩的判断标准。一般来说，各国会根据本国的具体情况，在货币供应量与物价水平、经济增长率和就业率之间确定一个能够实现充分就业的货币供应量增长的适当区间，并以此作为标准来判断是否出现了通货紧缩。当货币供应量达不到该区间，并且持续时间较长时，就认为出现了通货紧缩。

（3）商品有效需求不足、生产下降、经济衰退、失业率上升。在通货紧缩时期，市场萎缩，消费需求下降，商品滞销；企业开工不足，订单减少，利润降低；投资意愿低迷，因而经济低迷，失业人数增加，人们的收入水平降低。而这种状况反过来又进一步制约了有效需求，使总需求更加小于总供给，加重通货紧缩。

10.5.2　通货紧缩的类型

（1）按通货紧缩的持续时间，可以分为长期性通货紧缩、中长期通货紧缩与短期性通货紧缩。

（2）按通货紧缩的严重程度，可以分为轻度通货紧缩、中度通货紧缩与严重通货紧缩。

（3）按通货紧缩的生成机理，可以分为需求不足型通货紧缩与供给过剩型通货紧缩。

10.5.3　通货紧缩的成因

1.货币供应量不足

与通货膨胀一样，通货紧缩也是货币现象，当货币供应量减少、低于货币需求量时，商品过多而货币过少，必然会导致物价水平的下降。而货币供应过少的主要原因是一国政府采取过度紧缩的财政与货币政策，大量减少货币发行、紧缩信用或削减政府开支，导致货币供应急剧减少，社会需求过分萎缩，使市场出现疲软。

2.有效需求不足

从实体经济来看，通货紧缩的根源是社会总需求小于社会总供给。当社会总需求持续小于社会总供给时，就会出现通货紧缩。社会总需求各构成部分的不足都有可能形成通货紧缩。

（1）消费需求不足。其原因是多方面的，如居民收入下降，旧的消费需求已满足而没有新的消费热点使居民不愿意消费，预期未来收入减少或支出增加，失业压力增大等都会导致消费需求不足。

（2）企业投资需求不足。因为经济不景气，市场萎缩，企业的投资回报低，对未来扩大再生产的效果预期不乐观，使企业投资动力不足，导致投资需求不足。

（3）政府支出减少。根据凯恩斯的有关理论，当居民消费需求与企业投资需求不足时，可采用扩张型财政政策，即扩大政府支出，以此来带动需求。但是在很多时候，政府支出由于各种原因也会减少。政府支出的减少会造成有效需求的下降，严重时引起通货紧缩。

（4）出口减少。出口需求是总需求的构成之一，尤其对于出口导向型国家，出口减少会直接导致对本国出口产品需求的减少，使本国的生产出现供大于求的情况，出口产品价格下降，进而造成总体物价水平的持续下降，引起通货紧缩。

3.生产能力相对过剩

这会使某些产品（如低档商品）供大于求，产品的价格必然下降。有关企业就会被迫减产甚至停产，进行裁员和降低员工工资，这又会使企业的投资需求和居民的消费需求减少，加剧市场需求的不足。当一国大多数产业部门都出现生产能力相对过剩时，通货紧缩就不可避免了。

10.5.4 通货紧缩对经济的影响

从表面上看，通货紧缩引起的物价持续下跌使人们的购买力有所提高，给消费者带来了一定的好处。实际上，通货紧缩与通货膨胀一样，都会对经济造成不利影响。通货紧缩对经济的最大危害是导致经济持续衰退。

1.通货紧缩造成经济的衰退

物价的持续普遍下跌，使厂商生产的产品价格下降，厂商利润减少甚至可能出现亏损。这会严重挫伤生产者的积极性，使厂商减少生产或不愿意生产，经济增长速度放慢甚至出现负增长。厂商减少生产或退出生产领域，就会裁员，导致失业增加；如果降低在职员工的工资水平，就会使其收入下降。通货紧缩导致消费需求不足，第一轮的消费需求不足通过乘数放大作用加剧市场萎缩，从而加剧社会总需求不足，厂商利润进一步受到挤压，又会有厂商缩减生产或退出，导致经济严重衰退。

2.通货紧缩使社会财富（由企业财富、居民财富与政府财富组成）大大缩水

（1）企业财富的缩水。企业财富用企业的资产价格来反映。在通货紧缩的情况下，一方面，全社会物价水平普遍下降，企业固定资产价格、产品价格都下跌，减少了企业的资产价值；另一方面，加重了企业债务负担，因为大部分企业都是负债经营的，当通货紧缩、名义利率未下降时，实际利率会上升，加重了企业债务负担。

（2）居民财富的缩水。居民财富由货币收入（如工资等）、金融资产（如股票、债券等）、实物资产（如商品房等）组成。在通货紧缩的情况下，劳动力市场供过于求，失业人数增加，居民的工资收入降低。在货币供应量减少的情况下，股市、债券市场、外汇市场、房地产市场等持续低迷，居民拥有的金融资产和实物资产价格下降，造成居民财富缩水。

（3）政府财富的缩水。政府财富分为存量与流量两部分：存量部分类似于前面的企业资产，在通货紧缩下存量部分是缩水的；流量部分是指政府的收入和支出，在通货紧缩时期，如果财政赤字增长较快，政府财富的流量部分也会缩水。

3.通货紧缩会加剧失业

通货紧缩意味着企业生产萎缩，企业投资规模缩减，企业提供就业岗位减少，失业人数必然增多。特别是在劳动力资源丰富的国家，通货紧缩使投资、生产、消费低迷，劳动力供给远大于需求，劳动力供求失衡的矛盾十分突出。

10.5.5 通货紧缩的治理

1.扩张型需求政策

通货紧缩的原因之一是社会总需求小于社会总供给，因此，治理通货紧缩的重要措施之一就是采取多种方式扩大总需求，主要包括两个方面：

（1）实行扩张型的货币政策，即通过增加货币供应量、降低利率水平等宽松的货币政策措施来刺激有效需求的增加。

（2）实行扩张型的财政政策。这意味着增加政府支出，在居民消费需求和企业投资需求不足的情况下，通过扩大政府需求来增加总需求。

2.调整产业结构

对于因生产能力过剩等结构性因素导致的通货紧缩，必须进行产业结构的调整。产业结构的调整主要是推进产业结构的升级，培育新的经济增长点，形成新的消费热点。除此以外，产业结构调整也包括同一产业中不同企业的兼并与重组，即产业组织结构的调整。如果一个行业生产能力过剩，经常出现恶性的市场竞争，价格战不断出现，使整个行业的价格水平越来越低、利润越来越少，进行产业组织结构调整，可以使一些企业退出市场，另一些企业并购、重组形成新的具有优势的企业，就会防止过度竞争，从而避免价格的不断下降。

3.其他措施

除了上述措施外，对工资和物价的管制也是治理通货紧缩的手段之一。比如，在通货紧缩时期增发工资，限制价格的下降。此外，还可以采取各种措施，如制定更完善的社会保障体系，增加社会福利开支，努力促进就业水平提高等，以增强人们对未来的信心，形成对未来的良好预期，刺激人们的消费意愿，以提高人们的消费水平。

主要概念

货币需求　名义货币需求　实际货币需求　货币供给　狭义货币供给量　广义货币供给量　原始存款　派生存款　派生倍数　法定存款准备金率　基础货币　货币乘数　货币均衡　通货膨胀　通货紧缩

知识训练

● 基础知识训练

10.1　单项选择题

(1) 凯恩斯把用于贮存财富的资产划分为（　　）。

A.货币与债券　　B.股票与债券

C.现金与存款　　D.储蓄与投资

随堂测10

(2) 商业银行派生存款的能力（　　）。

A.与原始存款成正比，与法定存款准备金率成正比

B.与原始存款成正比，与法定存款准备金率成反比

C.与原始存款成反比，与法定存款准备金率成正比

D.与原始存款成反比，与法定存款准备金率成反比

(3) 在乔顿的货币乘数模型中，（　　）是由中央银行所直接左右的。

A.通货比率

B.定期存款占活期存款的比率

C.活期存款的法定准备金率和定期存款的法定准备金率

D.超额存款准备金率

(4) 货币均衡的主要标志是（　　）。

A.物价持续上涨　　B.物价下跌　　C.商品滞销　　D.币值稳定

(5) 通货膨胀治理措施中，通过公开市场业务出售政府债券属于（　　）。

A.控制需求　　B.改善供给　　C.币制改革　　D.紧缩性财政政策

10.2　多项选择题

(1) 凯恩斯认为，人们持有货币的动机包括（　）。

A.投资动机　　B.消费动机　　C.交易动机

D.预防动机　　E.投机动机

(2) 研究货币需求的微观模型有（　）。

A.马克思的货币必要量公式　　B.费雪方程式

C.剑桥方程式　　D.凯恩斯函数

E.弗里德曼的货币需求函数

(3) 中央银行借以增加基础货币供应量的主要方式有（　　）。

A.央行购买办公用楼　　B.央行购买黄金、外汇

C.央行购买政府债券　　D.央行出售黄金外汇资产

E.央行向商业银行提供再贷款和再贴现

(4) 衡量通货膨胀程度的指标主要有（　　）。

A.消费者物价指数　　B.批发物价指数

C.生活费用指数　　D.零售商品物价指数

E.国内生产总值平减指数

(5) 通货紧缩的判断标准包括（　　）。

A.物价水平持续下跌　　B.货币供应量持续减少

C.商品有效需求不足　　D.经济衰退

E.失业率下降

10.3　判断题

(1) 货币需求是人们持有货币的一种纯粹的主观愿望。（　　）

(2) 中央银行可以通过公开市场业务增加或减少基础货币。（　　）

(3) 工资—价格螺旋式上涨引发的通货膨胀是需求拉上型通货膨胀。（　　）

(4) 一般来说，通货膨胀有利于债权人而不利于债务人。（　　）

(5) 通货紧缩时物价下降，货币购买力增强，使居民生活水平提高，对经济有利。（　　）

10.4　简答题

(1) 决定和影响货币需求的主要因素有哪些？

(2) 简述商业银行存款货币的创造过程及影响派生规模的因素。

(3) 写出货币供给模型，并分析货币乘数的决定因素有哪些。

(4) 治理通货膨胀的措施有哪些？

(5) 通货紧缩的危害有哪些？应如何治理通货紧缩？

● 技能知识训练

10.1　假定中央银行购买了某商业银行持有的价值100万元的债券，使该商业银行增加了储备100万元。该商业银行将这100万元的超额储备全部贷放给了A企业，法定存款准备金率为16.5%。A企业以签发支票的方式，用该笔贷款从B企业那里购

买了商品，从而使该款项从A企业的银行账户进入B企业在另一家商业银行的存款账户中。这家银行又将扣除了法定存款准备金的余额再继续贷放出去。依此类推，该笔资金最多会给整个银行体系创造出多大的存款增加额？如果法定存款准备金率调整为17.5%，情况会怎样？

10.2　某一时期中央银行规定商业银行活期存款与定期存款准备金率分别为16%和3%。假定银行体系准备金为20 000亿元，公众持有现金400亿元。根据以往的经验，银行体系现金漏损率为5%，超额准备金率为15%，活期存款转化为定期存款的比例为30%。

（1）求基础货币。

（2）求商业银行存款创造的派生倍数。

（3）求货币乘数。

（4）求该时期全社会货币供给量。

能力训练

● 案例分析

下面是我国2025年前四个月货币供应量统计情况（见表10-6）。

表10-6　　货币供应量

单位：亿元人民币（Unit：100 Million Yuan）

项目（Item）	2025.01	2025.02	2025.03	2025.04	2025.05	2025.06
货币和准货币（M2） Money & Quasi-money	3 185 247.18	3 205 173.24	3 260 554.57	3 251 739.32		
货币（M1） Money	1 124 457.45	1 094 370.01	1 134 863.10	1 091 407.33		
流通中货币（M0） Currency in Circulation	142 254.48	132 756.61	130 691.86	131 387.01		

分析：解读M0、M1、M2，了解我国各层次货币供应量的最新变化。

● 实务操作

选择一组消费品，调查其连续几个月的价格变化情况，了解我国目前货币供需状况。

第11章

货币政策

学习目标

通过本章的学习，你应该达到以下目标：

知识目标：了解货币政策的构成要素及其相互关系，明确货币政策的类型与功能，掌握各项货币政策工具的含义。

能力目标：理解各项货币政策工具运用对经济运行的影响，了解货币政策的传导机制及货币政策效果的影响因素，掌握货币政策与财政政策配合的必要性与方式；熟悉我国货币政策的最终目标以及中国人民银行常用的货币政策工具，能运用所学的理论知识分析我国近些年来实施的货币政策、财政政策及其效果，并能以此指导微观经济活动。

素养目标：分析中央银行制定和实施货币政策对防止发生系统性金融风险，建立现代金融监管框架的作用。

导读

现代经济的运行与发展离不开政府的宏观调控。政府宏观调控的基本任务是实现社会总供给与社会总需求的平衡，保证国民经济持续、稳定、协调发展。在市场经济条件下，政府宏观调控更多的是运用经济手段，特别是财政手段和金融手段，尤其是对实现社会总供求平衡的决定性因素——货币供给量起调节和控制作用的货币政策，更是各国实施宏观调控的有效手段。中央银行无论是作为货币发行的银行、作为银行的银行还是作为政府的银行，都与货币政策的制定、实施以及日常的管理密切相关，货币政策也就成为各国中央银行行使其职能的核心所在。那么，什么是货币政策，中央银行通过货币政策的制定与实施究竟要达到什么目标以及如何达到，货币政策在我国的实践情况如何等，都是我们应当了解和掌握的。下面是本章内容结构导图。

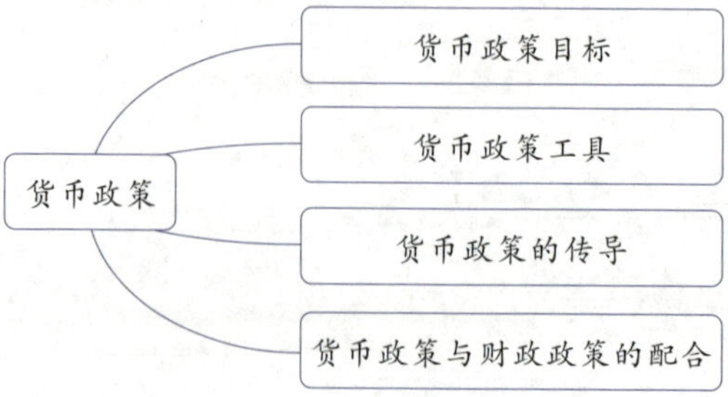

11.1 货币政策目标

11.1.1 货币政策的含义与最终目标

货币政策是中央银行为实现宏观经济目标而采取的各种调节货币供给量的方针和措施的总称。它的构成要素有五个，即货币政策的最终目标、政策工具、中介目标、传导机制和政策效果。这五个要素及其关系构成了货币政策体系的总体框架。图11-1是货币政策目标及货币政策工具示意图。

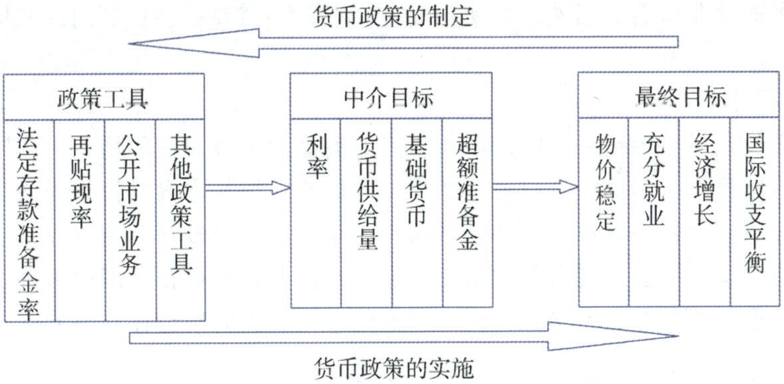

图11-1 货币政策目标及货币政策工具示意图

货币政策的最终目标是中央银行通过实施各种调节货币供给量的手段所要达到的最终经济目标。目前，世界各国都把物价稳定、充分就业、经济增长和国际收支平衡作为货币政策的最终目标。

1.物价稳定

物价稳定是指在经济运行中保持价格总水平的相对稳定。在现实经济生活中，价格总水平往往因为社会总需求的增减以及一些结构性经济因素的影响而波动。中央银行将稳定物价作为货币政策的最终目标，就是要通过吞吐基础货币调节货币供给量，实现社会总需求与社会总供给的平衡，防止价格总水平在短期内出现显著的或剧烈的波动。为此，既要控制通货膨胀，又要防止通货紧缩。

答疑解惑11-1

现在不少国家都把物价稳定作为其货币政策的首要目标甚至是唯一目标，为什么？

答：其一，没有稳定的物价就意味着没有稳定的市场环境，价格信号失真，经济的不确定性增强，难以做出投资和消费决策，最终影响经济的增长和就业的扩大；其二，通货膨胀和通货紧缩不但会损害价格机制配置资源的效率，而且会造成收入的不公平分配，破坏社会的安定。所以，越来越多的国家都把稳定物价作为其货币政策的首要目标甚至是唯一目标。

2. 充分就业

充分就业是指有劳动能力并愿意参加工作的适龄人员都能够找到适当的工作。充分就业是衡量一国各种资源是否充分利用、经济是否正常发展的标志。实现了充分就业，就意味着各种资源得到了最大限度的利用，经济发展是正常的。但充分就业并不是劳动力100%就业，货币政策目标所要求的充分就业是指将失业率控制在社会能够接受的水平，最理想的状态是，凡具备工作能力并且愿意工作的人都有合适的职业。判断中央银行充分就业目标是否实现，一般依据失业率指标。具体将失业率维持在什么水平以内，各国应根据不同的社会经济条件和发展状况来做出判断。中央银行要实现充分就业的目标，主要通过货币政策手段调节投资与消费以刺激经济增长，为劳动者创造更多的就业机会。当然，要实现充分就业，还需要社会各部门的共同努力和协调工作。

3. 经济增长

经济增长是指一国在一定时期内所生产的商品和劳务总量的增长。各国通常将国内生产总值增长率、国民生产总值增长率、国民收入增长率等指标作为衡量经济增长的主要指标。作为货币政策目标的经济增长，是指在一个较长时期内经济呈现出持续稳定的增长状态，不会出现大起大落。当然，经济增长目标在各国中央银行货币政策中的地位和重要程度存在差异，在同一国家的不同历史时期也存在差异。

4. 国际收支平衡

国际收支平衡是指一定时期内一国对他国的全部货币收入和货币支出相抵之后略有顺差或略有逆差的状态。在经济日益全球化的情况下，国际收支状况对国内货币供应量与价格总水平的影响也日益增大。如果出现大量顺差，就会增加国内的货币供应量，从而给该国造成通货膨胀的压力；反之，大量的逆差则会增加国内商品供应量，给该国造成通货紧缩的压力。可见，国际收支平衡是一国经济稳定增长的重要条件，因而成为各国货币政策的目标之一。

中央银行货币政策的上述四个最终目标，实际上也是政府所有宏观经济政策追求的目标。各目标之间的关系从根本上说是相互促进和统一的，但冲突也时常发生，四个目标难以同时实现。例如，充分就业与经济增长二者呈正相关关系，想保持充分就业和经济增长就有可能造成物价不稳定；如果要控制通货膨胀，保持物价稳定，就有可能牺牲充分就业和经济增长。因此，各国中央银行一般是根据一定时期社会经济发展的总体需要选择其中一两个目标作为最终目标的侧重点。《中华人民共和国中国人民银行法》明确规定："货币政策目标是保持货币币值的稳定，并以此促进经济增长。"

11.1.2 货币政策的类型及功能

货币政策按其对货币供应与流通乃至对社会总需求的影响，分为以下三种类型：

1. 扩张性货币政策

扩张性货币政策也称松的货币政策，其主要内容是放松银根，扩张信贷，增加贷款投放，从而使货币供应量以较快的速度增长。扩张性货币政策的功能主要在于刺激投资和消费，增加社会有效需求。在社会有效需求不足、失业率上升、经济增长乏力甚至出现严重的通货紧缩时，中央银行应实行扩张性货币政策。

2.紧缩性货币政策

紧缩性货币政策也称紧的货币政策，其主要内容是抽紧银根，收缩信贷，控制货币供应量的增长。紧缩性货币政策的功能在于抑制投资和消费，控制社会总需求增长过快的势头。当社会有效需求过旺、经济增长过热、出现通货膨胀或形成通货膨胀压力时，中央银行应实行紧的货币政策。

3.均衡性货币政策

均衡性货币政策也称中性货币政策，其着眼点是货币供应量与经济增长保持一致，对社会总供求的平衡状态不施加影响，是一种稳定的货币政策。当社会总供给与社会总需求处于平衡状态、经济增长态势稳定时，中央银行应实行中性货币政策。

11.1.3 货币政策的中介目标

货币政策的中介目标是指货币政策工具调整变动后，在短期内首先受到影响的金融变量。货币政策最终目标实现的过程中存在着许多不确定因素，中央银行为了保证货币政策的有效执行，避免偏差，防止出现来不及调整的被动局面，必须借助于一些短期的、具有确定数值的金融指标，作为实现最终目标的中介和桥梁。这些金融指标就是货币政策的中介目标。

1.货币政策中介目标的选择标准

货币政策的中介目标是货币政策作用过程中一个十分重要的中间环节，对它们的选择是否正确关系到货币政策最终目标的实现。一般观点认为，中介目标要符合下列标准：

（1）相关性。即中介目标与货币政策的最终目标之间要有密切、稳定的相关关系，中央银行通过对中介目标的调节，能够促使最终目标的实现。

（2）可测性。即中央银行能够迅速获取有关中介目标的准确数据，且中介目标有较明确的定义，并便于观察、分析和监测。

（3）可控性。即中央银行通过运用货币政策工具，能够对选择的中介目标进行有效的控制。

2.货币政策中介目标的种类

根据选择标准所确定的中介目标一般有市场利率、货币供应量、超额准备金和基础货币。依照它们对货币政策工具反应的先后和作用于最终目标的过程，中介目标分为两类：一类是近期目标，中央银行对这类目标的控制力较强，但距离货币政策的最终目标较远，如超额准备金和基础货币；另一类是远期目标，中央银行对它们的控制力较弱，但距离最终目标较近，如市场利率和货币供应量。

（1）市场利率。其作为中介目标，可控性、可测性及相关性都较强，但准确性较差。由于市场利率受多种因素的影响，不利于中央银行观察其政策效果。比如，当经济过热出现通货膨胀时，中央银行决定提高利率，但过热的经济本身及投资者的心理预期、投机行为也会引起市场利率的提高，这样中央银行通过提高利率而使通货紧缩的意图难以实现。现实中，中央银行很难据此判明自己的政策操作是否已经达到了预期目的。

（2）货币供应量。它是较为适宜的中介目标，各层次的货币供应量都反映在中央银行、商业银行及其他金融机构的资产负债表内，资料易于取得，且中央银行能够加以控制。

（3）超额准备金。它是指商业银行存放在中央银行里的、超过中央银行规定交存的法定存款准备金的部分，是商业银行扩大贷款规模的基础，也是判断银根松紧、市场利率高低、货币供应量大小的良好指示器，且资料易于取得。但超额准备金的增减和使用主要由商业银行根据自己的意愿和财务状况来决定，中央银行不易控制。

（4）基础货币。它是流通中的现金和商业银行的存款准备金之和，两者都是中央银行的负债，在中央银行的资产负债表中体现。基础货币是货币供应量倍数伸缩的基础，其可测性和可控性都较好，不少国家都将其视为较理想的近期中介目标。

知识拓展11-1

中国人民银行货币政策委员会

我国在1994年以前的较长时期，一直将贷款规模与现金发行指标作为货币政策的中介目标，其理论依据是：货币都是贷款供应的，只要控制住贷款规模，就能控制住货币供应量。随着市场配置资源作用的增强，以及贷款在社会融资总量中比重的下降，我国货币政策中介目标已转而采用货币供应量指标。随着我国利率市场化改革的进一步推进，利率也逐渐成为货币政策的中介目标。

11.2 货币政策工具

货币政策工具，是中央银行为谋求货币政策最终目标的实现而对货币供给量所使用的调控手段。它主要分为三类：一般性货币政策工具、选择性货币政策工具和其他货币政策工具。

11.2.1 一般性货币政策工具

一般性货币政策工具，是指那些旨在调控货币供给量和利率水平，能对整体经济运行产生影响的工具，包括法定存款准备金率、再贴现率和公开市场业务。

1.法定存款准备金率

制定和调整法定存款准备金率，是现代存款准备金政策的核心内容。中央银行通过调整法定存款准备金率来增加或减少商业银行应缴存的存款准备金，可以控制商业银行的信用创造能力，从而间接控制货币供应量。至于法定存款准备金率的水平，各国不尽相同，主要根据自身经济形势和各阶段的经济运行情况来确定和调整。有的国家实行统一的法定存款准备金率，适用于所有的金融机构和各种不同的存款；有的国家实行差别法定存款准备金率，或因银行类别不同而异，或因商业银行的资本充足率不同而异，或因存款期限不同而异。由于法定存款准备金率的调整直接影响商业银行的可用资金量，且比较严格，因而不宜经常特别是大幅度调整。

2. 再贴现率

再贴现率是指商业银行向中央银行办理再贴现时使用的利率。中央银行通过调整再贴现率，一是影响商业银行的资金成本，借以影响商业银行的融资意向。当中央银行提高再贴现率时，商业银行会缩小从中央银行再贷款的规模，从而直接紧缩信用，或者商业银行提高其贷款利率，抑制企业和个人贷款需求，从而间接地起到了紧缩银根的作用。二是产生“告示”作用，即影响商业银行及大众的预期。比如，当中央银行提高再贴现率时，就预示着经济要紧缩，这一“告示”作用会在很大程度上影响金融市场，商业银行一般会自觉与中央银行保持一致，按同样幅度提高对企业的贷款利率。

再贴现率作为一种调节手段，便于灵活运用，可以根据经济需要及时调整，从而成为日常调控工具。

3. 公开市场业务

公开市场业务是中央银行通过在金融市场上买进或卖出有价证券，以调节货币供应量的方式。其作用过程是：当金融市场上资金缺乏时，中央银行就通过公开市场业务买进有价证券，这相当于投放了一笔基础货币。这些基础货币如果流入社会大众手中，就直接增加了货币供应量；如果流入商业银行，就会使商业银行的可贷资金来源增加，促使贷款规模扩大。相反，当金融市场上货币过多时，中央银行可以卖出有价证券，以减少基础货币，从而减少货币供应量。

与前两项货币政策工具相比，公开市场业务的优点十分明显，表现在：①主动性强，即中央银行掌握买进、卖出的主动权，可以不计证券交易价格，从容实现操作目的。②灵活性强，即中央银行可根据金融市场的变化，进行经常性、连续性的买卖操作，买卖的数量可多可少，随时增减。③震动性小，即中央银行通过证券经纪人买卖证券，政策意图具有一定的隐蔽性，调控效果也较为和缓，可以减轻社会经济震荡。④影响面广，即中央银行的公开市场操作除了可以调控货币供应量外，还直接影响证券市场的供求和价格，进而影响社会投资和产业发展。正因为如此，公开市场业务成为许多国家中央银行经常使用的、最为灵活有效的货币政策工具。

答疑解惑11-2

有效运用公开市场业务调节货币供应量是否需要条件？

答：增强公开市场业务的有效性应具备下列条件：有一个较为发达的、完善的金融市场，证券种类齐全且达到一定规模；中央银行有强大的资金实力等。

11.2.2　选择性货币政策工具

选择性货币政策工具，是指那些旨在进行结构性调节，针对个别部门或行业或特殊对象而采取的货币政策工具。选择性货币政策工具主要包括优惠利率、消费者信用控制、不动产信用控制和证券市场信用控制等。

1.优惠利率

优惠利率是指中央银行着眼于产业结构、产品结构的调整，针对国家重点发展的经济部门或产业所规定的较低利率。例如，中央银行对农业、出口工业等制定较低的利率，以鼓励这些产业发展。

2.消费者信用控制

消费者信用控制是指中央银行根据经济运行状况对不动产以外的各种耐用消费品的销售融资予以控制。例如，在需求过旺、通货膨胀时期，中央银行要求提高分期付款首付的比率，缩短分期付款的期限等；而在需求不足、经济衰退时期，中央银行则放松对分期付款的管制，以刺激消费。

3.不动产信用控制

不动产信用控制是指中央银行为抑制房地产市场的投机行为，对商业银行及其他金融机构房地产贷款的管制。例如，在房地产市场过热、房价上涨过快、投机行为过度的时期，中央银行可以对不动产贷款的最高限额、最长期限、首付比率等做出更高、更严格的规定。

4.证券市场信用控制

证券市场信用控制是指中央银行着眼于稳定证券市场而对证券交易的各种贷款所进行的控制，其主要内容是调节证券保证金比率。中央银行降低证券保证金比率，就可以扩大对证券市场的贷款规模；反之，中央银行提高证券保证金比率，则可以缩小对证券市场的贷款规模。

11.2.3 其他货币政策工具

其他货币政策工具包括两类：一类是直接信用控制，另一类是间接信用控制。

1.直接信用控制

直接信用控制是指中央银行以行政命令的方式，直接对商业银行的信用业务进行干预，如规定各商业银行的贷款限额、存贷款利率的最高或最低浮动幅度和流动性比率等。

2.间接信用控制

间接信用控制是指中央银行利用各种间接措施对商业银行的业务活动和决策取向施加影响。其主要措施是道义劝告和金融宣传。道义劝告是指中央银行利用自己在金融体系中的地位和威望，通过对商业银行和其他金融机构经常发出通告或与各金融机构的负责人面谈的方式，劝告其按政府政策意图行事。金融宣传是指中央银行利用各种机会向全国特别是金融界说明其金融政策的内容和意义，以取得各方面的理解和支持，从而使金融活动朝着中央银行预期的方向发展。例如，中央银行定期公布有关金融信息；发表有关财政、贸易、物价和经济发展趋势的统计分析；利用记者招待会、学术演讲等机会，说明金融政策的内容、动向及制定的依据。

答疑解惑11-3

中央银行的间接信用控制措施有无法律约束力？其有效性如何？

答：中央银行的间接信用控制措施没有法律约束力。其有效性取决于中央银行的声望以及道义劝告和金融宣传的时机、内容和程度等。由于中央银行的特殊地位和权威性，一般情况下，道义劝告和金融宣传是有效的。

11.2.4 我国货币政策工具的选择和使用

中国人民银行自1984年开始执行中央银行职能后，所使用的货币政策工具主要有贷款计划、法定存款准备金、再贷款、利率等。特别是直接规定商业银行发放贷款数量的上限即贷款规模成为中国人民银行强有力的政策工具，这一工具已于1998年停止使用。其他直接调控工具的影响也日趋淡化，间接调控工具的作用逐步强化。目前，我国使用的主要货币政策工具有以下几种：

1.法定存款准备金

我国现行的存款准备金制度是在1998年改革后形成的。将原各金融机构在中央银行的“准备金存款”和“备付金存款”两个账户合并，称为“准备金存款”账户。对各金融机构的法定存款准备金按法人统一考核。法定准备金的交存分以下情况：

（1）中国工商银行、中国农业银行、中国银行、中国建设银行、中国农业发展银行、中信银行、中国光大银行、华夏银行、中国投资银行、中国民生银行的法定存款准备金，由各总行统一存入人民银行总行。

（2）中国交通银行、广东发展银行、中国招商银行、上海浦东发展银行、福建兴业银行、海南发展银行、烟台住房储蓄银行、蚌埠住房储蓄银行的法定存款准备金，由各总行统一存入其总行所在地的人民银行分行。

（3）各城市商业银行的法定存款准备金，由其总行统一存入当地人民银行分行。

（4）城市信用社（含县联社）的法定存款准备金，由法人存入当地人民银行分、支行。农村信用社的法定存款准备金，按现行体制存入当地人民银行分、支行。

（5）信托投资公司、财务公司、金融租赁公司等其他非银行金融机构的法定存款准备金，由法人统一存入其总部所在地的人民银行总行（或分行）。

（6）经批准，已办理人民币业务的外资银行、中外合资银行等外资金融机构，其人民币法定存款准备金，由其法人（或其一家分行）统一存入所在地人民银行分行。

2.再贷款

再贷款是指中国人民银行对商业银行等金融机构发放的信用贷款，包括年度性贷款、季度性贷款、日拆性贷款。自1984年中国人民银行专门行使中央银行职能以来，再贷款一直是我国中央银行的重要货币政策工具，是中央银行调控基础货币的渠道之一。中央银行通过适时调整再贷款的总量及利率，吞吐基础货币，促进实现货币信贷总量调控目标，合理引导资金流向和信贷投向。

近年来，适应金融宏观调控方式由直接调控转向间接调控，再贷款所占基础货币的比重逐步下降，结构和投向发生重要变化。新增再贷款主要用于促进信贷结构调整，引导扩大县域和“三农”信贷投放。

3.再贴现

中国人民银行开展再贴现业务始于1986年，1988年首次公布了再贴现率。1995年末，中国人民银行规范再贴现业务操作，开始把再贴现作为货币政策工具体系的组成部分，并注重通过再贴现传递货币政策信号。1998年以来，为适应金融宏观调控由直接调控转向间接调控，加强再贴现传导货币政策的效果，规范票据市场的发展，中国人民银行出台了一系列完善商业汇票和再贴现管理的政策。改革再贴现、贴现利率生成机制，使再贴现利率成为中央银行独立的基准利率，为再贴现率发挥传导货币政策的信号作用创造了条件。

4.公开市场业务

1994年以前，由于我国不具备开展公开市场业务的条件，中国人民银行无法运用这一工具调节货币供应量。随着1994年外汇体制改革、汇率并轨的实施，以及国债规模的不断扩大，中国人民银行公开市场业务正式启动。

中国公开市场操作包括人民币操作和外汇操作两部分。外汇公开市场操作1994年3月启动，人民币公开市场操作1998年5月26日恢复交易，规模逐步扩大。1999年以来，公开市场操作发展较快，目前已成为中国人民银行货币政策日常操作的主要工具之一，对于调节银行体系流动性水平、引导货币市场利率走势、促进货币供应量合理增长发挥了积极的作用。

中国人民银行从1998年开始建立公开市场业务一级交易商制度，选择了一批能够承担大额债券交易的商业银行作为公开市场业务的交易对象。近年来，公开市场业务一级交易商制度不断完善，先后建立了一级交易商考评调整机制、信息报告制度等相关管理制度，一级交易商的机构类别也从商业银行扩展至证券公司等其他金融机构。

从交易品种看，中国人民银行公开市场业务债券交易主要包括回购交易、现券交易和发行中央银行票据。其中回购交易分为正回购和逆回购两种，正回购为中国人民银行向一级交易商卖出有价证券，并约定在未来特定日期买回有价证券的交易行为，正回购为央行从市场收回流动性的操作，正回购到期则为央行向市场投放流动性的操作；逆回购为中国人民银行向一级交易商购买有价证券，并约定在未来特定日期将有价证券卖给一级交易商的交易行为，逆回购为央行向市场上投放流动性的操作，逆回购到期则为央行从市场收回流动性的操作。现券交易分为现券买断和现券卖断两种，前者为央行直接从二级市场买入债券，一次性地投放基础货币；后者为央行直接卖出持有债券，一次性地回笼基础货币。中央银行票据即中国人民银行发行的短期债券，央行通过发行央行票据可以回笼基础货币，央行票据到期则体现为投放基础货币。

根据货币调控需要，近年来中国人民银行不断开展公开市场业务工具创新。2013年1月，立足现有货币政策操作框架并借鉴国际经验，中国人民银行创设了“短期流动性调节工具（Short-term Liquidity Operations，SLO）”，作为公开市场常规操作的必要补充，在银行体系流动性出现临时性波动时相机使用。这一工具的及时创设，既有利于央行有效调节市场短期资金供给，熨平突发性、临时性因素导致的市场资金供求大幅波动，促进金融市场平稳运行，也有助于稳定市场预期和有效防范金融风险。

5.基准利率

它是中国人民银行主要的货币政策工具。基准利率包括两个层次：一是中国人民银行对商业银行的存贷款利率，二是商业银行对企业和个人的存贷款利率及浮动幅度。利率的变动直接影响商业银行等金融机构的融资成本，中央银行通过调整基准利率可达到调节货币供应量的目的。当然，这一机制发挥作用需要一定的条件：利率的变动能真实反映资金供求状况，融资成本的变动能够在很大程度上影响资金供求。随着我国利率市场化步伐的加快和目标的最终实现，基准利率将成为中央银行调节货币供应量的重要政策工具。

知识拓展11-2

一种新的货币政策工具——常备借贷便利

除上述工具外，中国人民银行还采用优惠利率政策、专项贷款、利息补贴等选择性货币政策工具，扶持能源、交通、出口及国家重点建设工程的建设和发展；同时，中央银行与商业银行行长联席会议制度也是我国中央银行对商业银行进行窗口指导、贯彻货币政策的有效途径。

11.3 货币政策的传导

货币政策发挥作用，是运用货币政策工具调节货币供应量来影响投资和消费支出，从而实现货币政策的最终目标。从运用货币政策工具到实现货币政策最终目标之间，要有一定的途径，经历 个过程，这就是货币政策传导的机制和过程。

11.3.1 货币政策传导的一般过程

在市场经济国家，货币政策传导的一般过程大体由两个层次组成（如图11-2所示）。

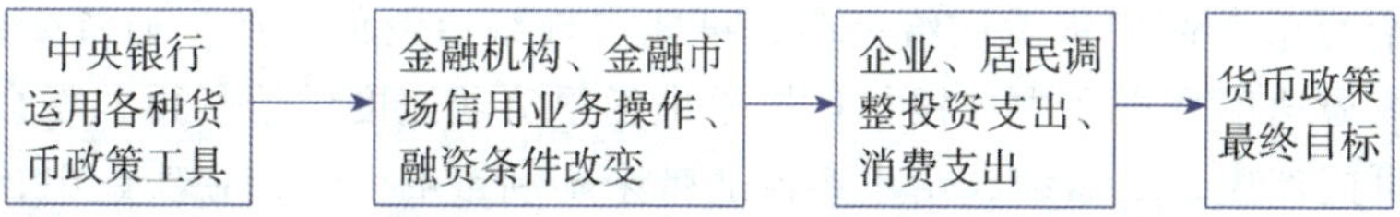

图11-2 货币政策传导的一般过程

（1）第一个层次。其包括两个基本环节：①从中央银行至各金融机构和金融市场，即中央银行运用各种货币政策工具，调节金融机构的超额准备金量和金融市场融资条件，以调控商业银行的贷款能力和金融市场的资金融通；②从各金融机构和金融市场至企业和个人的投资与消费，即商业银行等金融机构对中央银行的行为做出反应，相应调整对企业和居民的贷款规模，继而影响货币供应量的变动。

（2）第二个层次。它是指企业和居民对商业银行等金融机构的行为及金融市场的变化做出反应，相应调整自己的投资和消费支出，从而使社会需求发生变化，进而促使经济增长、物价稳定、充分就业、国际收支平衡等目标的实现。

11.3.2 货币政策的效果及其影响因素

货币政策的效果是指货币政策实施后的有效性程度，是货币政策经过传导作用于经济运行之后的结果。影响货币政策效果的因素有很多，如货币政策时滞、货币流通速度、微观经济主体预期等。

1.货币政策时滞

货币政策时滞，它是指货币政策从制定、实施到产生全部效果的时间间隔。如何把时滞降到最低程度、更好地完成货币政策的预期目标是各国中央银行需要不断探索的课题。货币政策时滞由内部时滞和外部时滞构成。

（1）内部时滞。它是指从政策制定到中央银行采取行动所需要的时间。它分为两个阶段：一是经济金融情况的变化需要中央银行采取行动到中央银行认识到这种需要的时间间隔，即认识时滞；二是从中央银行认识到需要调整货币政策到采取实际行动的时间间隔，即行动时滞。内部时滞的长短取决于中央银行本身，如中央银行对经济形势的预测判断力、组织效率和行动的决心等。

（2）外部时滞。是指从中央银行采取行动到货币政策对经济运行产生影响所经过的时间，所以它又称影响时滞。在正常情况下，外部时滞总要长于内部时滞。因为货币政策的实施要经过几个层次的传导，无论是货币供应量还是利率，它们都不会立即影响到政策目标。比如，企业是增加还是缩减投资，要决策，要制订计划，然后付诸实施，每个阶段都需要时间。外部时滞不像内部时滞那样可以由中央银行掌握，其长短主要由客观的经济和金融条件决定，它取决于经济主体对市场变化及信息的反应程度、货币政策力度、实施的时间、公众的心理预期等因素。

2.货币流通速度

货币流通速度的变动直接影响着一定时期货币流通量乃至社会总需求。对于货币流通速度任何微小的变动，如果中央银行未能预料到或在估算这个变动时出现误差，都可能使货币政策效果出现严重偏差，甚至有可能使本来正确的政策方向走向反面。例如，实际货币流通速度加快，中央银行仍按原来货币流通速度供给货币，就会多供给货币，造成货币供给过多，可能出现纸币贬值，产生通货膨胀；反之，如果货币流通速度变慢，中央银行仍按原来货币流通速度供给货币，就会使货币供给过少，可能产生通货紧缩，给生产流通带来不利影响。然而在实践中，由于影响货币流通速度的因素较多，在估算时很难做到不发生误差，货币政策的有效性因此而受到影响。

3.微观经济主体预期

对货币政策有效性构成挑战的另外一个因素是微观经济主体预期。当一项货币政策被提出时，各种微观经济主体会立即搜集各种信息并据以预测政策实施的后果，从而很快形成对策，其中有些预期及对策对货币政策的功效具有抵消作用。特别是当微观经济主体掌握的信息不全面、预期不准确时，货币政策的效果会有较大的折扣。例如，中央银行拟提高再贴现率或法定存款准备率，发行央行票据，实施紧缩政策，以控制社会总需求，企业就会预测到即将发生的信贷紧缩后果，就会提前投融资，居民个人会预测到通货膨胀的来临，会提前消费和加快消费，这都刺激了社会总需求的提前释放，使中央银行的货币政策目标不能实现。因此，中央银行在实施货币政策时，应考虑经济生活中的这一不确定因素，使决策过程更为透明，让公众较为准确地领会决策者的行为准则和意向，树立公众对中央银行的信心，同时也避免胡乱猜测造成的紊乱及其对经济运行的不良影响。

11.4　货币政策与财政政策的配合

如前所述，货币政策的最终目标是受多种因素制约的，如果孤立或片面地强调货币政策效应，反而会影响货币政策作用的发挥。根据国内外的实践经验，为了充分发挥货币政策的作用，取得宏观调控的最佳效果，货币政策必须与其他政策手段协调、配合，尤其应该与财政政策相互协调、配合。

11.4.1　货币政策与财政政策配合的必要性

中央银行的货币政策必须同政府其他部门出台的政策，特别是财政政策配合使用，才能发挥最大的作用。财政政策是政府为达到一定的目标而制定和实施的指导财政工作及处理财政关系的一系列经济政策，如税收政策、支出政策等。财政政策也需要运用一系列政策手段，如预算、税收、国债、投资、补贴等。财政政策分为三种类型，即扩张性财政政策、紧缩性财政政策和中性财政政策。财政政策与货币政策之间既存在共同点和统一性，也有差异和区别，二者必须协调、配合，方能取得好的宏观调控效果。

1.货币政策与财政政策的共性

（1）二者的调控目标是一致的，即都是为了实现物价稳定、充分就业、经济增长和国际收支平衡的最终目标。

（2）二者都是需求管理政策。货币政策着眼于货币供应量的调节，而货币供应量的变动直接决定着社会总需求的大小；财政政策着眼于财政收支的调节与管理，其执行结果无论怎样，最终都会对社会总需求产生重大影响。

（3）二者内在的互补性。作为两大政策具体操作机构的财税部门和中央银行，其内在联系非常密切，任何一方的变动都会引起对方的变动，从而决定了两大政策的实施必须联合运作才能发挥整体效应。

2.货币政策与财政政策的差异

（1）调控主体及范围的差异。财政政策的调控主体是政府，其调控范围不仅包括经济领域，还包括行政、国防、文教科卫等领域；货币政策的调控主体是中央银行，其调控范围一般仅限于经济领域。

（2）调控手段的差异。货币政策调控手段即政策工具主要是存款准备金率、再贴现率、公开市场业务等；而财政政策主要通过税收、公债、投资、补贴等手段起调控作用。显然，不同的调控手段具有不同的特点和功效。

（3）可控性的差异。货币政策要通过政策工具的使用并经过一个传导过程来实现最终目标，传导过程中偏离最终目标的情况时有发生；而财政政策由政府通过直接控制和调节来实现最终目标，如通过国债投资等直接拉动社会总需求，可控性明显强于货币政策。

（4）时滞性的差异。从政策的内部时滞看，一般而言，货币政策的认识时滞长，行动时滞短。认识时滞长是因为货币供应是多了还是不足，很难一下子看得清楚；行动时滞短是由于货币政策由中央银行确定，只要认识清楚了，可以在较短的时间内做出调整。而财政政策刚好相反，认识时滞短，行动时滞长。认识时滞短是由于财政政策的透明度较高，问题容易被看出来；行动时滞长是因为财政收支的调整受国家预算的约束，如税收的调整、国债发行规模的变动等涉及各方面的利益，调整预算需要履行一定的审批程序。从政策的外部时滞看，货币政策由于传导环节较多，对经济的影响较慢；而财政政策的传导环节少，一旦付诸实施，能迅速发挥作用。

（5）政策调节侧重点的差异。一般而言，货币政策侧重于总量调节；财政政策则侧重于结构调节。在市场经济条件下，全社会的投资需求和消费需求都表现为有支付能力的货币购买力，而能直接创造货币供给、作为货币供给总闸门的，唯有制定和执行货币政策的中央银行，中央银行可以通过信贷规模的调整来直接扩张或收缩需求总量。货币政策对结构的调节主要是通过实施差别利率，在有限的范围内起作用。而财政政策的各种工具，首先是通过对结构的调节来发挥作用的，如财政支出结构的调整直接引起社会需求结构的变化等。

货币政策与财政政策的上述差异，要求二者在调节范围、手段及侧重点等方面必须相互协调、配合，做到优势互补，避免各行其是、彼此摩擦，造成力量内耗，这样才能在宏观调控中发挥更大作用。

11.4.2 货币政策与财政政策配合的方式

货币政策与财政政策均有松紧及中性之分，在配合上可以构成五种不同的政策组合，并由此产生不同的政策效应。

（1）扩张性货币政策与扩张性财政政策的配合。这种政策配合也称为“双松”政策，它可以刺激经济增长，适于在社会总需求严重不足、出现严重通货紧缩时采用。但“双松”政策实施的时间不能太长，否则会招致通货膨胀。

（2）紧缩性货币政策与紧缩性财政政策的配合。这种政策配合也称为“双紧”政策，它可以有效地抑制需求，适于在经济过热、出现严重通货膨胀时采用。“双紧”政策实施的时间也不能太长，否则会导致经济衰退、失业增加。

答疑解惑 11-4

政府在某一时期既采取较低的企业税收负担做法（如提高原有税种的起征点、营业税改增值税、降低小规模纳税人适用税率等），又采取增加国债发行、扩大财政支出等做法。这是扩张性财政政策的操作，还是紧缩性财政政策的操作？

答：这是扩张性财政政策的操作。

（3）扩张性货币政策与紧缩性财政政策的配合。这种政策配合也称为“松货币紧财政”的政策，它适于在财政赤字较大而经济增长仍不理想，特别是在减少政府干预、更多地运用市场机制促进经济发展的情况下采用。

（4）紧缩性货币政策与扩张性财政政策的配合。这种政策配合也称为“紧货币松财政”的政策。它适合在供求总量矛盾不大，而经济结构失调，市场机制又难以发挥调节作用的情况下采用。这样有利于在保持经济适度增长和避免通货膨胀的情况下合理调整产业结构。

（5）中性货币政策与中性财政政策的配合。这种政策配合方式适用的宏观经济环境是：社会总供求大体平衡，物价基本稳定，就业比较充分，经济结构也较为合理。在这种情况下，财政政策和货币政策的任务主要是对经济运行的某些方面进行微调，使宏观经济运行达到理想的状态。应当说这也是财政、货币政策调控追求的最终目标。

货币政策与财政政策究竟采用何种配合方式，取决于不同国家以及一个国家不同时期的经济环境和状态，不是一成不变的。“双松”和“双紧”政策，是在经济总量严重失衡状态下采取的调控措施，其调控力度比较大，使用不当易引起经济的大起大落，从而影响经济的稳健运行。一般情况下，“一松一紧”的政策配合方式对宏观经济调节的适用范围比较广，对经济运行中出现的各种情况都能加以调控，是各国运用较多的政策配合方式。

财政政策和货币政策松紧搭配的优点是使经济增长有一定的缓冲性、稳定性高，可以避免经济的大起大落；缺点是政策导向不明确，作用力度小，作用时滞长。

主要概念

货币政策　货币政策最终目标　货币政策中介目标　存款准备金率　再贴现率　公开市场业务

知识训练

● 基础知识训练

11.1　单项选择题

随堂测11

（1）货币政策的调节对象主要是（　　）。

A.社会总需求　　B.社会总供给

C.货币供给量　　D.货币需求量

（2）商业银行应按规定的比率将吸收的存款一部分交存中央银行，应交存的比率称为（　　）。

A.再贴现率　　B.法定存款准备金率

C.再贷款利率　　D.基准利率

（3）一般情况下，代表国家实施货币政策的机构是（　　）。

A.财政部　　B.国务院　　C.中央银行　　D.银监会

(4) 公开市场业务是指中央银行在金融市场上买卖（　　）。

A.股票　B.债券　C.商业票据　D.有价证券

(5) 如果中央银行提高法定存款准备金率，则（　　）。

A.商业银行会减少上交存款准备金的数量

B.商业银行会相应提高本身的贷款能力

C.商业银行会相应降低本身的贷款能力

D.商业银行不会受到影响

(6) 西方国家中央银行经常使用的、最灵活有效的货币政策手段是（　　）。

A.法定存款准备金　B.道义劝告和窗口指导

C.公开市场业务　D.再贴现率

(7) 我国货币政策的中介目标主要是（　　）。

A.市场利率　B.贷款规模　C.货币供应量　D.现金流通量

(8) 紧缩性货币政策的功能在于（　　）。

A.刺激投资和消费　B.抑制投资和消费

C.刺激投资、抑制消费　D.刺激消费、抑制投资

(9) 我国中央银行从事公开市场业务起始于（　　）。

A.1981年　B.1994年　C.1996年　D.2001年

(10) 中国人民银行开展再贴现业务始于（　　）。

A.1981年　B.1986年　C.1994年　D.1996年

11.2　多项选择题

(1) 货币政策的最终目标一般表述为（　　）。

A.经济增长　B.充分就业　C.稳定物价　D.国际收支平衡

E.保持币值稳定并以此促进经济增长

(2) 下列关于货币供求与社会总供求关系的说法，正确的有（　　）。

A.社会总供给决定货币总需求　B.货币总需求决定货币总供给

C.货币总供给形成社会总需求　D.货币总供给决定货币总需求

E.社会总需求是货币供给量的倍数

(3) 扩张性货币政策的主要内容包括（　　）。

A.放松银根　B.增加贷款投放　C.扩张信用

D.加速货币供应量的增长　E.减少贷款投放

(4) 选择货币政策中介目标应符合（　　）标准。

A.可控性　B.可测性　C.安全性

D.相关性　E.流动性

(5) 与货币政策最终目标相距比较近的中介目标主要有（　　）。

A.基础货币　B.市场利率　C.货币供应量

D.超额准备金　E.存款准备金

(6) 公开市场业务的优点表现在（　　）。

A.中央银行掌握主动权

B.中央银行操作的灵活性强

C.具有一定的隐蔽性，可以减轻社会震荡

D.直接调控货币供应量

E.直接影响证券市场的供求和价格

（7）属于选择性货币政策工具的有（ ）。

A.优惠利率 B.再贴现率 C.消费者信用控制

D.不动产信用控制 E.道义劝告

（8）货币政策的内部时滞包括（ ）。

A.认识时滞 B.行动时滞 C.决策时滞

D.影响时滞 E.反应时滞

（9）货币政策与财政政策的共性主要有（ ）。

A.调控目标一致 B.调控手段相同 C.都是需求管理政策

D.二者有内在的互补性 E.以上说法都正确

（10）下列关于货币政策与财政政策的差异，说法正确的有（ ）。

A.货币政策比财政政策调控的范围更大

B.财政政策比货币政策可控性强

C.财政政策的认识时滞较货币政策短，而行动时滞长

D.货币政策侧重于总量调节，而财政政策侧重于结构调节

E.以上说法都正确

11.3 简答题

（1）简述货币政策的目标及其相互关系。

（2）法定存款准备金率的调整对商业银行的业务有何影响？

（3）一般性货币政策工具有哪些？

（4）简述货币政策的传导机制。

（5）货币政策与财政政策有哪几种搭配？

● 技能知识训练

11.1 解释货币政策的传导机制与调控原理。

11.2 我国与西方发达国家在货币政策工具的使用上有何异同？

能力训练

● 案例分析

为更好发挥结构性货币政策工具的激励作用，引导金融机构加大对重大战略、重点领域和薄弱环节的支持力度，中国人民银行决定：自2025年5月7日起，下调再贷款利率0.25个百分点。下调后，3个月、6个月和1年期支农支小再贷款利率分别为1.2%、1.4%和1.5%，抵押补充贷款利率为2.0%，专项结构性货币政策工具利率为1.5%（见表11-1）。

表11-1 中国人民银行再贷款、再贴现利率表
（自2025年5月7日起执行）

	利率
一、再贷款	
1. 支农支小再贷款	
其中：3个月	1.20%
6个月	1.40%
1年	1.50%
2. 金融稳定再贷款	1.75%
其中：延期期间	3.77%
二、再贴现	1.75%

结合当时我国经济金融背景，分析此举的政策目的。

● 实务操作

调查了解中国人民银行最近一次调整法定存款准备金率的政策效果。

主要参考书目

［1］黄达，张杰．金融学［M］．6版．北京：中国人民大学出版社，2024．

［2］蒋先玲．货币金融学［M］．4版．北京：机械工业出版社，2024．

［3］李健．金融学［M］．4版．北京：高等教育出版社，2022．

［4］戴国强．商业银行经营学［M］．5版．北京：高等教育出版社，2023．

［5］翟建华．保险学概论［M］．5版．大连：东北财经大学出版社，2019．

［6］李军燕．国际金融实务［M］．3版．大连：东北财经大学出版社，2021．

［7］石月华．货币银行学［M］．5版．北京：中国人民大学出版社，2024．

［8］米什金．货币金融学［M］．郑艳文，荆国勇，译．12版．北京：中国人民大学出版社，2021．